HİTABET VE İRŞAD

DİN HİZMETLERİNDE İLETİŞİM VE GÜZEL KONUŞMA

Prof. Dr. Abdurrahman ÇETİN

11 . Baskı

Bursa 2017

Emin Yayınları - 48

Hitabet ve İrşad
Din Hizmetlerinde
İletişim ve Güzel Konuşma

Prof. Dr. Abdurrahman ÇETİN

11. Baskı – Bursa 2017

Kapak Tasarım:
Emin ÖZDAMAR

Dizgi ve Mizanpaj:
Abdurrahman ÇETİN

Baskı-Cilt
Stüdyo Star Ajans Matbaacılık Ltd. Şti
Nilüfer Ticaret Merkezi Bursa

EMİN YAYINLARI
Fethiye Mah. Kırlangıç Sok. No: 2
Tel: (0224) 2422898, Fax: (0224) 2412569 Gsm sipariş: 0 535 738 95 21
www.eminyayinlari.com
msn:eminticaret16@hotmail.com
Nilüfer/BURSA

KÜTÜPHANE BİLGİ KARTI
Cataloing-Publication Data (CIP)
Hitabet ve İrşad
Din Hizmetlerinde
İletişim ve Güzel Konuşma
Prof. Dr. Abdurrahman ÇETİN
1. Din 2. İslam. 3. Edebiyat
ISBN: 978-9944-404-30-3
Sertifika No: 21217

HİTABET VE İRŞAD

DİN HİZMETLERİNDE İLETİŞİM VE GÜZEL KONUŞMA

Prof. Dr. Abdurrahman ÇETİN

EMİN YAYINLARI

Abdurrahman ÇETİN

Afyon-Şuhut doğumlu olup, İlkokuldan sonra hıfzını tamamladı. Konya İmam-Hatip Okulunu ve İstanbul Yüksek İslâm Enstitüsünü bitirdi. Yüksek öğrenimi sırasında İstanbul'da İmam-Hatiplik, askerlikten sonra da bir öğretim yılı Giresun İmam-Hatip Lisesinde öğretmenlik yaptı. Daha sonra Bursa Yüksek İslâm Enstitüsüne Kur'ân-ı Kerîm Asistanı olarak atandı. Asistanlık tezi hazırlarken Kıraat-i aşere de okudu. Enstitünün Fakülteye dönüşmesinden sonra 1983'te Tefsir Anabilim Dalında Doktor, 1990'da Doçent, 1996'da Profesör oldu. 1993-1997 yılları arasında Uludağ Üniversitesi İlahiyat Meslek Yüksekokulu Müdürlüğü yaptı. Hâlen Uludağ Üniversitesi İlahiyat Fakültesi Dekanıdır (2016).

Başlıca eserleri (hazırlanış sırasına göre):

Endülüslü Âlim Ebû Amr ed-Dânî ve Kıraat İlmindeki Yeri, (Doktora tezi, Bursa 1980), basım: Ensar Neşriyat, İstanbul 2015 (423 sayfa); *Kur'ân İlimleri ve Kur'ân-ı Kerîm Tarihi,* Dergâh yayınları, İstanbul 2014, 3. Baskı (büyük boy 365 sayfa); *Kur'ân Okuma Esasları*: Emin yayınları, Bursa 2016, 37. Baskı (515 sayfa); *Hitabet ve İrşad / Din Hizmetlerinde İletişim ve Güzel Konuşma,* Emin yayınları, Bursa 2016, 8. Baskı (500 sayfa); *Kur'ân-ı Kerîm'in İndirildiği Yedi Harf ve Kıraatlar,* Ensar Neşriyat, İstanbul 2013, 3. Baskı (500 sayfa); *Kıraatların Tefsire Etkisi / Kur'ân'ın Farklı Yorumlanmasına Tesir Eden Kıraatlar,* Ensar Neşriyat, İstanbul 2012, 2. Baskı (463 sayfa); *Örneklerle Peygamberimiz,* Ensar Neşriyat, İstanbul 2015, 8. Baskı (632 sayfa) ile bu eserin bölünerek yeniden düzenlenmesiyle hazırlanan *Kutlu Peygamberim Hz. Muhammed (sav),* (Ensar Neşriyat, İstanbul 2006), *Peygamberimizin Hayatı* (Ensar Neşriyat, İstanbul 2016, 4. Baskı, 200 sayfa), *Peygamberimiz ve İbâdetler* (Ensar Neşriyat, İstanbul 2015, 3. Baskı, 200 sayfa), *Peygamberimizin Ahlâkı* (Ensar Neşriyat, İstanbul 2015, 4. Baskı, 200 sayfa), *Peygamberimiz ve Sosyal Hayat* (Ensar Neşriyat, İstanbul 2015, 3. Baskı, 200 sayfa). Son dört eser ayrıca Bulgarca dört kitap halinde neşredilmiştir. Bulgaristan Başmüftülüğü, Sofya 2015.

cetinabdurrahman@hotmail.com

İÇİNDEKİLER

BİRİNCİ BÖLÜM

HİTABET VE HATİPLİK

İKİNCİ BÖLÜM

DÎNÎ HİTABET VE ÇEŞİTLERİ

ÜÇÜNCÜ BÖLÜM

TEBLİĞ VE İRŞAD

DİN HİZMETLERİNDE İNSANLARLA İLETİŞİM ESASLARI

DÖRDÜNCÜ BÖLÜM

MÜBÂREK GÜN VE GECELER, TÖRENLER, DUALAR

KISALTMALAR LİSTESİ

age : adı geçen eser

bkz : bakınız

c : cilt

DİA : Diyanet İslâm Ansiklopedisi (Türkiye Diyanet Vakfı)

GAL : Geschicte der Arabischen Litteratür (Carl Brockelmann)

GAS : Geschichte des Arabischen Schrifttums (Fuat Sezgin)

İA : İslâm Ansiklopedisi (Milli Eğitim Bakanlığı)

krş : karşılaştırınız

ktp : kütüphane

mö : milattan önce

nşr : neşreden (tahkik eden)

s : sayfa

sav : sallallâhü aleyhi ve sellem

trc : tercüme, tercüme eden

ts : tarihsiz

vb : ve benzeri

vd : ve devamı

vs : vesaire

ys : yersiz, basım yeri belirtilmemiş

ÖNSÖZ

İnsanı diğer canlılardan ayıran en önemli özelliklerden birisi, onun düşünme ve düşündüklerini ifade edebilme, yani konuşma yeteneğinin bulunmasıdır. Toplumsal bir varlık olan insanın, hemcinsleriyle iletişim kurmasında başlıca araç söz ve yazıdır. Bilhassa din görevlileri, öğretmenler, politikacı ve yöneticiler için etkili ve güzel konuşmanın büyük önemi vardır.

Hitabet, yani güzel söz söylemek bir sanattır. İnsan, bu alandaki yeteneğini geliştirdikçe, çevresiyle daha iyi ilişkiler kurabilir, maddî ve mânevî kazançlarını artırabilir. Ayrıca güzel konuşan, hoşsohbet insanların, her yerde aranan kimseler oldukları da bilinen bir gerçektir. Ancak bunu gerçekleştirmek için bilgi, yetenek, tecrübe, samimiyet, cesaret ve sesi iyi kullanmak... gibi hususların yerine getirilmesi lâzımdır.

Öte yandan irşad; insanlara doğru yolu göstermek, onları uyarmak ve mânen aydınlatmak demektir. Bu yolda başarılı olabilmenin de bir takım şartları ve kuralları vardır. Bunları bilmeden, irşad tekniklerini öğrenmeden yola çıkmak, başarısızlığı önceden kabullenmek demektir.

İşte bu kitapta, hitabet ve irşad esasları hem bir ilim ve sanat olması yönünden incelenmiş hem de bu konularla ilgili Kur'ân ve Sünnette yer alan prensipler ve örnekler tespit edilmeye çalışılmıştır.

Konular ana hatlarıyla ve sade bir ifadeyle ele alınmış; uzun yorumlarda bulunmak yerine, "az, öz, işe yarar söz" esası benimsenmiş; ilgili materyaller verilerek, değerlendirme okuyucuya bırakılmıştır.

Eser, dört bölümden meydana gelmiştir:

Birinci Bölümde; hitabet, hitabet ve hatipliğin tarihçesi, hitabet çeşitleri, hitabet teknikleri ana başlıkları altında, söz konusu hususlarla ilgili bilgiler verilmiştir.

İkinci Bölümde; dînî hitabet çeşitleri üzerinde kısaca durulduktan sonra, toplum hayatımızda önemli bir yeri olan hutbe ve vaaz konuları bütün yönleriyle ele alınmaya çalışılmıştır.

Üçüncü Bölümde; önce tebliğ ve irşadın önemi üzerinde durulmuş, daha sonra da Kur'ân ve Sünnette hitabet, tebliğ ve irşad esasları âyet ve hadislerden derlenmiş örneklerle ayrıntılı olarak incelenmiştir.

Dördüncü Bölümde; dînî hayatta önemli bir yeri bulunan, mübârek aylar, günler ve geceler ile dînî-içtimâî törenlerimizden bahsedilmiş ve lâzım olabilecek bazı dualara yer verilmiştir.

Bölümler içinde ve sonunda ise, hem eserde bahsedilen konulara ışık tutması hem de hitabet çalışmalarında örnek parçalar olarak okunması, tâlim ve temrin yapılması düşüncesiyle seçilmiş hutbeler, vaazlar, şiirler, nesirler, atasözleri ve vecîzelere yer verilmiştir.

İlahiyat Fakültemiz ve İlahiyat Meslek Yüksekokulumuzdaki Hitabet derslerinde takip ettiğimiz bu eserimiz, diğer bazı İlahiyat Fakülteleriyle din görevlileri tarafından da rağbet görmüştür.

İlk baskısı 1998'de yapılmış olan eserimiz, ikinci ve üçüncü baskısında da yeniden gözden geçirilmiş, bazı düzeltme ve ilavelerle hem öğrencilerimize hem de konuya ilgili duyan okuyucularımıza daha verimli hale getirilmeye çalışılmıştır.

Eserin her safhasında emeği geçenlere teşekkür ediyor, İlâhî rızaya vesile olmasını diliyorum.

Abdurrahman Çetin

BİRİNCİ BÖLÜM

HİTABET VE HATİPLİK

I. HİTABET

A. Tarifi

"Hitâbet (الخطابة)" kelimesi, Arapça "hatâbe" kelimesinden alınmış olup güzel söz söylemek, hutbe okumak, öğüt vermek gibi mânâlara gelir[1].

Terim olarak; bir topluluğa bir maksadı anlatmak, bir fikri açıklamak, öğüt vermek, bir görüşü benimsetmek, bir eyleme teşvik etmek gibi amaçlarla yapılan güçlü ve etkileyici konuşma veya güzel konuşma sanatı anlamında kullanılır[2].

Hitabetin diğer bazı tarifleri de şöyledir:

Hitabet; duygu ve düşüncelerin plânlı, programlı, metotlu ve maksatlı bir şekilde, etkili ve düzgün bir ifade ile başkalarına anlatılmasına denir.

Hitabet; bir fikri veya konuyu, dinleyicilere anlatıp benimsetmek; onları bir fikre veya davaya inandırmak için yapılan konuşmaya denir.

Hitabet; etkili ve güzel konuşma sanatı demektir.

---

1 İbn Manzûr, *Lisânü'l-Arab,* I, 361; Âsım Efendi, *Kâmus Tercemesi,* I, 228.

2 Mahmut Kaya, "Hitabet", *DİA,* XVIII, 156.

Hatip ise; topluluk karşısında güzel ve etkili konuşabilen kimsedir. Ayrıca camilerde Cuma ve Bayram günlerinde, minberden hutbe irat eden kimseye de "hatip" denir.

Hitabet, Arap edebiyatında belâgatla ilgili görülerek edebî ilimlerden meânî, beyân ve bedî' arasında değerlendirilmiştir[3]. İslâm kültür tarihinde ilk defa Kindî retorik[4] kelimesinin karşılığının belâgat olduğuna dikkat çekmiştir[5]. Bunun yanında hitabeti; bir ikna sanatı olması bakımından mantık ilimlerinden bir ilim olarak değerlendirenler olduğu gibi, insan ve toplumla ilgisini göz önüne alarak psikoloji ve sosyoloji gibi dallarla ilgilendirenler de bulunmaktadır. Ayrıca, dînî hitabeti, ana kaynağını âyet ve hadisler teşkil ettiği için, Kur'ân ve hadis ilimlerinden bir şube olarak değerlendirenler de vardır[6].

Hitabet de resim, müzik ve mimari gibi hem bir "ilim" hem de bir "güzel sanat"tır. Çünkü önce hitabet tekniklerini bilmek sonra da icra etmek esastır.

B. Konusu

Hitabetin belirli bir konusu yoktur. Her konuda söz söylenebileceğine göre, herhangi bir mesele veya o meselenin herhangi bir yönü, hitabetin konusu olabilir; yeter ki hatip, ele aldığı konuya vakıf olabilsin ve meseleyi hitabet kuralları içinde sunabilecek kapasitede olsun.

C. Gayesi

Hitabetin gayesi; güzel ve etkili sözler söyleyerek, bir düşünceyi, bir ülküyü veya konuyu, insanlara anlatmak ve benimsetmektir.

---

3 Mahmut Kaya, "Hitabet", *DİA*, XVIII, 157.

4 "Retorik (rhetorique)" hitabet, belâgat anlamında Fransızca bir kelimedir.

5 Mahmut Kaya, aynı yer.

6 Bkz: İsmail Lütfi Çakan, *Dînî Hitabet,* s. 16-18.

Hitabetin maksadı boş sözler söylemek değil, dinleyiciyi bilgilendirmek ve doğruya yöneltmek olmalıdır.

D. Önemi

İnsanı diğer canlılardan ayıran en önemli özellikler arasında, onun düşünme ve konuşma yeteneğine sahip olması gelir. Toplumsal bir varlık olan insanın, hemcinsleriyle iletişim kurmasında başlıca araç söz ve yazıdır. Bilhassa din görevlileri, öğretmenler, politikacı ve yöneticiler için etkili ve güzel konuşmak büyük önem taşır.

Yüce Allah, kendi Kitabını da "en güzel söz" olarak tanımlamıştır:

"Allah, sözün en güzelini indirdi"[7].

O, insanlara da güzel söz söylenmesini buyurmuş, hatta firavuna (o zihniyette olanlara) bile "yumuşak söz" söylenmesini emretmiştir:

"İnsanlara güzel söz söyleyin"[8].

"Kullarıma söyle: En güzel sözü söylesinler (puta tapanlara sert davranmasınlar). Çünkü şeytan aralarına girer (onları tartışmaya ve kötülüğe sevk eder); zira şeytan, insanın apaçık düşmanıdır"[9].

"İkiniz (Musa ve Harun), beraber Firavuna gidin, çünkü o sınırı çok aştı. Yine de ona söyleyeceklerinizi yumuşak bir üslupla söyleyin; ola ki aklını başına toplar veya (Allah'tan) korkar"[10].

Peygamberimiz de, huzurunda konuşan iki hatibi dinledikten sonra: *"Sözde, sihirleyen bir kudret vardır"*[11] buyurmuştur.

---

7 Zümer 39/23.

8 Bakara 2/83.

9 İsrâ 17/53.

10 Tâhâ 20/43-44.

11 Buhârî, *Nikâh,* 47; Müslim, *Cuma,* 47.

Şu halde güzel ve etkili konuşmak hem önemli hem de gerekli bir husus olmaktadır.

II. HİTABET VE HATİPLİĞİN TARİHÇESİ

A. İslâmiyet Öncesi Hitabet

Hatiplik; İslâmiyet öncesi dönemde şairlik, kâhinlik gibi kabile ve aşiretlerin en önde gelen mesleklerindendi. Şairler şiirleriyle, hatipler de güzel konuşmalarıyla, kabilelerinin sözcülüğünü ve savunuculuğunu yaparlar, kendi toplumlarının üstünlüklerini ve meziyetlerini, karşı toplumların da zayıf ve eksik yönlerini anlatarak, kendi lehlerine üstünlük sağlamaya çalışırlardı. Bu bakımdan bunların, toplumları nezdinde büyük değeri vardı.

Okuma yazma oranının düşük olması sebebiyle, daha çok sözlü edebiyatın yaygınlaştığı Araplar arasında, her yıl periyodik olarak Ukaz, Zü'l-mecâz ve Mecenne adıyla panayırlar düzenlenirdi. Buralarda sadece ticaret yapılmaz, edebî değeri yüksek hitabe ve şiir yarışmaları da tertip edilirdi. Bu yarışmalar vesilesiyle her kabilenin şair ve hatipleri, şan ve şöhretlerini yaymaya, kabilelerinin üstünlüklerini tanıtmaya çalışır; ayrıca rakip kavimleri kötülemeye ve küçük göstermeye gayret ederlerdi. Bilhassa Ukaz panayırında bu tür yarışma ve tartışmaların günlerce sürdüğü olurdu.

Eski Yunan ve Latin medeniyetinde hitabetin büyük önemi vardı. "Agora" adı verilen meydanlarda halk, hatipler tarafından yapılan konuşmaları ilgiyle takip ederdi. Aynı şekilde eski Roma'da da siyâsî ve sosyal olayların tartışıldığı ve halkın konuşmaları izlediği yerlere "Forum" denilirdi. Ayrıca Senato da bir hitabet meclisiydi. Roma'yı temsilen dış ülkelere gönderilecek elçilerin ve diplomatların hatipler arasından seçilmesi, onların bu konuya verdikleri önemi göstermektedir.

Eski Türklerdeki hitabet ise, daha çok askerî hitâbeler şeklinde savaş meydanlarında gerçekleşmiştir. Orta Asyalı Türk hakanlarının, askerlere ve halka karşı yaptıkları konuşmalardan, günümüze kadar ulaşanlar da vardır. Bilhassa Orhun Kitâbeleri, yazılı haliyle zamanımıza kadar gelmiş en güzel hitabet örneğidir.

*

Öte yandan ilk defa para karşılığında hitabet dersi veren ve bu konuda kitap yazan kişinin Sicilyalı Koraks (mö. V. yüzyıl) olduğu kaydedilmektedir. Bununla birlikte, ünlü filozof Aristo'nun (mö. 322) İslâm mantıkçıları tarafından *Kitâbü'l-Hatâbe* adıyla tanınan *Rhetorica*'sı, kendi türünde en eski ve sistematik bir eser özelliğini taşımaktadır. Fârâbî (339/950), *Kitâbü'l-Hatâbe;* İbn Sînâ (428/1037), *eş-Şifâ*'nın mantık bölümünün sekizinci kitabı olarak ve İbn Rüşd (595/1198), *Telhîsü'l-Hatâbe* adlı eserlerinde Aristo'nun söz konusu kitabını şerh etmişlerdir[1].

B. İslâmî Dönemde Hitabet

Peygamberimiz Hz. Muhammed (sav)'in, insanları dine çağırmak ve güven telkin eden kişiliğiyle muhataplarını etkileyip ikna etmek için başvurduğu yollardan birisi de hitabetti. Onun, peygamberliğinin ilk yıllarında kendi soyuna mensup insanlara Safâ tepesinde yaptığı konuşma, İslâm hitabetinin ilk önemli örneğidir[2]. (Peygamberimizin bu konuşması "okuma parçası" olarak bu bahsin sonunda yer almaktadır).

Peygamberimiz zamanında, değişik kabilelerden gelen kimseler bir konuşma yapar, bu konuşmaya bazen Peygamberimiz, bazen

---

1 Mahmut Kaya, "Hitabet", *DİA*, XVIII, 156-157.

2 Hüseyin Elmalı, "Hitabet (Arap Edebiyatı)", *DİA*, XVIII, 159.

de onun görevlendirdiği bir müslüman, mukabil bir konuşma yaparak cevap verirlerdi. Bunlar arasında "hatîbü'n-nebî" olarak anılan Sâbit b. Kays, Sa'd b. Rebî', Sa'd b. Ubâde, Hubâb b. Münzir, Bişr b. Amr, Beşîr b. Sa'd zikredilebilir[3].

Asr-ı saadet ve Hulefâ-i Râşidîn devri İslâmî hitabetin altın çağı olup, bu dönemin Peygamberimizden sonraki en büyük hatipleri başta ilk dört halife Hz. Ebû Bekr, Hz. Ömer, Hz. Osman ve Hz. Ali olmak üzere, ordu kumandanları ve valilerdir. Bir valinin tayin edildiği bölgeye vardığında yaptığı ilk iş, insanları toplayıp onlara hitap etmek, yapacağı icraatı anlatmaktı[4].

Cami görevi olarak hatiplik ve hutbe, Peygamberimizin Medine'ye hicretiyle başlamış ve günümüze kadar devam etmiş ve etmektedir.

Hatiplik, İslâmiyet'in ilk devirlerinde (ilk dört Halife ve Emevîler zamanında), Halifelerin ve onların tayin ettiği valilerin bizzat yürüttükleri bir görevdi. Daha sonra Harun Reşid zamanından itibaren Abbasiler döneminde bu vazife, kadılara bırakılmıştır.

Osmanlılar döneminde ise, cami imamlarından ayrı olarak, "hatîb" unvanıyla özel görevliler tayin edilmiştir. Bunlar, padişahın (Halife) yapması gereken hatiplik vazifesini üstlendikleri için, bu kimselere büyük ehemmiyet verilmiştir. Padişah tarafından özel fermanla tayin edilen hatiplere, özel bir belge verilmiş ve buna "Hitabet Beratı" denilmiştir. Beratı olmayanların, Cuma ve bayramlarda hutbe okumalarına izin verilmemiştir. Bilhassa büyük cami hatipleri, nazari olarak Halife'nin temsilcisi sayılmışlardır[5].

Cumhuriyet döneminde de uzun süre (1970'li yıllara kadar) büyük şehirlerdeki bazı camilerde, imamlardan ayrı olarak hatipler

---

3 Hüseyin Elmalı, "Hitabet (Arap Edebiyatı)", *DİA*, XVIII, 159.

4 Hüseyin Elmalı, aynı yer.

5 Mehmet Zeki Pakalın, *Osmanlı Tarih Deyimleri ve Terimleri Sözlüğü*, I, 844.

tayin edilmiştir. Daha sonra bu görevi imamlar yapmış ve yapmaktadır. Kanaatimizce eski usûle dönülmesi ve hiç olmazsa illerdeki en büyük iki-üç camide, imamlardan ayrı "hatip"lerin görevlendirilmesi uygun olur.

Yakın tarihimizde vâiz, imam ve hatip yetiştirilmek üzere 1913'de üç yıllık Medresetü'l-Vâizîn ve yine aynı tarihte Medresetü'l-Eimme ve'l-Hutebâ isimli okullar açılmış; daha sonra da bu iki medrese birleştirilerek Medresetü'l-İrşâd tesis edilmiştir. Günümüzde ise İmam-Hatip Liselerinin yanı sıra İlahiyat Meslek Yüksekokulları ile İlahiyat Fakülteleri bu alanda da eleman yetiştirmektedir[6].

*

Mithat Cemal'in *Hitâbet ve Münazara Dersleri* (İstanbul 1329) ve *Hitâbet Dersleri* (İstanbul 1330) isimli kitapları ile İlyas Mâcid'in *İnşâd ve Hitâbet*[7] (İstanbul 1330) adlı kitabı, bu alanda yazılmış ilk Türkçe eserler olma özelliğine sahiptir[8].

*

Peygamberimiz ve ilk Halifeler döneminde irad edilen hutbelerde, sadece dînî konular değil; sosyal, askerî, idârî, ekonomik vb. her konuda resmi görüş açıklanır, toplumu ilgilendiren hususlar hakkında bilgi verilir; halk, aktüel konularda da aydınlatılmış olurdu. Hutbeler, kadılara ve imamlara bırakıldıktan sonra, genel olarak dînî konular üzerinde durulur olmuş, dînî bilgiler ve öğütler vermekten ibaret bir mahiyet kazanmıştır.

---

6 Ayrıntılı bilgi için bkz: Osman Ergin, *Türk Maarif Tarihi,* I, 160-164; V, 2124-2125.

7 "İnşâd", topluluk karşısında usulüne uygun şiir okuma demektir. Geniş bilgi için bkz: İskender Pala, "İnşâd", *DİA,* XXII, 342.

8 Mustafa Uzun, "Hitabet (Türk Edebiyatı)", *DİA,* XVIII, 162; Mustafa Uzun, "Türk Hitâbet Tarihine Genel Bir bakış", *Marmara Üniversitesi İlâhiyat Fakültesi Dergisi,* sayı: 19, s. 167.

Okuma Parçası:

PEYGAMBERİMİZİN İLK HİTÂBESİ

Abdullah b. Abbas'ın bildirdiğine göre, *"(Önce) en yakın akrabanı uyar"*[9] anlamındaki âyet indirilince Peygamber sallallâhü aleyhi ve sellem evinden çıktı. Safâ tepesinde birbiri üzerine yığılmış büyük taş kümelerinin yanına vardı. En yüksek kayanın üstüne çıkıp:

— Ey Kureyşliler! Buraya geliniz, toplanınız! diye seslendi. Kureyş kabilelerini, "Ey Fihr oğulları! Ey Adiy oğulları! Ey Abdi Menâf oğulları! Ey Abdülmuttalib oğulları!" diye oymak oymak çağırmaya başladı.

Rasûlüllahın bu dâvetini işitenler birbirlerine:

— Bu seslenen kimdir? diye sordular. Yine birbirlerine:

— Muhammed'dir diye cevap vererek, hepsi gelip etrafında toplandılar. Sonra Rasûlüllah şöyle buyurdu:

— Ey Kureyş halkı! Allah'tan kendinizi ibâdet ve kulluk karşılığında satın alarak O'nun azabından kurtarınız. Bu azaptan kurtulmanız için ben, Allah tarafından verilmiş hiçbir yetki ve güce sahip değilim.

Bu genel hitaptan sonra Rasûlüllah, Kureyş boylarını özel olarak, bilinen isimleriyle birer birer anarak şunları söyledi:

— Ey Kâ'b b. Lüey oğulları! Allah'tan kendinizi ibâdet bedelinde satın alarak azabından kurtarınız (koruyunuz). Bu azaptan kurtulmanız için ben Allah tarafından verilmiş hiçbir yetkiye sahip değilim.

---

9 Şuarâ 26/214.

— Ey Mürre b. Kâ'b oğulları! Allah'tan kendinizi ibâdet bedelinde satın alarak azabından kurtarınız. Bu azaptan kurtulmanız için ben Allah tarafından verilmiş hiçbir yetkiye sahip değilim.

— Ey Abdişems oğulları! Allah'tan kendinizi ibâdet bedelinde satın alarak azabından kurtarınız. Bu azaptan kurtulmanız için ben Allah tarafından verilmiş hiçbir yetkiye sahip değilim.

— Ey Abdi Menâf oğulları! Allah'tan kendinizi ibâdet bedelinde satın alarak azabından kurtarınız. Bu azaptan kurtulmanız için ben Allah tarafından verilmiş hiçbir yetkiye sahip değilim.

— Ey Abdülmuttalib oğulları! Allah'tan kendinizi ibâdet bedelinde satın alarak azabından kurtarınız. Bu azaptan kurtulmanız için ben Allah tarafından verilmiş hiçbir yetkiye sahip değilim.

— Ey Abbâs b. Abdülmuttalib oğulları! Allah'tan kendinizi ibâdet bedelinde satın alarak azabından kurtarınız. Bu azaptan kurtulmanız için ben Allah tarafından verilmiş hiçbir yetkiye sahip değilim.

— Ey Zübeyr b. Avvâm'ın anası ve Rasûlüllahın halası (Abdülmuttalib kızı Safiye)! Ey Muhammed'in kızı Fâtıma! Siz de kendinizi Allah'tan ibâdet mukâbilinde satın alınız da azabından kurtulunuz! Allah'ın azabından kurtulmanız için ben, Allah tarafından verilmiş bir nüfûza mâlik değilim. Sizinle aramızda bir akrabalık hakkı vardır. Onu da terk etmem, ziyaretle yerine getiririm. İşte malım! Ondan ne arzu ederseniz isteyin, esirgemem veririm![10].

Rasûlüllah sözlerine devam ederek:

---

10 "Peygamber Efendimiz, Kureyş soylarını bir formül ve birbirinin aynı olan bir cümle ile davet buyurmuştur. Çünkü bu, dînî bir akittir. Bir ahd-ü mîsaktır (sözleşmedir). Bu sebeple Peygamber Efendimiz her kabileyi andıkça "İbâdet ve ubûdiyet mukâbilinde kendinizi Allah'tan satın alınız!" buyurmuştur. Binâenaleyh bu tekrar, akdin ve ahdin îcâbıdır, edebî üslûba mugâyir bir ıtnab (uzatma) değildir, tamâmiyle muvâfıktır" (Kâmil Miras, *Tecrîd-i Sarîh Tercemesi ve Şerhi*, IX, 245, dipnot).

— Ey Kureyşliler! Bana cevap verir misiniz? Ben size şu dağın arkasında veya şu vadide düşman atlıları var, üzerinize baskın yapacaktır, desem bana inanır mısınız? diye sordu. Onlar:

— Evet inanırız! Çünkü bütün tecrübelerimizde hep seni doğru bulduk. Yalan söylediğini görmedik, dediler.

— Öyleyse ben size ileride şiddetli bir azap günü bulunduğunu, günahkârların o zaman azap edileceklerini haber vermekle ve o azaptan sizi sakındırmakla görevliyim, buyurdu. Daha sonra şöyle devam etti:

— Ey Kureyş cemaati! Sizin karşınızda benim konumum şuna benzer: Bir kimse düşünün ki, o kimse, düşman görür de ailesini bundan haberdar etmek, düşman baskınından esirgemek üzere onlara koşar ve düşmanın kendisinden önce ailesine yetişip zarar vermesinden korkarak: "Dikkat edin! Düşman geliyor!" diye haykırmaya başlar.

— Ey Kureyşliler! Siz, uykuya dalar gibi öleceksiniz, uykudan uyanır gibi dirileceksiniz. Allah'ın huzuruna varınca, bütün yaptıklarınızın hesabını vereceksiniz. İyiliklerinizin mükâfatını, kötülüklerinizin cezasını göreceksiniz. O mükâfat cennet, ceza da cehennemdir[11].

***

---

11 Kâmil Miras, *Tecrîd-i Sarîh Tercemesi ve Şerhi,* IX, 244-246. Ayrıca bkz: Buhârî, *Tefsîru'l-Kur'ân,* Sûretü Tebbet, 1-2; *Menâkıb,* 13; Müslim, *Îmân,* 348-356; İbnü'l-Esîr, *el-Kâmil fi't-Târîh,* II, 60-61.

III. HİTABET ÇEŞİTLERİ

Hitabet çeşitlerini konularına ve sunuluş tarzına göre iki ana grupta toplamak mümkündür.

Konularına göre hitabet çeşitleri arasında dînî hitabet, akademik hitabet, hukûkî hitabet, diplomatik hitabet, siyâsî hitabet, askerî hitabet... sayılabilir[1].

---

1 Yukarıda da ifade edildiği gibi, hitabeti "konularına göre" ve "sunuluş şekli" itibariyle başlıca iki ana grupta toplamak mümkün olmakla birlikte, "konularına göre" yapılmış bir tasnifin gerçekçi olmayacağı, çünkü bütün konularda yapılmış konuşmalar göz önüne alınınca bunların pek çok çeşidinin ortaya çıkacağı ifade edilmektedir. Meselâ bu konuda merhum Ahmet Kabaklı: "Kitaplarda, hitabet'in 'askerî, dinî, hukukî vs.' gibi birçok çeşitleri sayılmaktadır. Ancak, bu ayırmalar yapmacıktır. Bütün konularda söylenen nutukları sayarsak, yüzlerce nutuk çeşidi bulabiliriz. Aynı yolu tutarsak meselâ "Makale" türünü de birçok çeşitlere ayırmak gerekecektir" demektedir (Ahmet Kabaklı, *Türk Edebiyatı*, I, 20).

Bununla birlikte bir fikir vermesi bakımından konuyu şöylece özetleyebiliriz:

Konularına Göre Hitabet Çeşitleri:

1. *Dînî Hitabet:* Konusu din olan ve din adamları tarafından mâbedlerde veya mâbed dışında yapılan konuşmalardır.

2. *Akademik Hitabet:* İlmî konularda, uzmanlar tarafından yapılan konuşmalara denir. İlim adamlarının, yaptıkları araştırmaları ve sonuçlarını anlatmaları; ilmî konularda dinleyicileri aydınlatmak için yaptıkları konuşmalar; ilmî konferanslar, ilmî toplantılara sunulan tebliğ ve bildiriler, üniversitelerde ve okullarda yapılan dersler, akademik hitabet türü arasında sayılır.

3. *Hukûkî Hitabet:* Hukukla ilgili konularda yapılan konuşmalara denir. Yasama meclislerinden çıkarılacak kanunlarla ilgili yapılan çalışmalar, adlî yılbaşı konuşmaları, herhangi bir yargı kuruluşunun yıl dönümü dolayısıyla yapılan konuşmalar, savcı iddianâmeleri, avukat veya sanıkların savunmaları bu tür hitabeti oluşturur.

İcra tarzına, sunuluş şekli ve biçimine göre başlıca hitabet çeşitleri ise şunlardır:

A. Hitâbe

Herhangi bir konuda, bir dinleyici kitlesine karşı yapılan kısa ve heyecanlı konuşmaya denir.

Bu tür konuşmalarda ele alınan konu ayrıntılılarıyla anlatılmaz, kısa ve öz olarak ifade edilir. Ayrıca bu tür hitabette geniş dinleyici topluluğuna seslenildiği için heyecan unsuru hâkimdir.

B. Konferans

İlmî, fikrî yahut araştırmaya dayalı bir konuyu anlatmak, orijinal bir görüşü açıklayıp savunmak maksadıyla yapılan konuşmaya denir.

---

4. *Diplomatik Hitabet:* Uluslararası ilişkilerde, diplomatik nezaket kuralları içinde yapılan hitabet şeklidir. Yabancı ülkeler arası ziyaretlerde verilen demeçler, karşılama ve uğurlama törenlerinde yapılan konuşmalar, haricî bir konuyla ilgili olarak yetkili bir kimsenin devlet görüşünü açıklaması... vs. bu tür hitabeti meydana getirir. Diplomatik hitabette, ülke çıkarları ve devletlerarası ilişkiler göz önünde bulundurulur; yorum yapmaya elverişli, esnek ve yumuşak ifadeler kullanılır, dengelere dikkat edilir.

5. *Siyâsî Hitabet:* Politikacıların, siyasetle ilgili konuşmalarına denir. Millet meclislerinde, meydanlarda, mitinglerde, kahvehane ve salonlarda, radyo ve televizyonlarda, vatandaşı politik konularda aydınlatmak, onayını ve oy'unu kazanmak gayesiyle yapılan konuşmalar bu tür hitabet çeşidine dâhildir.

6. *Askerî Hitabet:* Askerî konuşmalara; özellikle komutanların orduyu savaşa teşvik etmek, güç ve moral vermek için yaptıkları kısa, özlü ve heyecanlı konuşmalara denir. Bu tür konuşmalarda halkın ve askerlerin maneviyatını güçlendirmek, ölüm korkusunu yenmek, hür bir vatanda yaşamanın değerini bildirip düşmanın yenilmesi gerektiğini vurgulamak, şehitlik ve gazilik mertebelerinin üstünlüğünü hatırlatmak... gibi hususlar, tarihten örnekler de verilerek anlatılır.

7. *Tören Konuşmaları:* Millî bayramlarda, açılış ve kutlama törenlerinde yapılan konuşmalara denir. Bunlar, ilgili törenin konusuna uygun olarak yapılan kısa konuşmalardır.

Konferanslarda dinleyicilere yeni fikirler sunulur, araştırma sonuçları açıklanır yahut ilmî gerçekler anlatılır. Bu bakımdan konferanslarda ateşli ve şiddetli ifadeler, keskin üslup uygun karşılanmamaktadır[2].

C. Açıkoturum

Halkı ilgilendiren bir konunun, yetkili ve uzman kimseler tarafından etraflıca konuşulup, dinleyici önünde tartışılmasıdır.

Bu tür konuşmalarda, oturumu bir başkan idare eder ve konuşmacılara sırayla söz verip, eşit zamanda görüşlerini anlatmalarına ve muhalif görüşlere cevap vermelerine imkân sağlar. Konunun genişliğine göre konuşmacılara iki-üç tur söz hakkı verilir.

Oturumu yöneten başkanın, oturumda ele alınacak konu üzerinde, önceden hazırlık yapmış olması gerekir. Ayrıca, konuşmacılar arasında tarafsız davranmaya, zamanı âdil ve yerinde kullanmaya dikkat etmesi lâzımdır.

D. Forum

Hitabet açısından forum; bir konu üzerinde, bir başkan yönetiminde, birkaç uzmanın katıldığı, dinleyicilerin de tartışmasına imkân verecek şekilde düzenlenen toplantı demektir[3].

Bu tür toplantıların birkaç oturum devam edenleri de düzenlenebilmektedir.

---

[2] Belirli bir konuda bilgi vermek, bir işe başlamadan önce kesin ve ayrıntılı bilgi sunmak maksadıyla yapılan toplantıya da "brifing" denir. Bu tür toplantılarda, ilgili kuruluşun bir görevlisi tarafından, üst düzey yetkililere veya toplantıya katılanlara gerekli bilgi ve belgeler sunulur.

[3] "Forum" başlıca iki mânâya gelmektedir: 1. Eski Romalılar zamanında, Roma'da ve diğer kentlerde kamu işlerini konuşmak için halkın toplandığı alan, 2. Toplu tartışma. Bazı meselelerin görüşülerek karara bağlandığı genel toplantı.

Bu terimin farklı anlamlarda kullanıldığı da görülmektedir: Yukarıdaki uygulamadan ayrı olarak, bir panelin devamında forum yapılabildiği gibi, bir konuda bir başkan yönetiminde, birkaç uzmanla yapılmış tartışmanın kayda alınıp bir gazete veya dergide yayımlanması şeklinde de olabilmektedir[4]. Ayrıca radyo ve televizyonlarda da bu ad altında programlar yapılabilmektedir.

E. Panel

Bir konunun sohbet havası içinde, birkaç kişi tarafından dinleyici önünde tartışılması amacıyla düzenlenen toplantıdır.

Bir başkan idaresinde yapılan bu tür konuşmalarda, belirli bir karara varmaktan ziyade, ele alınan konu, çeşitli yönleriyle aydınlatılır, farklı görüşler ortaya konulur. Panel sonunda, dinleyiciler sual sorabilir.

Panel, başkanın konuyu ve konuşmacıları tanıtmasıyla başlar, daha sonra konuşmacılara sırayla söz verir.

Başkan, gerektiğinde konuşmacılara konuyla ilgili açıklayıcı sorular da sorabilir. Bu bakımdan başkanın da konuya vâkıf olması, önceden hazırlık yapması ve plânlandığı şekilde zamanın kullanılmasına dikkat etmesi gerekir.

Ayrıca bu tür toplantılarda, dinleyicilerden alınacak suallerin, karşılıklı tartışmalara yol açmamak için, yazılı olmasında fayda vardır.

F. Sempozyum

Belli bir konuda çeşitli konuşmacıların katılımıyla düzenlenen ilmî toplantıya denir.

---

4 Bu tür forum metnine bir örnek olmak üzere bkz: Arif Hikmet Par, *Plânlı Yazma Sanatı,* s. 326-341.

Bu tür toplantılardaki konuşmalarda, tespit edilen konunun değişik yönleri ele alınır. Konuşmaların sohbet ve samimiyet havası içinde yapılmasına dikkat edilir.

Bazen, birkaç gün süren sempozyumlar da düzenlenebilir.

Her oturumun bir başkanı bulunur. Başkan konuyu açıklar, konuşmacıları tanıtır. Konuşmacılara eşit süre verir.

Sunulan tebliğin müzakeresi yapılır. Özellikle konunun uzmanı olan dinleyicilere de söz verilir. İlgili konuşmacılar da bunları cevaplandırır.

Görüldüğü gibi açıkoturum, forum, panel ve sempozyum, birbirine benzer hitabet ve toplantı çeşitleridir. İzleyicilerin önünde, bir başkanın etrafında, birkaç kişinin konuşmacı olarak katıldığı toplantılardır.

Bu toplantıların başarılı geçmesinde, başkanın önemli bir rolü vardır. Bu bakımdan, başkana düşen görevleri, madde madde özetlemek faydalı olacaktır:

Toplantı Yöneten Başkanın Görevleri:

Açıkoturum, forum, panel ve sempozyum yönetecek başkanın dikkat etmesi gereken hususların başlıcaları şunlardır:

a) Başkan, toplantıdan önce, oturumda söz alacak konuşmacılarla bir ön görüşme yapmalı, toplantının seyri hakkında kendileriyle fikir alış verişinde bulunmalıdır.

b) Konuşma yapılacak salonu önceden gözden geçirmeli; ses düzenini, masa ve sandalyeleri, sürahi ve bardakları, konuşmacıların isim ve unvanlarının doğru yazılıp yazılmadığını... vs. kontrol etmelidir. Ayrıca, dinleyiciden sual alınacaksa, soru yazılması için yeterli miktarda kâğıt teminini de toplantıyı düzenleyenlere hatırlatmalıdır.

c) Başkan, temiz ve sâde giyinmeli, sâkin ve güler yüzlü olmalı, konuşmacılara ve dinleyicilere söz ve davranışlarıyla huzur ve güven vermelidir.

d) Toplantının, önceden ilân edilen vakitte başlamasını sağlamalıdır.

e) Önce, toplantı konusunu takdim etmeli, konunun mâhiyeti ve önemini, bu toplantıda meselenin hangi yönleri üzerinde durulacağının plânlandığını anlatmalıdır.

f) Konuşmacılara, önceden kendi aralarında belirledikleri sıra ile söz vermelidir. Her konuşmacıdan önce, onu kısaca tanıtmalı ve konuşmacının ele alacağı konuyu bildirmelidir.

g) Başkan, konuşmacılara verdiği süreye dikkat etmeli; âdil davranmalıdır.

h) Başkan, konuşmacıların söz ve fikirlerini eleştirmemelidir. Konuşmaları değerlendirirken tarafsız davranmalı; eğer yapacaksa, iltifatlarında bile âdil olmalıdır.

İ) Konuşmacılardan birisi, salondaki havayı gererse, başkan, ortaya çıkan bu gerginliği gidermeye çalışmalı; yerinde ve akıllıca esprilerle, ortamı yumuşatmalıdır.

j) Konuşmaların tamamlanmasından sonra, konuşmacıları dinlerken tuttuğu notlarla, söylenenleri çok kısa bir zaman içinde ve ana hatlarıyla özetlemelidir.

k) Dinleyicilerden sual kabul edilecekse, bunların yazılı olarak alınmasında fayda vardır. Bu şekilde, hem karşılıklı tartışma ihtimali ortadan kaldırılmış olur hem de cevap verecek konuşmacıya, sual üzerinde düşünme fırsatı sağlanır.

l) Başkan, konuşmacılara, sual soranlara, dinleyicilere ve toplantının düzenlenmesinde emeği geçenlere teşekkür ederek toplantıyı kapatır.

G. Münâzara

Birkaç kişinin, karşılıklı iki grup halinde, bir konunun lehinde veya aleyhinde fikir beyan ederek tartışmalarına denir.

Daha çok okullarda öğrenciler arasında düzenlenen bu tür toplantılarda, bir tez ve bir antitez şeklinde iki ayrı ve aykırı fikir, iki ayrı ekip tarafından jüri ve dinleyiciler önünde tartışılır, fikir ve söz yarışması yapılır.

İyi niyet sınırlarını aşmadığı ölçüde münazaralar, bazı gerçeklerin ortaya çıkmasına; öğrencilerin konuşma ve düşünme yeteneği kazanmalarına vesile olur.

Bu tür toplantılarda, toplantıyı yönetenle, jüri üyelerine büyük sorumluluk düşer. Zira izleyicinin baskısı altında kalmadan, âdil bir tutum sergilemek gerekir.

H. Sohbet

Güncel olaylar ve konularla ilgili dînî, fikrî, siyâsî, sosyal, ekonomik vs. her konuda yapılan konuşmalara denir.

Sohbetlerde, konular fazla derinleştirilmez. Sade bir dil, zarif bir üslup kullanılır. Konuşma, kibar ve ince nüktelerle, şiirlerle süslenir.

Başta aile ocağı olmak üzere, çeşitli mekânlarda, karşılıklı sevgi, saygı ve güven ortamına dayalı dînî sohbetler çok faydalı olur. Bu tür toplantıların külfetsiz, sâde, düzenli ve sürekli olması, beklenen yararı daha da artırır.

Peygamber efendimiz (sav), bilhassa sabah namazlarından sonra ashâbıyla, ikindi namazlarından sonra da aile fertleriyle sohbet ederdi.

İ. Radyo-Televizyon Konuşmaları

Toplumu ilgilendiren herhangi bir konuda, radyo ve televizyonda yapılan konuşmalara denir.

Radyo ve televizyonda yapılacak konuşmaların, geniş dinleyici ve seyirci kitleleri göz önüne alınarak, her gruptan insanın rahatsızlık duymadan dinleyebileceği şekilde, daha özenli ve aşırılıktan uzak olmasına çalışılmalıdır.

J. Takdim Konuşması

Bir toplantıda asıl konuşmayı yapacak kimseyi dinleyicilere tanıtmaya takdim konuşması denir.

Toplantılarda, önce bir takdim konuşması yapılır. Bu konuşma da dikkat isteyen bir husustur. Bu bakımdan takdim konuşması yapacak kimsenin başlıca şu hususlara özen göstermesi gerekir:

a) Hoş geldiniz cümlesi. (Protokol varsa başta onlara hitap ederek, bütün dinleyicilere "hoş geldiniz" denir, katılımları için teşekkür edilir).

b) Konunun önemi (Niçin bu konu seçilmiştir? Birkaç cümle ile açıklanır. Asıl konuşmacının söyleyeceği hususlar uzun uzun anlatılmaz).

c) Hatibin tanıtımı (Asıl konuşmayı yapacak kimse hakkında kısa bilgi verilir).

Takdimci, konuşmacıyı, konuşma konusunu iyi bilmelidir. Konuşmacının adı, unvanı ve görev yeri konusunda hata yapmamalıdır. Bunu sağlamak için de hatiple, toplantıdan önce bir görüşme yapıp, kendisi hakkında söyleyeceklerinin doğru olup olmadığını kontrol etmelidir.

d) Hatibin konuşmaya davet edilmesi.

Takdim konuşması örneği:

Sayın Valimiz, Sayın Belediye Başkanımız, Sayın Müftümüz ve değerli misafirler!

Öncelikle bu toplantıya katıldığınız için teşekkür ediyor, hepinize hoş geldiniz diyorum.

Türkiye Diyanet Vakfı tarafından İlk defa 1989 yılında, Peygamberimizin doğum yıl dönümüne rastlayan hafta, "Kutlu Doğum Haftası" olarak ilan edilmiş ve o yıldan bu yıla kadar, artan bir ilgi ile bu hafta kutlanır olmuştur.

Yılda bir hafta da olsa, bütün Türkiye olarak Peygamberimizi bir daha hatırlamak, gençlerimize onu tanıtıp anlatmak, onu iyi tanıyanlara da, Hz. Peygamber sevgisini ve heyecanını bir daha tattırmak, faaliyetlerin en güzeli ve en faydalısıdır. İşte bu toplantımızda da yine aynı gaye ile bir araya gelmiş bulunuyoruz.

Değerli fikir ve yorumlarıyla bizleri aydınlatmak üzere, ... Üniversitesi İlahiyat Fakültesi Öğretim üyelerinden .... aramızda bulunuyor. Kendisi İslâmî birçok konuda araştırmaları bulunan değerli bir ilim adamımızdır.(Kısa biyografisi).

Bizler, dînî konulara ilgi duyan, hele hele Peygamberimize olan bağlılığımızla iftihar eden insanlar olarak, eminim ki buradan, daha çok bilgi ve huzur ile ayrılacağız.

Sözü uzatmadan mikrofonu hocamıza bırakıyor, kendisini huzurlarınıza davet ediyorum. Buyurun sayın hocam!

e) Takdimci, asıl hatibin konuşması bitince, konuşma yapan kimseye ve dinleyicilere birkaç cümle ile ve samimiyetle -unvanını ve adını soyadını tekrar zikrederek- teşekkür etmelidir:

"Bizlerle, son derecede faydalı ve aydınlatıcı bilgi ve görüşlerini paylaştığı için değerli hocamız .... 'a hepimiz adına şükranlarımızı sunuyorum. Son olarak siz sayın dinleyicilerimize de bizleri yalnız bırakmadığınız

için teşekkür ediyor, saygılar sunuyorum!".

***

K. Monolog

Bir tiyatro oyununda, oyunculardan birinin rol gereği olarak kendi kendine yaptığı uzun konuşmaya denir[5].

Monolog, her konuda olabildiği gibi, daha ziyade hayatın gülünç yanlarını ve çelişkilerini yansıtmak üzere yapılan konuşmadır.

L. Diyalog

Karagöz ve Hacivat örneğinde olduğu gibi, iki kişinin, kalabalık bir dinleyici kitlesine karşı, daha ziyade hayatın gülünç yanlarını ve çelişkilerini yansıtmak üzere yaptıkları konuşmaya denir.

Bu iki türde de (monolog ve diyalog), insanları eğlendirmek ve güldürürken düşündürmek gaye edinilir.

Monolog ve diyalog kelimeleri günlük hayatımızda yukarıdaki tanımların dışında başka anlamlarda da kullanılabilmektedir.

M. Muhâvere

İki veya daha fazla kişinin, (herhangi bir yerde, sohbet veya tartışma havası içinde) karşılıklı konuşmalarına denir.

Tanımdan da anlaşılacağı üzere muhâvere, diyalogdan farklı bir anlamda kullanılmaktadır.

---

5 Buna benzer bir konuşma şekli de "tirat" (veya tirad)dır. Tiyatroda oyunculardan birinin bir defada söylediği uzun parçaya denir. Oyuncuların sahnede birbirlerine söyledikleri coşkulu uzun sözler şeklinde de tanımlanmıştır. Bunun diğer bir anlamı da, bir düşüncenin kesintisiz olarak dile getirildiği uzun konuşmadır.

N. Vaaz ve Hutbe

Bu iki konu üzerinde ikinci bölümde geniş bilgi verilmiştir[6].

---

6 Yukarıdaki bilgiler sözlük, ansiklopedi ve ilgili diğer eserlerde yer alan ortak bilgiler olduğu için ayrı ayrı dipnot konulmasına gerek görülmemiştir. Hitabet, Hatiplik, Hitabet ve Hatipliğin Tarihçesi, Hitabet Çeşitleri hakkında bkz: Âsım Efendi, *Kamus Tercemesi,* I, 228; M. Şerafeddin Yaltkaya, *Hatiblik ve Hutbeler,* s. 5-16; M. Zeki Pakalın, *Osmanlı Tarih Deyimleri ve Terimleri Sözlüğü,* I, 844; Johs. Pedersen, "Hatib", *İA,* V-I, 363-365; A. J. Wensinck, "Hutbe", *İA,* V-I, 617-620; *Türk Ansiklopedisi,* "Hatib", XIX, 398; *Meydan Larousse,* II, 580; III, 764; IV, 765; V, 677, 907; VIII, 898; IX, 44; XII, 172; Osman Ergin, *Türk Maarif Tarihi,* I, 160 vd; A. Hikmet Par, *Planlı Yazma Sanatı,* s. 302-306; S. Kemal Karaalioğlu, *Kompozisyon Sanatı,* s. 60, 65-82; Türk Dil Kurumu, *Türkçe Sözlük,* II, 94,1034; Ahmet Kabaklı, *Türk Edebiyatı,* I, 18-25; Süleyman Doğdu, *Hitabet Rehberi,* s. 75-79; D. Mehmet Doğan, *Büyük Türkçe Sözlük,* ilgili maddeler; Dergâh *Türk Dili ve Edebiyatı Ansiklopedisi,* II, 359; IV, 247; VI, 400; Ahmed Lütfi Kazancı, *Peygamber Efendimizin Hitabeti,* s. 18-28; İsmail Lütfi Çakan - İrfan Gündüz - Yakup Çiçek, *Hitabet,* I, 10-12, 34-49; Nejat Muallimoğlu, *Bütün Yönleri ile Hitabet,* s. 527 vd; *Gelişim Hachette,* IV, 1338; Mahmut Kaya - Hüseyin Elmalı - Mustafa Uzun, "Hitabet", *DİA,* XVIII, 156-163; Mustafa Uzun, "Türk Hitâbet Tarihine Genel Bir bakış", *Marmara Üniversitesi İlâhiyat Fakültesi Dergisi,* sayı: 19, s. 145-169; İlhan Ayverdi, *Misalli Büyük Türkçe Sözlük,* II, 2093; III, 3172.

IV. HİTABET TEKNİKLERİ

A. Bazı Tanımlar

Aşağıda, daha sonraki bahislerde ve hitabet sanatında lâzım olabilecek bazı tarif ve açıklamalara yer verilmiştir:

1. Dil: Bir toplumdaki insanların anlaşmalarını, konuşma veya yazı ile sağlayan işaretler sistemidir[1].

Başka bir tanımla dil; sesli ve yazılı sembollerden meydana gelen ve bir toplumun üyeleri tarafından az çok aynı şekilde kullanılan bir sistemdir[2].

Duygu ve düşüncelerin anlatımında el, baş, göz, kaş işaretlerinin yardımıyla birlikte, en yetkin anlatma yolu dildir.

2. Söz: Bir duyguyu veya düşünceyi anlatmak için art arda kullanılan cümle dizisine denir[3].

3. Konuşma: Duygu ve düşünceleri sözle ifade etmek; kelimeleri telaffuz etmek; karşılıklı olarak birbirine söz söylemek demektir.

En az iki kişinin, diyeceklerini birbirine söylemelerine konuşma denildiği gibi, bir kimsenin dinleyicilere karşı belli bir konuda

---

1 Haydar Ediskun - Baha Dürder, *Örnek Dilbilgisi,* s. 11.

2 D. Kreec - R. Crutchfield - E. Ballachey, *Cemiyet İçinde Fert,* trc: Mümtaz Turhan, II, 53.

3 Haydar Ediskun - Baha Dürder, *age,* s. 14.

söylediği sözlere de konuşma denir[4].

İnsanı diğer canlılardan ayıran özelliklerinden birisi, kendisinde konuşma yeteneğinin bulunmasıdır. O, kendisinin ve başkalarının davranışlarını kontrol hususunda kelimeleri alet olarak kullanır. Bu konuşma aletinin en bariz vasfı sosyal mahiyette oluşudur. Zira insanlar düşünce, his ve maksatlarını diğerlerine konuşma ve dil yoluyla naklederler[5].

4. Lehçe: Bir dilin coğrafya, toplum ve kültür ayrılıkları sebebiyle, birbirinden ayrı olan söyleniş ve yazılışına denir. Batı Türkçesinin Anadolu, Âzerî, Türkmen lehçeleri gibi[6].

5. Ağız: Bir dilin ayrı il ve kentler arasında birbirinden az-çok farklı söylenişine denir. Anadolu lehçesinin Aydın, Konya, Kastamonu, İstanbul ağızları gibi[7].

6. Diksiyon: Söz söylerken duygu ve düşünceleri doğru, üslubuna uygun olarak anlatmak için sesin uyumunu, söylenişi, jesti, mimiği, alınacak tavırları yerinde ve güzel kullanma sanatıdır[8].

Başka bir ifade ile; konuşma ve okuma sırasında seslerin, kelime ve vurguların anlam ve heyecan duraklarının hakkı verilerek söylenmesidir[9].

7. Pelteklik: Harfleri gerektiği gibi telaffuz edememek; dilin dişler arasına girmesi yüzünden S, Z gibi harflerin kusurlu söylenmesi demektir.

---

4 Haydar Ediskun - Baha Dürder, *age* ve yer.

5 D. Krech - R. Crutchfield - E. Ballachey, *age,* II, 1.

6 Aynı eser, s. 17.

7 Aynı yer. Ayrıca bkz: Neclâ Pekolcay, *İslâmî Türk Edebiyatı,* s. 179-180.

8 Şenbay, *age,* s. 132.

9 İlhan Ayverdi, *Misalli Büyük Türkçe Sözlük,* I, 704; ayrıca bkz: *Meydan Larousse,* III, 686.

8. Jest: El, kol ile yapılan ve bir mânâ ifade eden hareket demektir[10].

Daha geniş bir anlatımla; konuşurken, birisine bir konuyu anlatırken, mânâya dikkat çekmek, önemini anlatmak için el, kol, baş ve vücudun bir kısmı ile tabiî olarak veya özellikle yapılan hareket-tir[11].

9. Mimik: Yüz ifadesi; bir duygu veya düşünceyi yüz hareketiyle ifade etmek demektir[12].

Başka bir ifade ile; söz söylerken duygu ve düşünceleri anlatmak için yüzde beliren hareketlere denir[13].

10. Ses: İnsan gırtlağındaki ses kirişlerinin titreşiminden meydana gelen, biçimlenmiş yalın bir selen (kulakla duyulan her şey)dir. Ses, bir dilin en yalın öğesidir[14].

Sesle İlgili Diğer Hususlar:

Ses Yolu: Akciğer, soluk borusu, gırtlak, ağız boşluğu ve burun yolundan meydana gelen bir geçittir.

Sesin Meydana Gelişi: Akciğerler bir miktar havayı nefes borusuna iter. İtilen bu hava ses kirişleriyle karşılaşır ve bunlarda bir titreşim meydana gelir. Bu titreşim sonunda hava selenleşir[15]. Selen, ses yolunda akarken, ağız boşluğu ile burun geçidinin karşılığına gelir. Bu kavşakta küçük dil bulunur. Küçük dil, selenin istenen

---

10 Mehmet Doğan, *Büyük Türkçe Sözlük,* s. 572. Bu kelime mecâzî olarak, uygun ve yerinde davranış, takdirkâr hareket, ifade, tavır anlamında da kullanılır.

11 İlhan Ayverdi, *Misalli Büyük Türkçe Sözlük,* II, 1489.

12 Doğan, *age,* s. 775.

13 Şenbay, *age,* s. 138.

14 Haydar Ediskun - Baha Dürder, *age,* s. 27.

15 "Selen", gürültü niteliğinde olmayan ses (Nüzhet Şenbay, *Söz ve Diksiyon Sanatı,* s. 141); kulağın duyabildiği her türlü ses (İlhan Ayverdi, *Misalli Büyük Türkçe Sözlük,* III, 2721) diye de tarif edilmiştir.

biçimi alabilmesi için ya burun geçidini kapatıp ağız geçidine ya da büyük dil ile birlikte ağız geçidini kapatıp burun geçidine yol verir.

Selen, burun geçidine giderse geniz seslerini meydana getirir; ağız boşluğuna giderse büyük dilin kamburlaşması, yayılması, damağa veya dişlere dokunup açılması, dudakların yuvarlaklaşması, düzleşmesi, alt dudağın üst dişlere dokunup ayrılması, dişlerin birbirlerine yaklaşması sonucunda boğumlanır; yani daralma veya bir engelle karşılaşınca istenilen biçimi almış olur. Selen, ağız boşluğunun neresinde istenilen biçimi alıyorsa, o yere boğumlanma noktası veya çıkak (mahreç) denir[16].

Oturmuş Ses: Orta bölgeyi bularak konuşmaya alışkın ses demektir. Başka bir ifade ile, "maske" denilen yüzün ön kesimi yani yanaklar ve dudaklar bölgesine yerleştirilmiş "doğru" ve "makbul" sestir.

Oturmamış Ses: Orta bölgenin dışına, fazla tiz ve pes bölgelere kaçan ses demektir[17] ki makbul değildir; çünkü pes ses iyi işitilmez; tiz ses ise hem dinleyiciyi rahatsız eder hem de söyleyeni yorar.

Tekdüze Ses: Ses yüksekliği bakımından bir sesin aynı notaları izlemesi demektir ki bu da makbul değildir; çünkü dinleyene bıkkınlık verir.

Boğaz Sesi: Dudakların, dilin, yanakların doğal hareketi ile ayarlanmadan boğazda meydana gelen sese denir. "Maske" denilen, yüzün ön kesimi, yani yanaklar ve dudaklar bölgesine yerleştirilmemiş kulağa hoş gelmeyen tatsız bir sestir[18].

---

16 Ediskun - Dürder, *age,* s. 27.

17 Şenbay, *age,* s. 139-142. Düşük frekanslı seslere pes (kalın) ses; yüksek frekanslı seslere de tiz (ince) ses denir.

18 Şenbay, *age,* s. 130.

B. Konuşmanın Unsurları

Konuşmanın meydana gelmesinde birçok unsurun bulunması gerekir. Bunlar: Akciğer, ses telleri, boğaz, ağız boşluğu, küçük dil, damak, burun, dil, dişler, yanaklar, dudaklar ve çenedir. Konuşmanın gerçekleşmesinde rolü olan uzuvlar bunlardır.

Bunları iyi kullanabilmek, daha doğrusu bunları kullanarak iyi bir konuşma yapabilmek için solunum yöntemini yani nefesi iyi kullanmasını bilmek, daha sonra da ses eğitiminden geçmek lâzımdır.

1. Solunum Yöntemi

Bilindiği gibi solunum görevini yapan akciğerdir. Solunumda burundan nefes alıp vermek esastır. Bu sayede dışarıdan alınan hava süzülür ve ısınır. Ancak konuşma sırasında, bilhassa hızlı ve heyecanlı konuşmalarda burundan nefes almak zordur. Bu durumda ağızdan soluk alınır.

Konuşma sırasında soluk verirken tutumlu olmak, birden soluk vermemek lâzımdır. Bu kurala uyulmazsa, konuşmacı çabuk yorulur.

Hiçbir zaman nefesin sonuna kadar söz söylememelidir; çünkü bu durumda ses de nefes gibi kuvvetini kaybeder[19].

Hatip, nefes alıp verme tekniğini öğrenmelidir. Nefes zayıf olursa ses de zayıf olur. Nefesin çıkışı bol olursa, bu da yarar sağlamaz; sadece konuşmacıyı yorar. Düzensiz soluk alıp vermek, konuşmayı da düzensiz ve zevksiz kılar. Bunu öğrenmek için uzun çalışmalar yapmak gerekir. Bunun için önce bol bol burundan derin nefes alıp verme çalışmaları yapmalı; sonra da bu nefesi iyi kullanabilmek gayesiyle, nefes almayı mümkün mertebe noktalama

---

19 Şenbay, *age*, s. 72-74.

işaretlerine denk getirerek, edebî metinler üzerinde denemeler yapmalıdır.

2. Ses ve Telaffuz Eğitimi

İyi bir soluma yöntemi kazanıldıktan sonra, sıra ses ve telaffuz eğitimine gelir. Bu hususu da maddeler halinde şöylece tespit etmek mümkündür:

1- Öncelikle, daha evvel yanlış alışkanlık nedeniyle boğaz veya burundan gelen sesi, "maske" denilen, yüzün ön yüzüne, yanak ve dudak bölgesine yerleştirmek gerekir. Bunu sağlamak için de önce, derin bir nefes alıp, boğazı zorlamadan ve sese hımhımlık vermeden, ağzı iyice açarak "A" ünlüsü çıkarılır. Özellikle çıkan sesin boğazı hırpalamamasına veya burundan hımhımlaşarak çıkmamasına dikkat etmelidir[20]. Diğer harfler için de aynı uygulama yapılır.

2- Konuşurken, ağız boşluğuna gereken hareketi vermelidir.

Bazıları konuşurken ağzını açmak zahmetine katlanmaz; sözlerini ağzının içinde yuvarlar. Bazıları da dişlerinin arasından, âdeta kelimeleri çiğniyormuş gibi konuşur[21].

3- Konuşma sırasında ayrıca şu hususlara da dikkat etmelidir:

Türkçedeki kalın "A" ile ince "Â"yı birbirinden ayırmalıdır. Kalın "A"ya örnek: Adam, ağlamak, ana, kalan, yalan vb. İnce "Â"ya örnek: Kemâl, zevâl, lâf, lâstik, kâğıt vb.

Yaygın şekilde görüldüğü üzere: "lâzım" yerine "lazım", "lâstik" yerine "lastik", "cemâl" yerine "cemal", "kemâl" yerine "kemal" dememelidir.

---

20 Şenbay, *age,* s. 88-89.

21 Şenbay, *age,* s. 89.

"B" yerine "P" dememelidir. Örnek: "Kıbrıs" yerine "Kıprıs", "leblebi" yerine "leplebi", "kibrit" yerine "kiprit veya kirpit", "abdest yerine aptes".

Açık "E" ile ağzın daha kapalı ve söyleniş yeri daha önde olan kapalı "E"yi farklı söylemelidir. Açık "E"ye örnekler: Evet, mendil, el, bellemek (öğrenmek). Kapalı "E"ye örnekler: Yedi, el (yabancı: el gibi davranma), bel, bellemek (sivri uçlu kürek ile toprağı kazmak).

Kısa "İ" ile uzun "Î"yi birbirinden farklı telaffuz etmelidir. Örnekler: İkiz, ilmik, iyilik; emîn, yemîn vb.

"K" harfi, boğazdan hırıltı gelmeden söylenmelidir. "Yok" yerine "yoh", "toprak" yerine "toprah", "yaprak" yerine "yaprah" dememelidir. Aynı şekilde "G" gibi telaffuz etmekten de kaçınmalıdır: "Gırmızı", "gamyon", "gapı" dememelidir.

Kalın "O" ile ince "Ô" da birbirinden farklı söylenmelidir. Örnek: "lôş" yerine "loş", "lôkma" yerine "lokma", "lôkum" yerine "lokum" dememelidir.

Bu gibi kelimeler, yazılışta inceltme işareti olmadan yazılsa bile, okunuşta belirtildiği şekilde telaffuz edilmesi gerekir.

"R" yerine "L" söylemekten sakınmalı. Meselâ: "birader" yerine "bilader", "merhem" yerine "melhem", "terlik" yerine "tellik" dememelidir[22].

"R" yi doğru telaffuz etmeli; bağlı olduğu heceye göre, ince sesli harfin yanında ince, kalın seslinin yanında kalın söylemelidir. Meselâ: "reis", "rica", "röntgen", "yer", "bir", "tür"' de "R" harfleri ince; "Ramazan", "Rıfkı", "rol", "ruh", "kar", "sabır", "rapor", "sur" gibi kelimeler de ise kalın olmalıdır.

---

22 Bunlar için bkz: Şenbay, *age*, s. 91-92, 104-106.

Aynı şekilde "R" harfindeki titreşim, iri taneli olmamalı, iki-üç tane "R" söyler gibi yapmamalıdır: "rradarr", "rraporr", "karrtal", "birr". Dil, çıkakta (mahreçte) sıkı tutulursa, bu tür telaffuz hatası önlenmiş olur.

***

Hatalı olarak söylenen kelimelerden bazıları şunlardır (Hata, altı çizili olan kısımda yapılmaktadır. Bu gibi kelimeler, yazılışta inceltme veya uzatma yerine geçen (^) işaret olmadan yazılsa bile, okunuşta doğru telaffuz edilmesi gerekir.

Yanlış	Doğru
Allah'ın	Allâh'ın
Acizane	Âcizâne
Adetâ	Âdetâ
Ahîret	Âhiret
Ahlak	Ahlâk
Aidat	Âidat
Aile	Âile
Akîbet	Âkıbet
Alfâbe	Alfabe
Anlı	Alnı
Asi	Âsi
Azamî	A'zamî
Bakî	Bâkî
Batıl	Bâtıl

Yanlış	Doğru
Bekar	Bekâr
Cahil	Câhil
Caiz	Câiz
Camekan	Camekân
Dinimiz	Dînimiz
Estağfurullah	Estağfirullah
Fâriza	Farîza
Gafil	Gaafil
Gürültü yapmak	Gürültü etmek
Hacet	Hâcet
Hadise	Hâdise (olay)
Hâkir	Hakîr
İkâmet	İkaamet
İman	Îman
İnkar	İnkâr
Kaabe	Kâbe
Kaafir	Kâfir
Kanun	Kaanun
Mahiyet	Mâhiyet
Maişet	Maîşet
Meclîs	Meclis
Mevlâna	Mevlânâ

Yanlış	Doğru
Moderin	Modern
Mülakat	Mülâkat
Nâsib	Nasîb
Namaza müteakip	Namazı müteakip, müteakiben
Namazgah	Namazgâh
Namus	Nâmus
Nikah	Nikâh
Nîsa	Nisâ
Park yapılmaz	Park edilmez
Plan	Plân
Sabit	Sâbit
Sadece	Sâdece
Selâ	Salâ
Salona teşrif	Salonu teşrif
Sükûtu hayal	Sukûtu hayal (Veya) sukût-i hayâl (hayal kırıklığı)
Süpriz	Sürpriz
Şayet	Şâyet
Şube	Şûbe
Tabi	Tabiî (tabîî) (doğal, olağan)
Tabir	Tâbir
Tekaamül	Tekâmül

Yanlış	Doğru
Tezgah	Tezgâh
Umumi	Umûmî
Vebal	Vebâl
Yakut	Yâkut
Zail	Zâil
Zaten	Zâten
Zeka	Zekâ

***

Yazılışta birbirine benzediği halde mânâsı ve söylenişi farklı olan bazı kelimeler de şunlardır (Dikkat edilmesi gereken yer koyu yazılmıştır):

A**bd**al: derviş, ermiş, evliya / A**pt**al: zekâsı gelişmemiş, anlayışsız.

Aciz: gücü yetmemek / **Â**ciz: güçsüz, gücü yetmeyen.

Adem: yokluk, hiçlik / **Â**dem: insan, ilk insan ve ilk peygamberin adı, erkek ismi.

Adet: sayı, miktar, tane / **Â**det: görenek, töre, huy.

Alem: işaret, bayrak, sancak / **Â**lem: evren, bütün yaratıklar.

Aşık: ayak bileğinde bulunan hareketli bir kemik / **Â**şık: tutkun.

Azim: kesin karar, gayret / **Azîm**: büyük.

Batın: karın, iç, nesil / **Bât**ın: görünmeyen, sır.

Dahi: daha, ilave olarak / **Dâhi**: dehâ sahibi, üstün zekâlı.

Dalâlet: sapıtma, doğru yoldan ayrılma / **Del**âlet: yol gösterme, delil, işaret.

E**mir**: buyruk / E**mîr**: Baş, reis, başkan.

Ha**ris**: hırslı, açgözlü / **Hâ**ris: çiftçi, bekçi, gözcü.

He**le**can (halecan): kalp çarpıntısı, titreme / He**ye**can: korku, üzüntü, sevinç gibi nedenlerle ortaya çıkan güçlü ve geçici duygu, coşku.

İcra: uygulama, yürütme / **İr**ca: eski durumuna getirme, çevirme.

İlâm (i'lâm): bildirmek, haber vermek, anlatmak / **İlân** (i'lân): ortaya çıkarma, açıklama, duyuru.

İl**ga**: ortadan kaldırmak / il**ka**: bırakmak, koymak.

İsyan: baş kaldırma, ayaklanma / **Nis**yan: unutma.

Katil: öldürme / **Kâ**til (kaatil): öldüren.

Mâsu**m**: suçsuz, günahsız / Masu**n**: korunmuş.

Mâhiyet: bir şeyin hakikati / **Mai**yet: birlikte bulunma, birinin emrinde çalışan.

Mâmur: imar edilmiş, bayındır / **Me**mur: görevli, devlet hizmetinde çalışan.

Mütehas**sıs**: uzman / Mütehas**sis**: hisli, duygulanan.

Mütevâ**zı**: alçak gönüllü / Mütevâ**zi**: birbirine paralel olan, birleşmeyen.

Nâme: mektup, yazı / **Nağ**me: ezgi, âhenkli ses.

Nü**fus**: belli bir yerde bulunan insanların sayısı, kişiler / Nü**fuz**: içe geçmek, işlemek; sözü geçer olmak, etkinlik.

Rakip (rakîb): yarışan / **Râ**kip: binen, binici.

Saadet (saâdet): mutluluk / **Sa**det: asıl konu, niyet, maksat.

Sanat: yapmak, bir şey meydana getirmek, bir duyguyu, hâli ve güzelliği ifade etmek maksadıyla başvurulan usûllerin tamamı / **Zanaat** (zenaat): geçimini sağlamak gayesiyle yapılan, ustalık ve el becerisi gerektiren iş.

Sem**aî**: İşitmeye dayalı olarak öğrenilen / Sem**âvî**: gökle ilgili; ilâhî.

Sukût: düşmek / **Sükût**: susmak.

Tehzib: temizleme, düzeltme, terbiye etme / **Tez**hib: yaldızlama, süsleme.

Vaaz (va'z) etmek: öğüt vermek / **Vaz** (vaz') etmek: ortaya koymak.

NOT: Kelimelerin doğru söylenişini öğrenmek için, parantez içinde o kelimenin nasıl telâffuz edileceğini de gösteren sözlüklere bakılmalıdır.

***

3. Sesin Oturması

İnsan sesi başlıca üç bölgeye ayrılır: Tiz bölge, orta bölge ve pes bölge[23].

Tiz bölgede ses telleri fazla gergin olur ve çok fazla soluk verişle titrer. Bu da oldukça yorucudur. Özellikle ilkokul öğrencilerinin okudukları şiirleri buna örnek olarak gösterebiliriz. Bu tavır hem söyleyeni hem dinleyeni yorar. Yetişkin kimselerden de böyle konuşanlar az değildir.

---

23 Düşük frekanslı seslere pes (kalın) ses; yüksek frekanslı seslere de tiz (ince) ses denir. (Frekans: Bir sanineyede oluşan titreşim sayısı; ses, dalga vb.nin birim zamandaki titreşim sayısı, sıklık).

Kullanılması en uygun ve rahat bölge, orta bölgedir. Sesi oturtmak demek, orta bölgeye alıştırmak demektir. Bu bölgede ses hem dayanıklı hem daha dokunaklı ve cana yakındır.

Gündelik konuşmada ton yüksekliği aralıkları beş müzik notasını geçmez.

Sesin Orta Bölgeye Yerleştirilmesi:

Sesin orta bölgesinin en rahat ve etkileyici kısmı olduğunu kaydetmiştik.

Sesimizin orta bölgesini bulmak için, önce derin bir nefes alıp, boğazı zorlamadan "A" sesi çıkaralım. Sonra bu notayı orta nota kabul edip, bu kez bunu tizleştirelim. Sonra tekrar ortayı bulalım ve ortadan pese indirelim. Bu üç ses bölgesinden, başlangıçta orta noktadan uzaklaşmadan, şiirler okuyalım. Sesimizi bir kademe yükselterek, daha sonra indirerek, kademe kademe indirip yükseltmek sûretiyle ses düzeylerini belirginleştirmek mümkündür[24].

Eğer biraz müzik bilgimiz varsa, "do-re-mi-fa-sol" notalarını birkaç defa okuyalım. Daha sonra "re" ve "fa" yı okumadan "do-mi-sol" seslerini tekrarlayalım. Daha sonra bu sesleri kesik kesik "a-e-i" diyerek söyleyelim. İşte bu "do" perdesinden yapılacak konuşma pes; "mi" perdesinden yapılacak konuşma orta; "sol" perdesinden yapılacak konuşma da tiz bölgeyi gösterir diyebiliriz.

4. Tonlama ve Vurgu

Tonlama: Konuşurken veya bir parçayı okurken, sözün amacına göre, sese verilen sertliğe, yumuşaklığa, keskinliğe, inceliğe ve kalınlığa tonlama denir. Söz söylerken veya bir parçayı sesli okurken, sözü gereği gibi tonlandırmak, bir eğitim işidir; bu da çalışma ile elde edilir[25].

---

24 Şenbay, *age,* s. 93-94.

25 Ediskun - Dürder, *age,* s. 42.

Vurgu: İki veya daha çok heceli kelimelerde bazı hecelerin; cümlelerde ise bazı kelime veya kelime gruplarının, ötekilerden daha baskılı, daha belirli söylenişine vurgu denir.

İki türlü vurgu vardır:

a) Kelime Vurgusu

Birden fazla heceli olan bir kelimenin bir hecesinin, diğer hecelerden daha baskılı ve belirli söylenmesidir. Öğretmen, sokak, gelecek kelimelerinin son hecelerine yapılan vurgular böyledir.

Türkçede kelime vurgusu -genellikle- son hecededir. Tek heceli kelimeler vurgusuzdur.

"Konuşmak" kelimesinde vurgu, "mak" hecesinde yapılır. "Konuş" kelimesinde ise "nuş" üzerindedir. "Vatan" kelimesinde "tan" hecesine vurgu yapılırken, "vatandaş" kelimesinde bu vurgu "daş" hecesine geçer. "Vatandaşlar" kelimesinde ise, son hece olan "lar" takısına vurgu yapılır[26].

Ancak bazı durumlarda vurgu yeri değişiktir:

1- Yer adlarında vurgu çok defa ilk hecede yapılır: Ankara, İstanbul, İzmir gibi.

2- Soru sıfatı, zarf, bağlaç ve ünlemlerde de çoğu kez ilk hecededir: Hangi, şimdi, çünkü, haydi, niçin, hani vb.

3- Şu durumdaki eklerde vurgu, kendisinden önceki hecede yapılır.

a. Olumsuzluk eki olan "-me": yazma, gitme, aldatma, korkma vb.

b. Soru edatı olan "mi?": Geldi mi?, O mu? vb.

---

26 Şenbay, *age*, s. 106.

c. Ek-fiilin geniş zaman ekleri: çalışkanım, çalışkansın, çalışkandır vb.

d. Bağlaç olan "de" ve "ki": Hasan da geldi Hüseyin de; anladım ki; öyle özledim ki[27].

Vaaz ve hutbede kullanılan hitap cümlelerinde vurgu, tek kelime ise ilk hecede ("Mü'minler!" "Kardeşlerim!"), iki kelime ise ilk kelimenin son hecesinde yapılır ("Muhterem müslümanlar!", "Aziz mü'minler!").

Ancak cümle içinde, ara cümle olarak kullanılan hitaplarda vurgu yapılmaz ("Âyetten de anlaşılacağı üzere, aziz kardeşlerim...").

b) Cümle Vurgusu

Cümlede anlamca en önemli kelime veya kelime grubunun vurgu ile belirtilmesidir. Türkçede cümle vurgusu genellikle yüklemin üzerinde yapılır[28].

Ancak mânâ bakımından ön plâna çıkarılması gereken bir kelime veya kelime grubu varsa, bunlara vurgu yapılır ve bu durumda da bazen yapılan vurguya göre farklı şeyler anlatılabilir.

Örnekler:

1- Ahmet, Mehmet'e yardım etti. (başkası değil)

Ahmet, Mehmet'e yardım etti. (başkasına değil)

Ahmet, Mehmet'e yardım etti. (başka bir şey yapmadı)

2- Ali bu sabah geldi. (başkası değil)

Ali bu sabah geldi. (başka zaman değil)

---

27 Daha geniş bilgi için bkz: Ediskun - Dürder, *age*, s. 43-44; Şenbay, *age*, s. 106-107.

28 Ediskun - Dürder, *age*, s. 44.

Ali bu sabah geldi. (gelmedi değil)

4- İyi ki geldin! (sevinç)

İyi ki geldin! (isteksizlik)

5- Balkona çık!

Balkon açık!

6- Ne güzel güldü! (güzelliğe vurgu)

Ne güzel güldü! (güle yahut gülmeye vurgu)

7- Soru çeşitleri[29]:

Gidecek misiniz? (cevap istiyor)

Ben, öyle bir söz söyler miyim? (inkâr anlamı)

Bana bir kalem verir misin? (rica)

Allah, Allah! Bu mevsimde kar yağar mı? (şaşma)

Sular mı yandı? Neden tunca benziyor mermer? (bilmezlikten gelmek)

Ses ile vurgu yapma imkânı bulunmadığı için, yazılı ifadelerde anlam bakımından vurgulanmak istenen kelime, yüklemden hemen önce yazılır.

Bayrağımız her zaman gökyüzünde dalgalansın.

Bayrağımız gökyüzünde her zaman dalgalansın.

Her zaman gökyüzünde bayrağımız dalgalansın.

---

29 Ediskun, *age*, s. 184-185.

C. Noktalama İşaretleri

Duygu ve düşünceleri daha açık ifade etmek, cümlenin yapısını ve duraklama noktalarını belirlemek, okumayı ve anlamayı kolaylaştırmak, sözün vurgu ve ton gibi özelliklerini belirtmek üzere noktalama işaretleri kullanılır[30].

Noktalama işaretlerinden bazıları şöyledir:

Nokta (.)

Cümle sonuna konur.

Konuşma sırasında, noktadan sonra kısa bir süre duraklama yapılır.

Virgül (,)

1. Birbiri ardınca sıralanan eş görevli kelime ve kelime gruplarının arasına konur. "Pazartesi, Salı, Çarşamba ve Perşembe günleri ders yapıyoruz". "Sokaklar, caddeler bayraklarla süslendi".

2. Cümle içinde ara sözleri ve ara cümleleri ayırmak için konur. "Şimdi, izin verirseniz, size bir sual soracağım".

3. Ret, kabul, teşvik bildiren hayır, yok, olmaz; peki, tamam, olur; hayhay, elbette, haydi gibi kelimelerden sonra konur: "Hayır, çocuğa dokunmayın.", "Peki, gidelim.", "Haydi, geç kalıyoruz."

4. Hitap için kullanılan kelimelerden sonra konur. "Sayın başkan", "Değerli arkadaşım".

5. Cümle içinde anlam karışıklığına yol açabilecek durumlarda da konur. "Hasta, arkadaşına baktı".

Cümle içinde "ve, veya, yahut" bağlaçlarından önce veya sonra virgül konmaz.

---

30 Türk Dil Kurumu, *Yazım Kılavuzu,* s. 32.

Ayrıca tekrarlı bağlaçlardan önce ve sonra virgül konmaz: "Hem gider hem ağlar", "Ya bu deveyi gütmeli ya bu diyardan gitmeli"[31].

Konuşmada, virgül bulunan yerde, noktadan daha az duraklama yapılır.

Noktalı virgül (;)

1. Cümle içinde virgülle ayrılmış türleri birbirinden ayırmak için konur. "Erkek çocuklara Ahmet, Mehmet; kız çocuklara Ayşe, Fatma adları verilir."

2. Sıralı cümleleri birbirinden ayırmak için konur: "Sevinçten, heyecandan içim içime sığmıyor; bağırmak, kahkahalar atmak istiyorum." "Sabahtan beri bekliyorum; ne gelen var, ne giden", "Sırrın senin esirindir; ifşa ettiğin zaman sen ona esir olursun", "At ölür meydan kalır; yiğit ölür şan kalır"[32].

Konuşmada, noktadan daha az, virgülden daha çok duraklama yapılır.

Üç nokta (...)

1. Tamamlanmamış cümle sonlarına konur. "Senin notların böyle, ya benim notlarım..."

2. Sözün bir yerde kesilerek, devamının okuyucunun muhayyilesine bırakıldığını göstermek için konur. "Gök sarı, toprak sarı, ağaçlar sarı..."

3. Alıntılarda, alınmayan kısmı göstermek için konur. "Bir hadiste şöyle buyurulmuştur: "... Ey Allah'ın kulları! Kardeş olunuz..."

---

31 Aynı eser, s. 33-36.

32 Aynı eser, s. 37.

Ünlem işareti(!)

1. Sevinç, acı, korku, şaşma gibi duyguları anlatan cümlelerin sonuna konur. "Gurbet ne kadar acı!" "Sana uğurlar olsun!" "Hoş geldin!"

2. Alay ve küçümseme anlamı kazandırmak için parantez/ayraç içinde ünlem işareti konur. "Adam, çok akıllı (!) olduğuna inanıyor".

3. Hitap ve uyarı sözlerinden sonra konur. "Muhterem müslümanlar!", "Dur, yolcu!"

Ünlemden sonra üç nokta yerine iki nokta konulması yeterlidir: "Koca Ali, be!.."

Soru işareti (?)

1. Soru bildiren sözlerin sonuna konur: "Adınız nedir?"

2. Kesin olmayan, şüpheyle karşılanan yer, tarih vb. durumlar için kullanılır: "1496 (?) yılında doğan Fuzûlî".

3. Ancak, "mi / mı" eki, "ince/ ınca" anlamında zarf-fiil işleviyle kullanıldığında soru işareti konmaz. "Akşam oldu mu herkes evine girer" . "Güzel mi güzel!" gibi örnekler böyledir.

4. Sıralı cümlelerde soru işareti en sona konur. "Ruhunu karartan neydi, yağmur mu yağıyordu; yoksa şimşekler mi çakıyordu?"[33].

Konuşma yaparken, soru işaretinde yapılan vurguya dikkat etmelidir. Meselâ "Adınız nedir?" cümlesindeki soru vurgusuyla, "Ruhunu karartan neydi, yağmur mu yağıyordu; yoksa şimşekler mi çakıyordu?" cümlesindeki vurgu birbirinden farklı olmalıdır.

---

[33] Noktalama işaretleri hakkında geniş bilgi için bkz: Türk Dil Kurumu, *Yazım Kılavuzu,* s. 32 vd.

Aynı şekilde, daha önce kaydettiğimiz şu örneklerin her birinde de vurguların farklı olması lâzımdır: "Gidecek misiniz?", "Ben, öyle bir söz söyler miyim?", "Bana bir kalem verir misin?", "Allah, Allah! Bu mevsimde kar yağar mı?", "Sular mı yandı? Neden tunca benziyor mermer?".

D. Bir Konuşmanın Hazırlanıp Sunulması

1. Konuşmanın Hazırlanması

Bir konuda konuşma yapmak için, önce iyi bir hazırlık yapmak gerekir. İşte bu hazırlık safhasını şöylece özetlemek mümkündür:

1- Önce, üzerinde konuşulacak "konu" seçilmelidir. Konunun seçiminde de "fayda" esas olmalıdır. Yani "ben bu konuşmayı yaparsam, insanlara ne gibi faydası dokunur?" sualine olumlu cevap verebilmelidir.

2- Konunun bibliyografyası, yani kaynakları tespit edilmelidir. Konuşulacak konu hakkında hangi kaynaklarda bilgi bulunabileceğinin tespiti yapılmalıdır. Bu hususta Kur'ân-ı Kerîm, Kur'ân'ın meal ve tefsirleri, hadisler, hadis şerhleri, lügatler, ansiklopediler, konuyla ilgili yapılmış araştırmalar ilk akla gelen kaynaklar olmalıdır. Bilhassa hazırlık yapılan konuda, önceden ilmî bir araştırma yapılmışsa, bu çalışmadan ve burada gösterilen kaynaklardan yararlanılmalıdır.

3- Kaynaklar tespit edildikten sonra, bunlardan tespit edilen bilgiler düzgün bir şekilde fişlenmeli, yani küçük kâğıtlara yazılmalıdır.

4- Varsa konuyla ilgili güzel örnekler tespit edilmelidir.

5- Daha önce olabileceği gibi, en azından çalışmanın bu safhasında, edinilen ve derlenen bilgiler ışığında ayrıntılı bir plân yapılmalıdır.

6- Bu plâna göre fişler gruplara ayrılarak tasnif edilmelidir.

7- Daha sonra, konuşulacak süre de göz önünde bulundurularak, biriken fişlere bakmak sûretiyle konuşma metninin müsveddesi yazılmalıdır. Burada dikkat edilmesi gereken husus, bunları yazarken, konuşma havası içinde, konuşur gibi yazmaktır.

8- Konuşma, anlaşılmak için yapılır. Gösterişli, süslü ifadeler, başı sonuna uymayan uzun cümleler yerine; sade, kısa, açık ifadelere yer verilmelidir. Yabancı kelime ve terimler kullanılmamalıdır. Kullanmak gerekiyorsa, mutlaka Türkçe karşılıkları verilmelidir.

9- Konuşmada -akılda kalmayacağı için- gereksiz rakamlar verilmemeli, zorunlu olarak verilmesi gereken rakamlar yuvarlayarak söylenmelidir. Meselâ "9898 Lira" yerine, "yaklaşık on bin Lira"; "108 bin kişi" yerine, "yüz binden fazla insan" denilebilir.

10- Konuşma üç bölümden oluşur:

a) Giriş

Konuşmanın en önemli bölümü "giriş"tir. Çünkü söze başlarken, dinleyici üzerinde iyi bir izlenim bırakmak esastır. Dinleyicinin, hatibin fiziki yapısına olan ilgisini bir anda silip, dikkatleri söylenen söze çekmek önemli bir husustur.

Bu bakımdan "giriş"e, dikkat çekici, çarpıcı birkaç cümle ile başlamalıdır. Dinleyiciye konuyla ilgili bir-iki soru sormak yahut çok kısa bir kıssa veya güncel bir olayı anlatmak düşünülebilir.

b) Gelişme

Bu bölümde, plâna uygun olarak konunun ayrıntılarına girilir. Gerekirse alt bölümler halinde, dinleyicinin anlayacağı açıklıkta belirtilecek hususlar anlatılır. Konuyla ilgili canlı, câzip örnekler verilir. Muhtemel sorulara cevap olabilecek açıklamalar yapılır. Konu güncel olmasa bile, günümüzle ilgili bağlantılar kurulmaya çalışılır.

c) Sonuç

Bu bölümde, daha önce giriş ve gelişme bölümlerinde bilgiler, belgeler ve görüşler ortaya konulduğu için, artık bu son kısımda, kesin fikirler ortaya konulmalıdır. "Konuşmamı bitirirken" veya "sonuç olarak" gibi bir ifade ile, konuşmanın tamamlanmak üzere olduğu bildirilmeli, bir-iki dakikayı geçmeyecek şekilde etkili birkaç cümle ile konuşmaya son vermelidir.

11- Gerekli düzeltmeler yapıldıktan sonra, konuşma metni bilgisayarda seyrek satırla ve iri harfler kullanarak yazılmalıdır. Metin, sadece kâğıdın bir yüzüne yazılmalı, ayrıca sayfa numarası da konulmalıdır. Ancak, sayfaları çevirirken hışırtı yapabileceği için, yapraklar birbirine iğnelenerek bağlanmamalı; konuşma sırasında dinleyicinin dikkatini çekmeden, konuşulan sayfa bir kenara kaydırılmalıdır.

12- Hazırlanan metin, dinleyicilerin karşısında imiş gibi, (birkaç defa) sesli olarak, tane tane dikkatle okunmalı, saat tutup uzunluğu tespit edilmeli, varsa lüzumsuz yerler ve tekrarlar çıkartılmalıdır. Telaffuzu zor kelimeler üzerinde durulmalı, gerekirse bu tür kelimeler çıkarılıp söylenmesi kolay olan eş anlamlıları konulmalıdır. Konuşma metnine, en azından hangi sayfada hangi hususlara temas edildiği bilinecek kadar hâkim olunmalıdır. Mümkünse bir cihaza kaydedilerek, yapılan hatalar tespit edilmeye çalışılmalıdır. Ayrıca fikirlerine güvenilebilecek birisine okuyup onun tenkidini almakta da büyük fayda vardır.

2. Konuşmanın Sunulması

Konuşma metni hazırlandıktan sonra, sıra bu konuşmanın sunulmasına gelmiştir. Bu konuda dikkat edilecek hususları da şöylece sıralamak mümkündür:

1- Konuşma yapılacak yerde, önceden bir deneme yapmak, sesin her noktaya ulaşıp ulaşmadığını bir arkadaş yardımıyla kontrol ve tespit etmek faydalı olur.

2- Hatibin yüzünü, dinleyicilerin rahatlıkla görmesi gerekir. Bu bakımdan seste olduğu gibi, ışık ve konuşma yerinin de iyi ayarlanmış olması lâzımdır. Dinleyicinin dikkatini çekecek şekilde, hatibin gölgesi çıkmamalı, aydınlatma buna göre yapılmalıdır.

3- Konuşmayı yapmadan önce, sonuna kadar yazmalı; ama konuşmanın tamamını kâğıttan okumamalıdır. Çünkü bu durumda konuşma metni, hatiple dinleyicinin arasına girer, ilgiyi azaltır ve dinleyicinin hatibe olan güvenini azaltabilir. Belki irticâlî (kâğıttan okumadan) yapılan konuşmada, cümle düşüklükleri veya vurgularda yanlışlıklar yapılabilir. Fakat kâğıda bakmadan yapılan rahat konuşma öyle olumlu etki yapar ki, dinleyici ufak-tefek yanlışlıkların farkına bile varmaz; varsa bile hoşgörüyle karşılar.

Hazırlanan konuşmayı, kâğıtta ne yazıldıysa ezberleyip aynen dinleyiciye aktarmaya çalışmak da doğru değildir. Çünkü bu durumda, insan ezberindeki bir yeri unutabilir ve dinleyici karşısında bocalar, küçük duruma düşer. Ayrıca konuşmasını ezbere sunmaya çalışan hatip, dinleyicilerle göz temasını keser, yeterince mânevî irtibat kuramaz; tabii, ikna edici ve etkili olamaz.

4- Konuşma yerine gitmeden önce, bir ayna karşısında kılık kıyafet kontrol edilmeli, baştan ayakkabılara kadar bütün görünüş gözden geçirilmelidir. Dinleyici karşısında mahcup olunacak bir durum ortaya çıkmamalıdır.

5- Hatip konuşmaya başlarken, söyleyeceği ilk cümlelerin kaçırılmaması için, salonda gürültü varsa, kısa bir süre, dinleyiciyi uyarmadan, azarlamadan, sabırla beklemeli, sükûnet sağlandıktan sonra konuşmasına başlamalıdır.

6- Topluluk karşısında heyecan duymak normaldir. Bunu tamamen yok etmek de herkes için mümkün olmayabilir. Heyecanı azaltmak için dua edilebilir[34]. Kendi kendine telkinde bulunulabilir. Konuşmanın ilk dakikalarında, gözleri, topluluk içinden uygun görülecek uzaktaki bir kişiye çevirip, sanki sadece ona söylüyormuş gibi davranarak kalabalık unutulabilir. Böylece kısa bir süre sonra heyecan büyük ölçüde azalacaktır. (Ancak konuşma boyunca aynı kişiye bakmak doğru değildir.) Aslında her konuşmacı, konuşmasının başında heyecan duyar. Önemli olan bunu dinleyiciye hissettirmemek, onun güvenini sarsmamaktır[35].

Hatip çok heyecanlı bir kimse ise ve salonda tahta varsa oraya -uzun olmamak kaydıyla- konuşmanın ana hatlarını yazabilir veya şekil çizebilir. Yahut imkân varsa bilgisayar kullanarak bir takım resim, şekil ve şemalar yansıtabilir. Bunları yaparken, heyecanını büyük ölçüde yatıştırmış olur.

7- Konuşma sırasında terlenirse, o halde konuşmaya devam etmemeli; temiz bir mendille yüzdeki ter alınmalıdır. Yırtılıp yüze göze yapışabileceği için, kâğıt mendil kullanılmamalıdır.

8- Konuşma yaparken ağız kuruyorsa, gerektikçe birer yudum su alınabilir. Teri kurulamak veya ağız kurudukça bir miktar su içmek yadırganacak, hoş görülmeyecek bir durum değildir. Aksine

---

34 Bir âyetin anlamı şöyledir: "*Şimdi, sen firavuna git; çünkü o azdı. (Mûsa) Dedi ki: Rabbim, benim göğsümü aç. Bana işimi kolaylaştır. Dilimden düğümü çöz ki, sözümü anlasınlar*" (Tâhâ 20/24-28).

35 "Heyecanınızı, sizi korkutmasına izin vermeden incelemeye çalışın.. Korkuya kapılmadan sadece varlığını kabul edin. Sadece bu duyguyu düşünün ve onu vücudunuzdan dışarı çıkarmaya çalışın... Herkes heyecanından yakınır ve aptal gibi görünmekten korkar... Kişisel korkunuz ne olursa olsun; unutmayın ki bu sizi öldüremez. Ondan sonra da yaşayacak ve hatta ileride bu duruma tebessüm bile edeceksiniz... Derin nefes alıp vererek, geçmişinizden güzel bir duyguyu, kişisel bir başarı gününüzü hatırlayarak, heyecanınızı yenebilirsiniz" (Cristina Stuart, *Etkili Konuşma,* trc: Murat Sağlam, s. 94-100).

yüzden ter damlayarak yahut kuru bir dille kelimeleri zor telaffuz ederek konuşmayı sürdürmek doğru olmaz.

9- Hitabette başarı için "kendine güven" şarttır. Bu bakımdan hatibin -aşırıya kaçmamak, şımarmamak kaydıyla- kendine güvenmesi, konuşmasının etkili olması için gereklidir.

Kendine güvenmeme gibi bir duyguya kapılan kimse, bu olumsuz durumu bir takım çalışmalarla yenebilir. Meselâ önceden "rol oynama" çalışması yapabilir: Kendisini güçlü birisinin yerine koyarak (veya konuşma yapacağı toplulukta bulunabilecek en üst seviyedeki kimse gibi farz ederek), onun cümlelerini söylüyormuş gibi denemeler yapabilir... Kendisindeki güçlü yönleri keşfedip, kendi kendisine güven ve saygıyı telkin edebilir[36].

Hatip, ne ders veren bir öğretmen gibi olmalı, ne de sıkılgan, çocuksu tavır takınmalı; bu konuda güven, samimiyet ve içtenlik esas olmalıdır.

10- Konuşmacı, konuşmanın konusuna uygun olarak, söylediklerini benimsemeli; sözlerini alçak gönüllülükle ve samimiyetle ifade etmelidir. Dinleyiciyi dost bilip, onunla psikolojik bir yakınlık kurmalıdır. Böylece hem kendisi, hem dinleyici rahatlamış olur.

11- Hatibin çehresi (yüz hâli) çok önemlidir. Çehre, konuşmanın muhtevasına uygun bir hâl almalıdır. Yerine göre ciddiyet, yerine göre tebessüm. İlmî ve aklî bilgi ve belgeleri ihtiva eden bir konuşma ile duygu yüklü cümleler içeren bir konuşma elbette farklı olmalıdır.

12- Gözler, samimiyetle dinleyiciye çevrilmelidir. Gözleri yumarak konuşmak yahut sık sık kıpırdatmak doğru değildir; böyle alışkanlığı olanların bunu düzeltmesi gerekir.

---

36 Komisyon, *Nasıl Mutlu Olunur*, s. 28-31.

13- Mikrofon kullanılarak yapılan konuşmada, hatip, başını sağa sola çevirirken, sesin kaybolmamasına dikkat etmelidir.

Ayrıca mikrofona çok yaklaşmak da rahatsızlık verici olabilir. Zira bu durumda, hatibin aldığı nefes, önündeki kâğıt büyük bir hışırtı yapabilir. Bu durumda bilhassa "K","P", "Ş", "T" gibi harfler dinleyiciyi çok rahatsız eder.

14- Konuşmacı, ses yapısını da iyi ayarlamalıdır. İsteksiz, cansız, cılız bir sesle konuşmak ne kadar yanlışsa, avaz avaz bağırıp çağırmakla da iyi bir konuşma yapılmış olmaz.

15- Hatip, konuşmasını tek düzelikten kurtarmalıdır. Günlük konuşmalarda nasıl tabii olunuyor, yerine göre iniş çıkışlar yapılıyorsa, hitabette de böyle yapmalıdır[37].

16- Konuşmanın sonunda sual sorulmasına izin verilecekse; hatip, önce soruyu iyi anlamalı ve ona göre cevap vermelidir.

Soru soran kimse ile karşılıklı tartışmaya girmemelidir.

Sorulan soru ile ilgili olarak daha önce bilgi verilmiş olsa bile, soru soran kişi terslenmemeli, kısa da olsa cevap verilmelidir.

Konuyla ilgisiz suallere cevap vermek uygun görülmezse, soru sorana, toplantıdan sonra özel olarak cevap verileceği bildirilebilir.

Konuşmacı, sorulan sorunun cevabını bilmiyorsa, bilmediğini söylemeli ve soru soran kimse adresini veya telefonunu toplantıdan sonra bildirirse daha sonra cevap vereceğini söylemelidir[38].

17- Cami dışında yapılan konuşmalarda mizah ve nükteye de yer verilebilir. Ancak bunun, herkesin bildiği fıkra veya hikâye şeklinde olmaması gerekir. Ayrıca bunun yazılı metinden

---

37 Bu konular hakkında bkz: Şenbay, *age,* s. 19 vd.

38 Hatip, az sayıda dinleyiciye hitap ediyorsa, dinleyiciler arasında konu hakkında bilgisi veya fikri olan varsa söylemelerini de isteyebilir. Bu konuda bkz: Stuart, *age,* s. 165-171.

okunmaması ve uzun olmaması lâzımdır. Aslında fıkra anlatmak yerine, konuşmacının kendine ait bir iki cümlelik espriler yapması daha uygundur[39].

E. Konuşmada Görülebilecek Muhtemel Bazı Hatalar ve Olumsuzluklar

Konumuzun bu bölümünde, konuşmacının yapabileceği bazı hatalar ile konuşma sırasında görülebilecek bazı olumsuzluklar üzerinde durulacaktır:

1- Hatip, konuşmasını yaparken, söz arasında anlamsız kelimeler kullanmamalıdır. Meselâ "yani, şey, hım, ıhm, ehm, aaa..., eee..., ııı..., efendime söyleyeyim, tamam mı, oldu mu, anlatabildim mi, ondan sonra, uzatmayalım" vb. sözlerden (bunları sık sık söylemekten) kaçınmalıdır. Bu gibi boşluk doldurucu, anlamsız kelimeleri kullanmak yerine durarak, sessiz duraklamalar yaparak konuşmak daha iyidir.

2- Konuşmada elle yapılan jestler önemli olmakla birlikte, elleri yerli yerinde kullanmaya dikkat etmelidir. Bu bakımdan hatibin heyecana kapılıp, aşırı el-kol hareketlerinde bulunmaktan (bu arada ağzından tükürük saçılmasından) sakınması lâzımdır. Ayrıca dinleyicinin dikkatini çekecek şekilde önündeki herhangi bir şeyle veya saçıyla, yüzüyle gözüyle oynamaktan da kaçınması gerekir.

3- Hatip, konuşmasını yaparken (eğer oturuyorsa) ayaklarını uzatmamalı yahut bacak bacak üstüne atmamalıdır.

4- Konuşma sırasında yapılacak bir hata moral bozmamalı; hatip kendisine de hoşgörülü davranmalı; yaptığı hatayı büyütmeden, bundan sonra söyleyeceklerine dikkat etmelidir. Eğer hatasıyla morali bozulursa, bütün konuşma başarısız olur.

---

39 Bkz: Stuart, *age,* s. 217-224.

"Konuşurken ara sıra dil sürçmesi yaparsak, üzerinde durmadan, yinelemeden hemen geçmeliyiz. Çünkü o dil sürçmesini düzelterek yinelersek, dinleyicilere yanlışımızı fark ettirmiş oluruz. Bir konferansta tek bir sözcük büyük bir önem taşımaz. Ancak ondaki bütünlüğü, beraberliği dinleyici kavrar ve hatırında tutar. Böylece konferans, yürüyen bir trenin penceresinden görünen bir genel görünüşüne benzetilebilir. Dinleyicinin dikkati hiçbir zaman ayrıntı üzerinde durmaz. Bizim yaptığımız dil sürçmesi farkına varılmadan geçip gider... Dinleyiciler dil sürçmesini fark etseler bile, zihinlerinde düzelterek doğrusunu bulurlar ve yaptığımız yanlış üzerinde durmazlar. Zaten dinleyiciler, bir konferansçının yanlış yaptığını değil, kendilerinin yanlış anladığını sanırlar"[40].

5- Konuşma salonunda, bazı tatsızlıklara da hazırlıklı olmak gerekir. Meselâ, elektrikler kesilebilir[41], küçük bir çocuk ağlayabilir[42], birisi büyük bir gürültüyle hapşırabilir[43]; sakız çiğneyen birisi balon yapıp patlatabilir[44], dışarıdan bir satıcının komik sözleri duyulabilir[45] veya bir aracın korna sesi gelebilir[46].

Eğer bahsedilen bu durumlardan birisi, içerideki dinleyicilerin çoğunun dikkatini çekmişse, gülüşmeler olmuşsa, bu durumda hatip, böylesi durumlara hazırlıklı olmalı; yerine göre, ortamı germeyecek, şakayla karışık bir-iki söz söylemeli ve olayı fazla büyütmeden esas konuya dönmelidir. Şayet bahsedilen bu tür durumlar dikkat çekmemişse, üzerinde hiç durulmamalıdır.

---

40 Şenbay, *age*, s. 45.

41 Şöyle söylenebilir: Eskiden böyle şeyler olmazmış; çünkü elektrik yokmuş!

42 Şöyle söylenebilir: Çocuğun ağlaması normal, Allah büyüklerini ağlatmasın. Evet, ne diyorduk?

43 Şöyle söylenebilir: Çok yaşa! Hapşırığı tutmak sağlığa zararlıymış; bu vesileyle hatırlatmış olalım.

44 Şöyle söylenebilir: Herkes beceremez.

45 Şöyle söylenebilir: Ne yapsın? Rızık peşinde.

46 Şöyle söylenebilir: Sana da selam olsun!

6- Her şeyde olduğu gibi, konuşmanın taklidi de kötüdür. Başka bir kimsenin konuşması ne kadar iyi taklit edilirse edilsin, aslının yerini tutmayacağından, iyi bir izlenim bırakmaz. Bu bakımdan hatip, başkası gibi değil, konuşurken de "kendisi gibi" daha doğrusu "kendisi" olmalıdır.

7- Konuşurken, sessiz harflerin, sesli harfler yanında kaybolmamasına dikkat etmelidir. Kelimeleri telaffuz ederken, harf atlamaktan, harf yutmaktan sakınmalıdır. Meselâ "bir dakika" yerine "bi dakka", "nasılsınız" yerine "nassınız", "hanımefendi" yerine "hamfendi", "kilitlemek" yerine "kitlemek" , "Dışişleri Bakanı" yerine "Dışşleri Bakanı"... dememelidir.

8- Konuşma, tespit edilen süre içinde tamamlanmalıdır. Süreyi gereğinden fazla uzatmak doğru değildir. Bu bakımdan zamanı iyi kullanmak, söylenecekleri, süresi içinde söylemek gerekir.

Bununla birlikte süre doluyor diye, söylenecek her şeyi söyleyebilmek için konuşmanın hızını artırmak, kelimeleri, cümleleri birbirine karıştırmak da yanlıştır; çünkü bu, dinleyicileri olumsuz yönde etkiler ve o zamana kadar kazanılmış başarıyı da yok eder.

V. OKUMA VE İNCELEME PARÇALARI

Her güzel iş için önceden nasıl bir çalışma, alıştırma yapmak gerekirse, güzel söz söylemek için de ön çalışmalar, alıştırmalar, denemeler yapmak gerekir.

İyi bir konuşmacı olmak için her şeyden önce genel kültürün büyük önemi vardır; genel kültür sahibi olmak için de bol bol her türden eser okumak gerekir.

Ayrıca hâfızadaki kelime birikiminin de mühim rolü vardır. Kelime zenginliğini artırmak için edebî kitaplar, şiir, hikâye, roman vb. okumak lâzımdır. Zaman zaman sözlük okumanın da büyük faydası vardır.

Okunacak parçalar sesli olarak okunmalıdır.

Okunacak parçalar, manaya uygun bir ses tonuyla okunmalıdır: Meselâ kahramanlık ifade eden bir şiirle, ayrılık ve hüzün ifade eden bir şiiri farklı ses tonuyla okumak gerekir.

Başkalarına ait konuşmaları, gerekli noktalama işaretlerine dikkat ederek ve sesli olarak tekrar tekrar okumalı; güzel ve çarpıcı cümleleri ezberlemelidir.

Bundan başka eş anlamlı kelimeler ezberlemek ve bunlarla değişik cümleler kurarak denemeler yapmak gerekir.

Şu halde güzel konuşmak için:

☞ Önce dilimizi sevmeli ve önemsemeliyiz.

☞ İyi hazırlanmış bir Dilbilgisi kitabını incelemeliyiz.

☞ Bol bol ve sesli olarak:

- ✓ pek çok şiir…
- ✓ pek çok hikâye…
- ✓ pek çok edebî roman… okumalıyız.

☞ Şiirler ve edebî metinler ezberlemeliyiz.

☞ Kendi kendimize konuşma alıştırmaları yapmalıyız.

☞ Sözlük okumalıyız.

HATİPLİĞİN GÜÇLÜKLERİ

Cicero[1] (öl. mö. 43)

Hitabet tahsil eden kimselerin büyük sayısına, belagat hocalarının geniş kalabalığına, adayların göze çarpacak kadar üstün istidatlarına, güzel söz söylemenin kazandırdığı çok mühim mükâfatlara rağmen, gerçek hatiplerin sayısı niçin bu kadar az? Çünkü hatiplik, inanılmayacak kadar geniş ve güç bir sanattır.

...

Hitabet, netice alabilmek için her biri bir büyük çalışma isteyen bütün bu meziyetlerin (fikir üretebilme, başarılı bir üslup, insan rûhuna vâkıf olma, zarâfet, cana yakınlık, tarih ve hukuk bilgisi, iyi bir hâfıza ve icra gücü vb.) bir araya gelmesidir.

...

Benim anlayışıma göre, içinde büyük bir şey bulunan bütün ilimler ve sanatlar hakkında bilgi edinmemiş bir insan, vasıfları tamam bir hatip olamaz. Nutka serilip yayılma imkânı veren, bütün o müspet bilgilerin toplamıdır: Eğer hatip, çok iyi bildiği ve kavradığı realite temelleri üzerine dayanmazsa, onun hatipliği tamamen boş ve hemen hemen çocukçasına bir söylenişten ibaret kalır.

Aradığımız hatip şöyle konuşacaktır: Çok kere, aynı şeyi çeşitli görünüşleri içinde arz edecek; fakat tek ve aynı fikre bağlanacak, onu yavaş yavaş açıp genişletecektir. Ara sıra bazı noktaları hafifletecek, bazen alay edecek, bazen konudan çıkarak bir açıklama yapacak; ne demek istediğini gösterecek, her açılmasının sonunda bir

---

1 Seyit Kemal Karaalioğlu, *Kompozisyon Sanatı*, s. 62-63.

netice çıkaracak, sonra geri dönecek, söylediğini tekrar ele alacak, mâkul bir muhâkeme ile bir ispata varacaktır. Sorularla muhâliflerini baskı altında tutacak; kendisinden soruluyormuş gibi kendi sorularına cevap verecek; söylediğinin zıddının anlaşılmasını ve hissedilmesini isteyecek, kendi tercih ettiği fikri söylemek ve bunu hangi şekilde söylemek hususunda çok düşünceli davranacaktır...

Kendisini dinleyenlerle bir nevi konuşmaya girecek, şahısların gidişlerini tasvir edecek, konuşmalarından nakiller yapacaktır. Cansız varlıkları konuşturacak, bazen neşe ve kahkaha uyandıracak; muhtemel itirazları önleyecektir.

Mukayeseler hazırlayacak, misaller kullanacak; bir şeyi birine, diğerini öbürüne koymak üzere bölümler yapacaktır.

Sözünü kesenleri püskürtecek, bir şey bildiğini gösterecek; dinleyicileri dikkate sevk edecek; serbest ve cesaretle konuşacaktır.

Bazen heyecanlanarak sitemlerde bulunacak, rica edecek, yalvaracak, ferahlatacak; hafif tertip konusundan ayrılacaktır. İsteklerde bulunacak, öfke yağdıracak, fakat karşılarında nutuk söylediği kimselere candan hitap edecektir. Aynı zamanda hatipliğin başka meziyetlerine de bağlı kalacaktır.

Eğer konu öyle icap ettiriyorsa kısa söyleyecek; bazen fikrini müdafaa ederken hâdiseleri göz önüne serecek; bazen mübâlağa edecek; bazı noktaları, anlatmaktan daha çok tesir yapmak üzere, anlayışa bırakacaktır...

***

BİR DİL KONFERANSI

Nihad Sâmi Banarlı[2] (1974)

Muallimler, hangi dersin hocası olurlarsa olsunlar, Türk çocuklarına her şeyden çok Türkçeyi öğretecek, onlara, anadillerinin ses ve söz güzelliklerinden, ifade ve mânâ zenginliklerinden güfteler ve besteler vereceklerdir...

Çünkü diller, milletlerin en azîz, en tılsımlı, en kıymetli servetleridir. Çünkü dillerin bir ses güzelliği ile dalgalanıp bir duyurma, anlatma ve inandırma gücüne ulaşmaları, kısa bir zamanda olmamıştır.

Çünkü yeryüzünde diller kadar millet fertlerini birbirine bağlayan, onlara birbirlerini sevip anlamakta, hele sevgilerini dile getirmekte azîz yardımcı olan başka kuvvet mevcut değildir.

Bir tarih boyunca ordu ordu insanları, savaş meydanlarından geçirerek, zafere, gaazi veyâ şehîd olmaya koşturan cihangirler, büyük başarılarını, birçok da, savaşçılara duyurabildikleri hitabet dili'nin büyüleyici güzelliğiyle kazandılar.

Bizim târîhimizde: Bu denizler, bu ırmaklar bize yetmez! Daha deniz, daha ırmak istiyoruz! Yurdumuzu öylesine büyültelim ki gök kubbesi ona çadır, güneş de bayrak olsun! diyen Oğuz Han; yine böyle bir hitâbeyle, kendisine isyân etmiş bir orduya Çaldıran gibi zafer kazandıran Yavuz Sultan Selim ve daha nice cihangirler, bu târîhî zaferlerini, birçok da, kütlelere söz söyleyiş'lerindeki inandırıcı lisâna borçludurlar.

---

2 Nihat Sâmi Banarlı, *Türkçenin Sırları*, s. 6-19 arasından seçilmiş, yazarın imlâsı korunmuştur.

Mermere can veren heykeltıraş gibi, kelimelere ses ve hayat veren söz sanatkârının da bu başarısı, söze mûsıkî'nin duyurucu kudretini katabildiği ölçüde derin ve ölümsüzdür. Bu bakımdan, büyük ses şâiri Bâkî'nin:

Âvâzeyî bu âleme Dâvûd gibi sal

Bâkî kalan bu kubbede bir hoş sadâ imiş

mısrâlarında, yalnız şiir anlayışı bakımından değil, dil anlayışı bakımından da varılmış derin hakîkat vardır.

...

Dillerin mûsıkîleşmesi târîhinde; dillerin, biri birinden ayrı fonetik sistemlerle gelişmesinde, aynı zamanda vatan topraklarından yükselen sihirli seslerin; iklîm ve coğrafya husûsiyetlerinin de büyük têsîri vardır. Bu bakımdan, Fransız dilini, bin yılda, Fransa'nın toprağı ortaya koydu, diyen Fransızca cümlede derin hakîkat gizlidir.

Nitekim, Türk mûsıkîsi gibi, Türk dilinin de müzikal tekâmülünde Türk vatanlarının büyük têsîri olmuştur. Türk vatanlarının, diyorum, çünkü Türkçe, birçok başka diller gibi, yalnız bir vatanda değil, milletimizin târih boyunca, nice müstakil ve muhteşem devletler kurduğu, çeşitli vatanlarda işlenmiştir. Türkiye Türkçesi'nin de güzelliğinde en büyük coğrâfî têsir, 900 yıla varan bir zamandan beri, Anadolu ve Balkanlar Türkiyesi'nin têsîridir. Fakat Türkçe, tıpkı Türk milleti gibi, târîhin son dokuz asrında, dünyânın üç kıt'ası üzerinde lisânî bir imparatorluk kurmuş ve bir imparatorluk dili hâlinde işlenmiştir. Bu bakımdan dilimiz, hüküm sürdüğü toprakların neresinde güzel bir ses bulmuşsa, onu, kendi bünyesine almakta büyük kabiliyet göstermiştir.

...

Biz Türkçe'nin başına gelen felâketi, bu dilin dünyâ dilleri arasındaki yerini ve karakterini dikkate almamak gibi vahîm bir hatâda buluyoruz. Çünkü Türkçe, herhangi küçük ve başkalarına mahkûm bir millet dili değil, bir imparatorluk dili'dir... Her dil imparatorluk dili olamaz. Çünkü her millet imparatorluk kuramaz!.. Bunun için büyük millet olmak, hattâ büyük millet olarak yaratılmak lâzımdır.

Türkçe, daha Asya topraklarında iken, Çin, Kore, Hind, İran, Moğol, İslâv ve Yunan dilleriyle kelime alışverişi yapmıştı. Bugün yanlışlıkla öztürkçe sanılan birçok kelimenin, araştırılınca, Çince, Moğolca, Soğdca ve Yunanca çıkması bundandır. İslâm Medeniyeti asırlarında ise, Türkler, dünyânın üç kıt'asına hâkim millet olarak, bayrakları altında tuttukları engin ülkelerden vergi alır, baç alır, mahsûl toplar gibi, kelime de toplamışlardır. Böylelikle bütün o ülkelere yalnız kılıç kuvvetiyle değil kültür kuvvetiyle de söz geçirmişlerdir.

Bu yerlerden derlenen ve asırlarca Türk zevkiyle işlenip Türkçeleştirilen kelimeler, bizim zafer ve şeref asırlarımızın canlı mîraslarıdır. Bu kelimeler atalarımız tarafından fethedilmiş ve vatan yapılmış topraklar gibi, fethedilmiş ve Türk yapılmış kelimelerdir.

Şimdi sen, mâdem ki bu târîhin çocuğusun; eski zafer ve şeref asırlarının bugünkü evlâdısın!.. Atalarının sana mîras bıraktığı her güzel şeyi seveceksin!..

Ataların bize mîras bıraktığı en güzel iki şeyden biri bugünkü Türk vatanı ise, ikincisi Türkçe'dir.

Onu, olur olmaz kaprislerle yıkamazsın!

Seni yıkmak için önce onu yıkmanın lüzûmuna inanan düşmanlarının yardımcısı olamazsın!..

Bu dili seveceksin!.. Hem de her hâliyle sevecek ve koruyacaksın!..

...

Burada son bir hâtıra olarak, Türk Dili'nin daha eski bir âşıkına döneceğim: Bu Türk Dili âşıkı, *Dîvânü Lûgaati't-Türk* yazarı, Kâşgarlı Mahmud'dur. Kâşgarlı Mahmud, bundan dokuz asır evvel, hem de Bağdad'da, Türk Dili için şunları söylüyordu:

Türk dilini öğreniniz! Çünkü Türklerin uzun sürecek saltanatları olacaktır!

Onun dediği oldu.

Fakat söylediği sözlerin hakîkati bitmedi.

Çünkü bu söz bugün için de doğrudur ve şöyle bir değişiklikle, bugün de söylenebilir:

Türk dilini seviniz! Çünkü Türklerin en az geçmişleri kadar büyük geleceği olacak ve bu gelecek, o geçmişe dayanacaktır.

***

ÜSLÛB ÇALIŞMALARI

Peyami Safa[3] (1961)

İşleme ve hareket (fonksiyon) halinde bulunan şuur ve umumiyetle ruh muhtevalarının ifade şekli üslûbu vücuda getirir. Kalıp haline gelmiş düşünce tarzlarından doğan beylik ifade şekilleri vardır: Resmî üslûb, ilmî üslûb, kanun ve umumiyetle hukuk üslûbu, gazete üslûbu... gibi. Bunlar daha ziyade gayrı şahsî ifade tarzları olduğu için, şahsî ve afektif (teessürî) unsurları ihtiva etmezler. Belirli kalıplardır: "Pencerelerden sarkmak tehlikelidir", "Buradan çiçek koparmak yasaktır", "Bu madde hükümlerine aykırı hareket edenler bir aydan üç aya kadar hapis edilirler" gibi ifadelerde şahsî hiçbir temayül, heyecan, düşünce tarzı olmadığı için, meşhur "üslûb insandır" hükmü bunlara tatbik edilemez.

Hususî mektuplarda, hâtıralarda ve her çeşit edebî yazılarda şahsî bir karakter taşıyan düşünce mekanizması, duygu ve heyecan tarzı ve şiddeti üslûba şahsilik ve orijinallik verir. Halk tâbiriyle, basmakalıp üslûb şekilleriyle, beylik teşbih ve istiarelerle yazılan yazılarda şahsîlik ve orijinallik payı azdır. Bunlar edebî değerden mahrum sayılırlar. Alışılmış, kullanılmış, yıpranmış (rutin halini almış) ifade şekilleridir. Üslûb-u âlî (yüksek üslûb) üslûb-u müzeyyen (süslü üslûb), üslûb-u sade (sade üslûb) ilh... gibi üslûb nevileri ayıran eski edebiyat bu beylik ifade tarzına da üslûb-u âdî (âdî üslûb) adını verirdi.

---

3 Peyami Safa, *Sanat Edebiyat Tenkit*, derleyen: Ergun Göze, s. 86-88.

Âdî fikirlere ve ruh muhtevalarına orijinal bir ifade şekli vermeğe çalışan sun'î üslûblar da vardır. Şahsîlik ve samîmîlikten mahrumdurlar.

Umumiyetle, klişe haline gelmiş âdî ve lâübali üslûbu samimî üslûbla karıştırmak bize mahsus bir hatâ haline gelmiştir. Sohbet ve yârenlik şeklinde yazılan yazılarda bu adiliğin samimîlik gibi görülmesi, yeni nesrimizde, basmakalıp bir ifade tarzının revac bulmasına sebeb olmuştur. Gençlik dergilerinde sık sık rastlanan bu ifade tarzı şahsiyet farikasından mahrum olduğu için anonim bir üslûb halini almaktadır.

Dünya edebiyatında "üslûb tiryakileri, üslûb meraklıları, üslûb delileri, üslûb manyakları" diyebileceğimiz büyük muharrirler vardır. Bunlar yazının ifade tarzına ve plâstik değerine mânâları kadar ehemmiyet verirler. Geçen asırda Fransız edîbi Chateaubriant ve Gustave Flaubert bunlardandı.

Chateaubriant meşhur Atala'sının ölüm parçasını M. de Fontane'a okumuş ve şu cevabı almış: "Olmaz! Olmaz! Bir daha yazınız."

Muharrir diyor ki:

"Daha iyisini yazacağımı sanmıyordum. Hepsini ateşe atmak istiyordum. Sabahın sekizinden akşamın on birine kadar masamın önünde kaldım. Başımı ellerime dayadım. Yazamıyordum. O kadar ümitsizdim."

Fakat gece yarısına doğru ilham gelmiş ve edebiyat kitaplarına geçen örnek parça yazılmış.

Atala'nın on ikinci baskısı bile her cümlesi tekrar gözden geçirilerek, tartılarak, her kelimesi yoklanarak tashih edilmiştir.

Chateaubriant, "Les Martyres" adlı eseri için yedi sene çalışmıştır. Hâtıralarında diyor ki:

"Aynı sahifeyi yüz defadan fazla yazdım, bozdum, yeniden yazdım. Bütün eserlerim arasında dili en kusursuz olanı budur."

Ve ilâve ediyor:

"Gençliğimde, aynı sahifeyi en az on defa yeniden yazmak için masanın başında on iki saat, on beş saat kalırdım. Yaş benim bu çalışma kabiliyetimden hiç bir şey eksiltmedi."

Akademiye giriş nutkunu da tam yirmi defa yeniden yazmıştır.

Flaubert'in meşhur üslûb titizliği daha hayret vericidir. Kalem elinde, yıldırımlanmış gibi ölen bu romancı bütün hayatında kelimelerle boğuşmuştur. En acele yazdığı kitabını beş senede bitirmiştir. İlham perisine hiç güveni yoktu. Haftada en çok iki sahife yazardı. En küçük bir âhenksizlik, en yumuşak harflerin bile çatışması, onu hasta ederdi. "Yüzünde keder hüküm sürüyordu, çizgilerinde hüzün beliriyordu" veya "ağlıyordu" yerine "gözyaşları döküyordu" gibi âdilikler onu tiksindirirdi. Aksine, orijinal olmak için aranan süslerden ve yeniliklerden de iğrenirdi. Meselâ, bir nehirden bahsedilirken "saltanatının hudutları" tâbirine rastlarsa haykırırdı: "Kahrolsun saltanat!"

Flaubert'in bâzan bir kelime, hattâ bir virgül için gece yatağından fırladığı, bütün gece, aynı sahifeyi beş altı defa yeniden yazdığı olurdu...

***

UYDURMA DİL

Necip Fazıl Kısakürek[4] (1983)

Bir dilde uzun, dolgun ve çok heceli kelimeler, tefekkür ve medeniyet işaretidir.

...

Dil istikrâî, yani kendi iç ve öz kanunlarıyla mevcut bir müessesedir ve dışarıdan, bütün bir lisan uydurma şeklinde müdahaleye tahammülü olamaz.

Tıpkı kâinat gibi... Esrarı ve kanunları aranır, bulunur, fakat uydurulamaz. Lisan ile kâinatın hiçbir farkı yoktur. Zira kâinatta ne varsa, karşılığı lisanda mevcut... Dil kâinatın plânıdır ve kendi dışında başka bir kâinat ile değiştirilemez.

...

Kömür toprak altında elmas oluncaya kadar binlerce yıl pişiyor. Dildeki kelimeler de öyle... Milletin dilinde pişecek ki, kalble dudak arasındaki elmas dizili nâkili vücuda getirebilsin... Sonradan da zorla bu nâkile dizilecek her madde, o milletin ruh ve idrak temeline en korkunç suikasttır. Böyle bir lisanın adı da, Türkçe değil uydurukça...

...

Cedlerimiz Arapça ve Farsça gibi iki azametli dille temasa geçince kendilerine hiçbir istiklâl hakkı tanımadılar. Büyük bir selim akılla bu dillerden devşirdikleri kelimeleri, aslî maddeleri, öz

---

4 N. Fazıl Kısakürek, *İdeolocya Örgüsü,* s. 402 vd (kısaltılarak).

hançerelerine ve lisan mimarîlerine (gramer) tatbik etmeyi düşünmediler. Onları kendi mimarîleri içinde kabullendiler ve hattâ bir "münevver" için, Osmanlıcayı değil, Arapça ve Farsçayı esas saydılar.

Hatâ bundan oldu ve bu hatânın tepkisi, yolların en yanlışı halinde, lisanı topyekûn ana sermayesinden yoksun bırakmaya kadar vardı...

...

Yapılacak şey, dilimize girmiş bütün Arapça ve Farsça kelimeleri benimseyip aslî maddeler halinde kabullenmek, onları kendi "sarf ve nahiv" dünyasından ayırmak, kendi (gramer) ve hançere dehâmıza terk etmek, bütün uydurukçaları atmak, Batı dillerinden gelenleri de yalnız teknik plânda olmak şartıyla ve aynı muameleye tâbi tutmak, yani Türkçeleştirmek...

...

Alman dilinin kıvamlanmasında en büyük rolü oynayanlardan (Goethe) diyor ki: "Bir millete yapılacak en büyük fenalık onun diliyle oynamaktır". Bir milletin diliyle oynamak onun hayatıyla oynamaktır.

Dillere daima yeni kelime aşıları yapılabilir. Fakat bu aşıların tutması yahut tutmaması bahsinde zor kullanılamaz. Yeni kelimeler ve iştikaklar halkın kabullenme duygusuna ve hançere dehâsına bırakılır ve bu işi sadece sanatkârlar yapabilir...

***

BİLGE KAĞAN ÂBİDESİ[5]

Üze kök tengri asra yağız yir kılındukta ikin ara kişi oğlı kılınmış. Kişi oğlında üze eçüm apam Bumın Kağan İstemi Kağan olurmış. Olurupan Türk budunung ilin törüsin tuta birmiş, iti birmiş. Tört bulung kop yağı ermiş. Sü sülepentört bulungdakı budunuğ kop almış, kop baz kılmış. Başlığığ yükündürmiş, tizligig sökürmiş. İlgerü Kadırkan yışka tegi kirü Temir Kapığka tegi kondurmış. İkin ara idi oksuz Kök Türk iti ança olurur ermiş. Bilge Kağan ermiş, Alp Kağan ermiş. Buyrukı Bilge ermiş erinç, Alp ermiş erinç. Begleri yime budunı yime tüz ermiş. Anı üçün ilig ança tutmış erinç. İlig tutup törüg itmiş. Özi ança kergek bolmış. Yoğçı sığıtçı öngre kün toğsıkda Bökli çöllüg il Tabğaç Tüpüt Apar Purum Kırkız Üç Kurıkan Otuz Tatar Kıtany Tatabı bunça budun kelipen sığtamış, yoğlamış. Antağ külüg kağan ermiş...[6]

*

Üstte mavi gök, altta yağız yer kılındıkta, ikisi arasında insanoğlu kılınmış. İnsanoğlunun üzerine ecdadım Bumın Kağan,

---

5 "Orhun Âbideleri" / "Orhon Yazıtları": Kül Tigin, Bilge Kağan, Tonyukuk vs. yazıtların tümüne Orhon Yazıtları veya Orhun Kitâbeleri adı verilir. Bunlar Moğolistan, Sibirya ve Yedisu eyaletlerinde bulunan, Göktürk devrinden kalma, Türk dilinin en eski metinlerinin yazılı olduğu taşlardır. Orhon nehri vadisinde bulunan Kül Tigin ve Bilge Kağan Yazıtları birbirinden bir kilometre kadar uzaklıktadır. Kül Tigin yazıtı, ağabeyi Bilge Kağan tarafından 732'de; Bilge Kağan yazıtı ise Bilge Kağan'ın oğlu tarafından 735'te diktirilmiş, dört metreye yakın yükseklikte, bir metreden fazla genişlikte, dört tarafında yazı bulunan piramit biçiminde dikili taşlardır. Bunlarda Göktürk Devleti'nin kuruluşu, yıkılış sebepleri, halkın ve devlet adamlarının devleti yeniden nasıl kurdukları, karşılaşılan güçlükler vb. anlatılmaktadır.

6 Muharrem Ergin, *Orhun Âbideleri,* s. 61-62.

İstemi Kağan oturmuş. Oturarak Türk milletinin ilini, töresini tutuvermiş, düzene sokuvermiş. Dört taraf hep düşman imiş. Ordu sevk ederek dört taraftaki milleti hep almış, hep tâbi kılmış. Başlıya baş eğdirmiş, dizliye diz çöktürmüş. Doğuda Kadırkan ormanına kadar, batıda Demir Kapıya kadar kondurmuş. İkisi arasında pek teşkilâtsız Gök Türkü düzene sokarak öylece oturuyormuş. Bilgili kağan imiş, cesur kağan imiş. Buyruku bilgili imiş elbette, cesur imiş elbette. Beyleri de milleti de doğru imiş. Onun için ili öylece tutmuş elbette. İli tutup töreyi düzenlemiş. Kendisi öylece vefat etmiş. Yasçı, ağlayıcı, doğuda gün doğusundan Bökli, Çöllü halk, Çin, Tibet, Tatar, Kıtay, Tatabı, bunca millet gelip ağlamış, yas tutmuş. Öyle ünlü kağan imiş...[7]

***

7 Muharrem Ergin, *Orhun Âbideleri*, s. 17-18.

OĞUZ KAĞAN DESTANI[8]

kene çaşkarun kalmasun, kim, bellüg bolsun, kim: oguz kagannung çanıda ak sakallug, moz saçlug uzun uslug bir kart kişi turur bar irdi. ukgulug, tüzün bir yir irdi, tüşimel irdi, anung atı ulug türük irdi. künlerde bir kün uykuda bir altun ya kördi; takı üç kümüş ok kördi. bu altun ya kün togışıdın ta kün batuşıgaça tegen irdi. takı bu üç kümüş ok tün yanggakka kite turur irdi. uykudun song tüşde körgenin oguz kaganga biltürdi; takı tedi, kim: ay kaganum, senge çaşgu bolsungıl tüzün, ay kaganum senge; türlük bolsungıl tüzün: negü kök tengri birdi tüşümde kiltürsün; tala turur yirni urugungga birtürsün, tep tedi. oguz kagan ulug türüknüng sözün yakşı kördi, ögütün tiledi; ögütüge köre kıldı...[9]

*

Yine söylenmeden kalmasın ve belli olsun ki, Oğuz Kağanın yanında ak sakallı, kır saçlı, uzun tecrübeli bir ihtiyar vardı. O, anlayışlı ve asil bir adamdı. Oğuz Kağanın nâzırı idi. Adı Uluğ Türük (Ulu Türk) idi. Günlerden bir gün uykuda bir altın yay ve üç gümüş ok gördü. Bu altın yay gün doğusundan ta gün batısına kadar ulaşmıştı ve üç gümüş ok da şimale (kuzeye) doğru gidiyordu. Uykudan uyanınca düşte gördüğünü Oğuz Kağana anlattı ve dedi ki: Ey kağanım, senin ömrün hoş olsun; ey kağanım, senin hayatın hoş olsun. Gök Tanrı düşümde verdiğini hakikate çıkarsın. Tanrı

8 "Oğuz Kağan Destanı": "Oğuznâme" de denilen ve yukarıda kısa bir bölümü kaydedilen bu destanın 13. yüzyılda Uygurca olarak yazıldığı tahmin edilmektedir.

9 *Oğuz Kağan Destanı,* (W. Bang - G. R. Rahmeti'nin aynı isimli eserinden hazırlayan: Muharrem Ergin), s. 27-28.

bütün dünyayı senin uruğuna (ırkına, milletine) bağışlasın. Oğuz Kağan Uluğ Türükün sözünü beğendi; onun öğüdünü diledi ve öğüdüne göre yaptı...[10]

***

10 *Oğuz Kağan Destanı,* s. 12-13.

HARAP EV

Abdülhak Şinasi Hisar[11] (1963)

"Üst katın büyük sofasında ve odalarında damlayan suları toplamak ve keçelerle, döşemelerle eşyaların ıslanmasına engel olmak için eski ve bin çeşit eşya ile dolu Türk evlerinde bulunan biraz su alabilecek kap namına ne varsa, sırlı küpler, eski taslar, kalaylı güğümler, bakır kazanlar, çatlak kâseler, çinko kovalar, yayvan leğenler, yumru yumru bakraçlar, sırları dökülmüş sahanlar, toprak testiler, ağızları geniş şişeler, çömlekler, emziği kopuk ibrikler, kulpu yamuk maşrapalar, renk renk binlikler (üç litrelik şişe), boy boy kavanozlar, büyüklü küçüklü tencereler, hasırlı damacanalar, renkli yahut buzlu sırça veya billûr sürahiler, üstlerindeki hasırları aşınmış ve camları meydanda kalmış karlıklar, kısaca, her çeşit ve her cinsten kapların boy boy, irili ufaklı ve renk renk, kimisi yepyeni ve parlak, kimisi kenarlarından kırık ve çatlak, birbirlerine yakın veya uzak, hepsi de sıra sıra, kiremitlerden sızan ve tavanlardan damlayan seyrek veya sık, ince veya kalın yağmur sızıntı veya akıntılarının önemlerine ve kendi hacimlerine göre onların hizalarına rastlayan yerlerde hasırlar, keçeler ve minderler, şilteler üstüne dizilmiş oldukları görülür..."

***

---

[11] Ediskun - Dürder, *age,* s. 89.

MASAL

Eflâtun Cem Güney (1981)[12]

Bir varmış bir yokmuş. Develer tellâl iken, pireler berber iken, ben anamın beşiğini tıngır mıngır sallar iken, memleketin birinde Idı ile Bıdı derler bir karı koca varmış. Mübarekler sanki birbirinin kaburgasından yaratılmış; ikisinin de huyu, suyu o kadar birbirine benzermiş. Kim ne derse ona inanır, yüzlerine gülen, ekmeklerini ellerinden alırmış. Elâlemden ağızları yandığı için etliye, sütlüye karışmaz; suyu bile üfleyerek içerlermiş.

Günlerden bir gün baş başa vermiş, başlarından geçeni konuşuyorlarmış. Bir ara hanımı:

— Idııı! demiş.

Kocası da:

— Ne diyorsun Bıdııı! demiş.

— Ne diyeceğim, Allah yüzümüze baksa da, bize bir evlat verse derim...

Adam bu söze gülmüş:

— Bre Bıdı, demiş, nerede o talih bizde! Gökten yağmur yerine inci yağsa, yine bir tanesi başımıza düşmez.

Bıdı bu söze boynunu büktükten sonra:

— Ben de biliyorum öyle ama, söz misali... Hani olsa ile bulsa, bir araya gelse; görmemişin bir kızı, Kör Memiş'in bir oğlu olsa;

---

12 Seyit Kemal Karaalioğlu, *Kompozisyon Sanatı*, s. 239-240'dan kısmen kısaltarak.

derler ya... Veren Allah bize de verecek olsa, oğlan mı istersin, kız mı istersin? diye sormuş.

Idı:

— İstemekle olursa, ben altın perçemli bir oğlan isterim, demiş.

Bıdı da:

— Yook! Doğrusu ben, sırma saçlı bir kız isterim. Hani Allah bana böyle bir kız ihsan etse, ninnilerle uyutur, el üstünde büyütürdüm. Öyle bir güzel olurdu ki, doğan aya "ya sen doğ ya ben" derdi. Güldükçe güller açılır, ağladıkça inciler saçılırdı. Yüzüne bakanın nasibi, kısmeti açılırdı. On parmağında on hüner olurdu. Herkesin gözü üstünde kalırdı. Yağma yok, dizimin dibinden ayırmaz, kimselere göstermezdim. Ne küçük vezirin oğluna verirdim, ne büyük vezirin; alırsa padişahın oğluna verirdim de, varır saraylara sultan olurdu.

Bıdı böyle atıp savurunca kocası dayanamadı:

— Hele sen sus, sultan anası, dedi. Allah bana da altın perçemli bir oğlan verse, yemez yedirir, giymez giydirir, okutur, dokutur; öyle bir adam ederdim ki, alimallah görenlerin parmağı ağzında kalırdı. Ben de ne küçük vezirin kızını alırdım, ne büyük vezirin; alsam alsam padişahın kızını alırdım. Bir de öyle bir düğün yapardım ki, görenlerin ömrü uzar, dünya da bir yaşına daha girerdi.

Idı da, böyle yükseklerden uçunca, karısı duramadı:

— Bre Idı, dedi, büyük lokma ye, büyük söz söyleme. Allah sana ya bir keloğlan verirse... O zaman tut perçeminden, çal duvara. Öyle ya Allah bir, Peygamber hak. Pekmez kara, yoğurt ak... Başka ne bilir keloğlan.

Adam cevap verdi:

— Hatun, neredeyse biz de elâlem gibi saç saça baş başa geleceğiz. Allah, hayırlısından, ömürlüsünden versin de, varsın keloğlan olsun. Keloğlanların alnı açık, yüzü ak; kulağı delik, gözü pek olur. Hiçbir zaman eli elden, dili dilden kalmaz; attığını vurur, tuttuğunu koparır. Hele bir de demir çarık, demir asâ yola düşerse yok mu! Az gider, uz gider; dere tepe düz gider. Çayır çimen geçerek, lâle sümbül biçerek, altı ayla bir güz gider. Ya bir vuruşta yedi başlı devin başını birden düşürür; ya da ağlayan narla gülen ayvayı bulup bize getirir. Biz de güler yüz, tatlı dille günümüzü gün eder, sabah bir, akşam iki düğün eyleriz. Allah'tan daha ne istersin!

Kuru yerde yatan, minare kadar rüya görür derler ya; Idı ile Bıdı, yedi yıl bu hülya ile avunmuşlar. Fakat Allah ne yapmaya kâdir değil ki! Gel zaman, git zaman; bunlara sırma saçlı bir kız ile altın perçemli bir oğlan vermiş. Gönüllerine göre besleyip büyütmüşler. Günün birinde al bayrak kaldırıp, toy düğün etmişler. Onlar ermiş muradına, biz çıkalım kerevetine. Gökten üç elma düştü; böyle murad isteyenlerin niyetine.

***

MERDİVEN

Ahmet Hâşim[13] (1933)

Ağır ağır çıkacaksın bu merdivenlerden.
Eteklerinde güneş rengi bir yığın yaprak,
Ve bir zaman bakacaksın semâya ağlayarak...

Sular sarardı... yüzün perde perde solmakta,
Kızıl havâları seyret ki akşam olmakta...

Eğilmiş arza, kanar, muttasıl kanar güller,
Durur alev gibi dallarda kanlı bülbüller...
Sular mı yandı? Neden tunca benziyor mermer?

Bu bir lisân-ı hafîdir ki rûha dolmakta,
Kızıl havâları seyret ki akşam olmakta...

***

---

13 Ahmet Hâşim, *Şiirler,* hazırlayan: Kenan Akyüz, s. 132.

İSTİKLÂL MARŞI

Mehmed Âkif Ersoy[14] (1936)

Korkma, sönmez bu şafaklarda yüzen al sancak;
Sönmeden yurdumun üstünde tüten en son ocak.
O, benim milletimin yıldızıdır, parlayacak,
O, benimdir; o, benim milletimindir ancak!

Çatma, kurban olayım, çehreni ey nazlı hilâl,
Kahraman ırkıma bir gül!. Ne bu şiddet bu celâl?
Sana olmaz, dökülen kanlarımız sonra helâl.
Hakkıdır, Hakka tapan milletimin istiklâl.

Ben ezelden beridir hür yaşadım, hür yaşarım;
Hangi çılgın, bana zincir vuracakmış? Şaşarım.
Kükremiş sel gibiyim, bendimi çiğner, aşarım.
Yırtarım dağları, enginlere sığmam, taşarım.

Garb'ın âfâkını sarmışsa çelik zırhlı duvar;
Benim, îman dolu göğsüm gibi, serhaddim var.
Ulusun, korkma! Nasıl böyle bir îmanı boğar,
"Medeniyyet" dediğin tek dişi kalmış canavar?

---

14 Mehmed Âkif Ersoy, *Safahat*, s. 522-523.

Arkadaş, yurduma alçakları uğratma sakın;
Siper et gövdeni, dursun bu hayâsızca akın.
Doğacaktır sana va'dettiği günler Hakk'ın
Kim bilir, belki yarın, belki yarından da yakın.

Bastığın yerleri "toprak" diyerek geçme, tanı!
Düşün altındaki binlerce kefensiz yatanı.
Sen şehid oğlusun, incitme yazıktır, atanı,
Verme, dünyaları alsan da, bu cennet vatanı.

Kim bu cennet vatanın uğruna olmaz ki fedâ?
Şühedâ fışkıracak toprağı sıksan şühedâ!
Canı, cânânı, bütün varımı alsın da Hüdâ,
Etmesin tek vatanımdan beni dünyâda cüdâ.

Rûhumun senden, İlâhî, şudur ancak emeli:
Değmesin mâbedimin göğsüne nâ-mahrem eli,
Bu ezanlar -ki şehâdetleri dînin temeli-
Ebedî yurdumun üstünde benim, inlemeli.

O zaman vecd ile bin secde eder -varsa- taşım;
Her cerîhamdan, İlâhî, boşanıp kanlı yaşım,
Fışkırır, rûh u mücerred gibi yerden na'şım!
O zaman yükselerek Arşa değer, belki başım!

Dalgalan sen de şafaklar gibi ey şanlı hilâl!
Olsun artık dökülen kanlarımın hepsi helâl!
Ebediyyen sana yok, ırkıma yok izmihlâl:
Hakkıdır, hür yaşamış bayrağımın hürriyyet,
Hakkıdır, Hakka tapan milletimin istiklâl!..

***

HAN DUVARLARI

Faruk Nafiz Çamlıbel[15] (1973)

Yağız atlar kişnedi, meşin kırbaç şakladı,
Bir dakîka araba yerinde durakladı.
Neden sonra sarsıldı altımda demir yaylar,
Gözlerimin önünden geçti kervansaraylar...
Gidiyordum, gurbeti gönlümde duya duya,
Ulukışla yolundan Orta Anadolu'ya.
İlk sevgiye benzeyen ilk acı, ilk ayrılık!
Yüreğimin yaktığı ateşle hava ılık,
Gök sarı, toprak sarı, çıplak ağaçlar sarı...
Arkadan zincirlenen yüksek Toros dağları,
Önde uzun bir kışın soldurduğu etekler,
Sonra dönen, dönerken inleyen tekerlekler...
Ellerim takılırken rüzgârların saçına
Asıldı arabamız bir dağın yamacına.
Her tarafta yükseklik, her tarafta ıssızlık,
Yalnız arabacının dudağında bir ıslık!
...
Tekerlekler yollara bir şeyler anlatıyor,
Uzun yollar bu sesten silkinerek yatıyor...
Kendimi kaptırarak tekerleğin sesine
Uzanmışım, kalmışım yaylının şiltesine.

---

15 Faruk Nafiz Çamlıbel, *Han Duvarları,* s. 11-15'ten kısaltılarak.

Bir sarsıntı… Uyandım uzun süren uykudan,
Geçiyordu araba yola benzer bir sudan.
Karşıda hisar gibi Niğde yükseliyordu,
Sağ taraftan çıngırak sesleri geliyordu:
Ağır ağır önümden geçti deve kervanı,
Bir kenarda göründü beldenin vîran hanı.
Alaca bir karanlık sarmadayken her yeri
Atlarımız çözüldü, girdik handan içeri.
…
Uykuya varmak için bu hazin günde, erken,
Kapanmayan gözlerim duvarlarda gezerken
Birdenbire kıpkızıl birkaç satırla yandı,
Bu dört mısra değildi, sanki dört damla kandı.
Ben garip çizgilerle uğraşırken baş başa
Rastlamıştım duvarda bir şair arkadaşa:
"On yıl var ayrıyım Kınadağı'ndan
Baba ocağından, yar kucağından
Bir çiçek dermeden sevgi bağından
Huduttan hududa atılmışım ben"
Altında da bir tarih: Sekiz mart otuz yedi..
Gözüm imza yerinde başka bir ad görmedi.
…
Sabahleyin gökyüzü parlak, ufuk açıktı,
Güneşli bir havada yaylımız yola çıktı…
Bu gurbetten gurbete giden yolun üstünde
Ben üç mevsim değişmiş görüyordum üç günde.
Uzun bir yolculuktan sonra İncesu'daydık,

Bir handa, yorgun argın, tatlı bir uykudaydık.
Gün doğarken bir ölüm rüyasıyla uyandım!
Başucumda gördüğüm şu satırlarla yandım:
"Garibim, nâmıma Kerem diyorlar
Aslı'mı el almış harem diyorlar
Hastayım derdime verem diyorlar
Maraşlı Şeyhoğlu Satılmış'ım ben"
Bir kitâbe kokusu duyuluyor yazında,
Korkarım, yaya kaldın bu gurbet çıkmazında.
Az değildir, varmadan senin gibi yurduna,
Post verenler yabanın hayduduna, kurduna!..
Arabamız tutarken Erciyeş'in yolunu:
"Hancı, dedim, bildin mi Maraşlı Şeyhoğlu'nu?"
Gözleri uzun uzun burkulu kaldı bende,
Dedi: "Hana sağ indi, ölü çıktı geçende!"
Yaşaran gözlerimde her şey artık değişti,
Bizim garip Şeyhoğlu buradan geçmemişti...
Gönlümü Maraşlı'nın yaktı kara haberi.
Aradan yıllar geçti, işte o günden beri
Ne zaman yolda bir han raslasam irkilirim.
Çünkü sizde gizlenen dertleri ben bilirim,
Ey köyleri hududa bağlayan yaslı yollar,
Dönmeyen yolculara ağlayan yaslı yollar!
Ey garip çizgilerle dolu han duvarları,
Ey hanların gönlümü sızlatan duvarları...

***

ATASÖZLERİ VE VECİZELER

Aşağıda seçilmiş atasözü ve vecizeler[16], üzerinde düşünülmesi ve hitabet çalışması yapılması için kaydedilmiştir. Bu sözler üzerine, birkaç dakikalık konuşma veya yazma denemeleri yapmak çok faydalı olur.

- Adamın alacası içinde, davar alacası dışında.
- Ağaç kapı kapandıysa, altın kapı açılır.
- Ağlayanın bir derdi var, gülenin beş.
- Ahmak odur dünya için gam yiye, ne bilirsin kim kazana kim yiye?
- *Akıl yaşta değil baştadır, fakat aklı başa yaş getirir.*
- Allah, balmumu yakana balmumu, yağ mumu yakana yağ mumu verir.
- Aşını, eşini, işini bil.
- *Avâm iyi anladığına değil, iyi işittiğine inanır: ona bağırmalı.*
- Ayının dokuz şarkısı varmış, dokuzu da ahlat üstüne.
- *Az çok herkes nefsinin dalkavuğudur.*
- Az yaşa çok yaşa, âkıbet gelir başa.
- Babası oğluna bir bağ bağışlamış, oğlu babasına bir salkım üzüm vermemiş.
- Başa gelen, başta kalmaz.
- *Başıma belâ geldi deriz, halbuki belâya ayağımızla kendimiz gitmişizdir.*
- Başını acemi berbere teslim eden, cebinden pamuğu eksik etmesin.

---

16 Bu kısımda kaydedilen atasözleri, konuyla ilgili muhtelif eserlerden; italik harflerle dizilmiş cümleler ise, Cenab Şehabeddin'in *Tiryaki Sözleri* isimli kitabından seçilmiştir.

- Besmelesiz çıkma yola, başa gelir türlü belâ.
- Bir baba dokuz evlâdını besler, dokuz evlât bir babayı besleyemez.
- Bir insanı tanımak için ya alışveriş etmeli yahut yola gitmeli.
- Bir şinik çavdarı var, beş değirmene öğütmeye gider.
- Bir tutam ot deveye hendek atlatır.
- Bülbülün çektiği dili belâsıdır.
- *Büyüklere çok sokulmak ihtiyacını ancak küçükler hisseder.*
- Büyükler huzurunda az söyle, tez kalk.
- Çok söyleme arsız edersin, aç bırakma hırsız edersin.
- Çürük baklanın kör alıcısı olur.
- Dağ ne kadar yüce olsa, yol onun da üstünden aşar.
- Danışan dağı aşmış, danışmayan düz ovada yolu şaşmış.
- Dâvacın kadı ise Allah yardımcın olsun!
- Dil söyler saklanır; baş, belâya katlanır.
- Dost sanma şanlı vaktinde dost olanı, dost bil gamlı vaktinde elinden tutanı.
- Edeb yâhû.
- Ekmeğini yalnız yiyen, yükünü dişiyle kaldırır.
- El ağzına bakan, karısını tez boşar.
- Elin ayıbını söyleyen seninkini de söyler.
- Erkeği er eden de kadındır, eriden de kadındır.
- *Eserine uzun ömür dileyen, uzun zaman sarf eder.*
- *Eskiden kızdığına şimdi gülüyor musun, aklın artmış demektir.*
- Fare kaçmayınca delik görünmez.
- *Fikir düşüne düşüne artar.*
- Gecenin en karanlık vakti, sabaha yakın olan zamandır.
- *Gençlik çabuk geçer, derler. Maalesef ilâve edeyim ki ihtiyarlık da öyledir.*
- *Hakiki büyük adamlar güzel ağaçlara benzerler: Dallarında yuvalar kurulur, gölgesinde yorgunlar dinlenir, çiçeklerine sürünenler güzel*

koku alırlar, meyvesiyle açlar doyar ve yaprakları arasından dökülen güneş damlaları toprağa hayat verir; hiç kimseye ve hiçbir şeye zararı dokunmaz.

- *Havas beğendikçe alkışlar; avam alkışladıkça beğenir.*
- *Hayat bir aynadır, sen ona gülersen o da sana güler.*
- Her işte bir hayır vardır.
- Herkesin kazanı örtük kaynar, et mi kaynar, dert mi kaynar.
- Her şey incelikten, insan kalınlıktan kırılır.
- Her tencereye bir kapak bulunur.
- Hırsızın çoğalması, subaşının başı altındandır.
- Huyu güzelden kırk yılda usanılmaz.
- İlim, sahibine dost; mal, sahibine düşman kazandırır.
- *İnsan vaktin kıymetini en ziyade birisini beklerken anlar.*
- İyiliğe iyilik her kişinin kârı, kötülüğe iyilik er kişinin kârı.
- Kadere îman eden kederden emin olur.
- Kadı kızında bile kusur olur.
- Kâmili kâmil bilir.
- Köpekle dalaşmaktansa, çalıyı dolaşmak yeğdir.
- Kör ölür, badem gözlü olur; kel ölür, sırma saçlı.
- Kul azmayınca Hak yazmaz.
- Kul kusursuz olmaz.
- *Mâzîye, kazâ gibi, rızâdan başka çâre yoktur.*
- Mazlûmun âhı yerde kalmaz.
- Nerde hareket, orda bereket.
- Olmaz olmaz deme, olmaz olmaz.
- Ölecek ile olacağa çare bulunmaz.
- Ölümü gören sıtmaya razı olur.
- Parası aziz olan kendi zelil olur.
- Ramazanda oruç tutmayan bayramın tadını duyamaz.
- Rüya ile hülya olmasa züğürdün canı çıkar.
- *Sağanak altında gülen ile ağlayan pek fark olunmaz.*
- Salavât kapıdan girince, şeytan bacadan çıkar.
- Sana vereyim bir öğüt, kendi ununu kendin öğüt.
- Sarımsağı gelin etmişler, kırk gün kokusu çıkmamış.

- Sebepsiz düşman kazanan ya ahmaktır ya geveze.
- Sen ağa ben ağa bu ineği kim sağa?
- Sırrını söyleme dostuna, dostun söyler dostunun dostuna.
- *Şen adam güneşe benzer: girdiği yeri aydınlatır.*
- Şeytan ile ortak eken, buğdayın samanını alır.
- Taşkınlığın sonu şaşkınlıktır.
- *Uzun müddet için yazan, yazısına uzun müddet feda etmeli: Çabuk yazılan çabuk unutulur.*
- *Yalnız kendi nefsini düşünerek dost arayan, hizmetçi arıyor demektir.*
- Yavaş köpek, sürüye kurt getirir.
- *Yazısı ile okuyucusunu yükseltmeyen yazar, ancak bir kâtiptir.*
- *Yerinde sayanlar yürüyenlerden ziyade ayak patırtısı ederler.*
- *Yüksek tepelerde hem yılana hem kuşa tesâdüf edebilirsin; fakat biri sürünerek, öteki uçarak yükselmiştir.*
- *Zavallı koyun sürüsü.. Çobanı da o besler, çoban köpeğini de, kurdu da!*

Kâşgarlı Mahmut (1085?)'dan Atasözleri[17]

- Biş erngek tüz ermes (Beş parmak düz / bir olmaz).
- Öldeçi sıçgan muş ayakı kaşır (Ölecek fare kedi ayağını kaşır).
- Korkmış kişige koy başı koş körünür (Korkmuş kişiye koyunun başı çift görünür).
- Teve silkinse eşgekke yük çıkar (Deve silkinse eşeğe yük çıkar).
- Ermegüge bulut yük bolur (Tembele bulut yük olur).
- İt ısırmas at tepmes time (Köpek ısırmaz at tepmez deme).

---

17 Ahmet Caferoğlu, *Kâşgarlı Mahmut,* s. 53-55.

İKİNCİ BÖLÜM

DÎNÎ HİTABET VE ÇEŞİTLERİ

I. DÎNÎ HİTABET VE ÇEŞİTLERİ

Dînî hitabet, konusu din olan ve din bilginleri ve din görevlileri tarafından camilerde veya cami dışında yapılan konuşmalara denir.

Tebliğ, Allah ve Elçisinin buyruklarını insanlara ulaştırmak demektir.

İrşad ise, insanlara doğru yolu göstermek, uyarmak, mânen aydınlatmaktır.

Dînî hitabet, tebliğ ve irşad için vazgeçilmez bir unsurdur.

Tebliğ ve irşad yazılı, sözlü ve görüntülü olmak üzere pek çok yoldan gerçekleştirilebilir. Bizim, konumuz itibariyle, sözlü tebliğ yollarından bahsetmemiz gerekmektedir. Bunlar da: Hutbe, vaaz, sohbet, konferans, açık oturum, panel, sempozyum ve radyo-televizyon konuşmalarıdır.

A. Hutbe

Cuma ve bayram günlerinde, hatibin minbere çıkarak, cemaate karşı yaptığı dînî konuşmaya hutbe denir. Bu konuda, bundan sonraki bahiste geniş olarak durulacaktır.

B. Vaaz

Cami ve mescitlerde, din adamları tarafından, namazlardan önce veya sonra yapılan dînî konuşmalara denir. Bu konu üzerinde de daha sonra ayrıntılı olarak durulacaktır.

C. Sohbet

Aktüel olaylar ve konularla ilgili fikrî, siyâsî, sosyal, ekonomik vb. her alanda yapılan, resmiyetten uzak, samimi konuşmalara denir. İlgili konulara din açısından bakılarak yapılan konuşmalar da dînî sohbet olur. Buna musâhabe veya hasb-i hâl de denir.

Sohbet, birkaç kişilik insan topluluğuna, resmiyetten uzak, samimi ve sıcak bir hava içinde yapılır. Konular, günlük olaylardan alınır. Nükte, vecize, şiir, fıkra, kıssa ve atasözleriyle süslenir. Dinleyicilerin de sohbete katılmasına, sual sormasına yahut görüş beyan etmesine fırsat verilir. Sohbette, önceden yapılacak hazırlıklar faydalı olmakla birlikte, asıl olan bilgi ve birikimdir.

Önemli ve faydalı bir hitabet türü olan sohbetlerden, bilhassa aile ve halk eğitiminde mümkün mertebe yararlanmak gerekir.

Peygamberimizin ashabı, O'nun sohbetleriyle yetişmiştir. Rasûlüllahın, özellikle sabah namazlarından sonra ashabıyla Mescitte yaptığı sohbetler, bu türün mâbed içindeki en güzel örneklerini teşkil eder. Onun, ikindi namazlarından sonra da, aile fertleriyle sohbetleri olurdu.

Günümüzde de bunu hem camilerde hem de cami dışında gerçekleştirmek mümkündür.

Önceden belirlenmiş bir konu üzerinde ve bu konunun uzmanı gözetiminde yapılacak sohbetler daha faydalı olur. Ayrıca, çok yönlü, kendini iyi yetiştirmiş birikimli kişilerin, belirli bir konu olmadan yapacağı sohbetler de yararlıdır.

Sohbet meclislerinde dikkat edilecek husus, bilmediği konu üzerinde konuşmamak, iyi bildiğini söylemek, nazik ve edepli olmak, sözü haddinden fazla uzatmamaktır.

D. Konferans

Akademik bir hitabet türü olan konferans, dînî bir konunun, ilmî ve akademik bir üslup ve muhteva içinde sunulmasıdır.

Konferansta, önceden hazırlanmış bir plân ve metin bulunmalı; konu sakin, ağırbaşlı bir havada, ispat ve ikna edici bir üslup içinde takdim edilmelidir.

Önceden, dinleyicilerin muhtemel sorularına da cevap verecek tarzda ciddi ve uzun bir hazırlık yapılmalı; özel ve orijinal bilgi ve bulgular sunulmalı, herkesin bildiği şeyleri söylemekten sakınmalıdır.

Burada bir hususa işaret etmek gerekmektedir: Bilindiği gibi camide konuşmak başka, cami dışında konuşmak başkadır. Konu, dînî bir mesele bile olsa, konferansın sunuluşu, vaaz ve hutbe üslubundan farklı olmalıdır. Aynı şekilde camide de, konferans verir gibi vaaz edilmez.

E. Açıkoturum, Panel, Sempozyum

Daha önce özellikleri belirtilen bu hitabet türlerinde de, dînî konuların ele alınıp tartışılması mümkündür ve günümüzde de sıkça rastlanmaktadır.

Bu çeşit konuşmalarda hatiplerin, tıpkı konferansta olduğu gibi, daha önceden gerekli hazırlıkları yaptıktan sonra dinleyicilerin huzuruna çıkmaları gerekir.

F. Radyo-Televizyon Konuşması

Dînî ve ahlâkî konularda, geniş halk kitlelerinin anlayacağı ve tatmin olacağı şekilde yapılan konuşmalardır.

Radyo ve televizyonda yapılacak konuşmaların, geniş dinleyici ve seyirci kitleleri göz önüne alınarak, her gruptan insanın rahatsızlık duymadan dinleyebileceği şekilde, daha özenli ve aşırılıktan uzak olmasına çalışılmalıdır[1].

---

1 Bu konular hakkında daha geniş bilgi edinmek için birinci bölümde "Hitabet Çeşitleri" bahsinin sonunda yer alan dipnottaki kaynaklara bakılabilir.

II. HUTBE

A. Hutbenin Tarifi

Hutbe (الخطبة) sözlükte, bir topluluk karşısında yapılan etkileyici konuşma anlamına gelir.

Terim olarak; cuma ve bayram günlerinde, hatibin minbere çıkarak, cemaate karşı yaptığı dînî konuşmaya denir.

Bu konuşmayı yapan kimseye de hatip (hatîb) denir.

Hutbe kelimesi Kur'ân-ı Kerîm'de geçmemekle birlikte, birçok hadiste yer almıştır[1].

Arap toplumunda çok yaygın olan bu konuşma sanatı, İslâmî dönemde de sosyal hayatın bir parçası ve edebî sanatların bir türü olarak devam etmiş; ayrıca dînî bir muhteva kazanarak (Cuma ve Bayram namazları gibi) bazı ibâdetlerin şekil şartı veya tamamlayıcı unsuru olmuştur[2].

---

1 Bkz: Wensinck, A. J., *Concordance et İndices de la Tradition Musulmans (el-Mu'cemü'l-Müfehres li Elfâzi'l-Hadîs)*, II, 44 vd.

2 Mustafa Baktır, "Hutbe", *DİA*, XVIII, 425.

B. Hutbenin Hükmü

Cuma namazının sahih olması için hutbe okunması farzdır. Bayram hutbeleri ise sünnet-i müekkededir[3].

C. Rüknü

Hutbenin bir rüknü vardır, o da "Allah'ı zikretmek" tir.

İmâm A'zam Ebû Hanîfe'ye göre bu maksatla "Elhamdülillâh" veya "Sübhânallâh" veya "Lâilahe illallâh" demek, yeterlidir.

Onun talebeleri olan ve "İmâmeyn" olarak bilinen İmâm Ebû Yûsuf ve İmâm Muhammed'e göre ise bu "zikir", biraz daha uzun tutulmalı; "tahıyyât" duası kadar veya üç âyet uzunluğunda olmalıdır[4].

D. Şartları

Hutbenin sahih olması (geçerli sayılması) için Hanefî Mezhebine göre beş şart vardır:

1- Hutbe, vakit içinde okunmalıdır. Bu da Cuma namazı, yani öğle vaktidir.

2- Hutbe, Cuma namazından önce okunmalıdır. Namazdan sonra okunan Cuma hutbesi geçersizdir.

3- Herhangi bir konuşma gibi değil, "Hutbe" niyetiyle okunmalıdır.

4- Cemaat huzurunda okunmalıdır. (Üzerine Cuma namazı

---

[3] İstiska (yağmur isteme) ve küsuf (güneş tutulması) dualarında da iki rekât namazdan sonra hutbe okumak câizdir. bkz: Ömer Nasuhi Bilmen, *Büyük İslâm İlmihali,* s. 209, 211.

[4] Bilmen, *age,* s. 163.

farz olan en az bir kişinin huzurunda okunmalıdır)[5].

5- Hutbe ile namaz arası (yemek, içmek vb. namazı bozan) herhangi bir iş ile ayrılmamalıdır.

Bunlar, Hanefî Mezhebine göre aranan şartlardır. Diğer mezheplerin daha başka şartları da vardır[6].

Öte yandan, hatibin abdestli olmasının, setr-i avrete riâyet etmesinin ve hutbeyi ayakta okumasının yerine getirilmesi gereken bir sünnet[7] veya vâcip olduğu[8] kaydedilmektedir.

E. Hutbenin Sünnetleri (Âdâbı)

Sünnet üzere ve usule uygun olarak sunulacak hutbede, şu hususlara da dikkat etmek gerekir:

1- Hatibin, minbere yakın yerde bulunması,

2- Abdestli olması (vâcip olduğu da ifade edilmiştir),

3- Temiz elbise giymesi ve namaz kılabilecek şekilde örtünmüş olması. (Setr-i avretin vâcip olduğu da ifade edilmiştir),

4- Minbere çıkınca, cemaate dönük olarak oturup iç ezanı dinlemesi,

5- Hutbeyi, minberde ayakta ve cemaate dönük olarak irad etmesi (vâcip olduğu da söylenmiştir),

6- Hutbeye sessiz olarak okuyacağı Eûzü - Besmele ile başlaması,

---

5 Bu "bir kişi" hutbenin şartıdır; Cuma namazı için ise, (Hanefî mezhebine göre) en az üç mükellef erkek cemaat bulunmalıdır. Diğer mezheplerde hem hutbe hem de namaz için Şâfiî ve Hanbelîlere göre kırk, Mâlikîlere göre on iki kişinin bulunması gerekir.

6 Bunlar için bkz: İSAM, *İlmihal,* I, 300-301.

7 İSAM, *age,* I, 300.

8 Ömer Nasuhi Bilmen, *Büyük İslâm İlmihali,* s. 163.

7- Hutbeye, sırasıyla hamdele (Elhamdülillâh...), şehâdet (Eşhedü en lâilâhe illallâh...) ve salvele (Peygamberimize salâtü selâm) ile başlaması,

8- Hutbeyi, cemaatin işiteceği sesle okuması,

9- Kur'ân'dan bir âyet okuması ve va'zu nasihatte bulunması,

10- İki hutbe arasında bir miktar oturması,

11- İkinci hutbeye "hamdele ve salvele" ile başlayıp, müminlere dua ve istiğfarda bulunması,

12- Hutbeyi kısa tutması.

F. Hutbenin Bölümleri

Hutbe, biri diğerinden kısa bir oturuşla ayrılan iki bölümden meydana gelir:

Birinci Hutbe: Hamdele, şehâdet ve salvele ile başlayan Arapça bir mukaddime ile Türkçe konuşma kısmını ihtiva eder.

İkinci Hutbe: Hamdele ve salvele ile müminler hakkında yapılan duadan ibarettir.

Bu iki hutbeyi, ayrıntılı olarak şöyle sıralamak mümkündür:

1- Minbere çıkış ve dualar,

2- Birinci hutbe:

a) Hamdele,

b) Şehâdet,

c) Salvele,

d) Takvâ ile tavsiye,

e) Konuyla ilgili âyet ve hadis,

f) Türkçe va'zu nasihat,

g) Arapça bitiriş.

3- Oturuş.

4- İkinci hutbe:

a) Hamdele,

b) Salvele,

c) Müminlere dua,

d) Nahl sûresinin 90. âyeti. (Bayram hutbelerinde ise İsrâ sûresinin son âyeti).

5- Minberden iniş.

G. Hutbe Duaları

Bu bahiste yer alan hutbe dualarını okurken, hutbe "hitabet" makamı olduğu için, teganni yapılmamalı; yani dualar, tesbihler, âyetler, hadisler ve diğer ifadeler mûsikî ve makam ile değil, konuşma üslubuyla okunmalıdır[9].

---

[9] Bu kısımda sabah, öğle, ikindi ve yatsı namazlarının farzına başlamadan önce ve özellikle Cuma hutbesinden evvel müezzin tarafından büyük camilerde eskiden beri söylenen ve böylelikle başta Peygamber efendimiz olmak üzere İslâm büyüklerini hayırla anmaya vesile olan; müezzinliği, imam hatipliği, cami yapmayı ve yaşatmayı, hayır ve hasenatta bulunmayı, camiye devam etmeyi özendiren güzel bir duayı da kaydetmek istiyoruz:
Hazret-i resûl-i ekrem ve nebiyyi muhterem, sultân-ı enbiyâ, burhân-ı asfiyâ, habîb-i hüdâ, şefî-ı rûz-i cezâ, hazret-i Muhammed Mustafa, sallallâhü teâla aleyhi vesellem efendimiz hazretlerinin azîz, pâk, münevver, mutahhar rûh-i şeriflerine salavât-ı şerîfe getirenlerin âhir ve âkıbetleri hayrola! (Burada, cemaate yol göstermek için, hafif sesle "Allâhümme salli alâ seyyidinâ Muhammedin ve alâ âli seyyidinâ Muhammed" demek uygun olur). Âl-i ezvâc-i tâhirât, evlâd-ı resûl ve ashâb-ı güzîn efendilerimizin, sâir enbiyây-ı ızâm ve rusül-i fihâm hazerâtının ervâh-ı şerifleri içün, pîr-i müezzinîn Hazret-i Bilâl-i Habeşî radıyallâhü anh hazretlerinin ruhu içün, bu câminin yapılmasına ve yaşatılmasına katkıda bu-

1- Ayağa kalkıp minbere giderken (sessiz) okunacak dua:

بِسْمِ اللّٰهِ وَالْحَمْدُ لِلّٰهِ وَالصَّلَاةُ وَالسَّلَامُ عَلَى رَسُولِنَا مُحَمَّدٍ وَعَلَى
آلِهِ وَصَحْبِهِ اَجْمَعِينَ [10].

2- Minber kapısında okunacak dua:

اَللّٰهُمَّ افْتَحْ عَلَيْنَا اَبْوَابَ رَحْمَتِكَ وَيَسِّرْ عَلَيْنَا خَزَائِنَ فَضْلِكَ وَكَرَمِكَ
يَا اَكْرَمَ الْاَكْرَمِينَ وَيَا اَرْحَمَ الرَّاحِمِينَ [11].

3- Üçüncü basamakta okunacak dua:

رَبِّ اشْرَحْ لِى صَدْرِى وَيَسِّرْ لِى اَمْرِى وَاحْلُلْ عُقْدَةً مِنْ لِسَانِى
يَفْقَهُو قَوْلِى . رَبِّ قَدْ آتَيْتَنِى مِنَ الْمُلْكِ وَعَلَّمْتَنِى مِنْ تَأْوِيلِ الْاَحَادِيثِ .

---

lunanlardan âhirete intikal edenlerin ruhları içün ve bugüne kadar bu camiden gelip geçmiş imam, hatip, müezzin, kayyum, cemaat, sâhibü'l-hayrât ve'l-hasenât ve kâffe-i iman ve ehl-i islâm ervahı içün, ümmet-i Muhammed'in sıhhat ve selâmetliği içün, Allah rızası içün el-Fâtihah. (Bu safhada Fâtiha okuyacak zaman kadar beklenmelidir).

(Bu dua hutbe evvelinde okunmuş ise bundan sonra yine müezzin tarafından eûzü besmele çekilip Âhzâb sûresinin 56. âyeti (اِنَّ اللّٰهَ وَمَلٰٓئِكَتَهُ يُصَلُّونَ عَلَى النَّبِيِّ يَٓا اَيُّهَا الَّذِينَ اٰمَنُوا صَلُّوا عَلَيْهِ وَسَلِّمُوا تَسْلِيمًا) okunur ve "Allâhümme salli alâ seyyidinâ Muhammedin ve alâ âli seyyidinâ Muhammed" denildikten sonra iç ezana başlanır. Cemaat içinde sünnet namazı tamamlayamamış olanlar varsa, onları şaşırtmamak için sesi fazla yükseltmemek uygun olur.

Burada şunu da ifade edelim ki, bazıları bu tür uygulamaları uygun görmezken, bazıları da câiz olduğunu söylemişlerdir (bkz: Abdurrahman Cezîrî, *Dört Mezhebe Göre İslam Fıkhı trc,* İstanbul 1989, II, 561-563).

10 Duanın anlamı: Allah'ın adıyla başlarım. Hamd Allah'a, salât ve selâm Peygamberimiz Hz. Muhammed'e, onun ehlinin ve ashabının tamamına olsun.

11 Duanın anlamı: Ey en büyük kerem ve merhamet sahibi olan Allah'ım! Rahmetinin kapılarını bize aç, fazl ve kerem hazinelerine erişmemizi bize kolaylaştır (lütuf ve ihsanını bizden esirgeme).

رَبِّ زِدْنِى عِلْماً [12] وَفَهْماً وَاَلْحِقْنِى بِالصَّالِحِينَ [13].

4- Son basamakta (5. veya 7. veya 9. veya 11. basamakta) okunacak dua:

اَللَّهُمَّ هَذاَ الشَّانُ لَيْسَ بِشَانِى ، وَهَذاَ الْمَكاَنُ لَيْسَ بِمَكاَنِى . اَللَّهُمَّ يَسِّرْ لِى اَمْرِى وَتَقَبَّلْهُ مِنِّى . وَسَلاَمٌ عَلَى الْمُرْسَلِينَ . وَالْحَمْدُ لِلّٰهِ رَبِّ الْعاَلَمِينَ [14].

5- İç ezan okunduktan sonra ayağa kalkıp cemaate dönerek sesli okunacak birinci hutbe:

اَلْحَمْدُ لِلّٰهِ [15]، نَحْمَدُهُ وَنَسْتَعِينُهُ وَنَسْتَغْفِرُهُ [16]. وَنَعُوذُ بِاللّٰهِ مِنْ شُرُورِ اَنْفُسِناَ وَمِنْ سَيِّئاَتِ اَعْماَلِناَ . مَنْ يَهْدِ اللّٰهُ فَلاَ مُضِلَّ لَهُ . وَمَنْ يُضْلِلْ فَلاَ

---

12 Baştan buraya kadar olan kısımdaki ifadeler Tâhâ 20/25-28, Yûsuf 12/101, Tâhâ 20/114 âyetlerinde yer almaktadır.

13 Duanın anlamı: Rabbim! Yüreğime genişlik ver, işimi kolaylaştır, sözümü anlamaları için dilimden bağı çöz. Ey Rabbim! Bana mülkten nasibimi verdin ve bana olayların yorumunu öğrettin; bilgi ve anlayışımı artır ve beni sâlihler arasına kat, ey Rabbim!

14 Duanın anlamı: Allah'ım! Bu mertebe benim (lâyık olduğum) bir mertebe değildir, bu makam da benim makamım değildir. Allah'ım! İşimi kolaylaştır ve onu benden kabul eyle. Bütün peygamberlere selâm, âlemlerin Rabbi Allah'a hamd olsun.

15 اَلْحَمْدُ لِلّٰهِ yerine اِنَّ الْحَمْدَ لِلّٰهِ ifadesiyle başlamak da mümkündür.

16 Hutbenin başında okunan ve bir defa söylenmesi yeterli olan "el-hamdü lillâh" lâfzı, bazılarınca (alışkanlık sebebiyle) üç dört defa tekrar edilmektedir. Bu ifadeyi Türkçe olarak ve üç defa peşpeşe "Allah'a hamdolsun, Allah'a hamdolsun, Allah'a hamdolsun" diye söyleyince, hitabet açısından pek uygun düşmediği görülmektedir. Abdullah b. Mes'ûd'dan gelen rivâyette Rasûlüllah (sav)'in, cuma hutbelerine genellikle (bir defa) "el-Hamdülillâh..." diyerek başladığı anlaşılmaktadır (Bkz: Ebû Dâvud, *Salât*, 229; A. Lütfi Kazancı, *Peygamber Efendimizin Hitabeti*, s. 203).

هادِى لَهُ • نَشْهَدُ اَنْ لاَ اِلَهَ اِلاَّ اللّهُ وَحْدَهُ لاَ شَرِيكَ لَهُ . وَنَشْهَدُ اَنَّ سَيِّدَنَا مُحَمَّداً عَبْدُهُ وَرَسُولُهُ • اَللَّهُمَّ صَلِّ وَسَلِّمْ عَلَى رَسُولِنَا مُحَمَّدٍ وَعَلَى آلِهِ وَصَحْبِهِ اَجْمَعِينَ[17] •

اَمَّا بَعْدُ فَيَا عِبَادَ اللّهِ • اِتَّقُوا اللّهَ واَطِيعُوهُ • اِنَّ اللّهَ مَعَ الَّذِينَ اتَّقَوْا وَالَّذِينَ هُمْ مُحْسِنُونَ • قَالَ اللّهُ تَعَالَى فِى كِتَابِهِ الْكَرِيمِ • (اَعُوذُ بِاللّهِ مِنَ الشَّيْطَانِ الرَّجِيمِ • بِسْمِ اللّهِ الرَّحْمَنِ الرَّحِيمِ) :<< ..... >> صَدَقَ اللّهُ الْعَظِيمُ •

وَقَالَ النَّبِىُّ صَلَّى اللّهُ عَلَيْهِ وَسَلَّمَ : << ..... >> صَدَقَ رَسُولُ اللّهِ[18] •

---

[17] اَللَّهُمَّ صَلِّ وَسَلِّمْ عَلَى رَسُولِنَا مُحَمَّدٍ وَعَلَى آلِهِ وَصَحْبِهِ اَجْمَعِينَ cümlesinin yerine şu ifadeler de söylenebilir:

صَلَّى اللّهُ تَعَالَى عَلَيْهِ وَعَلَى آلِهِ وَاَوْلَادِهِ وَاَزْوَاجِهِ وَاَصْحَابِهِ وَاَتْبَاعِهِ، وَخُلَفَائِهِ الرَّاشِدِينَ الْمُرْشِدِينَ الْمَهْدِيِّينَ مِنْ بَعْدِهِ، وَوُزَرَائِهِ الْكَامِلِينَ فِى عَهْدِهِ؛ خُصُوصاً مِنْهُمْ عَلَى الْاَئِمَّةِ خُلَفَاءِ رَسُولِ اللّهِ عَلَى التَّحْقِيقِ، اُمَرَاءِ الْمُؤْمِنِينَ حَضْرَةِ اَبِى بَكْرٍ وَعُمَرَ وَعُثْمَانَ وَعَلِيٍّ ، وَعَلَى بَقِيَّةِ الصَّحَابَةِ وَالتَّابِعِينَ، رِضْوَانُ اللّهِ تَعَالَى عَلَيْهِمْ اَجْمَعِينَ . اَيُّهَا الْمُؤْمِنُونَ الْحَاضِرُونَ، اِتَّقُوا اللّهَ وَاَطِيعُوهُ، اِنَّ اللّهَ مَعَ الَّذِينَ اتَّقَوْا وَالَّذِينَ هُمْ مُحْسِنُونَ . قَالَ اللّهُ تَعَالَى فِى كِتَابِهِ الْكَرِيمِ ...

[18] Anlamı: Hamd ancak Allah'a mahsustur. O'na hamd eder, O'ndan yardım ve mağfiret dileriz. Nefislerimizin şerrinden ve yaptıklarımızın kötülüklerinden Allah'a sığınırız. Allah'ın hidâyete erdirdiğini kimse saptıramaz, O'nun saptırdığını da kimse doğru yola iletemez. Biz Allah'tan başka ilah olmadığına, O'nun ortağının bulunmadığına ve efendimiz Muhammed (sav)'in de O'nun kulu ve rasûlü olduğuna şahitlik ederiz. Allah'ım! Peygamberimiz Muhammed (sav)'e, onun ehli ve ashabının tümüne salât ve selâm eyle.
Bundan sonra, ey Allah'ın kulları! Allah'tan korkun ve O'na itaat edin. *Şüphesiz Allah kendisinden sakınanlar ve güzel amel işleyenlerle beraberdir.* Allah Teâlâ değerli Kitabı'nda şöyle buyurmaktadır: ... Peygamber sallallâhü aleyhi ve sellem de şöyle buyurur: ...

6- Türkçe hutbe tamamlandıktan sonra okunacak ifade:

اَلاَ اِنَّ اَحْسَنَ الْكَلاَمِ واَبْلَغَ النِّظَامِ كَلاَمُ اللّٰهِ الْمَلِكِ الْعَزِيزِ الْعلاَّمِ •
كَماَ قاَلَ اللّٰهُ تبارَكَ وَتعاَلىَ فِى الْكَلاَمِ : وِاذاَ قُرِأَ الْقُرْآنُ فاَسْتَمِعُوا لَهُ
وَاَنْصِتُوا لَعَلَّكُمْ تُرْحَمُونَ [19].

7- Daha sonra oturup, sessizce şu dua okunur:

باَرَكَ اللّٰهُ لَناَ وَلكُمْ ولِساَئِرِ الْمُؤْمِنِينَ وَالْمُؤْمِناَتِ وَالْمُسْلِمِينَ
وَالْمُسْلِمَاتِ . اَلْاَحْياَءِ مِنْهُمْ وَالْاَمْواَتِ . اِنَهُ سَمِيعٌ قَرِيبٌ مُجِيبُ
الدَّعواَتِ • بِرَحْمَتِكَ ياَ اَرْحَمَ الرَّاحِمِينَ • وَسَلاَمٌ عَلَى الْمُرْسَلِينَ •
وَالْحَمْدُ لِلّٰهِ رَبِّ الْعاَلَمِينَ [20].

8- Ayağa kalkarak, sesli olarak ve yine konuşma üslubuyla okunacak ikinci hutbe:

اَلْحَمدُ لِلّٰهِ حَمْدَ الْكاَمِلِينَ وَالصَّلاَةُ وَالسَّلاَمُ عَلَى رَسُولِناَ مُحَمَّدٍ
وَعَلَى آلِهِ وَصَحْبِهِ اَجْمَعِينَ • تَعْظِيماً لِنبيِّهِ وَتَكْرِيماً لِصَفِيِّهِ فَقاَلَ عَزَّ
وَجَلَّ مِنْ قاَئِلٍ مُخْبِرًا وَآمِرًا : اِنَّ اللّٰهَ وَمَلاَئِكَتَهُ يُصَلُّونَ عَلَى النَّبِيِّ،
ياَ اَ يُّهاَ الَّذِينَ اَمَنُوا صَلُّوا عَلَيْهِ وَسَلِّمُوا تَسْلِيماً •

---

19 Anlamı: Dikkat edin! Sözlerin en güzeli ve en beliği Aziz ve Melik olan ve her şeyi bilen Allah'ın kelamıdır. Nitekim Allah Teâlâ şöyle buyurmaktadır: *"Kur'ân okunduğu zaman onu dinleyin ve susun ki size merhamet edilsin".*

20 Duanın anlamı: Yüce Allah, bizlerin, sizlerin, erkek - kadın diğer mümin ve müslümanlardan ölmüş olanların yahut hayatta bulunanların hakkında (bu hutbeyi) mübârek kılsın. Çünkü O, her şeyi hakkıyla işitir ve dualara icabette bulunur. Rahmetinle (dualarımızı kabul eyle) ey merhametlilerin en merhametlisi. Bütün peygamberlere selâm, âlemlerin Rabbi Allah'a hamd olsun.

اَللّٰهُمَّ صَلِّ عَلَى مُحَمَّدٍ وَعلَى آلِ مُحَمَّدٍ كَمَا صَلَّيْتَ عَلَى اِبْرَاهِيمَ وَعَلَى آلِ اِبْرَاهِيمَ اِنَّكَ حَمِيدٌ مَجِيدٌ • اَللّٰهُمَّ بَارِكْ عَلَى مُحَمَّدٍ وَعَلَى آلِ مُحَمَّدٍ كَمَا بَارَكْتَ عَلَى اِبْرَاهِيمَ وَعَلَى آلِ اِبْرَاهِيمَ اِنَّكَ حَمِيدٌ مَجِيدٌ[21] •

9- Bundan sonra, sessiz olarak şu iki duadan sadece birisi okunur:

اَللّٰهُمَّ انْصُرْ مَنْ نَصَرَ الدِّينَ • وَاخْذُلْ مَنْ خَذَلَ الْمُسْلِمِينَ • اَللّٰهُمَّ انْصُرْ جُيُوشَ الْمُسْلِمِينَ وَعَسَاكِرَ الْمُوَحِّدِينَ • وَاكْتُبِ الصِّحَّةَ وَالْعَافِيَةَ عَلَيْنَا وَعَلَى الْحُجَّاجِ وَالْغُزَاتِ وَالْمُسَافِرِينَ وَالْمُقِيمِينَ وَالْحَاضِرِينَ وَالْغَائِبِينَ مِنْ اُمَّةِ مُحَمَّدٍ عَلَيْهِمْ اَجْمَعِينَ • رَبَّنَا آتِنَا فِى الدُّنْيَا حَسَنَةً وَفِى الْآخِرَةِ حَسَنَةً وَقِنَا عَذَابَ النَّارِ • سُبْحَانَ رَبِّكَ رَبِّ الْعِزَّةِ عَمَّا يَصِفُونَ • وَسَلَامٌ عَلَى الْمُرْسَلِينَ • وَالْحَمْدُ لِلّٰهِ رَبِّ الْعَالَمِينَ[22] •

---

[21] Anlamı: Kemal sahibi kimselerin hamd ettiği şekilde Allah'a hamd olsun, salât ve selâm ise Peygamberimize, onun ehli ve ashabının tamamına olsun. Elçisinin şanını yüceltmek ve ona ikramda bulunmak için haber vererek ve emrederek Aziz ve celil olan Allah şöyle buyurmuştur: *"Allah ve melekleri peygambere çok salevât getirirler. Ey müminler! Siz de ona salevât getirin ve tam bir teslimiyetle selam verin".*

Allah'ım! Hz. İbrahim'e ve yakınlarına rahmet ettiğin gibi, Hz. Muhammed'e ve yakınlarına da rahmet et. Şüphesiz en çok övülen ve şânı yüce olan yalnız sensin.

Allah'ım! Hz. İbrahim'i ve yakınlarını mübârek kıldığın gibi, Hz. Muhammed'i ve yakınlarını da mübârek kıl. Şüphesiz en çok övülen ve şânı yüce olan yalnız sensin.

[22] Duanın anlamı: Allah'ım! İslâm'a yardımda bulunana sen de yardımda bulun, müslümanlardan yardımını esirgeyeni sen de yardımsız bırak. Allah'ım! İslâm ordularına ve muvahhidlerin askerlerine yardım eyle. Bizlere, ümmet-i Muhammed'den hac yolculuğunda olanlara, Allah yolunda çarpışanlara, seferde olanlara, mukîm olanlara, şu meclisimizde bulunanların ve bulunmayanların tamamına sıhhat ve afiyetler ihsan eyle. Rabbimiz! Bize dünyada da iyilik ve

Bir önceki duanın yerine şu dua da okunabilir:

اَللّٰهُمَّ وَارْضَ عَنِ الْاَرْبَعَةِ الْخُلَفَاءِ سَيِّدِنَا اَبِى بَكْرٍ وَعُمَرَ وَعُثْمَانَ وَعَلِيٍّ ذَوِ الصِّدْقِ وَالْوَفَاءِ . وَبَقِيَّةِ الْعَشَرَةِ الْمُبَشَّرَةِ وَآلِ بَيْتِ الْمُصْطَفَى . وَعَنِ الْاَنْصَارِ وَالْمُهَاجِرِينَ وَالتَّابِعِينَ اِلَى يَوْمِ الْجَزَاءِ • اَللّٰهُمَّ اغْفِرْ لِلْمُؤْمِنِينَ وَالْمُؤْمِنَاتِ وَالْمُسْلِمِينَ وَالْمُسْلِمَاتِ ، اَلْاَحْيَاءِ مِنْهُمْ وَالْاَمْوَاتِ . بِرَحْمَتِكَ يَا اَرْحَمَ الرَّاحِمِينَ • وَسَلَامٌ عَلَى الْمُرْسَلِينَ • وَالْحَمْدُ لِلّٰهِ رَبِّ الْعَالَمِينَ [23]•

10- Duadan sonra[24], sessizce Eûzü-Besmele çekilir ve sesli olarak Nahl sûresinin 90. âyeti okunur:

اِنَّ اللّٰهَ يَأْمُرُ بِالْعَدْلِ وَالْاِحْسَانِ وَاِيتَاءِ ذِى الْقُرْبَى وَيَنْهَى عَنِ الْفَحْشَاءِ وَالْمُنْكَرِ وَالْبَغْيِ. يَعِظُكُمْ لَعَلَّكُمْ تَذَكَّرُونَ [25]•

---

güzellik, âhirette de iyilik ve güzellikler ihsân eyle ve bizi cehennem azâbından koru. Kudret ve şeref sahibi Rabbin, onların taktıkları sıfatlardan münezzehtir. Selâm, gönderilen elçilere. Hamd, âlemlerin Rabbi Allah'a.

23 Duanın anlamı: Allah'ım! Doğruluk ve vefa sahibi olan dört halife efendilerimiz Ebû Bekr, Ömer, Osman ve Ali ile diğer aşere-i mübeşşereden, Peygamber (sav)'in ehlinden, ensardan, mühacirden ve kıyâmete dek onların yollarına tâbi olanlardan razı ol. Ey en büyük merhamet sahibi olan Allah'ım! Merhametin hürmetine, erkek - kadın mümin ve müslümanlardan ölmüş olanları da hayatta bulunanları da bağışla. Selâm rasûlleredir. Hamd ise yalnızca Alemlerin Rabbi olan Allah'a mahsustur.

24 Şâfii mezhebine göre her iki hutbede de takvâ ile tavsiye gerekli olduğundan (Ş. Özdemir, *Şafii İlmihali,* s. 123), âyetten önce şu ifadeye de yer verilebilir: عِبَادَاللّٰهِ اِتَّقُوا اللّٰهَ وَاَطِيعُوهُ (Mânâsı: Ey Allah'ın kulları! Allah'tan korkun ve O'na itaat edin).

25 Mânâsı : *"Muhakkak ki Allah, adâleti, iyiliği, akrabaya yardım etmeyi emreder ve çirkin işleri, fenalık ve azgınlığı da yasaklar. O, öğüt almanız için size böyle öğüt verir".*

NOT: Bu âyeti okurken وَيَنْهٰى lâfzında durmak uygun değildir. Nefesin yetmemesi sebebiyle buralarda bir yerde vakf yapmak gerekirse, وَاٖيتَاۤئِ ذِى الْقُرْبٰى diye durmalı ve geriden tekrar وَاٖيتَاۤئِ ذِى الْقُرْبٰى diye alınıp devam etmelidir. Çünkü وَيَنْهٰى lâfzında durunca, buraya kadar okunan yerden: "Allah (şunları şunları) emreder ve nehyeder" gibi ters bir mânâ çıkmaktadır. Yahut da وَيَنْهٰى عَنِ الْفَحْشَاۤءِ diye vakfedip, sonra tekrar وَيَنْهٰى عَنِ الْفَحْشَاۤءِ diye geriden alarak devam etmelidir. Bir başka şekil olarak وَاٖيتَاۤئِ ذِى الْقُرْبٰى lâfzında durup nefes aldıktan sonra, geriden almadan وَيَنْهٰى lâfzıyla okumaya devam etmek de mümkündür[26].

H. Bayram Hutbeleri

İslâm dininde Ramazan Bayramı (Iydü'l-fıtr) ve Kurban Bayramı (Iydü'l-adhâ) olmak üzere iki bayram vardır. Ve her iki bayram da hicretin 2. yılından itibaren kutlanmaya başlamıştır.

Nakledildiğine göre Peygamber efendimiz Medine'ye hicret ettikten sonra, buranın sakinlerinin İran'dan alınma Nevruz ve Mihrican bayramlarını kutladıklarına şahit olmuş; bunun üzerine: *"Allah sizin için o iki günü, daha hayırlı iki günle, Kurban ve Ramazan bayramlarıyla değiştirmiştir*[27], buyurmuş ve İran kaynaklı bu iki bayramın kutlanmasını yasaklamıştır.

---

26 وَاٖيتَاۤئِ ذِى الْقُرْبٰى diye durduktan sonra ذِى الْقُرْبٰى وَيَنْهٰى şeklinde başlayıp devam etmek de kabîh ibtidâdır, yanlıştır. Onun için geriden alırken وَاٖيتَاۤئِ kelimesinden başlamak gerekir.

27 Ebû Dâvud, *Salat,* 245; Nesâî, *Salâtü'l-Iydeyn,* 1; Ahmed b. Hanbel, *age,* III, 103.

Peygamberimiz, Ramazan ve Kurban bayramı günlerinde, bayram namazlarını Mescidin dışında, namazgâhta kıldırır, sonra da ayakta hutbe irad ederdi. Bir rivâyette, bir Ramazan Bayramında yağmur yağdığı için, namazı Mescitte kıldırdığı nakledilmiştir.

Rasûlüllah (sav), bayram hutbelerini yerde, ayakta irad ettiği gibi, bazen da bineği üzerinde irad etmiştir. Bayram hutbelerini dinleme hususunda cemaati serbest bırakmış: *"Biz hutbe okuyacağız. Hutbe için oturmak isteyen otursun, gitmek isteyen de gidebilir"*, buyurmuştur[28].

Peygamberimizin, bayramlarda önce namaz kıldığı, sonra da hutbe irad ettiği[29] ve ısrarla sadaka vermeyi tavsiye buyurduğu[30] ve ayrıca onun zamanında kadınların da bayram namazlarına iştirak ettikleri[31] bildirilmiştir. Âdet gören kadınlar da namaz kılınan yerin biraz uzağında, cemaatin arka tarafında bulunurlar ve erkeklerle birlikte tekbir getirirlerdi. Hatta dışarı çıkmak için örtüsü bulunmayan bir hanım için bile, Peygamberimiz, başkasından ödünç örtü bulunarak bu "hayır meclisine" katılmasını istemiştir[32]. Bu konudaki rivâyetler bundan sonraki bahiste kaydedilecektir.

Bayram hutbeleri, genelde Cuma hutbeleri gibidir:

Hatip, bayram namazını müteakip minbere çıkar ve oturmadan hutbeye başlar. Cuma hutbesinde olduğu gibi iki hutbe irad eder.

Şu kadar var ki bayram hutbelerine tekbirlerle başlanır, tekbirlerle bitirilir; cemaat de bu tekbirlere hafifçe iştirak eder.

Ramazan Bayramı hutbesinde fıtır sadakası, yardımlaşma, kardeşlik ve ibâdetlere devam üzerinde; Kurban Bayramı hutbesinde

---

28 Buhârî, *Iydeyn,* 17; Müslim, *Iydeyn,*1.

29 Ahmed b. Hanbel, *el-Müsned,* III, 56.

30 Müslim, *Iydeyn,* 9.

31 Buhârî, *Hayz,* 24; Müslim, *Iydeyn,* 10-12.

32 Buhârî, *Hayz,* 24; Müslim, *Iydeyn,* 10-12.

ise Kurban ve hükümleriyle, teşrik tekbirleri hakkında bilgi[33] vermek uygun olur.

Bayram hutbelerinde, Cuma hutbelerine göre daha titiz olunmalı; sadece bayramdan bayrama namaza gelen insanları azarlayıp, camiye küstürmek ve kaybetmek yerine, onları kazanma yolları aranmalı; incitici sözlerle değil, gönül alıcı, uyarıcı, düşündürücü ve şuura sevk edici, hikmetli, güzel, kibar ifadeler kullanılmalıdır.

Bayram namazı tamamlanınca, hatip minbere doğru giderken, cemaat, müezzinin önderliğinde Tekbir okumaya başlar ve hatip, minberde hutbe okuyacağı basamağa varıncaya kadar Tekbire devam edilir; böylece tekbir sayısı üç olur. (Bu arada hatip, minbere çıkarken (basamaklarda), Cuma hutbesindeki duaları okur.)

Hatip, hutbe okuyacağı basamağa varınca, oturmadan hutbesine şöyle başlar:

اَللّٰهُ اَكبَرُ • اَللّٰهُ اَكبَرُ • لاَ اِلَهَ اِلاَّ اللّٰهُ وَاللّٰهُ اَكبَرُ • اَللّٰهُ اَكبَرُ وَلِلّٰهِ الْحَمْدُ•

اَللّٰهُ اَكْبَرُ كَبِيرًا وَالْحَمْدُ لِلّٰهِ كَثِيرًا • (تكْبِيرْ) (cemaatle birlikte tekbir)

وَسُبْحَانَ اللّٰهِ بُكْرَةً وَاَصِيلاً • (تكْبِيرْ) (cemaatle birlikte tekbir)

---

33 Teşrik tekbiri: "Tekbir", Allah'ı yüceltmek demektir; "Allâhü ekber: Allah en büyüktür" cümlesiyle ifade edilir. "Teşrik" ise; yüksek sesle tekbir almak demektir. Kurban bayramından bir gün önce, yani arefe günü sabah namazından, bayramın dördüncü günü ikindi namazına kadar toplam 23 vakit, farz namazlardan sonra getirilen tekbirlere de teşrik tekbirleri denir. Hanefi mezhebine göre namazlardan sonra bu tekbirleri getirmek kadın erkek herkese vâciptir. Teşrik tekbirlerinin sözleri şöyledir: "Allâhü ekber, Allâhü ekber. Lâilâhe illallâhü vallâhü ekber. Allâhü ekber ve lillâhil hamd". Bu sözlerin anlamı da şöyledir: "Allah en büyüktür, Allah en büyüktür. Allah'tan başka tanrı yoktur ve Allah en büyüktür. Allah en büyüktür ve hamd, Allah'a mahsustur (yani sadece O'na hamd edilir)".

اَلْحَمْدُ لِلّٰهِ نَحْمَدُهُ وَنَسْتَعِينُهُ وَنَسْتَغْفِرُهُ • وَنَعُوذُ بِاللّٰهِ مِنْ شُرُورِ اَنْفُسِنَا
وَمِنْ سَيِّئَاتِ اَعْمَالِنَا ...

Cuma hutbesinde okunan dualar, bu şekilde, sonuna kadar sırasıyla okunur.

Hutbenin her ikisi de tamamlanınca, en sonda okunan (İnnallâhe ye'müru) âyeti yerine, İsrâ suresinin şu son âyeti[34] okunur[35]:

وَقُلِ الْحَمْدُ لِلّٰهِ الَّذِى لَمْ يَتَّخِذْ وَلَدًا وَلَمْ يَكُنْ لَهُ شَرِيكٌ فِى الْمُلْكِ
وَلَمْ يَكُنْ لَهُ وَلِىٌّ مِنَ الذُّلِّ وَكَبِّرْهُ تَكْبِيرًا •

Bundan sonra hatip, yavaş yavaş minberden inmeye başlar.

Bu sırada yine cemaat tarafından, müezzin önderliğinde üç tekbir okunur. (Böylece tekbirlerin toplam sayısı, üçü minbere giderken, üçü minberde ve üçü de minberden inerken okunmak üzere dokuza ulaşır.) (Aslında tekbir adediyle ilgili olarak kesin bir sayı yoktur[36].)

Bu arada hatip, mihraba varır, cemaate yüzü dönük olarak oturur.

Tekbir bitince, müezzin veya bir başkası tarafından Âyetü'l-kürsî aşr-i şerif olarak okunur. Bunu müteakip hatip dua eder, ce-

---

34 Âyetin mânâsı: *"Çocuk edinmeyen, hâkimiyette ortağı bulunmayan, acze düşüp de yardımcıya ihtiyacı bulunmayan Allah'a hamd ederim, de. Ve tekbîr getirerek O'nun şânını yücelt".*

35 Bu konular hakkında bkz: Tâhir'ül-Mevlevi Olgun, *Müslümanlıkta İbadet Tarihi,* s. 77; Ömer Nasuhi Bilmen, *Büyük İslâm İlmihali,* s. 167; Kazancı, *Peygamber Efendimizin Hitabeti,* s. 205; S. Erdem - İ. Bayraktar - N. Bozkurt - Ö. Nutku, "Bayram", *DİA,* V, 257-265.

36 Bkz: Mehmed Zihni, *Nimet-i İslâm,* Kitâbü's-Salât, s. 554, dipnot, 1.

maat "âmin" der ve böylece bayram namazı ve hutbe tamamlanmış olur[37].

İ. Hutbe Hazırlama

Bir hutbenin hazırlanıp cemaate sunulmasında dikkat edilecek hususları başlıca üç ana grupta toplamak mümkündür:

1. Konu Seçimi

İyi bir hutbe hazırlamak için yapılacak ilk iş, sunulacak konunun isabetli seçimidir. Bunun için de şu suallere cevap aramak lâzımdır: Bu hafta sunulacak hutbe için, aktüalite neyi gerektirmektedir? Nasıl bir konu, toplumun gündemine uygun düşer? Cemaatin öncelikle neye ihtiyacı vardır? Cemaatin kültür düzeyi nasıldır? Cemaat, ağırlıklı olarak kimlerden oluşmaktadır? Sunulacak hutbe, hangi gaye gözetilerek hazırlanmalıdır? Hutbeden ne gibi fayda temin edilmiş olacaktır?

Şu halde konu seçiminde öncelikle güncellik, cemaatin seviyesi, çoğunluğun kimlerden meydana geldiği göz önüne alınmalı, buna göre bir konu seçilmelidir. Basit bir misalle; köyde okunacak bir hutbede, köyü ve köylüyü ilgilendiremeyen bir konudan bahsetmek pek uygun olmayacağı gibi, şehirde okunacak bir hutbede de cemaati ilgilendirmeyen bir konudan bahsetmek uygun karşılanmayabilir. Aynı şekilde, çok önemli güncel konular varken, başka herhangi bir haftada ele alınabilecek, acelesi ve aktüalitesi bulunmayan bir konu işlenmemelidir.

Sunulacak hutbe, cemaatin kültür düzeyine uygun olarak hazırlanmalı; anlaşılmayan, uzun, kapalı, dolambaçlı ifadelerden kaçınmalıdır. Keza, herkesin bildiği "harc-ı âlem" sözler etmekten de sakınmalıdır.

---

[37] Abdullah Aydın, *Nûru'l-Îzah ve Tercümesi,* s. 102.

Bu hususta dikkat edilecek önemli bir konu da, sunulacak hutbeden ne yarar beklendiğidir: Bu hutbe ile cemaat ne kazanmış olacaktır? İslâm'ı tebliğde önemli bir görev yerine getirilmiş olunacak mıdır? Haftada bir defa elde edilen 8–10 dakikalık bu kıymetli zaman, en iyi şekilde değerlendirilmiş olacak mıdır? İşte, mânevî sorumluluğu da düşünülerek, konu seçiminde bu hususlara dikkat etmek lâzımdır.

2. Kaynakların Tespiti ve Bilgi Toplama

a) Konuyla ilgili olarak, başkaları tarafından hazırlanmış hutbe (veya yazılar, araştırmalar) okunmalı; bu metinlerde nelere dikkat edildiğine, konunun nasıl işlendiğine bakılmalı ve beğenilen fikirler not edilmelidir. Ancak, başkalarından alınan fikirler hutbede kullanılacaksa, bu hutbelerin ileride yayınlanması düşünülebileceğinden yahut kime ait olduğu merak edilebileceğinden, bu şekilde iktibas edilen fikir ve cümlelerin kime ait olduğu, dipnot olarak tespit edilmelidir. Böylece, hak sahibine hakkı verilmiş olur.

b) Konuyla ilgili âyetler tespit edilmeli ve tefsirlerde bunların nasıl yorumlandığına bakılmalıdır.

Daha sonra, konuyla ilgili hadislere ve bunların şerhlerine bakılmalıdır. Burada dikkat edilecek husus, hadislerin "sahih" olmasıdır. Peygamberimizin söylemediği yahut söyleyip söylemediği şüpheli olan rivâyetleri O'na mal etmek son derece yanlış ve veballi bir iştir.

c) Hutbe konusu, hangi alanla ilgiliyse, o alanda yazılmış güvenilir bir-iki kitaba bakmak da faydalı olur. Meselâ fıkhî bir konu ele alınacaksa, fıkıh kitaplarına da bakmak gerekir. Ayrıca İslâm Ansiklopedilerinin ilgili maddelerine bakılır. Siyer ve İslâm Tarihi ile ilgili eserlere bakılır.

Not: Hazırlanacak konuşmalarda âyetlerin yerleri, hadislerin kaynağı ve istifade edilen diğer kaynaklar mutlaka belirtilmelidir.

Belirtilecek kaynak için şu usûl takip edilir: Yazarın adı soyadı, kitabın tam adı, tercüme ise kim tarafından tercüme edildiği, alınan bilginin bulunduğu cilt ve sayfa numarası, baskı yeri ve tarihi.

3. Hutbe Plânı

Hutbenin, bilhassa büyük camilerde sunulacak hutbelerin, yazılı metin halinde olması lâzımdır. Sınırlı bir zaman, en verimli bir şekilde ancak böyle değerlendirilebilir.

Eğer hutbe, irticâlî (içten geldiği gibi, ezbere) olarak sunulmak istenirse, bunda da mutlaka bir plân yapılmalı, konunun ana hatları kaydedilmiş olmalıdır.

Hazırlanacak Türkçe hutbe metninin şöyle bir plân dâhilinde olması uygundur:

a) Hitap cümlesi: Hutbeye "Muhterem müslümanlar!", "Aziz müminler!" vb. bir hitap cümlesiyle başlanır.

b) Konunun takdimi: İstenirse hutbe konusu bildirilebilir; ancak bildirilmemesi, merak uyandırması bakımından, daha uygundur. Şayet konu bildirilecekse: "Hutbemiz, ... hakkındadır" veya "Hutbemizde ... konusu ele alınacaktır" gibi bir takdim cümlesi yer alabilir[38].

c) Giriş bölümü: Bu bölümde, cemaatin konuya dikkatini çekici, konunun önemini vurgulayıcı ifadelere yer verilir. Veya konunun önemine işaret edecek güncel yahut İslâm tarihiyle ilgili çok kısa bir olay anlatılabilir ve böylece, dinleyicilerin dikkati cezb edilmiş olur.

d) Gelişme bölümü: Konu, âyetlere ve sahih hadislere dayanılarak anlatılır. Bahsedilen hususların yerine getirilmesinin veya

---

[38] "Hutbemizin konusu ... hakkındadır" ifadesi hatalıdır; çünkü "konusu" ile "hakkındadır" kelimeleri aynı şeyi ifade etmektedir.

getirilmemesinin fayda veya zararları zikredilir; konuyla ilgili toplumdaki uygulama ve yansımalar vurgulanır; gerekli uyarı ve öğütlerde bulunulur.

e) Sonuç: Hutbenin son bölümünde, baştan beri söylenenler üç-beş cümle ile özetlenerek, (hutbede konu seçimi bahsinde işaret edilen) asıl gaye ve güdülen amaç ne ise, özellikle bu husus vurgulanır ve istenirse, konuyla yakından ilgili bir âyet veya hadis mealiyle konuşma tamamlanır.

4. Hutbenin Yazılması

Hutbenin "konu"su tespit edilip, verilen "plân" örneği göz önüne alınarak şu esaslar dâhilinde hutbe metninin hazırlanması uygun olur:

a) Hutbenin yazılmasında sade, açık, anlaşılır ve kısa cümleler tercih edilmelidir. Fikirler ifade edilirken, bunun bir "konuşma" olduğu unutulmamalı; ifadeler, konuşma havası içinde düzenlenmelidir.

b) Hutbede, gereksiz yabancı kelimeler, kapalı sözler, gayr-i ahlâkî ve gayr-i ciddi ifadeler kullanılmamalıdır. Hutbede "İslâm" anlatılıp tebliğ edildiğine göre, konuyu destekleyici bile olsa gayri müslimlerin isimlerinin anılmasına gerek yoktur.

c) Hutbe, camide bulunan cemaati ilgilendirmeli, doğrudan onlara hitap edilmelidir. Camide bulunmayan kişilere yönelik ifadelerin yararı yoktur.

d) Hutbede "şahsiyet" yapılmamalı; özel kişileri suçlayıcı, hedef alıcı ifadeler kullanılmamalıdır. Bu konuda önemli olan, "kişi" veya "kişiler" değildir, zihniyettir. Gerekiyorsa böyle bir zihniyete cemaatin dikkati çekilebilir ve konunun doğrusu ve İslâmîsi ne ise, o anlatılır.

e) Hutbede, İslâm dışı konu ve düşüncelerin de yeri yoktur. Bunlarla zaman geçirmek yerine, dinimizin herhangi bir konusu anlatılmalı, Allah ve Rasûlünün sözleri tebliğ edilmeli; cemaatin ihtiyaç duyduğu hususlara yer verilmelidir.

J. Hutbenin Sunulması

Bir hutbenin yazılıp hazır hale getirilmesi kadar, cemaate okunup sunulması da son derecede önemlidir. Nice hatip, muhtevası güzel olan konuşmaları, hitabet esaslarına dikkat etmeden sunduğu için, dinlenilmez, anlaşılmaz ve sıkıcı bir hale getirmektedir. Bu bakımdan, hazırlanan hutbeden beklenen neticenin sağlanabilmesi için, hutbenin iyice hazmedilip, güzel konuşma tekniklerine uygun olarak sunulması gerekmektedir. Bu hususta dikkat edilecek başlıca esaslar şunlardır:

a) Hazırlanan hutbe, önceden birkaç defa sesli olarak okunmalıdır. Öyle ki, konuşma, yarı yüzünden yarı ezbere okunur hale getirilmiş olmalıdır.

b) Hutbe metninde, dili zorlayıcı kelime ve cümleler, telaffuzu zor ifadeler varsa bunlar değiştirilmeli; kolay söylenebilir ve anlaşılabilir hale getirilmelidir.

c) İmkân varsa, yakınımızdaki kimselere de önceden hutbeyi okuyup dinletmek ve tenkitlerini almak faydalı olur.

d) Hutbede sunulacak âyet ve hadislerin metinlerinin okunmasında asla hata yapılmamalı, dil sürçmemeli ve mümkünse bunlar ezberlenmelidir.

e) Hutbede sesli olarak okunan dualar da, süratli ve baştan savma bir tarzda değil, tane tane ve konuşma üslubuyla okunmalıdır.

f) Hutbede ses tonu çok iyi ayarlanmalıdır. Çok bağırmak kadar, cılız bir sesle okumak da hutbenin kalitesini düşürür. Bu bakımdan, önceden mikrofon ayarının iyi yapılmış olmasına dikkat edilmelidir.

g) Hatibin kılık kıyafeti de önemlidir. Sarığın ve cübbenin, vücuda uygun, temiz ve düzgün olması lâzımdır. Alın açık olmalı, sarık, alnı kapatmamalıdır. Ayrıca sarığın temiz ve düzgün sarılmış olması gerekir. Bundan başka, pantolonun tozlu ve çamurlu olmamasına da dikkat etmeli ve bir de Cuma namazı için mutlaka temiz çorap giymelidir.

h) Hutbe sunulurken jest ve mimiklere dikkat etmeli, fazla el-kol hareketleri yapmamalıdır.

i) Gözler tamamen eldeki kâğıda bağlanıp kalmamalı; cümle aralarında, ara hitaplarda ve her fırsatta sık sık cemaate bakmalıdır. Devamlı karşı duvara veya belli bir noktaya veya boşluğa veya hep aynı şahıslara değil, değişik kimse ve yönlere bakmalıdır.

j) Gerekli görülürse, önemli bazı cümleler, Peygamberimizin yaptığı gibi, tekrar edilebilir (bilhassa âyet ve hadis mealleri).

k) Hutbe metni, monoton bir ses tonuyla değil, değişik şekillerde okunabilmelidir. Meselâ âyet ve hadis mealleri, biraz daha farklı ses tonuyla okunabilir. Ancak böyle yapacağım diye, yapmacıklığa ve gülünç hale de düşmemelidir. Eğer imkân varsa, hutbe, bir cihaza okunup dinlenilerek veya kamera ile tespit edilerek hatalar kontrol edilmelidir.

l) Sunulan metnin "sahibi" olunmalıdır: Yani hatip, söylediklerine önce kendisi inanıp benimsemeli; cümleleri dil ucundan değil, gönülden ve içinden gelerek söylemelidir.

m) Kelime ve cümleler tane tane söylenmeli; kısa duraklarla, cemaatin, söylenenleri anlayıp kavranması sağlanmalıdır.

Hutbe, haber spikerlerinin haber okumaları gibi sunulmaz. Siyasîlerin, meydan mitinglerindeki konuşma tarzlarına da benzemez.

Her zeminin, zamanın ve cemaatin kendine mahsus hitap tarzı vardır. Hutbedeki hitap ölçüsünü, ilgi ve takdirle izlenen hatipleri çokça dinleyerek elde etmek mümkündür. Ancak burada dikkat edilecek husus, onları tıpatıp taklit değil; kavranan üslup ve tekniği kendimize mal etmek ve kendi üslubumuzu oluşturmak olmalıdır.

n) İkinci hutbede okunan dualarda makam ve teganni yapılmamalı; birinci hutbe dualarında olduğu gibi, konuşma üslubuyla ve birinci hutbeye nazaran biraz daha hafif ses tonuyla okumalıdır. Ancak, bunların telaffuzunda da tane tane ve özenli olmasına dikkat edilmeli ve hatip, cemaate, hutbenin başından sonuna kadar, kullandığı her kelimeyi önemsediği izlenimini vermelidir.

ö) Hutbenin cemaate tesirinde en önemli husus, ihlâstır. Allah rızası gözetilerek ve yukarıdaki esaslara da mümkün mertebe riâyet edilerek sunulacak hutbe, mutlaka tesirini gösterecektir. Ün kazanmak, "aferin" almak için sunulan hutbede hayır yoktur. Böylesi konuşmaların veya yasak savma, resmi görevi yapmış olma kabîlinden, gelişi güzel okunan hutbelerin de herhalde âhirette hesabı sorulacaktır.

Bu konu hakkında ek bilgi için, daha önce kaydedilmiş bulunan "Konuşmanın sunulması" bahsine bakılabilir[39].

K. Hatibin Dikkat Etmesi Gereken Hususlar

Hatipte aranan özellikleri ve hatibin dikkat etmesi gereken hususları şöylece özetlemek mümkündür:

1. Hatip, öncelikle kılık-kıyafetine dikkat etmeli, hem lüks ve gösterişten hem de pejmürdelikten kaçınmalı; dînî ve mahallî özelliklere uygun olarak, insanların yadırgamayacağı tarzda, sade ve temiz giyinmelidir.

---

[39] Bu hususlar için bkz: Çakan - Gündüz - Çiçek, *age*, I, 63-65 ve II, 33-41.

2. Güzel konuşmanın en etkili aracı sestir. Konuşmada, sesin ve ses düzeninin iyi olması çok önemlidir. Gereksiz yere bağırıp çağırmak yahut dinleyicilerin işitmede zorlanacakları şekilde hafif ve kısık sesle konuşmak, beklenen neticeyi vermez. Bu bakımdan konuşulan yerin büyüklüğüne, dinleyici sayısına ve konuşmanın konusuna göre sesi ayarlamak lâzımdır.

3. Hitabette başarılı olmak için Türkçeyi iyi bilmek ve iyi kullanmak gerekir. Kelimelerin doğru telaffuz edilmesi, vurguların yerli yerinde yapılması icap eder. Bilhassa âyet ve hadislerin doğru telaffuz edilmesi gerekir.

4. Hatip, konuşmasını yaparken jest ve mimiklerine dikkat etmeli; el, kol, yüz, göz hareketlerinde aşırılığa kaçmamalıdır. Dinleyicilerin dikkatini dağıtacak ve konuşanı gülünç hale sokacak yüz şekillerinden sakınmalıdır. Bu husustaki hatalarını görmek için de, büyükçe bir aynanın karşısında hitabet denemelerinde bulunması gerekir.

5. Konuşmayı tesirli kılacak en önemli husus: îman-ihlâs-amel'dir. Konuştuklarına kendisi inanmayan yahut toplumdan istediklerini kendisi yapmayan ve yaşamayan hatibin sözleri, beklenen yararı sağlamaz. Kur'ân-ı Kerîm'de bu hususa dikkat çekilerek şöyle buyurulmuştur: *"Ey inananlar! Niçin yapmayacağınız şeyi söylüyorsunuz? Yapmayacağınız şeyi söylemek, Allah katında çok sevimsiz bir davranıştır"*[40]. *"Siz Kitabı okuduğunuz halde, insanlara iyiliği emredip, kendinizi unutuyor musunuz? Aklınızı kullanmıyor musunuz?"*[41].

Şu halde hitabette, dinleyiciye şirin görünmek değil, Allah rızası gözetilmeli; insanlara dinimizin bildirdiği doğrular ve yanlışlar anlatılmalıdır.

---

40 Saff 61/2-3.
41 Bakara 2/44.

6. Hatip, ele aldığı konuyu iyi bilmelidir. Bilmediği veya çok az mâlûmat sahibi olduğu konularda konuşmamalıdır. Bunun için, konuşmasını sunmadan önce iyi bir hazırlık yapmalı, gerekli bilgi ve belgeleri toplamalı; dinleyiciye konuyu etraflıca ve doyurucu bir şekilde sunmalıdır.

7. Hitabette "kavl-i leyyin / yumuşak söz" prensibi esas alınmalıdır. Sevdirici, ümit verici ve ikna edici olmalıdır. Bununla birlikte bazen aşırıya kaçmayacak şekilde keskin ifadeler kullanmak da gerekebilir. Ancak, kırıcı olmak, şahsiyet yapmak, dinleyiciyi aşağılayıp azarlamak kesinlikle doğru değildir ve bu tür konuşmalar da yarar değil, zarar getirir.

Vâizin biri, Halife Me'mun'a sert bir dille nasihat etmeye kalkışınca, Halife şöyle demiş:

— Be adam, biraz yumuşak ol! Yüce Allah, senden çok daha hayırlı olan Hz. Musa'yı, benden çok daha kötü olan firavuna gönderirken, tatlı ve yumuşak bir dille konuşmasını emredip şöyle buyurmuştur: *"Firavuna gidin; çünkü o azdı. Ona yumuşak söz söyleyin; belki öğüt alır veya (Allah'tan) korkar"*[42].

Bu konuda ayrıca şu âyeti de unutmamak gerekir: *"Sen, hikmetle, güzel öğütle Rabbinin yoluna çağır ve onlarla en güzel şekilde mücadele et"*[43].

8. Hatip, konuşmasını dinleyicilerin bilgi ve kültür seviyesine göre ayarlamalıdır. Yanlış anlamalara sebep olabilecek ifadelerden kaçınmalı; fikirlerini açık, net ve kısa cümlelerle anlatmaya çalışmalıdır.

9. Yapılacak konuşmalar, yer ve hâle göre yapılmalıdır. Vaaz konuşması ayrı olduğu gibi, hutbenin de kendine has özelliği

---

42 Tâhâ 20/43-44.

43 Nahl 16/125.

vardır. Ayrıca cami dışındaki konuşmalar da, dînî bir konu bile olsa, cami üslubundan farklı olmalıdır.

10. Hatip, hutbedeki Türkçe kısmı 7–8 dakika içinde tamamlamalı, cemaate bıkkınlık verecek derecede uzatmamalı, dualarla birlikte hutbenin tamamı 10 dakikayı geçmemelidir.

L. Hutbe Kaynakları

Hutbe hazırlarken başvurulacak kaynaklardan bazılarını şu şekilde sıralayabiliriz:

1- Konuyla ilgili âyetler. Âyetleri bulmak için Kur'ân meallerinin sonundaki fihristlerden istifade edilebileceği gibi, daha emin bir yol olan, Muhammed Fuad Abdülbâkî'nin *el-Mu'cemü'l-Müfehres li Elfâzi'l-Kur'âni'l-Kerîm* isimli eserinden istifade edilebilir. Bu eserde Kur'ân âyetleri kelime-kök esasına göre alfabetik olarak dizilmiştir. Tespit edilen âyetlerin açıklamaları tefsirlerden okunur, notlar alınır.

2- Hadisler (Peygamberimizin söz ve davranışları). Hadis bulmak için A. J. Wensinck tarafından yayımlanan, hadislerin kelime-kök esasına göre alfabetik olarak dizildiği geniş bir eser olan *"el-Mu'cemü'l-Müfehres li Elfâzi'l-Hadîsi'n-Nebevî"* (diğer adıyla *Concordance*) isimli esere bakılır.

Müellifleriyle birlikte başlıca hadis kitapları şunlardır: (Kütüb-i Sitte olarak anılan) Buhârî, *el-Câmiu's-Sahîh;* Müslim, *el-Câmiu's-Sahîh;* Ebû Dâvud, *es-Sünen;* Tirmizî, *Sünen (el-Câmiu's-Sahîh);* Nesâî, *Sünen (el-Müctebâ);* İbn Mâce, *Sünen;* ayrıca İmam Mâlik, *el-Muvatta';* Ahmed b. Hanbel, *el-Müsned;* Dârimî, *es-Sünen;* Buhârî, *el-Edebü'l-Müfred;* Hatîb Tebrîzî, *Mişkâtü'l-Mesabîh;* Münzîrî, *et-Terğîb ve't-Terhîb;* Heysemî, *Mecmeu'z-Zevâid;* Süyûtî, *el-Câmiu's-Sağîr* ve bunun şerhi olan Münâvî'ye ait *Feydu'l-Kadîr;* Mansur Ali Nâsıf, *et-Tâc*[44].

3- Sahâbenin söz ve davranışları. Bu konuda hadis kaynaklarında bilgi bulunabileceği gibi, ashâbın hayatını anlatan eserlere de bakılabilir.

4- İslâm tarihinden örnekler. İlgili kaynaklara bakılır.

5- Konuyla ilgili kitaplar, makaleler ve ansiklopedi maddeleri.

6- Ayrıca bazı hazır hutbeler de görülmek isteniyorsa, hutbe kitaplarına[45] da bakılabilir[46].

M. Peygamberimizin Hutbeleri İle İlgili Rivâyetler

Aşağıda, Peygamberimizin hutbeleri ve hutbe esnasındaki davranışları hakkında derlenen bazı rivâyetler kaydedilmiştir:

1- Rasûlüllah (sav) hutbe irad ederken, sahâbeye dönük vaziyette otururdu. Ayakta birinci hutbeyi okur, sonra kısa bir müddet oturur, sonra kalkar ve ikinci hutbeyi okurdu[47].

---

44 Bunlar hakkında "Vaaz kaynakları" bahsinde bilgi verilmiştir.

45 Bunlardan bazıları: Ahmed Hamdi Akseki, *Yeni Hutbelerim* (İstanbul 1937); M. Şerafeddin Yaltkaya, *Hatiblik ve Hutbeler* (İstanbul 1946); Abdurrahman Şeref Güzelyazıcı, *Müminlere Hutbeler* (I-II) (İstanbul 1966); Ömer Öztop, *Süleymaniye'den Hitap* (I-II) (İstanbul 1971); Ali Rıza Demircan, *İslâm Nizamı* (I-III) (İstanbul 1971); Kemalüddîn et-Tâî, *Min Hedyi'l-Cum'a* (Bağdat 1974); Diyanet İşleri Başkanlığı, *Hutbeler* (Ankara ts); Bekir Topaloğlu, *Dînî Sohbetler* (İstanbul 1982); Kemal Güran, *Hatiplere Hutbeler* (I-II) (Ankara 1994). Bunlara, (bu eserin hazırlanması safhasında hatırlayamadığımız) daha başka hutbe kitaplarını ilave etmek mümkündür.

46 Bu bölüm için daha önce Hitabet ve Hatiplikle ilgili kaydedilen kaynaklara ilave olarak bkz: Mehmed Zihni, *Nimeti İslâm,* Kitabü's-Salât, s. 537-542; Tâhir'ül-Mevlevi Olgun, *Müslümanlıkta İbadet Tarihi,* s. 75; Ömer Nasuhi Bilmen, *Büyük İslâm İlmihali,* s. 162 vd; Süleyman Uludağ, *İslâm'da İrşad,* s. 237 vd; Bekir Topaloğlu, *Dînî Sohbetler,* s. 19-65; Hayreddin Karaman, *İslâm'ın Işığında Günün Meseleleri,* I, 15-22, 44-51.

47 Buhârî, *Cuma,* 2, 30; Müslim, *Cuma,* 33-35.

2- Hz. Peygamber, hutbeyi kısa yapar, namazı uzatırdı. Allah'ı çok anardı. Kelimesi az, mânâsı geniş sözleri seçip söylerdi. Rasûlüllah şöyle buyurdu: "*Kişinin namazının uzun, hutbesinin kısa olması, dini iyi anladığının işaretidir. Namazı uzatın, hutbeyi kısa tutun*"[48].

Başka bir rivâyette de, onun namazının da hutbesinin de mutedil (orta) olduğu bildirilmiştir[49].

Demek ki Peygamberimiz, cemaatin o anki durumunu göz önünde bulunduruyordu.

3- Büreyde şöyle demiştir: Rasûlüllah (sav) bize hitap ediyordu. (Torunları) Hasan ve Hüseyin, üzerlerinde kırmızı birer elbise olduğu halde, düşe kalka geldiler. Bunun üzerine Rasûlüllah minberden inerek onları kucağına aldı, çıkarıp önüne oturttu. Sonra da şöyle buyurdu: "*Allah ve Elçisi doğru söylemiştir: Mallarımız ve çocuklarımız ancak fitnedir (imtihan sebebidir). Şu iki çocuğun düşüp kalktığını görünce, dayanamayıp sözümü kestim ve onları buraya çıkardım*"[50].

4- Enes b. Mâlik şöyle demiştir: Peygamber (sav) zamanında kuraklık olmuştu. Bir Cuma günü Rasûlüllah hutbe okurken, bir kimse ayağa kalkarak:

— Yâ Rasûlallah! Mallarımız helak oldu, çoluk çocuk aç kaldı. Bizim için Allah'a dua ediver dedi. Peygamberimiz iki elini kaldırdı ve:

— Allah'ım, bize yağmur ver, Allah'ım, bize yağmur ver diye duaya başladı ki biz o sırada gökyüzünde hiçbir bulut parçası görmüyorduk. Allah'a yemin olsun ki bulutlar dağlar misali gökyüzünü kaplamadıkça Rasûlüllah ellerini indirmedi ve minberden de

---

48 Müslim, *Cuma*, 47.

49 Müslim, *Cuma*, 41-42.

50 Nesâî, *Cuma*, 30.

inmedi. Nihayet yağmur tanelerinin onun sakalı üzerinde yuvarlandığını gördüm. Yağmur bir hafta boyunca devam etti.

Ertesi Cuma, bu sefer yağmurun zarar vermeye başladığı ifade edilerek, Peygamberimizden yağmurun kesilmesi için dua istendi. Rasûlüllah:

— Allah'ım! Etrafımıza yağdır, üzerimize değil, diye dua etti. Bunu söylerken de eliyle hangi yöndeki buluta işaret ediyorsa, orası açılıyordu. Sonunda Medine'nin üzerindeki bulutlar tamamen dağıldı. Diğer bölgelere (dağlara, tepelere, derelere, ağaçlıklara) ise bir ay bol bol yağmur yağdı. Çevreden gelenler de bol yağmur yağdığını söylediler[51].

5- Peygamberimiz, hutbenin dikkatle ve sükûnetle dinlenilmesini istemiştir. Arkadaşına uyarı mahiyetinde "sus" demeyi yahut önündeki çakıl taşı ve benzeri herhangi bir eşya ile meşgul olmayı, bâtıl söz ve iş olarak değerlendirmiştir. Esneyenin uykusunu açması için yer değiştirmesini ise uygun görmüştür[52].

Bir hadisin anlamı şöyledir: *"Cuma günü imam hutbe irad ederken, yanındakine 'sus!' dediğin takdirde Cumanın sevabını kaybetmiş olursun"*[53].

6- Rasûlüllah, kendisine bir sual sorulduğunda veya başka bir sebeple hutbesini keser, soruya cevap verir, sonra hutbesine devam ederdi. Gerektiğinde minberden iner, daha sonra çıkıp hutbesini tamamlardı.

Ebû Rifa'a şöyle demiştir: Hutbesini irad etmekte iken Rasûlüllaha şöyle hitap ettim: "Yâ Rasûlallah! Ben, bilmediğim dinime dair izahat almak isteyen bir yabancıyım". Bunun üzerine Rasûlüllah (sav) hutbesini bırakıp, yanıma geldi. O sırada bir

---

51 Buhârî, *Cuma,* 35; *İstiskâ,* 6, 24.

52 Buhârî, *Cuma,* 36; Müslim, *Cuma,* 11-12.

53 Buhârî, *Cuma,* 36; Müslim, *Cuma,* 11-12.

sandalye getirdiler; zannedersem ayakları demirdendi. Rasûlüllah bunun üzerine oturdu. Ve Allah'ın kendisine öğrettiklerini bana telkin etmeye başladı. Ve sonra hutbesini tamamladı[54].

7- Hz. Peygamber, minber yapılmadan önce, Mescide konulan bir hurma kütüğüne yaslanarak hitap ederdi. Minber yapılınca bu kütüğü bıraktığı için, kütükten çıkan iniltiyi Mescitte bulunanlar işitmişlerdi. Peygamberimiz, minberden inip elini onun üzerine koyunca inilti kesilmişti. Onun minberi üç basamaklı idi. Mescidin batısına konulmuştu. Minber ile batı duvarı arasında dar bir alan bırakılmıştı[55].

8- Peygamberimiz, hutbe irad ederken, çok defa heyecanlı bir hale girer, gözleri kızarır, sesi yükselirdi. Bir orduyu uyarırmışçasına sert bir hal alır ve şehâdet parmağı ile orta parmağını yan yana tutarak: *"Benim Peygamber olarak gönderilmem ile Kıyâmet arasındaki müddet şu ikisi gibidir"* buyururdu[56].

9- Hutbede, ashabına İslâm esaslarını öğretir, gerektiğinde onlara bazı şeyleri emreder, bazı şeyleri de nehyederdi. Meselâ, kendisi hutbede iken camiye giren bir kimseye iki rekât namaz kılmasını emretmiş; halkın omuzlarını zorlayarak ilerleyen birisine de "Böyle yapma, otur!" demiştir[57].

10- Hutbe olarak, bazı âyet ve sûreleri okuduğu da olurdu. Ümmü Hişâm binti Hârise isimli bir hanım sahâbî, Peygamberimizin Cuma hutbelerini dinleyerek Kaf sûresini ezberlediğini söylemiştir[58].

---

54 Müslim, *Cuma,* 60.

55 Buhârî, *Salât,* 91; *Menâkıb,* 35.

56 Müslim, *Cuma,* 43; İbn Mâce, *Mukaddime,* 7.

57 Buhârî, *Cuma,* 32; Müslim, *Cuma,* 54-59.

58 Müslim, *Cuma,* 50-52; Ahmed b. Hanbel, *el-Müsned,* V, 100. Peygamberimizin hutbeleri hakkında ayrıca bkz: İbn Kayyim, *Zâdü'l-Meâd,* I, 117 vd; Hayreddin Karaman, *İslâm'ın Işığında Günün Meseleleri,* I, 30-32.

11- Peygamberimiz ashâb-ı kirâma hutbe tatbikatı da yaptırırdı. Sahâbeden Ebü'd-Derdâ şöyle demiştir:

Bir defa Peygamber sallallâhü aleyhi ve sellem kısa bir hutbe okudu. Sonra:

— Ey Ebû Bekr! Kalk bir hutbe de sen oku, buyurdu.

Ebû Bekr kalkarak, Rasûlüllahın hutbesinden daha kısa bir hutbe okudu. Sonra Ömer'e:

— Ey Ömer! Bir hutbe de sen oku, buyurdu.

Ömer de Ebû Bekr'in hutbesinden daha kısa bir hutbe okudu. Rasûlüllah, daha başkalarına da bu şekilde emrederek hutbeler okuttu. Nihayet:

— Ey Abdullah b. Mes'ûd! Şimdi de sen bir hutbe oku, buyurdu.

İbn Mes'ûd ayağa kalkarak, Yüce Allah'a hamd ve senâdan sonra şunları söyledi:

— Ey Cemaat! Rabbimiz Allah Teâlâdır. Dinimiz aziz İslâm dinidir. (Eliyle Peygamber sallallâhü aleyhi ve sellem'e işaret ederek) Peygamberimiz de şu zâttır. Allah ve Rasûlünün bizim için seçtikleri her haberi biz de beğendik, razı olduk. es-Selâmü aleyküm.

Peygamberimiz şöyle buyurdu:

— İbn Mes'ud isabet etti, İbn Mes'ûd doğru söyledi[59].

N. Peygamberimiz Devrindeki Bayramlar ve Bayram Hutbeleri İle İlgili Rivâyetler

Müslümanların hayatında önemli bir yeri olan bayramlar ve bayram hutbeleri konusunda, Peygamberimiz zamanındaki

---

[59] Ahmed Davudoğlu, *Sahîh-i Müslim Tercüme ve Şerhi*, IV, 538-539.

uygulamalara ışık tutması bakımından derlediğimiz bazı rivâyetleri kaydediyoruz.

1- Ebû Saîd el-Hudrî şöyle demiştir: Rasûlüllah (sav), Ramazan bayramı günü ile Kurban bayramı gününde, namazgâha çıkardı. İlk başladığı şey namaz olurdu. Sonra, cemaat saflar halinde otururken ayağa kalkar, onlara yönelerek vaaz eder, tavsiyelerde bulunur, emirler verirdi. Hatta o esnada bir askerî birlik göndermek isterse gönderir yahut başka bir şeyin yapılmasını emredecek olursa emreder ve ondan sonra namazgâhtan Medine'ye dönerdi[60].

2- Enes b. Mâlik'ten nakledildiğine göre, Hz. Peygamber, Ramazan bayramı günü birkaç tane hurma yemeden, bayram namazına çıkmazdı ve bu hurmaları tek sayılı olarak yerdi[61]. Kurban bayramında ise, namazdan dönünceye kadar bir şey yemezdi[62].

3- Abdullah b. Ömer şöyle demiştir: "Rasûlüllah (sav), Kurban ve Ramazan bayramında önce bayram namazını kıldırır, namazın ardından da hutbe irad ederdi"[63].

4- Muhtelif sahâbîlerden nakledildiğine göre, onlar, Rasûlüllah zamanında bayram namazlarında, ne öncesinde ne sonrasında, ezan ve ikametin bulunmadığını bildirmişlerdir[64].

5- Hasan Basrî, "Müslümanlar, düşman saldırısından korkuları olmadıkça, bayram günü silah taşımaktan nehyolunmuşlardır" demiştir[65].

6- Ümmü Atıyye şöyle demiştir: "Biz kadınlara -bâkire kızlara ve hayızlı kadınlara varıncaya kadar hepimize- bayram günü

---

60 Buhârî, *Iydeyn,* 6; Müslim, *Iydeyn,* 9. Bu kısımda naklettiğimiz Buhârî ve Müslim hadislerinin anlamları, Mehmed Sofuğlu'nun tercümelerinden alınmıştır.

61 Buhârî, *Iydeyn,* 4.

62 Tirmizî, *Salât,* 390.

63 Buhârî, *Iydeyn,* 7.

64 Bkz: Buhârî, *Iydeyn,* 7; Müslim, *Iydeyn,* 5-7.

65 Buhârî, *Iydeyn,* 9.

namazgâha çıkmamız emredilirdi de, kadınlar erkeklerin arka tarafında olurlar, onların tekbir getirmelerine uyup tekbir getirirler ve onların dualarıyla dua ederlerdi. Onlar bayram gününün bereketini ve paklığını (günahlardan temizlenmeyi) umut ederlerdi[66]. Rasûlüllah, hayızlı kadınlara, namaz kılınacak yerden biraz uzakça durmalarını emretti. Bunlar, cemaatin arka tarafında bulunurlar ve insanlarla birlikte tekbir getirirlerdi[67].

7- Hafsa bintü Sîrîn şöyle demiştir: "Biz genç kızlarımızı bayram gününde namaz yerine çıkmaktan menederdik. Basra'ya bir kadın geldi ve Halef Oğulları kasrına indi. Ben de o kadının yanına vardım. O kadın, kız kardeşinin kocasının Peygamber ile birlikte on iki gazvede bulunduğunu, kız kardeşinin de bizzat bunlardan altı gazvede kocasıyla beraber bulunduğunu, onun 'Biz, hastalara bakıyor ve yaralılara ilâç yapıyorduk' dediğini rivâyet ettikten sonra dedi ki: Kız kardeşim: Yâ Rasûlallah! Bizden herhangi birimizin cilbâbı, yani örtünecek dış elbisesi olmazsa, namaz yerine çıkmamasında sakınca var mı? diye sormuş. Rasûlüllah da: *"Diğer bir kadın arkadaşı, kendi elbisesinden birini ona giydirsin de, bu kadın hayır meclisinde ve müminlerin duasında hazır bulunsun"* buyurmuştur"[68].

8- Abdullah b. Abbas şöyle demiştir: "Allah'ın Peygamberi (sav) ile ve ayrıca Ebû Bekr, Ömer ve Osman ile birlikte bayram namazlarında hazır bulundum. Bunların hepsi de namazı hutbeden evvel kıldırır sonra da hutbeyi okurdu. (Bir defasında) Rasûlüllah, hutbeden sonra aşağıya indi. Eliyle "dağılmayın, oturun" diye erkeklere işaret edip, safları yara yara kadınların saflarına kadar gitti. Bilâl de yanında idi. Onlara şu âyeti[69] okudu: *"Ey Peygamber! İnanmış kadınlar sana gelip, Allah'a hiçbir şeyi ortak koşmamaları, hırsızlık etmemeleri, zina etmemeleri, çocuklarını öldürmemeleri, elleriyle ayakları*

---

66 Buhârî, *Iydeyn,* 12.

67 Müslim, *Iydeyn,* 10-11.

68 Buhârî, *Iydeyn,* 20. Ayrıca bkz: Müslim, *Iydeyn,* 12.

69 Mümtehıne 60/12.

arasında bir iftira uydurup getirmemeleri (başkasının doğurduğu veya başka erkekten gayri meşrû kazandıkları bir çocuğu kocalarına nispet etmemeleri), iyi bir işte sana karşı gelmemeleri hususunda sana bîat ederlerse, onların bîatlerini al ve onlar için Allah'tan mağfiret dile. Şüphesiz Allah, çok bağışlayan, çok esirgeyendir"[70].

9- Câbir b. Abdullah şöyle demiştir: "Bayram günü Rasûlüllah (sav) ile birlikte namazda hazır bulundum. Hutbeden önce ezansız ve ikametsiz olarak namaza başladı. Sonra Bilâl'a dayanarak ayakta durup, Allah'a karşı takvâ üzere bulunulmasını ve O'na itaati emrederek halka va'z u nasihatte bulundu. Sonra yürüdü. Kadınların bulunduğu tarafa gelince onlara da va'z u nasihatte bulundu"[71].

10- Berâ b. Âzib şöyle söylemiştir: Rasûlüllah (sav), Kurban bayramı günü bize şöyle buyurdu: *"Bu günümüzde yapacağımız ilk şey namaz kılmamızdır. Ondan sonra evlerimize dönüp kurban kesmemizdir. Her kim böyle yaparsa, bizim sünnetimize uygun iş yapmış olur. Her kim de namazdan evvel keserse, bu yalnız aile bireylerine takdim ettiği bir et demek olup, Kurban ibâdeti ile hiç bir ilgisi yoktur"*[72].

11- Abdullah b. Ömer şöyle demiştir: "Peygamber (sav) namazgâha, önünde kısa bir mızrak taşınır halde giderdi. Bu mızrak namazgâhta Peygamberin ön tarafına dikilirdi. Peygamber de o mızrağa doğru yönelerek namazı kıldırırdı"[73].

12- Ebû Vâkid el-Leysî'den nakledildiğine göre Rasûlüllah (sav), bayram namazlarında (50. sûre olan) *Kâf ve'l-Kur'âni'l-Mecîd* ile (54. sûre olan) *İkterabeti's-Sâah* (Kamer) sûrelerini okurdu"[74].

13- Hz. Âişe şöyle demiştir: "Kurban bayramında benim yanımda iki kız def çalıp ezgiler söylerken içeriye (babam) Ebû Bekr

---

[70] Müslim, *Iydeyn*, 1.
[71] Müslim, *Iydeyn*, 4.
[72] Buhârî, *Iydeyn*, 8, 10.
[73] Buhârî, *Iydeyn*, 14.
[74] Müslim, *Iydeyn*, 14-15.

girdi. Peygamber de o sırada içeride ihramıyla örtünmüş haldeydi. Ebû Bekr eve girer girmez o iki kızı azarladı. Bunun üzerine Rasûlüllah yüzünü açıp "Ey Ebû Bekr! O kızlara ilişme, onları serbest bırak. Çünkü bu günler bayram günleridir" buyurdu[75].

14- Hz. Âişe şöyle demiştir: "Yine bir bayram günü Habeşliler mızrak-kalkan oyunu oynuyorlardı. (Tam hatırlayamıyorum) ya ben Rasûlüllahtan bakmak için izin istedim de muvafakat etti yahut o kendiliğinden "Bakmak istiyor musun?" diye sordu. "Evet", dedim. Bunun üzerine (başımı onun omzuna dayadım) beni (perdeleyerek) arkasından yanağım yanağına değecek şekilde ayakta durdurup, Habeşlilere "Haydi (devam edin) ey Erfide Oğulları!" buyurdu. Nihayet seyretmekten usandığımda "Yeter mi?" diye sordu. "Evet", dedim. "Öyleyse sen git" dedi"[76].

15- Ebû Hüreyre şöyle demiştir: "Habeşliler Rasûlüllah (sav)'in yanında mızraklarıyla oyunlar yaptıkları bir sırada, Ömeru'bnü'l-Hattâb çıkageldi. Oynayanlara taş atmak için, hemen çakıl taşlarına uzandı. Bunun üzerine Rasûlüllah, Ömer'e hitaben: "Onları rahat bırak yâ Ömer!" buyurdu"[77].

---

75 Buhârî, *Iydeyn,* 25; Müslim, *Iydeyn,* 17.
76 Buhârî, *Iydeyn,* 25; Müslim, *Iydeyn,* 19-21.
77 Müslim, *Iydeyn,* 22.

Ö. Örnek Hutbeler

PEYGAMBERİMİZİN CUMA HUTBESİ

(Sallallâhü aleyhi ve sellem)

Hamd Allah'a mahsustur. O'na hamd eder, O'ndan yardım, mağfiret ve hidâyet dilerim. O'na inanırım, O'nu inkâr etmem ve O'nu inkâr edenleri düşman bilirim. Şahitlik ederim ki, Allah'tan başka ilâh yoktur; tektir, ortağı ve benzeri yoktur.

Muhammed, O'nun kulu ve Elçisidir. Allah onu, Peygamberlik zincirinin kesintiye uğradığı, ilmin azaldığı, insanların sapıklığa düştüğü, kıyâmet ve hayatın son bulmaya yaklaştığı bir sırada, insanlara doğru yolu göstermek, onları aydınlatmak ve irşad etmek için göndermiştir.

Kim Allah'a ve O'nun Rasûlüne itaat ederse, kemâle ermiş; kim de onlara âsî olursa, doğru yoldan çıkmış, nefsine zulmetmiş ve derin bir sapıklığa düşmüş demektir.

Size daima, takvâ üzere bulunmayı tavsiye ederim. Zira müslümanın müslümana tavsiye ettiği şeylerin en iyisi, onu, âhiret için çalışmaya teşvîk etmesi ve ona takvâyı emretmesidir. Öyleyse, Yüce Allah sizi neden sakındırmışsa, ondan sakının. Bundan daha iyi bir öğüt ve bundan daha üstün bir hatırlatma olamaz. Şüphe yok ki takvâ, Allah'tan korkarak amel eden bir kimse için, arzuladığımız âhiret işinde doğru bir yardımcıdır.

Kim, kendisiyle Allah arasındaki, gizli ve açık ilişkilerini düzeltir ve bunu yaparken Allah rızasından başka bir gayesi olmazsa, onun bu davranışı, kendisi için dünyada güzel bir isim olduğu gibi, öldükten sonra manevî azığa muhtaç olduğu âhiret gününde de ona iyi bir sermaye olur. Orada kişi, bunun dışında nesi varsa, ondan uzak olmayı ister ve "Keşke, aramızda uzun bir mesafe olsaydı!" der.

Yüce Allah, sizi azabından sakındırmaktadır; çünkü Allah, kulları hakkında büyük bir merhamete sahiptir. O her sözünde doğru ve vaadini yerine getirendir. Nitekim "Benim katımda söz değiştirilmez. Ben hiç bir zaman kullarıma zulmetmem"[78] buyurmuştur.

Öyleyse, gizli açık bütün hallerinizde takvâdan ayrılmayın. Zira kim Allah'tan korkarsa, o kimse büyük bir kazanç sağlamış olur. Şüphesiz takvâ, kişiyi Allah'ın gazabından korur, azabından kurtarır, Allah'ın dargınlığını önler. Takvâ, yüzleri ağartır, Allah'ı hoşnut eder ve dereceyi yükseltir. Bundan nasibinizi alın ve Allah'a kulluk etmekte kusur etmeyin.

Allah, Kitabını size öğretmiş, yolunu göstermiştir ki, doğruluktan ayrılmayanlarla yalancılar belli olsun.

Şu halde Cenâb-ı Hak, size nasıl iyilik etmişse, siz de iyilik edin. O'nun düşmanlarına da düşmanlık edin. O'nun yolunda hakkıyla cihad edin. Sizi seçen ve size müslüman adını veren O'dur.

Allah'tan başka kimseden kuvvet gelmez. Öyleyse Allah'ı çok anın ve ölümden sonrası için çalışın. Kim, kendisi ile Allah arasındaki münasebetini düzeltirse, Allah da o kimsenin halk ile münasebetini güzelleştirir. Çünkü Allah, insanlara hükmeder, ama insanlar Allah'a hükmedemezler. Allah insanları idare eder, yönetir; fakat insanlar Allah'ı idare edemezler. Allah her şeyden büyüktür ve bütün kuvvet ve kudret Yüce Allah'ındır"[79].

***

---

78 Kaf 50/29.

79 M. Yûsuf Kândehlevî, *Hayâtü's-Sahâbe,* trc: Ahmet Meylânî, IV, 196-197.

PEYGAMBERİMİZİN RAMAZAN HUTBESİ

(Sallallâhü aleyhi ve sellem)

Hadisçi Muhammed b. İshak b. Huzeyme (311/923), Ramazan'ın fazileti ile ilgili olarak "eğer haber sahihse" kaydıyla, Selmân-ı Fârisî'nin şöyle dediğini nakletmektedir:

Rasûlüllah sallallâhü aleyhi ve selem bize Şaban ayının son günü bir hutbe irad etti ve şöyle buyurdu:

Ey müslümanlar! Büyük ve mübarek bir ayın gölgesi üzerinize düştü. Bu, içinde bin aydan daha hayırlı olan Kadir gecesinin bulunduğu bir aydır.

Bu ay, Yüce Allah'ın, gündüzlerinde orucu farz, gecelerinde teravih namazını nafile olarak meşrû kıldığı bir aydır.

Bu ayda kim bir hayır işlerse, başka zamanlarda bir farzı yerine getiren kimse gibi sevap kazanır. Bir farzı eda eden de, başka aylarda yetmiş farzı yerine getiren gibi sevap kazanır.

Bu ay, sabır ayıdır. Sabrın karşılığı da cennettir.

Bu ay, ihsan, yardım ve eşitlik ayıdır.

Bu ay, müminin rızkının arttığı bir aydır.

Kim bir oruçluyu iftar ettirirse bu, onun günahlarının bağışlanmasına ve cehennemden kurtulmasına sebep olur. İftar ettirdiği müslümanın aldığı sevaptan bir şey eksilmeksizin onun kazandığı kadar da sevap kazanır.

— Bizim hepimiz bir oruçluyu iftar ettirecek kadar imkâna sahip değildir, dediler.

Bunun üzerine Rasûlüllah (sav):

— Yüce Allah, bu sevabı, bir oruçluyu bir hurma veya bir yudum su yahut bir içim süt ile iftar ettirene de verir, buyurduktan sonra hutbesine şöyle devam etti:

Bu ay, evveli rahmet, ortası mağfiret, sonu cehennemden kurtuluş olan bir aydır. Kim, emri altındakilerin yükünü hafifletirse, Allah onu bağışlar ve cehennemden âzat eder.

Bu ayda dört şeyi çok yapınız: Bunların ikisi ile Rabbinizi hoşnut edersiniz, ikisinden de zaten uzak kalamazsınız. Rabbinizi hoşnut edecek iki işiniz 'Lâilâhe illallah' diyerek Allah'ın birliğine şahâdet etmeniz ve O'dan mağfiret / bağışlanma dilemenizdir. Uzak kalamayacağınız öteki iki şeye gelince, onlar da Allah'tan cenneti isteyip, cehennemden kurtulmayı dilemenizdir.

Kim bir oruçluyu doyuracak olursa, Allah onu benim havuzumda sulayacak, o da cennete girinceye kadar bir daha susuzluk çekmeyecektir[80].

***

[80] İbn Huzeyme, *Sahîh,* III, 191-192'den İsmail L. Çakan, "Rahmet, Bereket ve Mağfiret Mevsimi Geldi Yine", *Diyanet Aylık Dergi,* sayı: 178, Ekim 2005, s. 10-11.

PEYGAMBERİMİZİN VEDA HUTBESİ[81]

(Sallallâhü aleyhi ve sellem)

Allah'a hamd ve senâlar olsun. O'nu över, O'nun yardımını diler, O'nun affını isteriz. Biz O'na döneceğiz. Nefislerimizin hatalarından, fiillerimizin kötülüklerinden bizi korumasını O'ndan dileriz.

Allah'ın hidâyete erdirdiğini kimse saptıramaz; O'nun saptırdığını da kimse doğru yola getiremez.

Allah'tan başka hiçbir ilâh bulunmadığını tasdik ederim ve yine tasdik ederim ki, Muhammed O'nun kulu ve Elçisidir.

Ey Allah'ın kulları!

Size Allah'tan korkmanızı emrederim ve sizi O'na itaat etmeye davet ederim.

Beni dikkatle dinleyiniz. Belki de bu yıldan sonra, buraya ebediyen bir daha gelemeyeceğim.

---

81 Hicretin dokuzuncu yılında hac farz kılınınca Peygamberimizin emriyle Hz. Ebû Bekr'in başkanlığında üç yüz kadar müslüman, Mekke'ye gidip haccettiler. Ertesi yıl Peygamberimiz kendisi hac görevini yerine getirdi. Rasûlüllahın (ilk ve) son haccı olduğu için, buna Veda Haccı, orada yaptığı konuşmaya da Veda Hutbesi denildi. Önceden haber verildiği için, haccedebilecek müslümanlar, hicrî 10 / milâdi 632 yılı Zilhicce ayının dokuzuncu günü Arafat'ta toplandılar. Peygamberimiz, o zamanın nüfus yoğunluğuna göre büyük bir rakam olan, 124 bin kişiye hitâben tarihî konuşmasını yaptı. Herkes duysun diye, her cümlesi, gür sesli sahâbîler tarafından tekrarlanıyordu. Ertesi gün aynı cemaate, Minâ'da bir hutbe daha irad etti. Peygamberimizin hac boyunca yaptığı konuşmaları, daha sonra muhtelif sahâbîler tarafından parça parça nakledilmiştir. Geniş bilgi için bkz: Kâmil Miras, *Tecrîd-i Sarîh ve Tercemesi,* X, 397-405; A. Lütfi Kazancı, *Peygamber Efendimizin Hitâbeti,* s. 217-221.

Ey insanlar!

Bu günleriniz (hac günleri) nasıl mukaddes bir gün ise, bu aylarınız nasıl mukaddes bir ay ise ve bu şehriniz (Mekke) nasıl mukaddes bir şehir ise, canlarınız, mallarınız ve namuslarınız da öyle mukaddestir; her türlü tecavüzden korunmuştur.

Ashabım!

Yarın Rabbinize kavuşacaksınız ve bugünkü her hal ve hareketinizden muhakkak sorulacaksınız. Sakın benden sonra eski sapıklığa dönüp de, birbirinizin boynunu vurmayınız. Bu vasiyetimi burada bulunanlar, bulunmayanlara bildirsin. Olabilir ki, bildirilen kimse, burada bulunup da işitenden daha iyi anlayarak muhafaza etmiş olur.

Ashabım!

Kimin yanında bir emanet varsa, onu sahibine versin. Faizin her çeşidi kaldırılmıştır, ayağımın altındadır. Ancak borcunuzun aslını ödemeniz gerekir. Ne zulmediniz ne de zulme uğrayınız. Allah'ın emriyle, faizcilik artık yasaktır ve kaldırdığım ilk fâiz, Abdülmuttalib'in oğlu amcam Abbâs'ın fâizidir.

Ashabım!

Cahiliyet devrinin kan davaları da kaldırılmıştır ve kaldırdığım ilk kan davası, Abdülmuttalib'in torunu Rebîa'nın kan davasıdır. Cahiliyetten kalma bütün imtiyazlar da kaldırılmıştır.

Ey insanlar!

Bugün şeytan, sizin şu topraklarınızda yeniden tesir ve hâkimiyetini kurma gücünü tamamen kaybetmiştir. Fakat siz, bu kaldırdığım konular dışında, küçük gördüğünüz işlerde ona uyarsanız, bu da onu memnun edecektir. Dininizi korumak için bunlardan da sakınınız.

Ey insanlar!

Kadınların haklarını gözetmenizi ve bu hususta Allah'tan korkmanızı tavsiye ederim. Siz kadınları Allah emaneti olarak aldınız; onların namuslarını ve iffetlerini Allah adına söz vererek helal edindiniz. Sizin kadınlar üzerinde hakkınız, onların da sizin üzerinizde hakları vardır. Sizin kadınlar üzerindeki hakkınız, onların aile yuvasını sizin istemediğiniz hiç kimseye çiğnetmemeleridir. Eğer razı olmadığınız herhangi bir kimseyi evinize alırlarsa, onları hafifçe dövüp sakındırabilirsiniz. Kadınların sizin üzerinizdeki hakları ise, İslâmî esaslar çerçevesinde her türlü yiyecek ve giyeceklerini temin etmenizdir.

Müminler!

Size bir emanet bırakıyorum ki, ona sımsıkı sarıldıkça, asla sapıklığa düşmezsiniz, ki o, Allah'ın Kitabı Kur'ân'dır.

Müslüman müslümanın kardeşidir; böylece bütün Müslümanlar kardeştir. Hiçbir kimseye kardeşinin malı helal değildir; meğer ki gönül hoşluğuyla kendisi vermiş olsun.

Ashabım!

Kendinize de zulmetmeyiniz. Nefsinizin de üzerinizde hakkı vardır. Yüce Allah, her hak sahibine hakkını vermiştir. Vârise vasiyet etmeye lüzum yoktur. Çocuk kimin yatağında doğmuşsa ona aittir. Zina eden için mahrumiyet vardır. Kendisini babasından başkasına nispet eden (başkasının çocuğu olduğunu iddia eden) kişi veya efendisinden başkasına intisaba kalkışan köle, Allah'ın gazabına, meleklerin lanetine, bütün müslümanların nefretine uğrasın. Allah, bu gibi insanların ne tevbelerini ne de fidyelerini kabul eder.

İnsanlar!

Rabbiniz birdir. Babanız da birdir; hepiniz Âdem'in çocuklarısınız. Âdem ise topraktan yaratılmıştır. Allah katında en değerliniz, O'na en çok saygı gösterenimizdir. Arabın Arap olmayana, Allah'a saygı (takvâ) ölçüsünden başka hiçbir üstünlüğü yoktur.

İnsanlar!

Yarın beni sizden soracaklar, ne diyeceksiniz?

— Allah'ın elçiliğini ifa ettin, görevini yaptın, bize vasiyet ve öğütte bulundun diye şehâdet ederiz!

— Şahit ol yâ Rab! Şahit ol yâ Rab! Şahit ol yâ Rab![82]

***

---

[82] İbn Hişâm, *es-Sîretü'n-Nebeviyye,* IV, 250-253; İbnü'l-Esîr, *el-Kâmil fi't-Târîh,* II, 302; Kâmil Miras, *Tecrîd-i Sarîh ve Tercemesi,* X, 397-405; ayrıca bkz: Şiblî, *Asr-ı Saadet,* I, 506-510; A. Lütfi Kazancı, *Peygamber Efendimizin Hitâbeti,* s. 217-221.

HZ. EBÛ BEKR'İN HUTBESİ

(Radıyallâhü anh)

Ey insanlar!

Başınıza geçmiş olmam, içinizde benden daha iyisi yoktur, demek değildir. Ancak, Kur'ân-ı Kerîm nâzil olmuş, Allah'ın Elçisi dînin hükümlerini açıklamış ve bize aklın en üstününün takvâ olduğunu ve akılsızlığın en koyusunun da fısk olduğunu bildirmiştir. Şunu bilin ki, sizin en kuvvetliniz, benim yanımda mazlûmun hakkını kendisinden alıncaya kadar, en zayıfınızdır. En zayıfınız da, hakkını zâlimden alıncaya kadar benim yanımda en kuvvetlinizdir.

Ey insanlar!

Ben ancak Allah Elçisi'nin yoluna tâbîyim. Ben, aklıma ve arzuma göre hareket etmeye yetkili değilim. Şu halde, eğer ben iyilik edersem, bana yardım ediniz, eğer yoldan çıkarsam beni doğru yola çağırınız.

Ben, kendi yerime sizden birinizin bu işi üzerine almasını isterdim. Eğer siz, Rasûlüllah sallallâhü aleyhi ve sellem'den beklediklerinizi benden de beklerseniz, ben bunu yapamam (ben Peygamber değilim). Çünkü Yüce Allah, onu vahiy ile takviye edip güçlendirmiştir. Ben ise, sizler gibi hata eden bir insanım. Beni yalnız bırakmayın.

Bu sözümü söyler ve kendimle sizler için Allah'tan mağfiret dilerim.

...

Şüphe yoktur ki, Yüce Allah, kendi rızası için yapılmayan bir ameli kabul buyurmaz. Öyle ise amellerinizde Allah rızasını gözetiniz ve biliniz ki, Allah rızası için yaptığınız bir amel, Allah'a yapılmış bir itaattir; elde ettiğiniz en büyük kazançtır, ödemekle mükellef olduğunuz borcunuzu ödemektir; fânî bir hayattan, ebedî bir hayata, muhtaç olduğunuz zaman harcamak üzere azık göndermektir.

Ey Allah'ın kulları!

Sizden evvel ölen kimselerden ibret alınız ve onların hâlini düşününüz: Dün sizde idiler, bugün neredediler?

Hani o korkunç ve zâlim hükümdarlar? Hani o savaş meydanlarında ün salan kahramanlar? Hani yeryüzünü şenlendiren ve süsleyen o şâh'lar, hân'lar? Dünya hepsini alt edip toprağa gömmüş ve vücutları çürüyüp toprak olmuştur. Hiç birisinden bir haber yok. Hepsi uzaklaşıp gitmiş, hatta isimleri bile unutulmuştur. Sanki hiç yoklarmış, dünyaya gelmemiş gibidirler. Bütün istek ve arzuları kesilmiş, sadece günahlarının muhasebesi kalmıştır. Giderken amellerini de beraber götürdüler, dünyayı ise başkalarına bıraktılar. Bugün biz, onların yerine geçmiş bulunuyoruz. Eğer hallerinden ibret alırsak, kurtuluruz; eğer gâfil davranırsak, onlar gibi oluruz.

Hani o güzel ve parlak yüzlü olanlar, gençlik ve zindeliğine güvenenler? O gençlik ve güzellik, bugün toprak olmuş; sevdikleri, zevk ve safâları, onlar için bir hasret ve nedâmet olmuştur.

Hani şehirleri inşâ edip, etrafına yüksek surlar yapanlar? Hepsi gitmiş ve kendilerinden sonra gelenlere bırakmışlar ve kendileri karanlık kabirlerde yatarken, meskenleri yerle bir olmuştur. Onlardan birini görüyor veya bir fısıltı olsun işitiyor musunuz?

Oğullarınız, kardeşleriniz, tanıdıklarınız nerede? Hepsi de ecelleri gelince ölüme boyun eğmiş ve amellerinin misafiri olarak bu diyârı terk edip gitmişlerdir; ölümden sonraki ebedî saadet veya şekâvet yurtlarından birine girmek üzere sıralarını almış bulunuyorlar.

Şunu bilin ki, Allah birdir; Onun ortağı ve yarattıklarından hiçbiri ile bir bağı yoktur. O, hiç kimseyi özel muameleye tâbi tutmaz. O'na kulluk edip emirlerine uymaktan başka, O'nun azabına hiçbir şey engel olamaz. Biliniz ki, siz âciz ve güçsüz kullarsınız. Allah katındaki sevaba, ancak O'na itaat edip emirlerine uymakla erişebilirsiniz.

Bir mutlu hayat ki, sonu cehennemdir; o hayat mutlu değildir. Bir sıkıntılı hayat ki, sonu cennettir; o hayat sıkıntılı değildir.

...

Kim Allah'a ve Rasûlüne itaat ederse, o kimse doğru yolu bulmuş ve kim onlara isyan ederse, açık bir sapıklığa ve şaşkınlığa düşmüş olur. Size, Allah'tan korkup O'nun azabından korunmayı, Allah'ın size kılavuz yaptığı Dine sarılmayı tavsiye ederim.

Hevâ ve heveslerinize uymayın; bunlara uymaktan, öfke ve ihtirastan korunan kimse felâh bulur. Sakın böbürlenip kibirlenmeyin. Topraktan yaratılan ve tekrar toprağa dönecek olan, sonra da kurtlar tarafından eti yenilen ve bugün sağ iken yarın ölen kimse ne ile kibirlenir?[83].

***

83 Kândehlevî, *age*, IV, 239- 245.

HZ. ÖMER'İN HUTBESİ

(Radıyallâhü anh)

Ey insanlar!

Size, Allah'tan korkmanızı tavsiye ederim. Ebedî kalan yalnız Allah'tır. O'ndan başka her şey yok olmaya mahkûmdur. Yüce Allah, kendi dostlarına itaat ettikleri için şeref bahşeder ve düşmanlarını da kendine isyan ve serkeşlik ettikleri için doğru yoldan saptırır. Hidâyet sanarak bir sapıklığı işleyen kimse ile hakkı sapıklık zannederek terk eden kimse özürlü değildir.

Bir memleket idarecisinin en önemli vazifesi, o memleket halkının bağlı bulunduğu ve Cenâb-ı Hakkın kendilerine hidâyet ettiği dînin bütün vecibelerine riâyet etmesidir. Bize gerekli olan vazife, Yüce Allah'ın size emrettiği şeyleri emretmek ve nehyettiği şeylerden de nehyetmektir. Ve uzak yakın herkesi bir tutup, aranızda adâlet ve hakkâniyeti tatbik etmek, haksız olan kimsenin gözyaşına bakmamaktır.

Ey insanlar!

İçinizde öyle kimseler vardır ki, dindarlığı kuru bir temenniden ibaret zannederler. "Namaz kılanlarla namaz kılarız, cihad edenlerle birlikte cihad ederiz, hicret edenlerden olmaya çalışırız" derler. Halbuki bunlardan hiçbirini hakkıyla yapmazlar. Îman, kuru bir dâva ile olmaz.

Namaz için, Allah'ın şart koştuğu bir takım vakitler vardır ki, eğer o vakitlerde kılınmazsa, bir şeye yaramaz. Sabah namazının vakti, kişinin gecesi, kişiden ayrıldığı (gecenin bittiği) ve oruç tutmak isteyenin yiyip içmesi haram olduğu vakittir. Sabah namazını kılarken ona Kur'ân'dan büyük bir pay veriniz. Öğle namazının vakti, sıcağın şiddetlenip güneşin tepeden batıya doğru meyletmesinden, senin gölgen, senin bir mislin oluncaya kadardır. Kışın öğle namazının vakti ise, güneşin tepeden batıya doğru meyletmesinden, senin sağ kaşının hizasına gelinceye kadardır. Bu da, Yüce Allah'ın şart koştuğu abdest, rükû ve secdelere tam bir şekilde riâyet etmek şartıyladır. Tâ ki namaz hakkında tembellik edilmesin. İkindi namazının vakti de, güneşin henüz beyaz ve parlak iken ve daha sararmamışkendir. Bu da, ağır yürüyüşlü bir deve binicisinin, gün batmadan iki fersah yol alabileceği zaman kadardır. Akşam namazının vakti ise, güneşin battığı ve oruçlunun orucunu açabileceği vakittir. Yatsı namazının vakti de, gecenin kararması ve ufuktaki kırmızılığın kaybolduğu zamandan, gecenin üçte biri geçinceye kadardır. Kim yatsı namazını kılmadan yatarsa, Allah onun gözlerine uyku vermesin. İşte namaz vakitleri bunlardır. Cenâb-ı Hak: *"Namaz, müminler için belirli vakitlerde îfa edilmesi gereken bir vazifedir"*[84] buyurmuştur.

Kişi "ben hicret ettim" diyor; halbuki hicret etmemiştir. Hicret edenler o kimselerdir ki, kötülükleri terk ederler. Birçok kimseler de "biz cihad ettik" diyorlar; halbuki cihad, Allah yolunda düşmanla savaşmak olmakla beraber, haram olan şeylerden de sakınmaktır. Nice kimseler çok iyi savaşırlar; fakat savaşları ile ne ecir, ne de Allah katında mânevî mertebe dilerler. Düşmanın silahıyla öldürülmek, ölümün çeşitlerinden biridir. Şayet Allah rızası için olmazsa, onun hiçbir değeri yoktur. Herkes kendi niyetine göre Allah'tan karşılık görür. Kimisi, yaradılıştan cesur olduğu için savaşır ve tanıdığı, tanımadığı birçok kimseleri kurtarır. Kimisi de yaradılıştan korkak olduğu için savaştan kaçar; böylece ancak ana ve babasını koruyabilir. Halbuki köpek de sahibinin arkasında hırlar.

---

84 Nisâ 4/103.

Şunu iyi bilin ki, oruçta kişi, nasıl yemek, içmek ve kadınlara yaklaşmak gibi bütün arzulardan sakınıyorsa; başkalarını incitmekten de sakınmalıdır. Tam mânâsıyla tutulan oruç işte budur.

Allah'ın farz kıldığı zekâtı da verirken, gönül hoşluğuyla vermek gerekir. Yoksa ondan da gerekli olan sevap elde edilemez.

Beni iyi dinleyin ve size söylediklerime karşı anlayışlı olun! Zira gerçekte soyulan adam, kendisinden dini alınan adamdır. Bahtiyar o kimsedir ki, başkasının halinden ders alır. Bahtı kara olan da o kimsedir ki, henüz annesinin karnında iken bahtı karadır.

Sünnet yolunda yavaş yavaş yürümek, bid'at yolunda koşmaktan iyidir.

Bütün insanlarda, hükümdarlarına karşı tabii bir soğukluk vardır. Benimle sizler arasında, birbirimize karşı kin beslemekten, keyfî ve nefsimiz nasıl isterse öyle hareket etmekten ve dünyayı âhiretten üstün tutmaktan Allah'a sığınırım.

Zulüm ve haksızlık eden ve doğru yoldan sapan kimselere meyletmenizden endişe ediyorum. Sakın kendisine yalnız dünya malı verilen kimseye meyletmeyiniz. Yalnız bu Kur'ân'a sarılınız. Zira aydınlık ve şifâ, Kur'ân'dadır. Kur'ân'dan başkası ise şekâvet ve dalâlettir.

Başınıza geçtiğimden beri bana düşen hiçbir hizmetinizde gevşeklik göstermiş değilim. Daima size iyilik istemiş ve iyiliğiniz yolunda çalışmış bulunuyorum. Maaşlarınızın zamanında verilmesini emretmiş, kalacağınız yerleri temin etmiş, savaş için gerekli her şeyi sağlamış ve her ihtiyacınızı görmüş bulunuyorum. Şu halde, Allah'a karşı bir hüccetiniz yoktur. Bilakis Allah'ın size karşı hücceti vardır. İşte size söyleyeceklerim bunlardır.

Allah'tan kendime ve size mağfiret dilerim[85].

---

[85] Kândehlevî, *age*, IV, 255- 257.

HZ. OSMAN'IN HUTBESİ

(Radıyallâhü anh)

Ey insanlar!

Hilâfet görevi bana yükletildi, ben de kabul ettim.

Şunu biliniz ki ben, benden öncekilerin yolunu izleyeceğim ve kendi kafama göre hareket etmeyeceğim. Şunu da biliniz ki, Allah'ın Kitabıyla, Rasûlüllahın sünnetinden sonra sizin hakkınızda üç şeyi yapmak zorundayım: Benden öncekilerin koyduğu ve sizin de üzerinde birleştiğiniz hükümlere uymak, hakkında bir hüküm bulunmayan hususlarda bilgili ve dirayetli kimselere danışmak, bir suç işleyip de cezalandırmayı hak etmedikçe size dokunmamak.

Unutmayın ki, dünya hayatı süslü ve çekici bir hayattır. Birçok kimse, onun ağına düşmüştür. Sakın ona meyletmeyin ve ona bel bağlamayın. Zira dünya güvenilecek bir şey değildir. Biliniz ki dünya, kendisine sırt çevirenler dışında hiç kimseye rahat ve huzur vermez.

...

Siz, geçici bir hayat evinde bulunuyor ve ömrünüzün geri kalan kısmını bekliyorsunuz. Şu halde henüz ölüm gelmemişken yapabileceğiniz işlerin en faydalısını yapmakta acele ediniz. Bir bakarsınız ki beklenmedik bir saatte yakalanırsınız. Unutmayın ki bu dünya bir yalan ve bir aldatma temeli üzerine kurulmuştur. *"Dünya hayatı sizi aldatmasın. O aldatıcı şeytan da, Allah'ın affına güvendirerek sizi aldatmasın"*[86].

---

[86] Lokman 31/33.

Sizden önce geçen kimselerin hâlinden ibret alın. Çalışın ve gaflete düşmeyin; zira siz gaflete düşseniz bile, sizin işlerinizin tespitinde gaflete düşülmez.

Dünyayı ekip biçen, süslü evler ve yüksek kâşaneler yapan ve uzun zaman zevk ve safâ süren dünyanın oğulları, kardeşleri nerede? Dünya onları fırlatıp atmadı mı? Yüce Allah, dünyaya ne kadar önem vermişse, siz de o kadar önem veriniz. Âhiret için çalışınız. Cenâb-ı Hak, dünya hayatı ve dünya hayatından daha hayırlı olan âhiret hayatı için şöyle bir temsil yapmıştır: *"Onlara dünya hayatının, tıpkı şöyle olduğunu anlat: Gökten bir su indirdik, yerin bitkisi onunla karıştı ve (sonunda bitkiler), rüzgârın savurduğu çöp kırıntıları haline geliverdi! Allah, her şeye kâdirdir. Mal ve oğullar dünya hayatının süsüdür. Kalıcı olan güzel işler ise, Rabbinin katında sevapça da, umutça da daha hayırlıdır"*[87].

...

Ey insanoğlu!

Bil ki, sen dünyaya ayak basar basmaz, senin canını almakla vazifelendirilen ölüm meleği peşini bırakmamakta ve çevrendeki insanları birer birer yakalarken, senin sıranı beklemektedir. Bir de bakarsın, beklenmedik bir saatte seni de yakalamıştır. O halde uyanık ol ve daima âhirete gitmeye hazırlıklı bulun. Gâfil olma; zira sen ondan gâfil olsan da, o senden gâfil olmaz.

Ey insanoğlu!

Eğer sen kendini unutup da ona karşı hazırlıklı bulunmazsan, başkası senin nâmına ona karşı hazırlık görmez. İster istemez Allah'ın huzuruna çıkacaksın. O halde kendi hazırlığını kendin gör ve kendini başkalarına ısmarlama.

...

---

[87] Kehf 18/45-46.

Ey insanlar!

Allah'tan korkun; çünkü Allah korkusu, insan için büyük bir ganimettir. İnsanların en akıllısı o kimsedir ki, kendine hâkim olur, ölümden sonrası için çalışır ve kabir karanlığı için Allah'ın nûrundan nûr elde eder. Kul, bu dünyada gözleri varken kör olarak haşrolunmasından korksun. Akıllı olan bir kimse için, kısa ve mânâlı bir söz yeterlidir. Sağır olan kimselere ise bağırarak söylemek gerekir.

Biliniz ki Allah bir kimse ile beraber bulunduğu zaman, o kimse hiçbir şeyden korkmaz. Allah, bir kimsenin aleyhinde bulunduğu zaman ise, o kimse için hiçbir ümit kaynağı bulunmaz.

...

Ey insanlar!

Gizli hallerinizde Allah'tan korkunuz. Zira Rasûlüllah (sav)'in: *"Allah'a yemin ederim ki, ister iyi ister kötü iş olsun, kim gizlice bir iş işlerse, Yüce Allah o işi bir elbise gibi ona giydirir"* diye buyurduğunu işittim. Cenâb-ı Hak da şöyle buyurmuştur[88]: *"Ey Âdemoğulları! Size ayıp yerlerinizi örtecek ve sizi süsleyecek elbiseler gönderdik. Takvâ elbisesi ise bunlardan daha hayırlı ve üstündür"*[89].

***

---

[88] A'râf 7/26.

[89] Aynı eser, IV, 272- 274.

HZ. ALİ'NİN HUTBESİ

(Radıyallâhü anh)

Varlıkları yaratan, karanlığın perdelerini yırtan, ölüleri dirilten ve kabirdekileri kabirlerinden kaldıran Allah'a hamdolsun. Allah'tan başka ilâh bulunmadığına ve Muhammed (sav)'in, O'nun kulu ve Peygamberi olduğuna şahitlik ederim.

Size, Allah'ın azabından korunmanızı tavsiye ederim. Kulun Allah'a yaklaşması için en üstün ve kıymetli vasıta îmandır, Allah yolunda cihaddır, tevhîd kelimesidir. Çünkü tevhid inancı, insanda yaradılıştan vardır. Namaz kılmaktır; çünkü din, namaz kılmaktan ibarettir. Zekâtı vermektir; çünkü zekât, Allah'ın önemli bir emridir. Ramazan orucunu tutmaktır; çünkü oruç, Allah'ın azabından koruyan bir kalkandır. Hacca gitmektir: çünkü hac, fakirliği giderir ve günahları sildirir. Akrabalık hakkını gözetmektir; çünkü akrabalık hakkını gözetmek ömrü uzatır ve karşılıklı sevgiyi artırır. Gizlice sadaka vermektir; çünkü sadaka günahlara keffâret olur ve Allah'ın gazabını söndürür. İyilik etmektir; çünkü iyilik etmek, kötü bir şekilde ölmeyi önler ve kişiyi kötü düşüşlerden korur.

Ey insanlar!

Allah'ın zikrine dalınız; zira sözlerin en güzeli Allah'ın zikridir. Müttakîlere vaad edilen şeyi isteyiniz; çünkü Allah'ın vaadi, vaadlerin en doğrusudur. Peygamberinizin yolundan gidiniz; çünkü yolların en üstünü onun yoludur. Peygamberinizin sünnetinden ayrılmayınız; zira sünnetlerin en üstünü onun sünnetidir. Allah'ın Kitabını öğreniniz; çünkü o, sözlerin en üstünüdür. Kur'ân hakkında bilgili olmaya çalışınız; çünkü Kur'ân, kalplerin baharıdır. Kur'ân'ın nûrundan şifâ dileyiniz; çünkü Kur'ân, göğüslerdeki hastalıklara şifâdır. Kur'ân'ı güzel bir şekilde okuyunuz; çünkü ifadelerin en güzeli Kur'ân'dır. Kur'ân okunduğu zaman, susup onu can kulağıyla dinleyiniz ki, size merhamet edilsin. Kur'ân'dan bir şey öğrendiğiniz zaman onunla amel ediniz ki, hidâyete ermiş olasınız. Zira bilgisi gereğince yaşamayan bilgili kişi, bilgisizliği yüzünden haksızlığa sapan bilgisizden farksızdır; hatta ikisi de dalâlet ve tehlikede olmakla beraber, diyebilirim ki, bilgisinden sıyrılıp faydalanmayan bu bilgilinin dili, şaşkınlık içinde bulunan bilgisizin dilinden (kendini müdafaa yolunda) daha kısadır.

Ey insanlar!

Yanlış inançlara yer vermeyiniz ki, şüpheye düşmeyesiniz ve şüpheye düşmeyiniz ki inkâra sapmış olmayasınız.

Yüce Allah'tan kuvvetli bir îman ve vücut sağlığı isteyiniz. Kalbe yerleşen şeylerin en hayırlısı îmandır.

Dinin en üstün ve sevaplı olan emirleri, kesin delile dayananlardır. Sonradan eklenen şeyler ise kötüdür, bid'attir. O şeyi ekleyen kimse de bid'atçidir. Kim bid'atlerle amel ederse, dinini yitirmiş olur. Hiçbir bid'at yoktur ki, dine eklenmesiyle, bir sünnet terk edilmiş olmasın.

Allah'a karşı samîmî olunuz. Allah, daima doğru olanlarla beraberdir. Yalandan da sakınınız; zira yalancılıkla îman bir arada barınamaz. Aranızdaki akrabalık hakkını -akrabalarınız gözetmeseler bile- gözetiniz. Size yardım etmeyenlere siz yardım ediniz. Söz verdiğiniz zaman, onu yerine getiriniz. İki kişi arasında hükmettiğiniz zaman adâletle hükmediniz. Atalarınızla övünüp böbürlenmeyiniz. Birbirinize kötü ad takmayınız. Kendinizi küçük düşürücü şekilde şakalaşmayınız. Birbirinize kızmayınız.

Güçsüze, mazlûma, borçlulara, Allah yolunda savaşanlara, yolda kalmışlara, sizden yardım isteyenlere yardım ediniz. Dul kadına, öksüze acıyınız. Herkese selâm veriniz. İyilik ve takvâ yolunda birbirinize yardım ediniz. Kötülük ve haksızlık yolunda ise birbirinize destek olmayınız ve Allah'tan korkunuz; zira Allah'ın azabı dayanılmayacak kadar zor ve şiddetlidir. Misafiri güzelce ağırlayınız. Komşuya iyi muamelede bulununuz. Hastaları ziyaret ediniz. Ölüleri teşyî ediniz ve ey Allah'ın kulları, kardeş olunuz.

Ey insanlar!

Unutmayın ki, büyük bir hızla sonu gelen bir ömür süresini yaşıyorsunuz. Kim bu süre henüz bitmeden Allah yolunda ihlâsla çalışırsa, o kimse çok iyi bir iş yapmış ve emeline erişmiş olur. Kim de gevşeklik edip çok önemli olan bu vazifesini ihmal ederse, kendine yazık etmiş ve eli boş olarak yola çıkmış olur.

Şaşıyorum ki, her şeyin isteklisi, istediği şeyin yolunda bunca çalıştığı halde, cenneti isteyenler, cenneti elde etmek yolunda hiç çalışmıyor ve hep uyuyorlar. Cehennemden kaçanlar da, kaçmaları gereken yerde hiç istifini bozmadan sırt üstü yatıyorlar.

Ey insanlar!

Sizin için en çok korktuğum, (şunum da olsun, bunum da olsun diye) uzun emeller beslemeniz ve nefsânî arzûlara uymanız olmak üzere iki şeydir. Uzun emeller beslemek, âhireti unutturur. Nefsânî arzûlara uymak da kişiyi haktan uzaklaştırır. Haberiniz olsun ki, dünya, arkası bize dönük olarak gitmekte; âhiret ise bize doğru ilerlemektedir. Dünya sadece çalışma yeridir, burada sorgu yoktur; âhiret ise sorgu yeridir, orada da çalışma yoktur[90].

***

---

90 Aynı eser, IV, 288- 290.

CÂMİ VE MÜSLÜMAN

Abdurrahman Çetin

قَالَ اللّٰهُ تَعَالٰى: اِنَّمَا يَعْمُرُ مَسَاجِدَ اللّٰهِ مَنْ آمَنَ بِاللّٰهِ وَالْيَوْمِ الآخِرِ.

قَالَ رَسُولُ اللّٰهِ صَلَّى اللّٰهُ عَلَيْهِ وَسَلَّمَ: مَنْ بَنَى مَسْجِدًا يَبْتَغِى بِهِ وَجْهَ اللّٰهِ بَنَى اللّٰهُ لَهُ مِثْلَهُ فِى الْجَنَّةِ.

Değerli müminler!

İslâm'ın temel müesseselerinden birisi ve en başta geleni, şu içerisinde bulunduğumuz camiler ve mescitlerdir. Yüce Yaratıcıya topluca ibâdet etmek üzere yapılan bu mâbedlerin hepsi de birer Allah evidir ve hepsi de mukaddestir.

Bunun içindir ki müslümanlar, tarih boyunca, bu Allah evlerine büyük önem vermişlerdir. Öyle ki, kendilerine barınacak bir yuva yapmadan önce, bir câmi inşâ etmişler; daha sonra kendi ihtiyaçlarına bakmışlardır. Câmisi olmayan bir köy, bir mahalle bırakmamışlardır. Fethedilen yerlerde de ilk yapılan şey, câmi olmuştur. Peygamberimiz aleyhissalâtü vesselâm'ın da, Mekke'den Medine'ye hicret ettiğinde, daha oturup dinlenmeden yaptığı ilk iş, bir Mescit inşasını başlatmasıdır.

Çünkü câmilerimiz İslâm'ın sembolüdür, imzasıdır; müslümanların vatan tapusudur, güvencesidir, en büyük moral kaynağıdır. Câmiler; mihrâbıyla bir mâbed, minberiyle bir devlet, kürsüsüyle bir mekteptir. Gerçek eşitliğin, dostluk ve kardeşliğin, yardımlaşma ve dayanışmanın yaşandığı yerdir. Îman ve ibâdetin, ahlâk ve faziletin, sevgi ve şefkatin membaı, ilim ve medeniyetin kaynağı, kulluk ocağı Rahmânî yapılardır.

Muhterem kardeşlerim!

Kur'ân-ı Kerîm'de ve hadis-i şerîflerde de, bu güzel mâbedlere büyük önem verilmiş; câmi yapmak, yaptırmak ve câmileri yaşatıp şenlendirmek teşvîk edilmiş ve hattâ müslümanlar bununla görevlendirilmişlerdir. Tevbe sûresinde, camileri inşâ ve îmar edip şenlendirenler övgüyle anılarak şöyle buyurulmuştur: *"Allah'ın mescitlerini, ancak Allah'a ve âhiret gününe îman eden, namazı dosdoğru kılan, zekâtı veren ve Allah'tan başkasından korkmayan kimseler imar eder. İşte doğru yola ermişlerden olmaları umulanlar bunlardır"*[91]. Peygamber efendimiz de bu konuda şu müjdeyi vermiştir: *"Kim Allah'ın rızasını gözeterek bir mescit yaptırırsa, Allah da ona cennette onun gibi bir ev yapar"*[92].

Buna karşılık, câmilere düşmanlık edip, onların harap olmasını isteyen ve orada Allah'ın anılmasına engel olanlar, Bakara sûresinde "en zâlim kişiler" olarak nitelenmişlerdir. Söz konusu âyetin anlamı şöyledir: *"Allah'ın mescitlerinde, Allah'ın adının anılmasına engel olan ve onların harap olmasına çalışandan daha zalim kim vardır!"*[93].

Bugün bize düşen görev; ihtiyaç halinde yeni câmiler yapmak yanında, yapılan bu câmilerimize sâhip çıkmak, namazlarımızı bu güzel mâbedlerde kılarak, onları şenlendirmektir.

Evet, müslüman, câmisine sahip çıkacaktır. Çoluk çocuğuna bu mukaddes yerleri tanıtacak, alıştıracaktır. Câmi ile nefes alacak, câmi ile yaşayacaktır. Problemlerinden, sıkıntılarından, câmi cemaatiyle konuşup istişâre ederek kurtulacaktır. Din kardeşlerinin durumunu görecek, öğrenecek, onların yardımına koşacaktır. Sevinçler ve üzüntüler, birlikte paylaşılacaktır. Çünkü câmiler, bunun için vardır; câmilerin tesis gayesi budur. Günümüzde, maalesef, dertleşmek bir yana, birbirinin yüzüne bakmadan, alelacele namazı kılıp, geldiği yabancılıkla dönüp giden insanlarımız, bu gayeden ne kadar uzaktır!

---

91 Tevbe 9/18.

92 Bkz: Buhârî, *Salât*, 65; Müslim, *Mesâcid*, 24.

93 Bakara 2/114.

Aziz müslümanlar!

Câmiler, esas itibariyle ibâdet yeri olmakla birlikte, aynı zamanda birer eğitim-öğretim kurumlarıdır. Peygamber efendimiz, Medine Mescidinin Suffe denilen bir bölümünü, eğitim-öğretime ayırmış; burada, Kur'ân, okuma yazma ve diğer ilimler öğretilmiştir. Yine bu Mescit, Peygamberimiz tarafından devlet merkezi olarak da kullanılmış; gelen yabancı elçiler, burada kabul edilmiştir. Bundan başka, yeri gelmiş mahkeme salonu olarak kullanılmış; yeri gelmiş askerî konular görüşülmüş; bazen merasim alanı, bazen dînî konularda sohbet yeri olmuştur.

İslâm tarihi boyunca da, câmi ve mescitlerde Kur'ân, Kıraat, Tefsir, Hadis, Fıkıh gibi ilimlerin yanında; lügat, şiir, edebiyat, tıp, astronomi gibi diğer bilimler de okutulmuştur. Ve zamanla, büyük câmilerin çevresinde yapılan medrese, imâret, hamam gibi tesislerle de bir külliye oluşturulmuştur. Böylece câmiler hem ibâdet yeri hem de ilim ve kültür merkezi hâline gelmiş; maddî ve mânevî yardımlaşma ve dayanışma müesseseleri olmuştur.

Öyleyse bugün bizim câmilerimiz de, sâdece ibâdet mahalli olarak kalmamalı, eski kimliğine tekrar kavuşturulmalıdır. Câmilerin yanına Kur'ân Kursları, okuma salonları, kütüphaneler yapılmalı; dikiş-nakış, halıcılık vb. el sanatları kursları da açılarak, hem ibâdet yeri hem de ilim, sanat ve kültür merkezi haline getirilmelidir.

Bu arada dikkat edilecek diğer bir nokta da; câmi yapımında seçilecek yer ile câminin inşâsına gösterilmesi gereken özendir. Câmileri gelişigüzel yerlere değil, tıpkı ecdâdımızın yaptığı gibi, o bölgenin en güzel ve en geniş yerine yapmak; plân ve projesinden, inşaatın bitimine kadar, her safhasında gereken dikkat ve itinayı göstermek gerekmektedir. Birbirine yakın iki üç câmi yapmak yerine, gücümüzü birleştirerek, daha büyük, daha sağlam, daha güzel, sanat ve mîmârî yönü daha yüksek bir câmi yapmak tercih edilmelidir. Öyle ki, yapılan câmi, bulunulan bölgenin en güzel mîmârî yapısı olmalıdır.

Bunun yanında, câmilerimizi temiz tutmak, temiz elbise ve çoraplarla câmiye gelmek, cemaati rahatsız edici davranışlarda bulunmadan huşû ve sükûnet içinde ibâdetimizi yapmak, giriş çıkışlarda izdihama meydan vermemek ve câmilerimizin bakım ve onarımıyla ilgilenmek de görevlerimiz arasındadır.

Son olarak, bir hususa daha dikkatinizi çekmek istiyorum: Câmi yapmak, câmilere sahip çıkmak çok önemli olmakla birlikte; sadece câmi müslümanı olmamak, bundan daha önemlidir. Câmideki hayat başka, câmi dışındaki hayat başka olursa; yani gerçek İslâm insanı olamazsak, bu çelişki olur, câmilerden umulan neticeye aykırı olur.

Demek ki, câmi yapmak kadar, câmilere lâyık cemaatler yetiştirmek ve olmak da son derecede önemli bir husustur.

Yüce Allah'tan niyazımız, bizleri câmilere lâyık cemaatler eylemesi ve bu mübârek yerlere maddî ve mânevî emeği ve hizmeti geçen herkesi rızasına kavuşturmasıdır[94].

***

---

94 Hutbe hazırlanırken istifade edilen eserlerden bazıları: Ahmed Çelebi, *İslâm'da Eğitim Öğretim Tarihi,* trc: Ali Yardım, s. 95 (İstanbul 1976); Ahmed Önkal, *Rasûlüllahın İslâm'a Davet Metodu,* s. 245 (Konya 1990, 6. baskı); Cahid Baltacı, "İslâm Medeniyetinde Câmi", *Marmara Üniversitesi İlahiyat Fakültesi Dergisi,* s. 225 (İstanbul 1986); *Dergâh Türk Dili ve Edebiyatı Ansiklopedisi,* II, 10 (İstanbul 1981); Ömer Öztop, *Süleymaniye'den Hitap,* II, 56 (İstanbul 1980); Sezai Karakoç, *Sütun,* II, 500, 712, 717 (İstanbul 1969); Süleyman Ateş, *Yüce Kur'ân'ın Çağdaş Tefsiri,* IV, 41 (İstanbul 1988); Tâhiru'l-Mevlevî, *Müslümanlıkta İbadet Tarihi,* s. 52 (İstanbul 1963, 2. baskı).

III- VAAZ

A. Konuyla İlgili Terimler

Vaaz (الوعظ): Öğüt vermek, bir şeyden korkutarak men etmek; bir kimseye kalbini yumuşatacak sevap ve cezaya dair söz söylemek; Allah ve Rasûlüne itaat etmesini emir ve tavsiye etmek... gibi mânâlara gelir[1].

Terim olarak; yetkili din bilginleri tarafından camilerde yapılan dînî konuşmalara denir.

Vâiz: Vaaz eden anlamında, bu görevi yapan kimseye; bilhassa vaaz etmekle görevli din görevlilerine verilen unvandır.

Mev'ıza: Dînî öğüt, nasihat, vaaz mânâlarına gelir[2].

Kur'ân-ı Kerîm'de "va'z" yerine -aynı anlama gelen[3]- "mev'ıza" kelimesi kullanılmış; çoğunlukla da Kur'ân'ın veya orada anlatılan konunun müminlere, müttakîlere ve bütün insanlara bir mev'ıza olduğu ifade edilmiştir:

هٰذَا بَيَانٌ لِلنَّاسِ وَهُدًى وَمَوْعِظَةٌ لِلْمُتَّقِينَ : *Bu, insanlara bir açıklama ve takvâ sahipleri için de bir yol gösterme ve öğüttür*[4].

---

1 Râğıb Isfehânî, *el-Müfredât*, s. 527; Âsım Efendi, *Kâmus Tercemesi*, III, 178.

2 Âsım Efendi, *Kâmus Tercemesi*, III, 178.

3 Bkz: Âsım Efendi, *age* ve yer.

4 Âlü İmrân 3/138.

Bir âyette "vâiz"in çoğulu olarak "vâizîn" kelimesi geçmektedir[5]:

قَالُوا سَوَآءٌ عَلَيْنَآ اَوَعَظْتَ اَمْ لَمْ تَكُنْ مِنَ الْوَاعِظِينَ : *Onlar şöyle dediler: Sen öğüt versen de, öğüt verenlerden* (vâizîn) *olmasan da bizce farkı yoktur.*

Ayrıca Kur'ân-ı Kerîm'de "vaaz" kökünden çeşitli fiil kalıpları da kullanılmıştır:

اِنَّ اللّٰهَ نِعِمَّا يَعِظُكُمْ بِهٖ : *Allah size ne güzel öğütler veriyor!*[6].

Kürsü: Camilerde, vâizlerin vaaz etmek üzere oturmalarına mahsus, birkaç basamaklı merdivenle çıkılan yerin adıdır. Bilhassa tarihî camilerimizde bulunan kürsüler, mermer veya tahtadan oymalı ve sedefli olarak süslenmiş birer sanat eseri olan yerlerdir[7].

Kürsü Şeyhi: Cuma günü vaaz edenler hakkında eskiden kullanılan bir tabirdir. Bunlara "Cuma vâizleri" de denirdi.

Kürsü şeyhliği veya cuma vâizliği, ilk olarak İstanbul Eyyûb Sultan câmiine ulemadan birinin tayiniyle başlamış ve zamanla bunların sayısı diğer bazı camilerle yediye çıkarılmıştır. Bunlar, aşağıdan başlayarak mertebe itibariyle şöyle derecelendirilmiştir: Eyyûb Sultan, Sultan Selim, Fâtih, Bâyezid, Süleymaniye, Sultan Ahmed ve Ayasofya.

Bu camilerdeki vâizliklerden birisi boşalınca, dışarıdan bir âlim, ilk kademe olarak Eyyûb vâizliğine tayin edilir; ötekiler de sırasıyla bir üst derecedeki vâizliğe (yani Eyyûb vâizi Sultan Selim-'e, Sultan Selim vâizi Fâtih'e, Fâtih vâizi Bâyezid'e, Bâyezid vâizi

5 Şuarâ 26/136.

6 Nisâ 4/58. Ayrıca bkz: Bakara 2/232, Nisâ 4/63, Hûd, 11/46, Nahl 16/90, Lokman 31/13.

7 Pakalın, *Osmanlı Tarih Deyimleri ve Terimleri Sözlüğü,* s. 344.

Süleymaniye'ye, Süleymaniye vâizi Sultan Ahmed'e, o da Ayasofya vâizliğine) terfi ettirildi. Aradan birisi boşalınca, onun altındakiler, bir üst mertebe vâizliğine yükseltilir, ilk tayin Eyyûb Sultan Câmiine yapılırdı. 1726'da bu vâizlere "Selâtîn Şeyhliği" unvanı verilerek, kademeleri bir derece daha yükseltildi. Sayıları da dört cami ilavesiyle 11'e çıkarıldı. Zamanla bu sayı daha da artmıştır[8]. Günümüzde ise il ve ilçe merkezlerinde birçok vâiz görev yapmaktadır.

B. Vaazın Önemi

Dinimizde vâizlik, Peygamberimizle başlamış, sahâbe ve daha sonraki nesiller tarafından, aralıksız olarak günümüze kadar devam ettirilmiştir.

Vaaz, Peygamberimizin hiçbir zaman terk etmediği bir irşad metodudur. Yüce Allah ona, sürekli olarak vaaz etmesini buyurmuştur: *"Sen öğüt vermeye devam et; çünkü öğüt, müminlere fayda verir"*[9].

Mekkî olan bu âyet, vaazdan istifade mevzuunda sadece müminleri konu edinirken, Medenî olan şu âyet de münafıklara işaret etmektedir: *"Onlar, kalplerindekini, Allah'ın bildiği kimselerdir. Sen onlara aldırış etme; kendilerine öğüt ver, içlerine işleyecek dokunaklı sözler söyle"*[10].

Şu âyet ise, vaazın lüzumunu ve metodunu ortaya koymaktadır: *"İnsanları Rabbinin yoluna hikmet ve güzel öğütle çağır ve onlarla en güzel şekilde mücadele et"*[11].

Kur'ân'ın sıfatlarından birisi de "Mev'ıza"dır: *"Ey insanlar! Rabbinizden size bir öğüt (mev'ıza), göğüslerde olan (sıkıntılar)a bir şifâ,*

---

8 Pakalın, *age,* s. 345.
9 Zâriyat 51-55.
10 Nisâ 4/63.
11 Nahl 16/125.

müminlere bir yol gösterici ve rahmet gelmiştir"[12]. *"And olsun ki size (muhtaç olduğunuz şeyleri) açıklayan âyetler, sizden önce yaşayıp gitmiş olanlardan örnekler ve müttakîler için bir öğüt (mev'ıza) indirdik"*[13].

Peygamber efendimiz, her fırsatta insanlara vaaz etmiş; onlara gerekli öğüt ve uyarılarda bulunmuştur. Onun, iyiliği emir ve kötülükten nehiyle ilgili birçok hadisi, vaaz ve irşadın önemini vurgulamaktadır: *"Allah'a yemin ederim ki, Allah'ın senin vasıtanla bir insanı hidâyete erdirmesi, senin için, en değerli kırmızı deve sürüsüne sahip olmaktan daha hayırlıdır"*[14]. *"Başkalarını doğruluğa çağıran kimseye, kendisine uyanların sevabı gibi sevap verilir; bununla beraber onların sevabından hiçbir şey eksilmez. Başkalarını sapıklığa çağıran kimseye de, ona uyanların günahı gibi günah verilir; bununla beraber, ona uyanların günahlarından hiçbir şey eksilmez"*[15].

Hz. Peygamber (sav), erkeklere olduğu gibi, kadınlara da va'z u nasihatte bulunurdu. Kadınlar da Mescide gelirler, erkeklerle beraber, Peygamberimizin konuşmalarını dinlerlerdi. Ancak, kadınların her zaman Mescide gelmeleri ve Peygamberimizin meclislerinde bulunmaları mümkün olmadığı için, Rasûlüllaha gelip, kendilerine özel bir zaman ayırmasını istemişlerdir. Peygamberimiz de bu isteği kabul ederek, her hafta belli bir gün ve yerde, kadınlara va'z u nasihatte bulunmuş ve onların sorularını cevaplandırmıştır[16].

---

12 Yûnus 10/57.

13 Nûr 24/34.

14 Buhârî, *Cihâd*, 143; Müslim, *Fedâilü's-Sahâbe*, 4.

15 Müslim, *İlim*, 16; Ebû Dâvud, *Sünnet*, 6; Tirmizî, *Sevâbü'l-Kur'ân*, 14; İbn Mâce, *Mukaddime*, 14.

16 Buhârî, *İlim*, 36.

C. Vaaz Duası

Vaaza hamdele (Allah'a hamd), salvele (Peygamberimize salâtü selâm) ve birkaç cümlelik kısa bir dua ile başlamak uygun olur. Örnek:

اَلْحَمْدُ لِلّٰهِ رَبِّ الْعَالَمِينَ • وَالصَّلاَةُ وَالسَّلاَمُ عَلَى رَسُولِنَا مُحَمَّدٍ
وَعَلَى آلِهِ وَصَحْبِهِ اَجْمَعِينَ • رَبِّ اشْرَحْ لِى صَدْرِى وَيَسِّرْ لِى اَمْرِى
وَاحْلُلْ عُقْدَةً مِنْ لِسَانِى يَفْقَهُو قَوْلِى . رَبِّ زِدْنِى عِلْماً وَفَهْماً وَاَلْحِقْنِى
بِالصَّالِحِينَ • سُبْحَانَكَ لاَ عِلْمَ لَنَا اِلاَّ مَا عَلَّمْتَنَا . اِنَّكَ اَنْتَ الْعَلِيمُ
الْحَكِيمُ • سُبْحَانَكَ لاَ فَهْمَ لَنَا اِلاَّ مَا فَهَّمْتَنَا . اِنَّكَ اَنْتَ الْجَوَادُ الْكَرِيمُ •
اَعُوذُ بِاللّٰهِ مِنَ الشَّيْطَانِ الرَّجِيمِ • بِسْمِ اللّٰهِ الرَّحْمَنِ الرَّحِيمِ • << ..... >>
صَدَقَ اللّٰهُ الْعَظِيمُ •

Vaazın sonu şu cümle ile bitirilir:

سُبْحَانَ رَبِّكَ رَبِّ الْعِزَّةِ عَمَّا يَصِفُونَ • وَسَلاَمٌ عَلَى الْمُرْسَلِينَ •
وَالْحَمْدُ لِلّٰهِ رَبِّ الْعَالَمِينَ (الْفَاتِحَة) •

D. Vaaz Hazırlama

Vaaz hazırlamada dikkat edilecek hususları, hutbe hazırlığında olduğu gibi üç ana grupta toplamak mümkündür:

1. Konu Seçimi

Vaaz için yapılacak ilk iş, isabetli bir konunun seçilmesidir. Bunun için de, hutbede olduğu gibi, cemaatin ihtiyacı, kültür seviyesi ve aktüaliteye uygunluk göz önüne alınmalıdır. İnsanların ve müslümanların karşılaştıkları problemlere İslâmî çözüm yolları ve çareler göstermek; İslâm esaslarını belli bir plân dâhilinde müslümanlara anlatmak, onlara dünya ve âhiret mutluluğuna götüren yolları göstermek, konu seçiminde göz önüne alınacak başlıca hususlar arasındadır.

Konu seçiminde, vaaz yapılacak günü ve yeri de göz önüne almak lâzımdır. Köyde yapılacak vaaz ile şehirde ve hatta şehrin muhtelif semtlerinde yapılacak vaaz bir olmayacağı gibi, bayram vaazlarıyla Cuma vaazları da bir değildir. Aynı şekilde, belirli gün ve gecelerde yapılacak vaazların da kendine özgü olması gerekir.

Genel bir tasnif yapılırsa, bilhassa bir yerde sürekli görev yapan bir vâiz, yapacağı vaazın zamanına göre konularını şöylece belirleyebilir:

Cuma vaazı: Cuma günleri yapılacak vaaz için, o bölgede veya ülke çapında, o haftanın en önemli konusu veya olayı göz önüne alınarak, buna uygun bir konunun seçilmesi münasip olur.

Hafta içi vaaz: Her haftanın belli günlerinde yapılan vaazlarda, belirli bir kitabı takip etmek uygun olur. Buna göre Kur'ân-ı Kerîm'i veya bir Hadis yahut Fıkıh kitabını esas alıp vaaz etmek mümkündür. Ayrıca İslâm'ın îman, ibâdet, muamelat ve ahlâk gibi ana esaslarını belli bir plân ve sıra dâhilinde cemaate anlatıp öğretmek; yeri geldikçe konuyla ilgili yapılan yanlışlara, bid'at ve hurafelere dikkat çekmek de düşünülebilir.

Bölgenin pazarının kurulduğu günde de vaaz edilmesi münasip olur. Bu vaazlarda çevre köylerden gelecekler de göz önüne alınarak, duruma uygun konulara temas edilmesi faydalı olur.

Bayram vaazları: Ramazan ve Kurban bayramlarında yapılacak vaazlarda, genel konulara değinilmeli; bayramdan bayrama camiye gelenleri de göz önüne alarak, onları düşündürüp şuurlandıracak hususlara ikna edici, ısındırıcı, sevdirici bir üslupla temas edilmelidir. "Müslümanın sorumluluğu", "Bir müslüman nasıl olmalıdır?

Allah ve Rasûlünün istediği müminin özellikleri" gibi konular üzerinde durulabilir.

Özel gün ve gecelerde (kandillerde) yapılan vaazlar: Mübârek gün ve gecelerde yapılacak vaazlarda, günün veya gecenin mahiyetine ve önemine değinildikten sonra, böylesi mübârek zamanların, müslümanlara kazandırması gereken hususlara, yine bayram vaazı üslubuyla temas etmekte fayda vardır.

Özel mekânlarda yapılan vaazlar: Huzurevi, cezaevi gibi kurumlarda yapılacak vaazlarda ise, bulunulan ortama uygun konuların seçilmesi lâzımdır[17].

2. Kaynakların Tespiti ve Bilgi Toplama

Hutbe bahsinde ifade edilen hususlar burada da geçerlidir: İlgili kaynaklardan bilgi toplanır, fişlenir; bu fişler plân doğrultusunda tasnif edilir.

Konuyla ilgili âyetleri bulmak için Muhammed Fuad Abdülbâkî'nin *el-Mu'cemü'l-Müfehres li Elfâzi'l-Kur'âni'l-Kerîm* isimli eserine bakılır. Bulunan âyetlerin açıklamaları tefsirlerden okunur, notlar alınır.

Konuyla ilgili hadisleri bulmak için A. J. Wensinck'in *Concordance* diye de bilinen *el-Mu'cemü'l-Müfehres li Elfâzi'l-Hadîsi'n-Nebevî* isimli eserine bakılabilir. Bunun yanında konularına göre tasnif edilmiş hadis kitaplarına da bakılır.

İslâm Ansiklopedilerinin ilgili maddelerine bakılır.

Siyer ve İslâm Tarihi ile ilgili eserlerden örnekler bulunur.

Konuyla ilgili daha önce hazırlanmış kitap ve makalelere bakılır.

---

17 Çakan, *age,* s. 62; ayrıca bkz: Çakan-Gündüz-Çiçek, *age,* s. 49.

3. Vaaz Plânı

Ortalama 45 dakika sürecek bir konuşma olan vaaz için, belirli bir plân dâhilinde hazırlık yapılması ve bu plâna uygun olarak konuşmanın yapılması gerekir.

Buna göre şöyle bir sıranın takip edilmesi uygun olur:

a) Vaaz duası:

Vaaz başlangıcında, daha önce kaydedilen dua veya benzeri başka bir dua okunur. Daha sonra "Aziz müminler", "Muhterem müslümanlar" vb. bir hitap cümlesiyle konuşmaya başlanır.

b) Giriş:

Konuşmanın başında, vaaz konusuna giriş olmak üzere, cemaatin ilgisini çekecek, konunun önemini vurgulayacak birkaç cümle söylenir.

Veya vaaz başında okunan âyetin veya bir hadisin tercümesi ve şerhi yapılabilir.

Yahut da, konuyla ilgili bir olay veya kıssa anlatılabilir.

Vaaz başında okunan âyetin -varsa- nüzûl sebebi de nakledilebilir.

c) Gelişme:

Bu bölümde âyetlere ve sahih hadislere dayanarak, konu etraflıca anlatılır.

Varsa, konuyla ilgili farklı görüşler sunulur, bunların değerlendirmesi yapılır.

Vaazda bahsedilen hususların yerine getirilmesinin veya getirilmemesinin fayda ve zararları zikredilir; toplumdaki uygulamalara ve yansımalara işaret edilir. Âyet ve hadisler yanında, İslâm büyüklerinin görüşleri ve hayatlarından örnekler verilebilir.

Bu arada, mevzu ile alâkalı fazla uzun olmayan şiirler okunabilir; çok uzun olmayan gerçekçi kıssalar anlatılabilir. (Kıssalar, aklın kabul edemeyeceği, abartılı hususları ihtiva etmemelidir).

Ayrıca vaaz, tek taraflı bir konuşma olduğu için, cemaatin muhtemel suallerine cevap olabilecek açıklamalar da yapılmalıdır.

(Vaazlarda, son birkaç dakikalık kısımda, vaaz konusuyla ilgili olmak kaydıyla, cemaatin soru sorabilme geleneği olsaydı, herhalde vaazlar, daha canlı ve verimli geçerdi. Ayrıca kürsüye çıkan vâizler de, önceden konuya daha iyi hazırlanma lüzumu duyarlar, bu durum da onlar için daha yetiştirici olurdu. Hiç olmazsa, soruların küçük birer kâğıda yazılıp kürsüye veya bir kutuya bırakılması; vâizin gerek duyarsa bunlara o günkü vaazda veya müteakip vaazda cevap vermesi, şimdiki durumdan daha faydalı olacaktır).

d) Özet ve sonuç:

Vaazın son üç-dört dakikasında, başından beri söylenenler kısaca özetlenir, gerekli sonuçlar çıkarılır, cemaate öğüt ve uyarılarda bulunulur.

e) Dua:

Vaazın sonunda, birkaç cümlelik kısa bir dua ile konuşmanın bitirilmesi uygun olur.

E. Vaazda Dikkat Edilecek Hususlar

Vaazın hazırlanması ve sunulmasında dikkat edilecek başlıca hususlar şunlardır:

1- Vaaz sırasında, vâizin önünde mutlaka bir plân ve gerekli notlar bulunmalı, hazırlıksız konuşmamalıdır.

2- Vâiz, mahallî şive ile değil, normal İstanbul Türkçesiyle konuşmalıdır. (Ancak özel sohbetlerde, gerekiyorsa o yörenin şivesiyle konuşulabilir).

3- Vaazda, okunan âyetlerin bulunduğu sûre, hadislerin de alındığı kaynak belirtilmelidir. (Meselâ, "Yâsîn sûresinde şöyle buyuruluyor", "Buhârî Müslim hadisidir", "Tirmizî'nin naklettiğine göre"). Bu şekilde davranış, cemaatin vâize olan güvenini artırır.

4- Okunacak âyet ve hadisler mutlaka doğru telaffuz edilmeli, kekelememeli ve mümkünse bunlar ezberlenmiş olmalıdır.

5- Dil, sade ve açık olmalı, orta seviyede bir insanın anlayabileceği bir üslup tercih edilmeli, mümkün mertebe kısa cümleler kurulmalıdır.

6- Vaaz etmek için önce bilgi sahibi olmak gerekir. Bu bakımdan vâiz, ele alacağı konuyu, önceden ayrıntılı bir şekilde incelemeli, edindiği bilgilerden, sadece cemaate lâzım olacakları söylemelidir.

7- Sert, kaba ve kırıcı sözden sakınmalı, gayenin "İslâm'ı tebliğ" ve "insanları irşad" olduğunu düşünerek, dinimizi en güzel şekilde anlatmalıdır. Vaazda Kur'ân ve sünnetteki dâvet üslubu kullanılmalıdır. Kırıcı ve küstürücü değil, yapıcı ve sevdirici, kibar ve yumuşak olmalıdır. Yüce Allah, Peygamberimize hitaben: *"Allah"ın rahmeti sebebiyle sen onlara yumuşak davrandın. Eğer kaba ve katı kalpli olsaydın, etrafından dağılır giderlerdi. Öyleyse onların kusurlarını affet, onlar için mağfiret dile"*[18] buyurmuştur.

Peygamberimiz de: *"Nezaket ve yumuşaklık, bulunduğu şeyi süsler; nezaketten mahrum kalan şey ise ayıplı kalır"*[19] buyurmuştur.

8- Önemli bir halk eğitim vasıtası olan vaazda vâiz, değişik seviyedeki her çeşit insana hitap ettiğini düşünmeli ve mümkün mertebe konuşmasını herkesi tatmin edecek seviyede tutmalıdır.

---

18 Âlü İmrân 3/159.

19 Müslim, *Birr*, 78.

9- Vâizin konuşmasının içeriği önemli olduğu kadar, konuşma üslûbu, kılık-kıyafeti de önemlidir. Konuşmacı, bu konuda da gereken hassasiyeti göstermelidir. Özellikle, yüz şeklinin dikkat çekici, ilgiyi dağıtıcı haller alıp almadığı kontrol edilmelidir. (Bunu tespit etmek için de aynaya bakarak prova yapmalıdır.) Ayrıca aşırı ve lüzumsuz el-kol hareketlerinde de bulunmamalıdır.

10- Namazdan önce yapılan vaazların, ezan okununca mutlaka bitirilmesi lâzımdır. Vaazı, ezan sonrasına uzatmak, cemaate sıkıntı ve rahatsızlık verir. Hasta olanları, işi gücü bulunanları unutmamalıdır. Bu bakımdan zamanı iyi değerlendirmeli, söyleneceklerin hepsini vaaz zamanında söylemesini bilmelidir.

Bilindiği gibi Peygamberimiz, cemaatle namazın bile gereğinden fazla uzatılmasını uygun bulmamıştır: Ebû Mes'ûdî el-Ensârî şöyle demiştir: Rasûlüllah (sav)'e birisi gelip: Ey Allah"ın Elçisi! Filanca bize namaz kıldırırken o kadar uzatıyor ki, âdeta namazı terk edecek gibi oluyorum, dedi. Rasûlüllahı hiçbir mev'ızada o kadar öfkeli görmemiştim. Buyurdu ki: *"Ey insanlar! Siz nefret ettiriyor (insanları dinden soğutuyor)sunuz! İçinizden halka namaz kıldıran olursa hafif tutsun. Çünkü cemaatin içinde hasta olanı vardır, zayıfı vardır, ihtiyacı olan vardır"*[20].

11- Vaaz, muhataba yapılır. Camide, cemaat arasında bulunmayanlara hitap etmek, sataşıp taşlamak, zaman öldürmek demektir.

12- Vaazda siyasete girilmemeli, cemaat içinde her partiden insan olduğu düşünülerek, tarafsız kalınmalı ve sadece İslâm anlatılmalıdır.

13- Vaazda şahsiyet yapmak, bir kişi veya grubu hedef alarak konuşmak da doğru değildir. Önemli olan zihniyettir. Şahıslar değil, yanlışlar ve doğrular söz konusu edilmelidir.

---

20 Buhârî, *İlim*, 28.

14- Konuların anlatımında, aktüalite ile bağlantı kurulmalı, hayattan ve çevreden örnekler vererek, cevabını da vermek üzere sorular sorarak konuşmanın câzibesi artırılmalıdır.

15- Vaazda bid'at ve hurafelere, mantık dışı kıssa ve hikâyelere ve isrâiliyata yer verilmemelidir.

16- Konuşma sırasında hep aynı yere veya şahsa bakmamalı; bakışlar, dikkat çekmeyecek şekilde değişik yönlere çevrilmelidir.

17- Vaaz sonunda genel bir değerlendirme yapılmalı, konunun ana hatları özetlenmeli, birkaç cümlelik dua ile konuşma tamamlanmalıdır.

18- Vaazlar bıktırıcı olmamalı, cemaatin rağbeti ölçüsünde uygun aralıklarla yapılmalıdır.

Her Perşembe vaaz eden Abdullah b. Mesûd'dan her gün vaaz etmesi istenince, "Sizi bıktırmaktan endişe ederim. Ben vaaz ve nasihat konusunda sizin için en uygun zamanı gözetiyorum. Rasûlüllah da bize aynı şekilde davranır, bizi usandırmamak için uygun zamanları kollardı" diye cevap vermiştir[21].

19- Vâiz, takvâ sahibi, sözü özüne uygun ve ilmiyle âmil olmalıdır. Söylediklerini öncelikle kendi nefsinde tatbik etmelidir.

20- Vaazda Allah rızası esas alınmalı, başka menfaatler gözetilmemelidir. Azim ve sabır sahibi olunmalı, karşılaşılan engellere sabredildiği gibi, bunun kadar önemli bir husus olan, kavuşulan nimetlere karşı da sabırlı olmalı; şımarmamalı, kibirlenmemeli, şöhret olma duygusuna kapılmamalı ve çıkarcılığa tenezzül etmemelidir[22].

---

21 Buhârî, *İlim,* 12.

22 Bu konular hakkında bkz: Bekir Topaloğlu, "İrşad Yolları", *Nesil Dergisi,* C. II, sayı: 4, s. 9-10 (Ocak 1978); M. Yaşar Kandemir, "Camideki Köroğlu", *Nesil Dergisi,* C. III, sayı: 2, s. 44 (Kasım 1978); Süleyman Doğdu, *age,* s. 97-104; Çakan - Gündüz-Çiçek, *age,* I, 72-74 ve II, 45-52.

Burada şunu da ifade edelim ki, söz, dinleyenin anlayışına göre söylenir. Muhatap ne kadar anlayışlı olursa, konuşan da o nispette söz söyler. Bu hususa dikkat çeken Mevlânâ: "Cenâb-ı Hak, dinleyenlerin himmetleri kadar, vâizlerin lisanına hikmet telkin eder. Dinleyenler ne kadar dikkatli dinlerlerse, vâizler de o kadar hikmetli söylerler" demiştir[23].

F. Vaaz Kaynakları

Vaaz hazırlarken takip edilecek metot ve başvurulacak kaynaklar da, aynen hutbe hazırlamada müracaat edilecek yöntem ve kaynaklar gibidir. Bunları daha ayrıntılı bir şekilde şöylece sıralamak mümkündür:

a. Kur'ân-ı Kerîm.

Konuyla ilgili âyetleri bulmak için Kur'ân meallerinin sonundaki fihristlerden istifade edilebileceği gibi, Muhammed Fuad Abdülbâkî'nin *el-Mu'cemü'l-Müfehres li Elfâzi'l-Kur'âni'l-Kerîm* isimli eserinden de istifade edilebilir. Bu eserde Kur'ân âyetleri kelime-kök esasına göre alfabetik olarak dizilmiştir.

Tespit edilen âyetlerin açıklamaları tefsirlerden okunur, notlar alınır.

Âyetlerin tefsiri için Fahreddin Râzî'nin Türkçe'ye de çevirilmiş olan *Mefâtîhu'l-Ğayb (Tefsîr-i Kebîr)*, İbn Kesîr'in *Tefsîru'l-Kur'âni'l-Azîm (Hadislerle Kur'ân-ı Kerîm Tefsiri)* isimli eserleri ile, Elmalılı Hamdi Yazır'ın *Hak Dini Kur'an Dili* ve Hayreddin Karaman, Mustafa Çağrıcı, İbrahim Kâfi Dönmez, Sadrettin Gümüş tarafından hazırlanan *Kur'an Yolu Türkçe Meâl ve Tefsir* isimli kitaplara bakılabilir.

---

23 Tâhirü'l-Mevlevî, *Şerh-i Mesnevî*, I, 18.

b. Hadisler (Peygamberimizin söz ve davranışları).

Hadisleri bulmak için, A. J. Wensinck tarafından yayımlanan ve hadislerin, kelime-kök esasına göre alfabetik olarak dizildiği geniş bir eser olan *"el-Mu'cemü'l-Müfehres li Elfâzi'l-Hadîsi'n-Nebevî"* (diğer adıyla *Concordance*) isimli fihriste bakılabilir.

Başlıca hadis kaynakları şunlardır:

Buhârî, *el-Câmiu's-Sahîh.* Mehmed Sofuoğlu tarafından *Sahîh-i Buhârî ve Tercemesi* ismiyle eserin tamamının tercümesi yayımlanmıştır. Ayrıca Diyanet İşleri Başkanlığı'nca yayımlanmış bulunan *Sahîh-i Buhârî Muhtasarı Tecrîd-i Sarîh Tercemesi ve Şerhi* vâiz ve hatipler için güvenilir bir başvuru kaynağıdır.

Müslim, *el-Câmiu's-Sahîh.* Mehmed Sofuoğlu tarafından eserin tamamı tercüme edilmiş ve *Sahîh-i Müslim ve Tercemesi* adıyla yayınlanmıştır. Aynı eser Ahmed Davudoğlu tarafından da *Sahîh-i Müslim Tercüme ve Şerhi* adıyla tercüme ve şerh edilip yayınlanmıştır.

Ebû Dâvud, *es-Sünen.* Bir heyet tarafından *Sünen-i Ebî Davud Terceme ve Şerhi* adıyla tercüme ve şerhi yapılıp yayınlanmıştır.

Tirmizî, *Sünen (el-Câmiu's-Sahîh).* Osman Zeki Mollamehmedoğlu tarafından *Sünen-i Tirmizî Tercemesi* adıyla tercüme edilip yayınlanmıştır.

Nesâî, *Sünen (el-Müctebâ).* Bir heyet tarafından *Sünenü'n-Neseî* adıyla tercümesi yapılmış ve yayınlanmıştır.

İbn Mâce, *Sünen.* Haydar Hatiboğlu tarafından *Sünen-i İbni Mâce Tercemesi ve Şerhi* adıyla tercüme ve şerh edilip yayımlanmıştır.

İbnü'd-Deyba' Abdurrahman b. Ali, *Teysîru'l-Vusûl ilâ Câmi'il-Usûl.* İbnü'l-Esîr el-Cezerî'nin *Câmiu'l-Usûl* isimli eserinin ihtisarıdır. Yukarıda kaydedilen Kütüb-i sitte ile *Muvatta'*da yer alan hadislerin (tekrarlar çıkarılarak) yer verildiği bir eserdir. İbrahim Canan tarafından tercüme ve şerhi yapılarak *Kütüb-i Sitte Muhtasarı Tercüme ve Şerhi* adıyla yayımlanmıştır.

Nevevî, *Riyâzü's-Sâlihîn.* Kıvamüddin Burslan, Hasan Hüsnü Erdem tarafından *Riyâzü's-Sâlihîn ve Tercemesi* adıyla Diyanet İşleri Başkanlığınca yayımlanmış olan bu eser, ayrıca Mehmet Yaşar Kandemir, İsmail Lütfi Çakan, Raşit Küçük tarafından *Riyâzü's-Sâlihîn Peygamberimizden Hayat Ölçüleri* adıyla tercüme ve şerh edilip yayımlanmıştır.

Bunlardan başka şu eserlerden de istifade edilebilir: İmam Mâlik, *el-Muvatta';* Ahmed b. Hanbel, *el-Müsned;* Dârimî, *es-Sünen;* Buhârî, *el-Edebü'l-Müfred;* Hatîb Tebrîzî, *Mişkâtü'l-Mesabîh;* Münzirî, *et-Terğîb ve't-Terhîb;* Heysemî, *Mecmeu'z-Zevâid;* Süyûtî, *el-Câmiu's-Sağîr* ve bunun şerhi olan Münâvî'ye ait *Feydu'l-Kadîr;* Mansur Ali Nâsıf, *et-Tâc*[24]. Bu eserlerden bazılarının da tercümesi yapılmıştır.

c. Sahâbenin söz ve davranışları. Bu konuda hadis kaynaklarında bilgi bulunabileceği gibi, ashâbın hayatını anlatan eserlere de bakılabilir.

d. İslâm tarihinden örnekler. İlgili kaynaklara bakılır.

e. Hazırlanacak konuyla ilgili kitaplar, makaleler, ansiklopedi maddeleri[25].

G. Vaaz Plânı Örneği

Aşağıda, "Vaazda Dikkat Edilecek Hususlar" bahsinin ilk maddesinde sözünü ettiğimiz örnek bir vaaz plânı yer almaktadır. Hazırlanacak vaazlarda buna benzer şekilde, konuya uygun bir plân ve hazırlığın yapılması gerekir.

---

24 Bu eserlerle ilgili olarak bkz: İ. Lütfi Çakan, *Dînî Hitabet,* s. 142 vd.

25 Türkiye Diyanet Vakfı tarafından yayımlanan *İslâm Ansiklopedisi* kütüphanemizde bulunması gereken bir eserdir.

Konu: İslâm'da Tevbe

1. İnsanın günah işlemeye müsait oluşu ve tevbe psikolojisi
2. Tevbenin tanımı ve hükmü
3. Tevbenin önemi ve gerekliliği
4. Tevbenin şartları ve usulü
5. Tevbenin vakti
6. Tevbe örnekleri
7. Konunun özetlenmesi
8. Kaynaklar.

Plânın ayrıntıları:

1. İnsanın günah işlemeye müsait oluşu ve tevbe psikolojisi:

اِنَّ اْلاِنْسَانَ لِرَبِّهِ لَكَنُودٌ • وَاِنَّهُ عَلَى ذَلِكَ لَشَهِيدٌ •

"İnsan, Rabbine karşı çok nankördür. Ve kendisi de buna şahittir"[26].

وَاِذَا مَسَّ اْلاِنْسَانَ الضُّرُّ دَعَانَا لِجَنْبِهِ اَوْ قَاعِدًا اَوْ قَائِمًا . فَلَمَّا كَشَفْنَا عَنْهُ ضُرَّهُ مَرَّ كَاَنْ لَمْ يَدْعُنَا اِلَى ضُرٍّ مَسَّهُ . كَذَلِكَ زُيِّنَ لِلْمُسْرِفِينَ مَا كَانُوا يَعْمَلُونَ •

"İnsana bir darlık dokunduğu zaman, yanı üzere yatarken, otururken yahut ayakta bize yalvarır. Ama biz, onun darlığını açıp kaldırınca, sanki kendisine dokunan bir darlıktan ötürü bize hiç yalvarmamış gibi hareket eder. İşte aşırı gidenlere, yaptıkları iş böylesine süslü gösterilmiştir"[27].

---

26 Âdiyât 100/6-7.
27 Yûnus 10-12.

(Konuyla ilgili şu âyetlere de bakılabilir: İsrâ 17/67, 83; Ankebût 29/65, Lokman 31/32, Fussılet 41/51).

2. Tevbenin tanımı ve hükmü

3. Tevbenin önemi ve gerekliliği:

يَا اَيُّهَا الَّذِينَ آمَنُوا تُوبُوا اِلَى اللّٰهِ تَوْبَةً نَصُوحًا •

"Ey inananlar! Allah'a gönülden tevbe edin"[28].

قُلْ يَا عِبَادِىَ الَّذِينَ اَسْرَفُوا عَلَى اَنْفُسِهِمْ لاَ تَقْنَطُوا مِنْ رَحْمَةِ اللّٰهِ . اِنَّ اللّٰهَ يَغْفِرُ الذُّنُوبَ جَمِيعًا . اِنَّهُ هُوَ الْغَفُورُ الرَّحِيمُ •

"(Tarafımdan onlara) de ki: Ey nefislerine karşı aşırı giden kullarım! Allah'ın rahmetinden ümit kesmeyin. Allah, bütün günahları bağışlar. Çünkü O, çok bağışlayan ve çok esirgeyendir"[29].

(Bu konuyla ilgili olarak şu âyetlere de bakılabilir: Nisâ 4/106, Mâide 5/39, Hûd 11/3, İsrâ 17/25, Furkan 25/70–71).

قَالَ رَسُولُ اللّٰهِ صَلَّى اللّٰهُ عَلَيْهِ وَسَلَّمَ: يَا اَيُّهَا النَّاسُ تُوبُوا اِلَى اللّٰهِ وَاسْتَغْفِرُوهُ ، فَاِنِّى اَتُوبُ فِى الْيَوْمِ مِائَةَ مَرَّةٍ •

"Ey insanlar! Allah'a tevbe ve istiğfar ediniz. Ben günde yüz kere tevbe ediyorum"[30].

قَالَ رَسُولُ اللّٰهِ صَلَّى اللّٰهُ عَلَيْهِ وَسَلَّمَ: اَللّٰهُ اَفْرَحُ بِتَوْبَةِ عَبْدِهِ مِنْ اَحَدِكُمْ سَقَطَ عَلَى بَعِيرِهِ وَقَدْ اَضَلَّهُ •

---

28 Tahrîm 66/8.

29 Zümer 39/53.

30 Müslim, *Zikr*, 42; Ebû Dâvud, *Vitr*, 26.

"Kulun tevbesinden dolayı Allah'ın sevinci, sizden birinizin ıssız çölde devesini kaybedip de tekrar bulduğundaki sevincinden daha fazladır"[31].

4. Tevbenin usûlü ve şartları:

a) Günahı terk etmek,

b) Yaptığına pişmanlık duymak,

c) Bir daha yapmamaya azmetmek,

d) Kul hakkı ise, hakkı ödemek ve helâlleşmek.

Konuyla ilgili bir hadisin anlamı şöyledir: *"Üzerinde, din kardeşinin nefsine yahut malına tecavüzden doğmuş bir hak bulunan kimse, altın ve gümüş bulunmayacak kıyâmet gününden önce, daha dünyada iken o kimseden o hakkı bağışlamasını istesin. Helâlleşilmediği takdirde o zalim kişinin salih ameli varsa, ondan zulmü miktarı alınır da mazluma verilir. Eğer zalimin sevabı bulunmazsa, bu defa mazlumun günahlarından alınıp zalimin üzerine yükletilir"*[32].

5. Tevbenin vakti:

إِنَّمَا التَّوْبَةُ عَلَى اللّٰهِ لِلَّذِينَ يَعْمَلُونَ السُّوءَ بِجَهَالَةٍ ثُمَّ يَتُوبُونَ مِنْ
قَرِيبٍ فَاُولٰئِكَ يَتُوبُ اللّٰهُ عَلَيْهِمْ . وَكَانَ اللّٰهُ عَلِيمًا حَكِيمًا • وَلَيْسَتِ التَّوْبَةُ
لِلَّذِينَ يَعْمَلُونَ السَّيِّئَاتِ . حَتّٰى اِذَا حَضَرَ اَحَدَهُمُ الْمَوْتُ قَالَ اِنّ۪ي تُبْتُ
الْاٰنَ وَلَا الَّذِينَ يَمُوتُونَ وَهُمْ كُفَّارٌ . اُولٰئِكَ اَعْتَدْنَا لَهُمْ عَذَابًا اَل۪يمًا •

"Allah'a göre, şu kimselerin tevbesi makbuldür ki, cahillikle bir kötülük yapıp hemen ardından dönerler. İşte Allah, onların tevbesini kabul eder. Allah bilendir, hüküm ve hikmet sahibidir. Yoksa kötülükler yapıp yapıp da, nihayet ölüm kendilerine gelip çatınca: 'Ben şimdi tevbe ettim'

---

31 Buhârî, *Deavât,* 4; Müslim, *Tevbe,* 2-8.

32 Buhârî, *Mezâlim,* 10.

diyenlere ve kâfir olarak ölenlere tevbe yoktur. (Böylelerinin tevbesi makbul değildir). Onlar için acı bir azap hazırlamışızdır"[33].

إِنَّ اللّٰهَ لَا يَغْفِرُ اَنْ يُشْرَكَ بِهِ وَيَغْفِرُ مَا دُونَ ذٰلِكَ لِمَنْ يَشَاءُ .

"Allah, kendisine ortak koşulmasını bağışlamaz; bundan başkasını dilediğine bağışlar"[34].

قَالَ رَسُولُ اللّٰهِ صَلَّى اللّٰهُ عَلَيْهِ وَسَلَّمَ: إِنَّ اللّٰهَ تَعَالَى يَبْسُطُ يَدَهُ بِاللَّيْلِ لِيَتُوبَ مُسِيءُ النَّهَارِ ، وَيَبْسُطُ يَدَهُ بِالنَّهَارِ لِيَتُوبَ مُسِيءُ اللَّيْلِ حَتَّى تَطْلُعَ الشَّمْسُ مِنْ مَغْرِبِهَا .

"Gündüz günah işleyenlerin tevbe etmesi için, Yüce Allah, geceleyin elini açar (tevbeleri kabul eder). Gece günahkâr olanların tevbelerini kabul etmek için de, gündüz elini açar. Bu hâl, güneş, battığı yerden doğuncaya (Kıyâmete) kadar devam eder"[35].

6. Tevbe örnekleri:

Âyet ve hadislerde geçen tevbe ve istiğfar cümleleri zikredilebilir; ayrıca Tevbe 9/117–118. âyetlerinde bahsedilen olay anlatılabilir.

Peygamberimizin, "seyyidü'l-istiğfâr / en üstün istiğfar" olarak değerlendirdiği bir dua şöyledir:

اَللّٰهُمَّ اَنْتَ رَبِّى . لَااِلٰهَ اِلاَّ اَنْتَ . خَلَقْتَنِى . وَاَنَا عَبْدُكَ وَاَنَا عَلٰى عَهْدِكَ وَوَعْدِكَ مَااسْتَطَعْتُ . اَعُوذُ بِكَ مِنْ شَرِّ مَا صَنَعْتُ . اَبُوءُ لَكَ بِنِعْمَتِكَ عَلَىَّ وَاَبُوءُ بِذَنْبِى . فَاغْفِرْلِى فَاِنَّهُ لَايَغْفِرُ الذُّنُوبَ اِلاَّ اَنْتَ .

---

33 Nisâ 4/17-18.

34 Nisâ 4/48.

35 Müslim, *Tevbe*, 31.

Mânâsı: *Allah'ım! Sen benim Rabbimsin. Senden başka ilah yoktur. Beni sen yarattın. Ben senin kulunum ve ben gücüm yettiği kadar, ezelde sana verdiğim kulluk ve bağlılık sözüne bağlıyım. Allah'ım! İşlediğim kusurların şerrinden sana sığınırım. Bana ihsan ettiğin nimetlerini ikrar ve itiraf ederim. Günahımı da itiraf ederim. Beni affet yâ Rabbî! Çünkü senden başka günahları kimse affedemez*[36].

7. Konunun özetlenmesi

8. Kaynaklar (İleride lâzım olabileceği için istifade edilen kaynaklar yazılır).

---

[36] Buhârî, *Deavât,* 2, 6; *Tecrîd-i Sarîh Tercemesi,* XII, 332. İlgili hadiste, bu istiğfarı gönülden söyleyen kimsenin cennet ehlinden olacağı müjdelenmiştir.

H. Vaaz Örneği

PEYGAMBERİMİZİN AHLÂKI[37]

Plân:

a) Ahlâk kavramı ve ahlâkın kaynağı

b) Peygamberimiz ve ahlâk

c) Peygamberimizin ahlâkından örnekler:

1. Peygamberimizin büyüklüğü ve ona duyulan sevgi,
2. Îman ve ibâdet,
3. Ahlâkın temel unsuru iffet ve hayâ,
4. Peygamberimizin doğru ve güvenilir olması,
5. Azimli ve sabırlı olması,
6. Şefkat ve merhameti,
7. Kolaylığı tercih etmesi,
8. Güler yüzlü, güzel sözlü olması,
9. Tevazuu ve sade yaşayışı,
10. Giyim kuşamı ve yiyip içmesi,
11. Peygamberimizin ailesine karşı davranışı.

d) Kaynaklar

---

37 Bu metin *Örneklerle Peygamberimiz* isimli eserimizin muhtelif sayfalarından derlenmiştir.

قَالَ اللّٰهُ تَعَالَى: لَقَدْ كَانَ لَكُمْ فِى رَسُولِ اللّٰهِ اُسْوَةٌ حَسَنَةٌ لِمَنْ كَانَ يَرْجُوا اللّٰهَ وَالْيَوْمَ الْاٰخِرَ وَذَكَرَ اللّٰهَ كَثِيرًا •

a) Ahlâk Kavramı ve Ahlâkın Kaynağı

Aziz müminler!

"Ahlâk" seciye, tabiat, huy gibi mânâlara gelir. İnsan ruhunda iyice yerleşerek meleke ve karakter halini alan yetenekler bütünüdür. İyi ve kötü huyların ve davranışların hepsini içerir. Dolayısıyla, kendisinde iyi meleke ve kabiliyetler geliştirmiş insan "iyi ahlâklı"; kötülük yapmaya yöneltici meleke ve yetenekler geliştiren insan ise "kötü ahlâklı"dır.

Bununla birlikte iyi huylu, iyi davranışlı insan için "ahlâklı", böyle olmayan kimse için de "ahlâksız" deyimi halk arasında kullanılır olmuştur[38].

Yüce Allah, insanı en güzel bir biçimde yaratmış[39], ona kendi ruhundan üflemiştir[40]. Yine Kur'ân'ın ifadesine göre *"Allah, insan nefsine fücûrunu da takvâsını da ilham etmiş"*[41]; yani ona iyilik ve kötülüğün kaynakları olan yetenekleri birlikte vermiştir. Dolayısıyla *"nefsini temiz tutan kurtuluşa ermiş, onu kirleten de hüsrana uğramıştır"*[42].

İslâm ahlâkının kaynağı Kur'ân ve onun ışığında oluşan sünnettir. Bir kimse, Hz. Âişe'den ondan Peygamberimizin ahlâkı hakkında bilgi vermesini isteyince: Sen Kur'ân okumaz mısın? diye sormuş, evet, cevabı alınca da: Peygamber (sav)'in ahlâkı Kur'ân idi, demiştir[43].

---

[38] Mustafa Çağrıcı, "Ahlâk", *İslâm'da İnanç İbâdet ve Günlük Yaşayış Ansiklopedisi*, I, 63-64; Komisyon, *Hadislerle Ahlâkî Davranışlar*, s. 18.

[39] Tîn 95/4.

[40] Hıcr 15/29.

[41] Şems 91/8.

[42] Şems 91/9-10; Mustafa Çağrıcı, "Ahlâk", *DİA*, II, 2.

[43] Müslim, *Salâtü'l-Müsâfirîn*, 139.

Demek ki Kur'ân ahlâkı, Peygamberimizin sahip olduğu ahlâktır; onun, yaşadığı hayatın bütünüdür.

b) Peygamberimiz ve Ahlâk

Muhterem müslümanlar!

"Ben, güzel ahlâkı tamamlamak için gönderildim"[44] buyuran Peygamberimiz, başka bir hadisinde ise: *"Müminlerin îman bakımından en mükemmel olanı, ahlâkı en güzel olanlarıdır"*[45] buyurmuştur.

Bu hadiste îman ile ahlâkın birbirleriyle olan yakın ilgisi görülmekte; mükemmel bir ahlâka sahip olmayan kimsenin, îman açısından olgunluğa ermesinin söz konusu olamayacağı anlaşılmaktadır[46].

Peygamberimizin ahlâkla ilgili sözlerinden bazıları şöyledir:

"Sizin en hayırlınız, ahlâkı en güzel olanınızdır"[47].

"İyilik, ahlâk güzelliğidir; günah ise, insanların bilmesini istemediğin, vicdanını rahatsız eden şeydir"[48].

"Bana en sevimli olanınız, ahlâkı en güzel olanınızdır"[49].

Bu vaazımızda onun güzel ahlâkından örnekler sunmaya çalışacağız.

c) Peygamberimizin Ahlâkından Örnekler

1. Peygamberimizin büyüklüğü ve ona duyulan sevgi:

Değerli kardeşlerim!

---

44 Mâlik b. Enes, *el-Muvatta',* Hüsnü'l-Hulk, 8; Ahmed b. Hanbel, *el-Müsned,* II, 381.

45 Ebû Dâvud, *Sünnet,* 14; İbn Hanbel, II, 381.

46 Yaşar Kandemir, *Örneklerle İslâm Ahlâkı,* s. 39.

47 Buhârî, *Edeb,* 38-39; Ebû Dâvud, *Sünnet,* 14; Tirmizî, *Îmân,* 6.

48 Müslim, *Birr,* 14-15.

49 Buhârî, *Fedâilü's-Sahâbe,* 27; Tirmizî, *Birr,* 71.

Tarihte büyük devlet adamları, büyük ıslahatçılar, büyük komutanlar ve büyük âlimler vardır. Fakat çoğunun değeri, kendi alanındadır. Bütün bu değişik yönlerin tamamının, Peygamberimiz Hz. Muhammed (sav)'de olduğu gibi, bir şahısta toplanmış olması çok enderdir[50]. Çevremizde de, "iyi" olarak tanıdığımız insanları düşünürsek, mutlaka bir yönlerinin ağır bastığını görürüz: Kimini ahlâkıyla takdir ederiz, kimini ilmiyle, kimini sanatıyla, kimini çalışkanlığıyla, kimini de cömertliği ve hayırseverliğiyle beğeniriz. Ama bütün bunların yanında, takdir ettiğimiz bu insanların, bazı zaaflarının, hatalı yönlerinin olduğunu da görürüz. Peygamber efendimizin hayatı ise, her türlü olumsuzluktan arınmış, bütün yönleriyle örnek alınabilecek bir hayattır. "Keşke bunu söylemeseydi, keşke şunu yapmamış olsaydı" diyebileceğimiz hiçbir şey yoktur onun hayatında.

Peygamber efendimiz, Allah'ın seçtiği bir rehber olarak; hem sözleriyle, hem de yaşayışıyla, müslümanlara seçkin bir örnek olmuştur: İnsanlardan bir şey isteyince, önce kendisi, kat kat fazlasını yapmıştır. Herkesten fazla namaz kılmış, herkesten fazla oruç tutmuş ve herkesten fazla sadaka vermiştir. Yasakladığı şeylerden de daima uzak durmuş, hiçbir günaha bulaşmamıştır.

Ashaptan Berâ b. Âzib'in de ifade ettiği gibi[51] Peygamberimiz, fizikî yapısıyla olduğu kadar, ahlâkî - mânevî yapısıyla da insanların en güzeliydi. Onu yakından tanımış pek çok sahâbî, onun, ahlâkın en güzeline sahip olduğuna şehâdet ediyorlar. Bu özelliği sebebiyledir ki, ona inananlar, canlarından aziz bildikleri bu yüce insan için, her türlü fedakârlığa seve seve katlanabilmişlerdir. Birçok müslüman, "Anam, babam, her şeyim sana feda olsun" diyerek, sevginin ve bağlılığın en güzel örneklerini vermiştir.

Uhud savaşının en şiddetli anlarında, Talha b. Ubeydullah ve Sa'd b. Ebî Vakkâs, vücutlarıyla, Rasûlüllaha kalkan olmaya çalışıyorlardı.

---

50 Muhammed Hamidullah, *İslâm Peygamberi,* I, 14-15.

51 Buhârî, *Menâkıb,* 23; Müslim, *Fedâil,* 113.

Aynı şekilde, Ebû Talha diye bilinen Zeyd b. Sehl de: "Göğsüm, senin göğsünün önünde siperdir", diyerek, düşman oklarının, Peygamberimize isabet etmesine engel oluyordu[52].

Kur'ân-ı Kerîm'de, adı açıkça anılan tek sahâbî olan[53] Zeyd b. Hârise, küçük yaşlarda esir düşüp, köle olarak Hz. Hatice'ye satılmıştı. Hz. Hatice, Peygamberimizle evlendikten sonra, Zeyd'i onun hizmetine vermişti. Babası Hârise ise, oğlunu uzun süre aradıktan sonra, Peygamberimizin yanında olduğunu öğrenmiş ve gelip çocuğunu geri istemişti. Peygamberimiz Zeyd'i âzad edip serbest bırakarak, babasıyla gitmesine izin verdi. Fakat Zeyd, babasıyla gitmeyi kabul etmedi ve : "Benim babam da anam da sensin" diyerek Rasûlüllahtan ayrılmadı[54] .

Aziz müminler!

Peygamber efendimizin büyüklüğünü, sevenleri bir yana, tarafsızlığını koruyabilmiş birçok gayri müslim devlet adamı, bilgin ve düşünür dahî takdîr etmiş ve ona olan hayranlıklarını ifade etmekten kendilerini alamamışlardır[55].

Bir âlimimizin de dediği gibi, "herkesin herkesle savaş halinde olduğu bir ülkede, hiçten başlayarak, kısa bir zaman içinde, üç milyon kilometre karelik bir devlet kuran"[56] Peygamberimizin bu başarısında, Allah'ın yardımıyla, kusursuz hayatının ve seçkin kişiliğinin büyük rolü olmuştur. Nitekim Yüce Allah, Peygamberimize hitaben: وَاِنَّكَ لَعَلٰى خُلُقٍ عَظٖيمٍ *Muhakkak ki sen, pek yüce bir ahlâk üzeresin*[57]

---

52 *Tecrîd-i Sarîh Tercemesi*, IX, 268; X, 24-25.

53 Bkz: Ahzâb 33/37.

54 İbn Hacer Askalânî, *el-İsâbe*, I, 563.

55 Bu konuda bkz: Abdurrahman Çetin, *Örneklerle Peygamberimiz*, s. 30 vd; ayrıca bkz: Ömer Rıza Doğrul, *Kur'ân Nedir?* s. 97 vd; Osman Keskioğlu, *Son İlâhî Kitab Kur'ân-ı Kerîm*, s. 120 vd; Vehbi Vakkasoğlu, "Batı Düşünürlerindeki Arayış", *Altınoluk Mecmuası*, C. I, sayı: 9, s. 42, Kasım 1986.

56 Muhammed Hamidullah, *İslâm Peygamberi*, I, 15.

57 Kalem 68/4.

buyurarak, bu hususa dikkatimizi çekmekte ve onu, müslümanlara numûne ve rehber kılarak (vaazımızın başında okuduğumuz âyette) şöyle buyurmaktadır: *"And olsun ki, sizin için, Allah'ı ve âhiret gününü arzu eden ve Allah'ı çok anan kimseler için, Allah'ın Elçisi en güzel örnektir"*[58].

2. *İman ve ibâdet:*

Değerli müminler!

Peygamber efendimiz, her şeyden önce tevhîd akîdesine yani bir Allah inancına önem verdi ve sadece Allah'a ibâdet edilmesini istedi. Ayrıca, insanların öldükten sonra diriltilecekleri ve dünyada iken yaptıklarının hesabını verecekleri, sonsuz bir âhiret hayatının var olduğunu bildirdi.

Bundan sonra o, ibâdetler üzerinde titizlikle durdu ve bizzat kendi yaşayışıyla bunun en güzel örneklerini verdi. En zor şartlarda dahî ibâdetlerini bırakmadı. O, günde beş vakit namazın dışında, gece gündüz daha pek çok namaz kıldı. Ramazan orucuyla birlikte, senenin değişik günlerinde daha pek çok oruç tuttu. Hayatı boyunca herkesin yardımına koştu, eline geçeni muhtaçlara dağıttı. Sahâbeden Câbir'in ifadesine göre "Peygamberimizden bir şey istenip de "yok" dediği asla vaki değildir; yani kimseyi boş çevirmemiştir"[59]. Enes bin Mâlik de aynı şehâdette bulunuyor[60].

Müslümanlara da hem zekâtı, hem de sadaka vermeyi ısrarla emretti. Bu görevin ihmal edilmesi hâlinde, karşılaşılabilecek durumu da, *Sahîh-i Müslim*'deki şu sözleriyle açıkladı:

---

58 Ahzâb 33/21.

59 Müslim, *Fedâil*, 56.

60 Müslim, *Fedâil*, 57-58.

اِتَّقُوا الظُّلْمَ ، فَاِنَّ الظُّلْمَ ظُلُمَاتٌ يَوْمَ الْقِيَامَةِ . وَاتَّقُوا الشُّحَّ ، فَاِنَّ الشُّحَّ اَهْلَكَ مَنْ كَانَ قَبْلَكُمْ ، حَمَلَهُمْ عَلَى اَنْ سَفَكُوا دِمَاءَهُمْ وَاسْتَحَلُّوا مَحَارِمَهُمْ •

"Zulümden sakınınız! Çünkü haksızlık etmek, kıyâmet gününde zulmettir (zulmeden kişinin karanlıklar ve sıkıntılar içinde kalmasına sebep olur). Cimrilikten sakınınız! Çünkü cimrilik, sizden evvel geçenleri helâk etmiş; onları kan dökmeye ve haramı helâl görmeye sevk etmiştir"[61].

Rasûlüllah, hac farz kılınmadan önce birkaç defa umre yapmış, hicretin 10. yılında ise, farz olan haccı îfâ etmiştir[62].

O, bu ibâdetlerinden başka, Kur'ân okuyarak, Allah'ı zikrederek, dua ve niyazda bulunarak, hiç günahı olmadığı halde tevbe ve istiğfar ederek de müslümanlara en güzel örnek olmuştur. O, vaktini üçe böler; bir kısmını Allah'a ibâdete, bir kısmını ailesine, bir kısmını da insanlara ayırırdı. Gecenin bir kısmını uyku ile bir bölümünü de ibâdetle geçirirdi.

3. Ahlâkın temel unsuru:

Muhterem müslümanlar!

İslâm ahlâkının temel unsurlarından birisi iffet ve hayâ duygusudur. "İffet"; doğru ve namuslu olmak, haramdan uzak durmak, helâl olmayan söz ve davranışlardan kaçınmak demektir. "Hayâ" ise; utanmak, çekinmek, tevbe etmek, vazgeçmek anlamına gelir.

Kur'ân-ı Kerîm'de şöyle buyurulmuştur: *"Mümin erkeklere söyle: Gözlerini haramdan sakınsınlar ve iffetlerini korusunlar. Bu onlar için daha arındırıcıdır. Allah, onların bütün yaptıklarından haberdardır"*[63].

---

[61] Müslim, *Birr,* 56.

[62] Bkz: Tâhiru'l-Mevlevî, *Müslümanlıkta İbadet Tarihi,* s. 184, 207.

[63] Nûr 24/30.

"Mümin kadınlara da söyle: Gözlerini haramdan sakınsınlar ve iffetlerini korusunlar"[64].

Peygamberimiz de: *"Hayâ îmandandır"*[65], buyurmuştur.

Ebû Saîd el-Hudrî'nin bildirdiğine göre Peygamberimiz, hayâ yönünden, evinde edebiyle oturan genç bir kızdan daha çok utangaçtı[66].

Hayâ duygusunu kaybetmek, insan için büyük bir kusur ve tehlikedir. Peygamberimiz: *"Yüce Allah bir kulu helâk etmek isterse, önce ondan hayâyı çekip alır"*[67] buyurmuştur[68].

Günahın gizlisi de açığı da kötüdür ve cezası vardır. Ancak günahı açıktan işlemek veya gizli yapılmış bir günahı başkalarına söyleyip anlatmak; kötülüğü yaymak, öğretmek ve teşvik etmek demektir ki bu ikinci bir günahtır ve birinci günahtan daha ağır bir suçtur[69]. Bir âyette şöyle buyurulmuştur:

اِنَّ الَّذٖينَ يُحِبُّونَ اَنْ تَشٖيعَ الْفَاحِشَةُ فِي الَّذٖينَ اٰمَنُوا لَهُمْ عَذَابٌ اَلٖيمٌ فِي الدُّنْيَا وَالْاٰخِرَةِ وَاللّٰهُ يَعْلَمُ وَاَنْتُمْ لَا تَعْلَمُونَ .

"Müminler arasında ahlâksızlığın yaygınlaşmasını isteyenlere dünyada ve âhirette can yakıcı bir ceza vardır. Allah bilir, siz bilmezsiniz"[70].

Peygamberimizin konuyla ilgili bir hadisi ise şöyledir: *"Ümmetimin hepsi Allah tarafından affedilmiştir, yalnız açık açık günah işleyenler bunun dışındadır, onlar affedilmemişlerdir. Günahı açıktan işlemenin örneği şudur: Kul, geceleyin bir günah işler. Sonra Rabbi, o günahı insanların*

---

64 Nûr 24/31.

65 Buhârî, *Îmân,* 16; Müslim, *Îmân,* 57.

66 Buhârî, *Edeb, 72, 77; Menâkıb,* 23; Müslim, *Fedâil,* 67.

67 İbn Mâce, *Fiten,* 27.

68 Mustafa Çağrıcı, "Haya", *İslâm'da İnanç İbâdet ve Günlük Yaşayış Ansiklopedisi,* II, 204.

69 Sofuoğlu, *Sahîh-i Müslim ve Tercemesi,* VIII, 543.

70 Nûr 24/19.

gözünden örtmüş olduğu halde sabaha ulaşır. Sabahleyin o kul, 'Ben dün gece şöyle şöyle işler yaptım' diye birisine anlatır"[71].

"Her dinin bir ahlâkı vardır; İslâm'ın ahlâkı da hayâdır"[72] buyuran Peygamberimiz, bütün dinlerin ortak değeri olan ahlâkın temelini oluşturan ve kötülük yapmayı önleyen hayânın önemine dikkat çekerek şöyle buyurmuştur: *"Vaktiyle gelip geçen bütün peygamberlerin ittifak ettiği ve insanlığın eriştiği yüksek bir düstur: 'Utanmazsan dilediğini yap!' sözüdür"*[73].

4. Peygamberimizin doğru ve güvenilir olması:

Değerli kardeşlerim!

İslâm ahlâkında doğru ve dürüst olmak, insan şerefinin vazgeçilmez şartlarından birisidir.

Kur'ân-ı Kerîm'in çeşitli âyetlerinde de bu konuya dikkat çekilerek şöyle buyurulmuştur:

"Emrolunduğun gibi dosdoğru ol!"[74],

"Ey îman edenler! Allah'tan korkun ve doğrularla beraber olun"[75].

Birisi Peygamberimize gelerek:

— Ey Allah'ın Elçisi! İslâm hakkında bana bir söz söyle ki, artık senden başka birisine sormama ihtiyaç kalmasın, dedi. Bunun üzerine Peygamberimiz:

— Allah'a inandım de, sonra dosdoğru ol! buyurdu[76].

---

71 Müslim, *Zühd,* 52.
72 İbn Mâce, *Zühd,* 17.
73 Buhârî, *Enbiyâ,* 54.
74 Hûd 11/112.
75 Tevbe 9/119.
76 Müslim, *Îmân,* 13.

Doğruluk, peygamberlik sıfatlarından birisidir. Peygamberimiz, bütün hayatı boyunca doğruluktan ayrılmamış, dost düşman herkesin güvenini kazanmıştı. Nitekim daha peygamber olmadan önce halk ona "Muhammedü'l-Emîn / güvenilir Muhammed" diyordu. Her konuda ona tam bir güvenleri vardı. Değerli bir şeyi emanet bırakacakları zaman getirip Peygamberimize bırakırlardı.

Peygamberimiz, İslâmiyet'i tebliğ etmeye başladığı günlerden birisinde, Safâ tepesine çıkarak, insanların orada toplanmasını istemişti. Kadın erkek herkes toplandıktan sonra onlara:

— Ey Kureyşliler! Size şu dağın arkasında düşman atlıları var, üzerinize baskın yapacak, desem bana inanır mısınız? diye sormuş; onlar da:

— Elbette inanırız; çünkü şimdiye kadar senin yalan söylediğini hiç duymadık, diye cevap vermişlerdi[77].

Peygamber efendimiz, kendisi doğru söz ve davranışlarda bulunduğu gibi, müslümanlara da böyle davranmayı emrederdi. Bir hadisinde şöyle buyurmuştur: *"Doğruluk iyiliğe, iyilik de cennete götürür. Kişi doğru söyleye söyleye Allah katında doğru kimseler derecesine yükselir. Yalan ise kötülüğe, kötülük de cehenneme götürür. İnsan yalancılık yapa yapa Allah katında yalancı diye yazılır"*[78].

Müslüman, hem Allah'a verdiği sözü ve O'na olan yükümlülüklerini hem de insanlara verdiği sözü yerine getirmekle mükelleftir.

Yüce Allah: *"Verdiğiniz sözü yerine getirin; çünkü verilen söz, sorumluluğu gerektirir"*[79], buyurmuştur.

Peygamberimiz, sözünde durmayan bir kimsenin bu davranışını münâfıklık alâmeti olarak değerlendirmiştir:

---

77 Buhârî, *Tefsîru'l-Kur'ân,* Sûretü Tebbet, 1-3; Müslim, *Îmân,* 355.

78 Buhârî, *Edeb,* 69; Müslim, *Birr,* 103-105.

79 İsrâ 17/34.

آيَةُ الْمُنَافِقِ ثَلَاثٌ : اِذَا حَدَّثَ كَذَبَ وَاِذَا وَعَدَ أَخْلَفَ وَاِذَا اؤْتُمِنَ خَانَ .

"Münafığın alâmeti üçtür: Konuşunca yalan söyler, söz verince sözünde durmaz, kendisine bir şey emanet edilince ona hıyanet eder"[80].

Rasûlüllah, düşmanlara bile dürüst davranır, verdiği sözde dururdu: Sahâbeden Huzeyfe bin Yemân, babasıyla birlikte Bedir savaşından önce müslüman olmuştu. Bu savaşta Peygamberimizin yanında yer almak üzere baba oğul yola çıktılar. Fakat yolda müşriklere yakalandılar. Ancak savaşa katılmayacaklarına dair söz vermeleri üzerine serbest bırakıldılar. Peygamberimize gelip durumu anlattılar. Bunun üzerine Peygamberimiz, askere ihtiyacı olduğu halde, sözlerinde durarak savaşa katılmamalarını söyledi[81].

5. Azimli ve sabırlı olması:

Muhterem müminler!

Peygamberimiz yaşadığı süre içinde birçok sıkıntı ve zorluklarla karşılaştı. Fakat o, hiçbir zaman yılmadı; hak davasından vazgeçmedi. Davasından vazgeçmesini isteyenlere şu cevabı vermişti:

— Ben, Allah tarafından gönderildim; kendiliğimden bir şey söylemiyorum. Allah'a yemin ederim ki bu görevimden dönmem için, güneşi sağ elime, ayı da sol elime koysalar, yine de vazgeçmem. Allah, ya onu galip kılar yahut da ben bu yolda yok olur giderim![82].

O, İslâmiyet'i tebliğ görevine başlayınca, müşrikler, önce onu pek umursamadılar, alay etmekle yetindiler. Fakat zamanla işin ciddî olduğunu anlayınca, hakarete, daha sonra da eza ve cefaya, işkenceye başladılar. Peygamberimizin geçeceği yollara dikenler döküyorlardı.

---

80 Buhârî, *Îmân*, 24; Müslim, *Îmân*, 107-108.

81 Selman Başaran, "Huzeyfe b. Yemân", *DİA*, XVIII, 434.

82 İbn İshâk, s. 210-211; İbn Hişâm, I, 352.

Üzerine pis şeyler atıyorlar, kapısına kan sürüyorlar, evini taşlıyorlardı. Bir defasında bir müşrik, Rasûlüllah namaz kılarken, üzerine atılıp onu boğmak istemişti[83].

Diğer müslümanlara da, zalimce işkenceler ettiler. Ammâr'ın babası Yâsir ve annesi Sümeyye şehid oldu. Bunlarla yetinmeyip, müslümanlara boykot ilân ederek, ekonomik ve sosyal bütün ilişkilerini kestiler. Açlıktan hastalananlar ve ölenler oldu.

Daha sonra Peygamberimiz, en yakın koruyucusu olan amcası Ebû Tâlib'i; birkaç gün sonra da, bütün varlığıyla, sevgi ve saygısıyla kendisine destek olan, sevinç ve üzüntülerini içtenlikle paylaşan sevgili eşi Hz. Hatice'yi kaybetti. Onun himayesiz kaldığını düşünen müşrikler, baskılarını iyice artırdılar.

Rasûlüllah (sav) bu üzüntü ve sıkıntılardan bunalınca, Mekke'den Tâif'e gitmeyi, oradaki insanları irşad etmeyi düşündü. Zeyd b. Hârise ile yola çıktılar. Peygamberimiz, birkaç gün orada kalarak, İslâm'ı anlatmaya çalıştı; ancak alay ve hakaretle karşılandı. Bir an önce Tâif'i terk etmesini söylediler. Bununla da yetinmeyip, yolun iki tarafına bir takım insanları sıralayarak, onları taşlattılar. İkisi de yaralı olarak, yol kenarındaki bir bağa sığındılar. Orada, Peygamberimizle konuştuktan sonra müslümanlığı kabul eden Addâs isimli bir köle, onlarla ilgilendi. Peygamberimiz hayatının en zor günlerini yaşıyordu.

Üzüntü ve ızdırab içinde Mekke'ye yöneldiler. Olayın bundan sonraki bölümü, *Sahîh-i Buhârî*'de, Peygamberimizin ağzından şöyle anlatılıyor:

— Başımı kaldırıp baktığımda, bir bulutun beni gölgelendir-mekte olduğunu ve içinde de Cebrâil'in bulunduğunu gördüm. Cebrâil bana seslenerek:

---

83 Buhârî, *Menâkıb*, 29.

— Yüce Allah, kavminin senin hakkındaki sözlerini işitmiştir. Seni korumaya yanaşmadıklarını da bilmiştir. Ve sana, şu dağlar meleğini göndermiştir. Kavmin hakkında ne dilersen, ona emredebilirsin, dedi. Bunun üzerine dağlar meleği bana seslenip selâm verdi ve sonra:

— Ey Muhammed! Cibrîl'in dediği doğrudur, emrine hazırım. Eğer şu iki yalçın dağın, onların üzerine çökerek, birbirine kavuşup onları ezmesini istersen, emret, dedi."

(Hûd sûresinde bildirildiğine göre Yüce Allah, inkârda direnen Nûh kavmini bir tufanla; zenginliğiyle övünüp inanmayı reddeden Âd kavmini yıldırımla; Semûd toplumunu bir çığlıkla; homoseksüel bir toplum olan Lût kavmine taş yağdırarak; hilekârlıklarıyla ünlü Medyenlileri korkunç bir sesle; firavun ve yandaşlarını da suda boğarak cezalandırmıştı[84]. Şimdi de Yüce Allah, bir meleğini Peygamberinin emrine vermişti. Ama Rasûlüllahın cevabı şöyle oldu:)

— Hayır, ben bunu istemem. Ben, Allah'ın, onların soyundan, O'na hiçbir şeyi ortak kılmayan, yalnız Allah'a ibâdet eden bir nesil çıkarmasını diliyorum[85].

6. Şefkat ve merhameti:

En azılı düşmanlara bile bu kadar sabırlı ve bağışlayıcı olan Peygamberimiz, inananlara karşı elbette daha şefkatli ve merhametliydi. Yanlış davranışları gördüğünde, kimseyi incitmeden hataları düzeltir; çok defa isim vermeden, "Bazıları şöyle yapıyor, şöyle söylüyor" diyerek, gerekli uyarıda bulunurdu.

Kur'ân-ı Kerîm'de, peygamberimizin şefkat ve merhametini açıklayan bir âyette şöyle buyurulmuştur:

---

84 Hûd 11/25-99.

85 Buhârî, *Bed'ü'l-halk,* 7; Kâmil Miras, *Tecrîd-i Sarîh Tercemesi,* IX, 31-33; Şiblî, *Asr-ı Saadet,* I, 184-185.

لَقَدْ جَآءَكُمْ رَسُولٌ مِنْ اَنْفُسِكُمْ عَزِيزٌ عَلَيْهِ مَا عَنِتُّمْ حَرِيصٌ عَلَيْكُمْ بِالْمُؤْمِنِينَ رَؤُفٌ رَحِيمٌ •

"And olsun size kendi içinizden öyle bir Peygamber gelmiştir ki, sizin sıkıntıya uğramanız ona çok ağır gelir. O, size çok düşkün, müminlere karşı çok şefkatlidir, merhametlidir"[86].

Peygamberimiz, ashabıyla birlikte Mescitte bulundukları bir sırada, bedevi (göçebe) birisi içeri girdi ve iki rekât namaz kılıp: "Allah'ım, bana ve Muhammed'e rahmet et, kimseye bizimle beraber rahmet eyleme", diye dua etti. Peygamberimiz: "Pek geniş olan İlâhî rahmete sınır çektin", buyurarak onun bu hatasını düzeltti. Biraz sonra bu şahıs kalkıp, Mescidin bir köşesine giderek küçük abdest bozmaya başlayınca, şaşkına dönen sahâbîler bağrışmaya başladılar. Rasûlüllah, onlara müdâhale ederek: "Bırakın işini bitirsin; sonra orayı su ile temizlersiniz", dedi. Daha sonra bu kimseyi yanına çağırarak, camilerin Allah'ı zikretmek, namaz kılmak, Kur'ân okumak için yapıldığını, kirletilmemesi gerektiğini anlattı[87].

Enes b. Mâlik şöyle anlatıyor: Bir gün Rasûlüllah (sav) ile gidiyorduk. Üzerinde Necran kumaşından yapılmış sert kenarlı bürde vardı. Bu sırada arkasından bir bedevî yetişerek, Peygamberin elbisesini şiddetle çekti. Baktım, bu çekişin şiddetinden cübbenin kenarı, Peygamberimizin boynunda iz bırakmıştı. Sonra bedevî:

— Ey Muhammed! Senin yanında bulunan Allah'ın malından bana vermelerini emret! dedi.

Rasûlüllah onun yüzüne bakıp gülümsedi, sonra kendisine bir şeyler verilmesini emretti[88].

---

86 Tevbe 9/128.

87 Buhârî, *Edeb,* 27, 35; Müslim, *Taharet,* 98-100.

88 Buhârî, *Libâs,* 18; İbn Mâce, *Menâsik,* 30.

7. Kolaylığı tercih etmesi:

Aziz müslümanlar!

Peygamberimiz hayatı boyunca daima kolaylığı tercih etmiş; hiç kimseye, altından kalkamayacağı bir işi yüklememiştir. Onun müslümanlara tavsiyesi de böyle olmuştur:

يَسِّرُوا وَلاَ تُعَسِّرُوا ، وَبَشِّرُوا وَلاَ تُنَفِّرُوا .

"Kolaylaştırınız, zorlaştırmayınız; müjdeleyiniz, nefret ettirme-yiniz"[89].

Yine bir hadislerinde o: *"Şüphesiz din kolaylıktır. Kim bu dini güçleştirirse, din onu mağlup eder"*[90] buyurmuştur.

Hz. Âişe şöyle demiştir: "Rasûlüllah (sav) iki şey arasında muhayyer (seçmekte serbest) bırakıldığı zaman, günah olmadığı müddetçe, en kolay olanını alırdı. Eğer günahı gerektirecek olursa, söz konusu şeyden insanların en uzak bulunanı Rasûlüllah olurdu. Rasûlüllah kendisi için kin tutup öç almamıştır. Ancak Allah'ın hürmetine saygısızlık edilmesi hali müstesnadır; bu durumda o, yapılan hürmetsizlik sebebiyle Allah için gerekeni yapardı"[91].

Hadis kaynaklarında nakledildiğine göre, bir zat, Peygamberimize gelerek, sahâbîlerden birinin, sabah namazının uzun kıldırdığı için cemaate katılamadığını söylemişti. Bu duruma çok kızan Peygamberimiz, müslümanları toplayıp, onlara şöyle buyurdu:

"Ey insanlar! İçinizde, müslümanları dinden soğutanlar var. Sizden biriniz imam olursa, namazı haddinden fazla uzatmasın. Çünkü onların arasında yaşlısı vardır, zayıfı vardır, ihtiyacı olanlar vardır"[92].

Konumuzla ilgili başka bir hadisin anlamı da şöyledir:

---

89 Buhârî, *İlim*, 11; Müslim, *Cihâd*, 5.
90 Buhârî, *Îmân*, 29; Nesâî, *Îmân*, 18.
91 Buhârî, *Menâkıb*, 23; *Edeb*, 80; Müslim, *Fedâil*, 77-78.
92 Buhârî, *Ahkâm*, 13; Müslim, *Salât*, 182.

"Allah'ım! Kim, ümmetimin bir işini üzerine alır da, onlara güçlük çıkarırsa sen de ona güçlük çıkar. Kim de benim ümmetimin bir işini üzerine alır da, onlara yumuşak davranır, iyi muamele ederse, sen de ona yumuşak ve güzel muamele buyur"[93].

8. Güler yüzlü, güzel sözlü olması:

Değerli kardeşlerim!

Yüce Allah tarafından, müslümanlara "en güzel örnek" kılınan Peygamber efendimizin özelliklerinden birisi de, onun güler yüzlü ve tatlı dilli olmasıydı. Abdullah b. Hâris: "Ben, Rasûlüllahtan daha çok gülümseyen bir kişi görmedim", demiştir[94].

Gerçekten, sevgi dolu samimî bir tebessüm, kalpleri fetheden değerli bir armağandır. Bunun içindir ki Peygamber efendimiz: *"Din kardeşini güler yüzle karşılaman da bir iyiliktir"*[95], buyurmuştur.

Aynı şekilde o, güzel söz söylemenin de sevap kazandıran bir iyilik olduğunu bildirmiştir[96].

Kur'ân-ı Kerîm'de ise:

قَوْلٌ مَعْرُوفٌ وَمَغْفِرَةٌ خَيْرٌ مِنْ صَدَقَةٍ يَتْبَعُهَا اَذًى •

Güzel söz söylemek ve affetmek, peşinden eziyet gelen bir sadakadan daha hayırlıdır"[97] buyurulmuştur.

Rasûlüllah, daima yerinde ve yeteri kadar, az, öz ve açık konuşmuştur. Her zaman iyiyi, güzeli ve doğruyu söylemiş; lüzumsuz ve kırıcı konuşmalardan sakınmıştır. Söylediklerini inanarak, samimî olarak söylemiştir. Kelimeleri, herkesin anlayabileceği şekilde tane tane

---

93 Müslim, *İmâre,* 19.

94 Tirmizî'den, Hatîb Tebrîzî, *Mişkâtü'l-Mesâbih,* III, 1260, hd. 5829.

95 Tirmizî, *Birr,* 45.

96 Buhârî, *Edeb,* 34; Müslim, *Zekât,* 56.

97 Bakara 2/263.

telaffuz etmiş; bazen bir cümleyi, iyice anlaşılması için üç defa tekrar ettiği olmuştur. Ayrıca o, yalandan, iftiradan, küfürden, dedikodudan ve boş sözlerden sakınılmasını ısrarla emretmiştir[98].

9. Tevazuu ve sade yaşayışı:

Aziz müminler!

Peygamber efendimiz mütevâzı (alçak gönüllü) idi. Kendini övmekten ve kibirden hoşlanmazdı. Buhârî ve Müslim'in naklettikleri bir hadisinde, kibirli kimselerin cehennemlik olduğunu bildirmişti[99]. O, bir topluluk içine girince, kendisi için ayağa kalkılmasını ve yer açılmasını istemez, boş bulduğu yere otururdu[100].

Huzurunda heyecanlanıp titremeye başlayan bir yabancıya: *"Arkadaş, titreme. Ben bir kral değilim. Ben, Kureyş'ten, kuru ekmek yiyen bir kadının oğluyum"* demişti[101].

Habeşistan kralının gönderdiği bir heyet, Peygamberimiz tarafından kabul edilmişti. Rasûlüllah, Habeşlileri ağırlamış, onların hizmetlerini kendisi yapmıştı. Sahâbîler, bu işleri kendilerine bırakmasını söylemişlerse de, o bunu kabul etmemiş: *"Bunlar, kendi ülkelerinde benim ashabımı ağırladılar; ben de onları burada ağırlamak isterim"*, buyurmuştu[102].

Peygamberimiz, kendisini ziyarete gelenlerin ellerini sıkar, bazen kucaklar, ikram ve iltifatta bulunurdu. Her rastladığına, hatta çocuklara bile selâm verir; müslümanların da daima selâmlaşmalarını

98 Bkz: *Riyâzü's-Sâlihîn ve Tercemesi,* II, 110-111 ve III, 102-134.

99 Buhârî, *Edeb,* 6; Müslim, *Cennet,* 46.

100 Tirmizî, *İsti'zân,* 47.

101 İbn Mâce, *Et'ıme,* 30.

102 Şiblî, *age,* II, 66.

isterdi[103]. Kimsenin ayıbının araştırılmasını istemez, aksine, müslümanların, birbirlerinin ayıbını örtmelerini emrederdi[104].

Peygamber efendimiz, daima sadeliği ve sade yaşayışı severdi. Ev eşyası, elbisesi ve yemekleri sade idi. Gösterişi, lüksü ve israfı sevmezdi.

Sahîh-i Müslim'de kaydedildiğine göre, bir gün Hz. Ömer, Peygamberimizi evinde ziyarete gitmiş ve onun odasında gördüklerini şöyle anlatmıştır: Rasûlüllah (sav), bir hasırın üzerine yatmıştı. Kuru hasır, onun yüzünde izler bırakmıştı. Bir köşede, bir kap içinde, bir ölçek kadar arpa unu vardı. Onun yanında, çivi üzerinde asılı bir su kırbası duruyordu. Hepsi bu. Gözyaşlarımı tutamadım. Allah'ın Elçisi: "Niye ağlıyorsun?", diye sorunca dedim ki: "Ey Allah'ın Rasûlü! Nasıl ağlamayayım? Bizans ve İran hükümdarları dünya nimetleri içinde yüzüyor, Allah'ın Peygamberi ise kuru bir hasır üzerinde yatıyor!" Peygamberimiz: "Ey Ömer! İstemez misin ki, bu dünya onların, âhiret ise bizim olsun", buyurdu[105].

Bu konuşma, İslâmiyet'in bütün Arabistan'a yayıldığı ve müslümanların oldukça refaha kavuştukları, hicrî dokuzuncu yılda olmuştur[106]. Demek ki Peygamberimiz, toplumdaki yoksullardan daha rahat bir hayatı tercih etmemiştir.

Sahîh-i Buhârî ve Sahîh-i Müslim'de, Peygamberimizin: *"Allah'ım! Muhammed ailesine, ancak yetecek kadar rızık ihsan et"* diye dua ettiği[107]; onun, vefatına kadar, ailesi de dâhil olmak üzere, iki gün peş peşe arpa ekmeğiyle bile karnını doyurmadıkları bildirilmektedir[108].

---

103 İlgili hadisler için bkz: *Riyâzü's-Sâlihîn ve Tercemesi,* II, 225-236.

104 Müslim, *Zikr,* 38; Tirmizî, *Hudûd,* 3; İbn Mâce, *Mukaddime,* 17.

105 Müslim, *Talâk,* 30.

106 Şiblî, *age,* I, 361, 365.

107 Buhârî, *Rikâk,* 17; Müslim, *Zühd,* 18-19.

108 Buhârî, *Et'ıme,* 23, 27; Müslim, *Zühd,* 20-25.

Ancak, burada şunu da hatırlayalım ki, Peygamberimiz, daima çalışmayı ve helâlinden kazanmayı emretmiş; miskinliği, pejmürde bir yaşayışı, dilenciliği ve tembelliği yasaklamıştır. Öyle ki, meşru her türlü çalışmayı, ailesinin nafakası için çaba göstermeyi ibâdet olarak değerlendirmiştir. Bununla beraber, eldeki imkânları saçıp savurmak yahut cimrilik edip sadece kendini düşünmek yerine; kimsesizlere ve muhtaçlara yardımcı olunmasını buyurmuş ve bunun toplum huzuru için gerekli olduğunu bildirmiştir.

10. Giyim kuşamı ve yiyip içmesi:

Muhterem müslümanlar!

Peygamberimiz sade ve düzgün giyinir, dağınıklıktan hoşlanmazdı.

Temizliğe çok dikkat ederdi. Konunun önemini belirtmek için:

اَلطُّهُورُ شَطْرُ الْاِيمَانِ *Temizlik, îmanın yarısıdır*[109] buyurmuştur.

Peygamberimiz, emrettiği hususları önce kendisi yerine getirmiş, maddî ve mânevî temizliğiyle insanlara en güzel örnek olmuştur.

Enes bin Mâlik şöyle demiştir: "Ben Rasûlüllahın elinden daha yumuşak bir ipeğe el sürmedim. Yine ben ömrümde Peygamberin kokusundan daha hoş, daha temiz bir koku koklamadım"[110].

Peygamberimiz yeni bir elbise giyince Allah'a hamd eder, hayırlı olmasını niyaz ederdi[111]. Güzel kokular sürünürdü. Kötü kokularla toplum içine ve câmiye girilmesini istemezdi[112]. Çiğ soğan, sarımsak, pırasa vb. yiyen kimselerin câmiye gelmemelerini isterdi[113].

---

109 Müslim, *Tahâret,* 1; Tirmizî, *Deavât,* 86.

110 Buhârî, *Menâkıb,* 23.

111 Tirmizî, *Şemâil,* s. 71.

112 Bu konudaki bazı hadisleri görmek için bkz: *Riyâzü's-Sâlihîn ve Tercemesi,* III, 239-241.

113 Buhârî, *Ezân,* 160; Müslim, *Mesâcid,* 68-76.

Peygamberimizin yemekleri de sade idi. Her işe Besmele ile başlayan Peygamberimiz, yiyip içmeye de Besmele ile başlar, sonunda da Allah'a şükrederdi. Bir hâdislerinde şöyle buyurmuştur: *"Yemeğe başlarken Besmele çek, sağ elinle ve önünden ye"*[114]. Ayrıca o, az yemeyi[115], suyun da, dinlene dinlene ve üç defada içilmesini tavsiye etmiştir[116].

Bu çerçevede onun ısrarla üzerinde durduğu bir husus da, daima helâl şeylerin yiyilip içilmesi ve haramlardan uzak durulmasıdır[117].

11. Peygamberimizin ailesine karşı davranışı:

Değerli kardeşlerim!

Peygamber efendimiz, evinde de mükemmel bir aile reisiydi. O, hiç kimseyi dövmemiş, azarlamamıştır. Gerektiğinde onlarla şakalaşmıştır. Ve hatta eşi Hz. Âişe ile koşu yarışması yaptığı bile nakledilmiştir[118].

Hz. Âişe'ye, Peygamberimizin evinde ne yaptığı sorulunca, "Ev halkına işlerinde yardım ederdi. Elbisesinin söküğünü diker veya yamar, ayakkabısını tamir ederdi. Ezanı işitince de namaza çıkardı" demiştir[119].

Peygamberimize yıllarca hizmet eden Enes b. Mâlik de: "Ben, Rasûlüllah kadar, çoluk çocuğuna şefkatli ve anlayışlı bir kimse görmedim"[120], "Ona on yıl hizmet ettim. Bu süre içinde, beni bir defa bile azarlamadı"[121], demiştir.

---

114 Buhârî, *Et'ıme,* 2; Müslim, *Eşribe,* 108.
115 İbn Mâce, *Et'ıme,* 50.
116 Müslim, *Eşribe,* 122- 123.
117 Bkz: *Riyâzü's-Sâlihîn ve Tercemesi,* II, 584-590; III, 160-162 ve 303-305.
118 Şiblî, *age,* III, 296.
119 Buhârî, *Nafakât,* 8.
120 Müslim, *Fedâil,* 62.
121 *Tecrîd-i Sarîh Tercemesi,* XXII, 137.

Hâsılı o, yiyip içmesinde, yatıp kalkmasında, konuşmasında, ibâdetinde, çevresindekilere karşı davranışlarında en iyiyi, en güzeli uygulayıp buyuran, Yüce Allah'ın terbiye ettiği, en seçkin, en güzel, en üstün insandı.

Bize düşen görev; Yüce Allah tarafından, bize en güzel model olarak gösterilen Peygamberimizin hayatını ve hadislerini okuyup öğrenmek ve onun güzel ahlâkıyla ahlâklanmaktır. Bu konuda Yüce Allah şöyle buyurmuştur:

قُلْ اِنْ كُنْتُمْ تُحِبُّونَ اللّٰهَ فَاتَّبِعُونِي يُحْبِبْكُمُ اللّٰهُ وَيَغْفِرْ لَكُمْ ذُنُوبَكُمْ . وَاللّٰهُ غَفُورٌ رَحِيمٌ .

"(Ey Muhammed) De ki: Eğer Allah'ı seviyorsanız, bana uyun ki, Allah da sizi sevsin ve günahlarınızı bağışlasın"[122].

Sözlerimizi, millî şairimiz Mehmed Akif'in; kâinatın onun yüzü suyu hürmetine yaratıldığını ve bütün insanlığın, tek tek ve toplum olarak ona şükran borçlu olduğunu bildirdiği bir şiiriyle bitirelim:

Dünya neye sahipse, onun vergisidir hep.

Medyûn ona cemiyyeti, medyûn ona ferdi,

Medyûndur o Mâsûma bütün bir beşeriyyet.

Yâ Râb, bizi mahşerde bu ikrâr ile haşret[123].

***

122 Âlü İmrân 3/31.
123 Mehmed Âkif Ersoy, *Safahat*, s. 500.

IV. OKUMA VE İNCELEME PARÇALARI

KUR'AN-I KERÎM'DEN ÂYET MEALLERİ

"Görmedin mi Allah nasıl bir misal getirdi: Güzel sözü, kökü (yerde) sabit, dalları gökte olan güzel bir ağaca benzetti. (O ağaç), Rabbinin izniyle her zaman yemişini verir. Öğüt alsınlar diye Allah insanlara böyle misaller getirmektedir. Kötü sözün misali de, kökü yerden sökülmüş, ayakta durma imkânı olmayan (kötü durumda) bir ağaçtır. Allah, sağlam söze (kelime-i tevhid'e) îman edenleri hem dünyada hem de âhirette sağlam tutar, zalimleri ise saptırır. Allah dilediğini yapar"[1].

*

"İnsanlara güzel söz söyleyin, namazı kılın, zekâtı verin diye de emretmiştik"[2].

"Güzel söz ve bağışlama, arkasından incitme gelen sadakadan daha hayırlıdır"[3].

"Ve onlara (yetimlere) güzel söz söyleyin[4].

"Onlar Allah'ın, kalplerindekini bildiği kimselerdir; onlara aldırma, kendilerine öğüt ver ve onlara, kendileri hakkında tesirli söz söyle"[5].

---

1 İbrahim 14/24-27.
2 Bakara 2/83.
3 Bakara 2/263.
4 Nisâ 4/5.
5 Nisâ 4/63.

"Kullarıma söyle, sözün en güzelini söylesinler. Çünkü şeytan aralarını bozar. Şüphesiz şeytan, insanın apaçık düşmanıdır"[6].

"Musa: Rabbim! dedi, gönlüme ferahlık ver. İşimi bana kolaylaştır. Dilimden tutukluğu çöz ki sözümü anlasınlar"[7].

"Firavun'a gidin. Çünkü o, sınırı çok aştı. Yine de ona söyleyeceklerinizi yumuşak bir üslûpla söyleyin ki, belki öğüt alır veya içine bir korku düşer"[8].

"(Dâvud peygambere) hikmet ve anlaşmazlıkları sona erdiren konuşma yeteneği vermiştik "[9].

"(İnsanları) Allah'a çağıran, sâlih amel işleyen ve "Ben müslümanlardanım" diyenden daha güzel sözlü kim vardır? İyilikle kötülük bir olmaz. Sen (kötülüğü) en güzel bir şekilde sav. Bir de bakarsın ki, aranızda düşmanlık bulunan kimse sanki sıcak bir dost oluvermiştir. Bu sonuca ancak sabırlı olanlar ulaşabilir. Yine buna ancak (erdemlerde) büyük pay sahibi olanlar ulaşabilir"[10].

*

"Ey îman edenler! Allah'tan korkun ve doğru söz söyleyin ki Allah işlerinizi düzeltsin ve günahlarınızı bağışlasın. Kim Allah'a ve Rasûlüne itaat ederse büyük bir kurtuluşa ermiş olur"[11].

"Yalan sözden sakının"[12].

"Şüphesiz Allah, yalancı ve inkâra saplanmış kimseyi doğru yola iletmez"[13].

---

6 İsrâ 17/53.
7 Tâhâ 27/25-28.
8 Tâhâ 20/43-44.
9 Sâd 38/17/20.
10 Fussılet 41/33-35.
11 Ahzâb 33/70-71.
12 Hacc 22/30.
13 Zümer 39/3.

"Allah kötü sözün açığa vurulmasını sevmez; ancak haksızlığa uğrayan başka"[14].

"Din adamları ve âlimleri onları, günah olan sözleri söylemekten ve haram yemekten menetselerdi ya! İşledikleri (fiiller) ne kötüdür!"[15].

"(O kullar), yalan yere şahitlik etmezler, boş sözlerle karşılaştıkları zaman vakar ile (oradan) geçip giderler"[16].

"Onlar, boş söz işittikleri zaman ondan yüz çevirirler ve: Bizim işlerimiz bize, sizin işleriniz size. Size selam olsun. Bizim cahillerle işimiz yok, derler"[17].

"Onlara şöyle bir baktığında, dış görünüşleri sana iyi bir izlenim verir; konuşurlarsa sözlerine kulak verirsin. Ama onlar sanki bir yere dayanmış kütükler gibidir. Her gürültüyü kendilerine yönelik sanırlar. Onlar düşmandır, onlardan sakın"[18].

*

"Sen, sözü açığa vursan da (gizlesen de), Allah gizliyi de, gizlinin gizlisini de bilir"[19].

"(Peygamber) dedi ki: Benim Rabbim, yerde ve gökte konuşulan her sözü bilir. O, hakkıyla işiten ve bilendir"[20].

"Şüphesiz Allah sözün açığını da bilir, gizli tuttuklarınızı da bilir"[21].

---

14 Nisâ 4/148.

15 Mâide 5/63.

16 Furkan 25/72.

17 Kasas 28/55.

18 Münâfikûn 63/4.

19 Tâhâ 20/7.

20 Enbiyâ 21/4.

21 Enbiyâ 21/110.

"Andolsun, insanı biz yarattık ve nefsinin kendisine fısıldadıklarını da biliriz ve biz ona şah damarından daha yakınız. İki alıcı (melek de) (insanın) sağında ve solunda oturarak yaptıklarını yazmaktadırlar. İnsan hiçbir söz söylemez ki, yanında gözetleyen (ve kaydeden bir melek) bulunmasın"[22].

"Göklerde ve yerde olanları Allah'ın bildiğini görmüyor musun? Üç kişinin gizli konuştuğu yerde dördüncüsü mutlaka O'dur. Beş kişinin gizli konuştuğu yerde altıncısı mutlaka O'dur. Bunlardan az veya çok olsunlar ve nerede bulunurlarsa bulunsunlar mutlaka Allah onlarla beraberdir. Nihayet kıyâmet günü onlara yapıp ettiklerini haber verecektir. Doğrusu Allah, her şeyi hakkıyla bilendir[23].

"Sözünüzü ister gizleyin, ister açığa vurun; bilin ki O, kalplerin içindekini bilmektedir. Yaratan bilmez olur mu? O, en gizli şeyleri görüp bilmektedir ve her şeyden hakkıyla haberdardır"[24].

*

"Allah, kendi içinde uyumlu, gerçekleri tekrar tekrar dile getiren bir kitap olarak, sözlerin en güzelini indirdi. Rablerinden korkanların, bu Kitab'ın etkisinden tüyleri ürperir, sonra bedenleri de kalpleri de Allah'ın zikrine karşı yumuşar. İşte bu Kur'ân Allah'ın hidâyet rehberidir"[25].

"Şüphesiz Kur'an, (hak ile bâtılı) ayıran bir sözdür. O, asla bir şaka değildir"[26].

***

---

22 Kaf 50/16-18.
23 Mücâdele 58/7.
24 Mülk 67/13-14.
25 Zümer 39/23.
26 Târık 86/13-14.

PEYGAMBERİMİZDEN HADİSLER

"Ben cevâmiu'l-kelim ile gönderildim"[27]. "Bana cevâmiu'l-kelim verildi"[28].

"Cevâmiu'l-kelim", az sözle çok mânâ ifade etmek demektir. Hadis ilminde, Peygamberimizin az sözle çok mânâ ifade etme özelliğini belirtmekte kullanılır. Az kelimeyle çok mânâlar ifade eden ve sözlerin en güzeli Kur'ân-ı Kerîm ile gönderilen Peygamberimizin hadisleri de cevâmiu'l-kelimdir[29].

*

Abdullah b. Ömer şöyle dedi: Doğu tarafından iki adam geldi ve bir hitabede bulundular. Onların sözlerindeki güzellik herkesin hoşuna gitti. Bunun üzerine Rasûlullah: "Sözde, sihirleyen bir kudret vardır " buyurdu[30].

*

"İnsanoğlu sabaha erince, bütün azaları, dile yalvararak şöyle derler: Bizim hakkımızda Allah'tan kork. Çünkü biz sana tabiyiz. Sen doğru olursan biz de doğru oluruz, sen sapıtırsan biz de sapıtırız"[31].

"Kim bana iki çenesi arasındaki ile iki bacağı arasındakini (kötü yolda kullanmamayı) garanti ederse, ben de ona cenneti garanti ederim"[32].

---

27 Buhârî, Cihâd, 122; Müslim, *Mesâcid,* 6.

28 Müslim, *Mesâcid,* 5, 7, 8.

29 Bkz: M. Yaşar Kandemir, "Cevâmiu'l-kelim", *DİA,* VIII, 440.

30 Buhâri, *Nikâh,* 47; *Tıb,* 51; Müslim, *Cuma,* 47.

31 Tirmizî, *Zühd,* 60.

32 Buhârî, *Rikâk,* 61; Tirmizî, *Zühd,* 60.

"Îman etmedikçe cennete giremezsiniz, birbirinizi sevmedikçe de gerçek mânâda îman etmiş olmazsınız. Size, yerine getirdiğiniz takdirde birbirinizi sevebileceğiniz bir şeyi haber vereyim mi? Aranızda selâmı yayınız"[33].

*

"Allah'a ve âhiret gününe îman eden misafirine ikram etsin, Allah'a ve âhiret gününe îman eden komşusuna iyilikte bulunsun, Allah'a ve âhiret gününe îman eden ya hayır söylesin yahut sussun"[34].

"Kişinin mâlâyâniyi (faydasız boş sözleri) terk etmesi müslümanlığının güzelliğindendir"[35].

"Müslüman, dilinden ve elinden diğer müslümanların selâmette kaldığı kimsedir"[36].

"Bir müslümana sövmek fısktır (günahtır)"[37].

*

"Kul, bazen içinde ne olduğu belli olmayan (kötülüğünü ve ne olacağını düşünmeden) bir söz söyler de, o söz sebebiyle ateşin içinde, güneşin doğduğu yer ile battığı yer arasından daha uzak bir derinliğe kayıp gider"[38].

"Bir kul, Allah'ın hoşnut olduğu kelimelerden bir kelimeyi ehemmiyet vermeyerek söyler de, Allah o kimseyi bu kelime sebebiyle birçok derecelere yükseltir. Bir kul da Allah'ı öfkelendirecek kelimelerden bir kelimeyi hiç önemsemeden söyler de, kendisi o kelime sebebiyle cehennemin içine düşer"[39].

*

---

33 Müslim, *Îmân*, 93; Ebû Dâvud, *Edeb*, 131.
34 Buhârî, *Edeb*, 31; Müslim, *Îmân*, 74.
35 Tirmizî, *Zühd*, 11.
36 Buhârî, *Îmân*, 3-4.
37 Buhârî, *Îmân*, 36; Müslim, *Îmân*, 116.
38 Buhârî, *Rikâk*, 23; Müslim, *Zühd*, 49-50.
39 Buhârî, *Rikâk*, 23.

"Allah'ın zikri dışında sözü uzatma. Zira zikrullah'sız sözü uzatmak, kalpler için kasvettir ve insanların Allah'a en uzak olanları da kalbi katı olanlardır"[40].

"İnsanları güldürmek için lâf edip yalan söyleyen kişiye yazıklar olsun. Yazık ona, yazık ona!"[41].

"Doğruluk iyiliğe, iyilik de cennete götürür. Kişi doğru söyleye söyleye Allah katında doğru kimseler derecesine yükselir. Yalan ise kötülüğe, kötülük de cehenneme götürür. İnsan yalancılık yapa yapa Allah katında yalancı diye yazılır"[42].

"Hayâ (utanma) îmandandır; îman da cennettedir. Kaba, çirkin ve edep dışı konuşmak kalp katılığındandır; kalp katılığı da cehennemdedir"[43].

Süfyan b. Abdullah es-Sekafî şöyle dedi: Rasûlüllah (sav)'e:

— Ey Allah'ın Elçisi! Bana bir iş söyle ki ona sımsıkı sarılayım, dedim. Rasûlüllah şu cevabı verdi:

— Rabbim Allah'tır de, sonra doğru ol!

— Yâ Rasûlallah! Benim hakkımda en çok korktuğunuz şey nedir? diye sordum. Eliyle dilini göstererek şöyle buyurdu:

— İşte şu![44].

*

Kur'ân-ı Kerîm'in *"Şâirlere ancak yoldan sapmışlar uyar"*[45] anlamındaki âyeti nâzil olunca, İslâm şâirleri Abdullah b. Revâha, Kâ'b b. Mâlik ve Hassân b. Sâbit ağlayarak Peygamberimize gelmişler ve:

---

40 Tirmizî, *Zühd,* 61.
41 Ebû Dâvud, *Edeb,* 87; Tirmizî, *Zühd,* 10.
42 Buhârî, *Edeb,* 69; Müslim, *Birr,* 103-105.
43 Tirmizî, *Birr,* 64; İbn Mâce, *Zühd,* 17.
44 Tirmizî, *Zühd,* 60.
45 Şuarâ 26/224.

— Ey Allah'ın Elçisi! Yüce Allah bu âyeti gönderdi. Allah bilir ki biz şâiriz, diyerek endişelerini beyan etmişlerdi. Peygamber efendimiz, üzülmemelerini isteyerek:

— Âyetin alt tarafını okuyunuz, buyurdu[46]. Bu kısımda: *"Ancak îman edip iyi işler yapanlar, Allah'ı çok ananlar ve haksızlığa uğratıldıklarında kendilerini savunanlar başkadır"*[47], buyuruluyordu.

"Şiirden bir kısmı şüphesiz ki hikmettir"[48] buyuran Peygamberimiz, İslâm'ın aleyhine şiir söyleyen müşrik şâirlere karşı, Hassân b. Sâbit'e: *"Ey Hassân! Sen de onlara cevap ver"* buyurmuş ve başarılı olması için dua etmiştir[49].

Başka bir hadisinde de, Hassân'ın yazdığı şiirler hakkında: *"Bu hicivler onlara karşı oktan daha etkili olacaktır"*[50] diyerek, şiirleriyle İslâmiyet'e büyük hizmetleri olan bu şâiri takdir ve teşvik etmiş; aynı zamanda şiirin ve etkili söz söylemenin önemine de dikkat çekmiştir.

*

Peygamberimiz sabah namazını kıldırdıktan sonra güneş doğuncaya kadar Mescid'den ayrılmazdı. Bu süre içinde sahâbîler, Peygamberimizle birlikte sohbet ederlerdi. Bazen cahiliye döneminden de konuşurlar, gülerlerdi; Peygamberimiz ise tebessüm ederek onları dinlerdi[51].

*

Öte yandan, âyet ve hadislerde yalan, gıybet, iftira, küfür ve alay etmek gibi her türlü kötü ve müstehcen söz yasaklanmıştır.

***

---

46 *Tecrîd-i Sarîh Tercemesi,* XII, 155.

47 Şuarâ 26/227.

48 Buhârî, *Edeb,* 90; Tirmizî, *Edeb,* 69; İbn Mâce, *Edeb,* 41.

49 Buhârî, *Salât,* 68; Müslim, *Fedâilü's-Sahâbe,* 151, 152.

50 Müslim, *Fedâilü's-Sahâbe,* 157.

51 Müslim, *Mesâcid,* 286; *Fedâil,* 69.

KUSS B. SÂİDE'NİN HİTÂBESİ[52]

Ey insanlar!

Geliniz, dinleyiniz ve belleyiniz! Bir şeyi belleyince de ondan faydalanınız!

Gerçek şu ki yaşayan ölür, ölen yok olur. Gelmekte olan şey elbet bir gün gelir.

Yağmurlar ve bitkiler, türlü türlü rızıklar ve yiyecekler, babalar ve anneler, diriler ve ölüler, küme küme varlıklar... Bunlarda Allah'ın varlığına dair delil üstüne delil vardır.

Gökte haber, yerde ibretler vardır: Kapkaranlık gece, burçlar, gökyüzü, vadilerle yarılmış yer ve dalgalı denizler.

İnsanların daima gittiklerini, fakat geri dönmediklerini görüyorum! Onlar yerlerinden memnun mu olmuşlar da kalmışlar, yoksa terk edilmişler de uykuya mı dalmışlar?

Yemin ederim, Allah'ın öyle bir dîni vardır ki o, üzerinde bulunduğunuz dinden daha üstün ve sevimlidir; onun gelecek bir Peygamberi vardır ki vakti artık yaklaşmış, zaman sizi gölgesi altına almış ve onun devri gelmiştir. Ona ulaşıp da îman edene ve hidâyetine mazhar olana ne mutlu! Ona muhalefet edip karşı çıkana

---

52 Kuss b. Sâide: Arapların önde gelen şair ve hatiplerinden birisidir. Onun, Allah'a ve âhirete inanan, putlardan uzak duran, hikmetli sözler söyleyen bir kimse olduğu, Hz. Muhammed (sav)'in peygamberlik görevine başlamadan on sene kadar önce (600 yılı civarında) vefat ettiği bildirilmiştir. Peygamberimizin, Ukâz panayırında, yukarıda bazı bölümlerini sunduğumuz konuşmasını dinleyip beğendiği ve "Allah, Kuss'a rahmet eylesin, kıyâmet gününde onun ayrı bir ümmet halinde diriltileceğini umarım" dediği nakledilmiştir (Mehmet Ali Kapar, "Kus b. Sâide", *DİA*, XXVI, 460). Bununla birlikte Kuss b. Sâide'nin böyle bir konuşmasının olup olmadığı da tartışılmıştır. Bkz: Şiblî, *Asr-ı Saadet Terc*, I, 142).

yazıklar olsun! Ömürlerini gafletle geçirmiş ümmetlere de yazıklar olsun!

Ey halk!

Hani babalarınız ve dedeleriniz? Hani hastalar ve ziyaretçileri? Nerede o zorba firavunlar? Hani o binalar kurup yükselten, yaldızlayıp süsleyenler? Hani mal ve evlat? Nerede o haddi aşıp azan, servet toplayıp yığan ve "Ben sizin en büyük tanrınızım" diye haykıranlar? Onlar sizden daha çok servete sahip ve uzun ömürlü değil miydiler? Yine de kara toprak onları kucağında öğütmüş, paramparça etmiştir. İşte çürümüş kemikleri, ıssız kalan yurtları! Şimdi oraları, uluyan kurtlar şenlendiriyor. Sakın onlar gibi olmayın! Onların yolundan gitmeyin!

Her şey geçicidir. Kalıcı olan ancak Allah'tır.

Gelip geçen yüzyılların halkında bizim için ibretler vardır. Ölüme giden ve dönüşü olmayan yolları görünce, milletimin küçüklerinin de büyüklerinin de ona doğru çaresiz koştuğuna tanık olunca, kesinlikle anladım ki, herkesin gittiği yere ben de gitmekteyim![53]

***

---

[53] Hayreddin Karaman-Bekir Topaloğlu, *Arap Dili ve Edebiyatından Tercemeler*, s. 82-83; ayrıca bkz: Ahmed Cevdet Paşa, *Kısas-ı Enbiya*, I, 71-72; Tâhirü'l-Mevlevî, *Müslümanlığın Medeniyete Hizmetleri*, I, 87-89.

MESNEVÎ'NİN İLK BEYİTLERİ

Mevlânâ Celâleddîn Rûmî[54] (672/1273)

(F. S. Ülkü tercümesi)

Dinle ney'den, nasıl şikâyet eder?
Ayrılıklardan şikâyet eder:
Koptuğumdan beri kamışlıktan ben,
Ağlar kadın-erkek inleyişimden.
İsterim hasretle doğranmış yürek:
Derdini dökeyim feryat ederek.
Aslından kopup da ayrı kalanlar
Gene o kavuşma gününü arar.
Her mecliste geldim ben âh-ü zâra,
Eş oldum bedbahta ve bahtiyâra.
Her biri sandı ki bana oldu yâr,
Lâkin aramadı bende ne sır var?
Sırrım, feryadımdan değildir uzak,
O nûru yok sanır lâkin göz, kulak.
Gizli değildir can tene, ten cana,
Canı görmek için izin yok sana.
Yel değil, ateştir bu ney'in sesi,
Kimde bu ateş yok, sönsün nefesi.
Aşkın ateşidir ki ney'e düştü,

---

54 Mehmet Önder, *Mevlânâ, Hayatı-Eserleri*, s. 123-124.

Aşkın coşmasıdır ki meye düştü.
Yardan ayrılanın ney gönül sesi.
Perdemizi yırttı, onun perdesi.
Ney gibi panzehir var mıdır böyle,
Hem uygun, hem düşkün, kim gördü söyle?
Ney kanlarla dolu yolları söyler,
Ney, Mecnûn aşkını hikâye eyler.
Bu aşkı kim anlar bîhuştan gayri?
Dile merhem var mı kulaktan ayrı?
Günler gam içinde vakitsiz soldu.
Günler yanışların yoldaşı oldu.
Sen varsın, günlerim ne gam, gittiyse,
Sen kal, temizlikte eşi yok kimse.
Balıktan gayrisi suyuna kandı
Nasipsizin gönlü gecikip yandı.
Pişkinin halini hiç anlar mı ham?
Söz kısa gerektir imdi vesselâm.

***

ELHAMDÜLİLLÂH

Yûnus Emre[55] (1320?)

Hak'dan gelen şerbeti
İçdük elhamdülillâh
Şol kudret denizini
Geçdük elhamdülillâh

Şol karşuğı tağları
Mişeleri bağları
Sağlık safâlıkıla
Aşduk elhamdülillâh

Kurıyıduk yaş olduk
Kanatlanduk kuş olduk
Birbirimüze iş olduk
Uçduk elhamdülillâh

Varduğumuz illere
Şol safâ gönüllere
Halka Tapduk ma'nâsın
Saçduk elhamdülillâh

---

55 Yunus Emre, *Yunus Emre Divanı,* nşr: Faruk Kadri Timurtaş, s. 129-130.

Beri gel barışalum
Yâd isen bilişelüm
Atumuz eyerlendi
Eşdük elhamdülillâh

İndük Rum'ı kışladuk
Çok hayr ü şer işledük
Uş bahar geldi girü
Göçdük elhamdülillâh

Dirildük bınar olduk
İrkildük ırmağ olduk
Akduk denize tolduk
Taşduk elhamdülillâh

Tapduğ'un tapusında
Kul olduk kapusında
Yûnus miskin çiğidük
Bişdük elhamdülillâh.

***

MEVLİD

Süleyman Çelebi[56] (825/1422)

Allah adın zikr idelüm evvela
Vâcib oldur cümle işte her kula[57].

Allah adın her kim ol evvel ana
Her işi âsân ide Allah ana[58].

Allah adı olsa her işin öni
Hergiz ebter olmaya anun sonı[59].

Her nefeste Allah adın di müdâm
Allah adıyla olur her iş temâm[60].

Bir kez Allah dise aşk ile lisân
Dökülür cümle günah misl-i hazân[61].

---

56 Süleyman Çelebi, *Mevlid,* nşr: Faruk Kadri Timurtaş, s. 89-90; ayrıca bkz: Süleyman Çelebi, *Mevlid,* nşr: Neclâ Pekolcay, s. 53-57.

57 Günümüz Türkçesiyle: Önce, (besmele çekerek) Allah'ın adını analım; çünkü bu, bütün işlerde her kula gereklidir.

58 Her kim önce Allah'ın adını anarsa, Allah her işi ona kolaylaştırır.

59 Allah adı her işin önünde olursa, o işin sonu asla eksik kalmaz.

60 Her nefeste devamlı olarak Allah'ın adını söyle; her iş, Allah adıyla tamam olur.

61 Dil, bir defa içtenlikle Allah derse, bütün günahlar sonbahar yaprakları gibi dökülür.

İsm-i pâkin pâk olur zikr eyleyen
Her murâda irişür Allah diyen[62].

Aşk ile gel imdi Allah diyelüm
Derd ile göz yaşile âh idelüm[63].

Ola kim rahmet kıla ol Pâdişâh
Ol Kerîm ü ol Rahîm ü ol İlâh[64].

Birdür ol birliğine şek yokdurur
Gerçi yanlış söyleyenler çokdurur[65].

Cümle âlem yoğ iken ol var idi
Yaradılmışdan ğanî cebbâr idi[66].

Var iken ol yoğ idi ins ü melek
Arş ü ferş ü ay ü gün hem nüh felek[67].

---

62 Yüce Allah'ın temiz adını anan herkes temiz olur ve Allah diyen herkes isteğine kavuşur.

63 Öyleyse gel içtenlikle Allah diyelim, dert ile göz yaşıyla âh edelim (günahlarımıza pişmanlık duyalım).

64 Olur ki, son derece cömert ve merhametli olan Yüce Allah, bize de merhamet eder.

65 Her ne kadar yanlış söyleyenler çok ise de, Allah birdir ve birliğinde hiç şüphe yoktur.

66 Hiçbir şey yok iken O vardı. O, yaratılmış hiçbir şeye muhtaç değildir, hükmüne karşı konulamayandır.

67 Allah varken, insan, melek, arş, yer, gök, ay, güneş, dokuz felek (yani O'ndan başka hiçbir şey) yoktu.

Sun' ile bunları ol var eyledi
Birliğine cümle ikrar eyledi[68].

Kudretin izhâr idüp hem ol celîl
Birliğine bunları kıldı delîl[69].

Ol didi bir kerre var oldu cihân
Olma dirse mahv olur ol dem hemân[70].

Bâri ne hâcet kılavuz sözi çok
Birdür Allah andan artuk Tanrı yok[71].

***

---

[68] O, bütün bunları yaratma kudretiyle var etti; yarattığı her şey de O'nun varlığını kabul etti.

[69] Kudretini ortaya koyan Yüce Allah, bunları (bütün varlıkları) birliğinin delili (kanıtı) yapmıştır.

[70] Allah, bir defa "ol!" demekle, bütün cihan var olmuştur; eğer O, "olma!" derse, her şey derhal yok olur.

[71] Sözü uzatmaya gerek yoktur: Allah birdir ve O'ndan başka Tanrı yoktur.

SU KASİDESİ

Ḳasîde-i Der-Na't-ı Hazret-i Nebevî [72]

Fuzûlî[73] (1556)

Saçma ey göz eşkden gönlümdeki odlâre su
Kim bu denlü dûtuşan odlâre kılmaz çâre su[74].
(Eşk: gözyaşı. Od: ateş)

Âb-gûndur künbed-i devvâr rengi bilmezem
Yâ muhît olmış gözümden künbed-i devvâre su[75].
(Âb: su. Gûn: renk. Künbed: kubbe. Devvâr: dönen. Muhît: kuşatan).

...

Suya virsün bâğbân gülzârı, zahmet çekmesün
Bir gül açılmaz yüzün tek virse min gülzâre su[76].

---

72 Adem Çalışkan, *Fuzûlî'nin Su Kasidesi ve Şerhi,* s. 59 vd.

73 Fuzûlî: Klasik Türk edebiyatının en büyük şairlerinden birisidir. Asıl adı Mehmed, babasının adı da Süleyman'dır. Doğduğu ve yaşadığı yer itibariyle Âzerî Türkçesi'nin kullanıldığı Irak bölgesi Türkmenlerindendir. Âlim bir şair olan Fuzûlî, Arapça ve Farsçayı, bu dillerde kitap ve şiir yazabilecek şekilde öğrenmişti. On beş kadar eseri vardır. 963/1556 yılında vefat etmiştir (Abdülkadir Karahan, "Fuzûlî", *DİA,* XIII, 240 vd). Yukarıda, Türkçe Divan'ında yer alan ve bir şaheser olarak nitelenen 32 beyitlik "Su" kasidesinden bazı mısralara yer verilmiştir.

74 Bu güzel şiiri sadeleştirip düz yazıya indirgerken, şiirin sadece yüzde-onluk bir tadının kalmış olabileceği unutulmamalıdır.
İlk beytin anlamı şöyledir: Ey gözüm! Gönlümdeki ateşe göz yaşından su saçma; çünkü bu kadar fazla tutuşan ateşe su çâre değildir.

75 Şu dönen gök kubbe su renginde midir, yoksa göz yaşlarım mı bu kubbeyi kaplamıştır, bilmiyorum.

(Bâğbân: bahçıvan. Gülzâr: gül bahçesi. Min: bin)

...

Ravza-i kûyına her dem durmayub eyler güzâr
Âşık olmuş gâlibâ ol serv-i hoş-reftâre su[77].

(Ravza: bahçe, cennet. Kûy: köy, mahalle. Güzâr: gitmek, dolaşmak. Serv: sevgilinin boyu. Hoş-reftâr: nazlı gidişli).

...

Dest-bûsı arzûsiyle ölürsem dûstlar
Kûze eylen toprağum, sunun anunla yâre su[78].

(Dest-bûs: el öpme, el öpen. Kûze: su testisi.

...

Tıynet-i pâkini rûşen kılmış ehl-i âleme
İktidâ kılmış tarîk-ı Ahmed-i Muhtâre su[79].

(Tıynet: yaradılış. Pâk: temiz. Rûşen: açık, parlak. İktidâ: uymak. Tarîk-ı Ahmed-i Muhtâr: Seçkin Hz. Muhammed'in yolu).

Seyyid-i nev'-i beşer deryâ-yı dürr-i ıstıfâ
Kim sepübdür mu'cizâtı âteş-i eşrâre su[80].

(Seyyid: efendi. Nev'-i beşer: insan cinsi. Deryâ: deniz. Dürr: inci. Istıfâ: seçme. Âteş-i eşrâr: kötülerin ateşi).

---

76 Bahçıvan boşuna zahmet çekmesin; gül bahçesini sele versin (mahvolmaya bıraksın); çünkü bin gül bahçesini sulasa bile, senin yüzün gibi bir gül açılmaz.

77 Su, galiba o nazlı gidişli güzele âşık olmuştur ki, onun bulunduğu cennet bahçesine her an akıp gitmektedir.

78 Ey dostlar! Sevgili (Rasûlün) elini öpmeden bu arzu ile ölürsem, toprağımdan testi yapıp onunla sevgiliye su verin (hiç olmazsa kabir toprağımdan yapılmış testi, onun elini öpsün).

79 Su, Hz. Muhammed (sav)'in yoluna girerek, temiz yaradılışını bütün âleme açıkça göstermiştir.

80 İnsan cinsinin efendisi, kıymetli inci deryâsı olan Hz. Muhammed Mustafâ'nın mucizeleri, şer sahiplerinin ateşine su serpip söndürmüştür.

...

Mu'cizi bir bahr-ı bî-pâyân imiş âlemde kim

Yetmiş andan min min âteş-hâne-i küffâre su[81].

Bahr: deniz. Bî pâyân: uçşuz bucaksız. Min min: binlerce. Âteşhâne-i küffâr: kâfirlerin (mecûsîlerin) içinde sürekli ateş yanan tapınakları, ateşgede.

...

Hâk-i pâyine yetem dir ömrlerdür muttasıl

Bâşınî dâşdan dâşa urub gezer âvâre su[82].

(Hâk: toprak. Pây: ayak. Muttasıl: bitişen).

...

Yâ Habîballâh yâ Hayre'l-beşer müştâkınam

Eyle kim leb-teşneler yânub diler hem-vâre su[83].

(Habîbullah: Allah'ın sevgilisi. Hayru'l-beşer: insanların en hayırlısı. Leb: dudak. Teşne: susamış. Hem-vâr: her an).

...

Umduğum oldur ki rûz-i haşr mahrûm olmayam

Çeşme-i vaslun vîre men teşne-i dîdâre su[84].

(Çeşme-i vasl: kavuşma pınarı. Teşne-i dîdâr: güzel yüzü görmeye susamış olan).

***

---

81 Âlemde, onun mucizesi, uçsuz bucaksız öyle bir denizmiş ki, ondan, kâfirlerin binlerce ateşhanesine (küfür ateşinin sönmesine) su yetmiştir.

82 Su, ömürler boyunca, Hz. Peygamberin ayağının toprağına (kabrine) varayım diye, başını taştan taşa vurarak âvâre gezer durur.

83 Ey Allah'ın sevgilisi, ey insanların en hayırlısı! Nasıl ki susamış dudaklar her an su isterse, işte ben de, senin öyle tutkununum, seni öylesine özledim.

84 Ümidim odur ki, kıyâmet gününde seni görmekten mahrum olmayayım ve senin yüzüne susamış olan bana, senin kavuşma pınarın su versin.

DİLİN ÂFETLERİ

İmam Ğazzâlî[85] (505/1111)

Bilmiş ol ki, dil, Yüce Allah'ın en büyük nimetlerinden ve O'nun ince sanatlarının en mühimlerindendir. Görünüşte bir et parçasıdır; ama gerçekte, varlıkta olan her şey onun tasarrufu altındadır...

Dilin kendisi küçük olmakla birlikte, tâatı ve isyanı büyüktür. Çünkü kulun küfür ve şehâdeti ancak dilindeki ifadesinden anlaşılır. Küfür, isyanın; îman, tâatın son sınırıdır...

İlmin kapsadığı her şeyi dil ifade eder; ilmin de kapsamadığı hiçbir şey yoktur. Bu kapsayış, dilden başka hiçbir organda bulunmaz. Meselâ göz, renk ve sûretlerden; kulak seslerden; el cisimlerden başkasını anlayamaz Diğer organlar da böyledir; ama dilin alanı geniştir. Onun bir engeli ve imkânının sonu yoktur.

Onun hayır ve iyiliklerde geniş alanı olduğu gibi, kötülüklere de götüren yolu vardır. İnsana, organlarından en çok isyan edeni, dilidir. Dilini salıverip, dizginlerine sahip olmayanı, şeytan her alanda oynatır, onu büyük bir uçurumun kenarına iterek helâke sürükler. İnsanları yüz üstü cehenneme götürecek olan, onların dillerinin belasıdır.

Dilin kötülüğünden ancak, onu din dizginine vurup dünya ve âhirette yarayacak sözlerde kullanan, hâl ve istikbalde tehlike doğuracak sözlerden tutanlar kurtulabilir.

---

85 Ğazzâlî, *İhyau Ulûmiddîn,* trc: Ahmed Serdaroğlu, III, 245 vd; aynı müellif, *Kimyâ-i Saâdet,* trc: A. Faruk Meyan, s. 425 vd.

Dil kalbin karşısındadır. Kalpteki sûretleri kalpten alıp söylediği gibi, kalbin dışındaki sûretleri de kalbe ulaştırır ve söylediği her sözden kalpte bir sıfat meydana gelir... Kötü sözler söylerse kalp kararır; doğru ve iyi şeyler konuşursa kalp nurlanmaya, parlamaya başlar... O halde kalbin doğruluğu ve eğriliği, dilin doğruluğu ve eğriliğine bağlıdır.

...

Dilin zararlarından sakınmak, dinde mühim işlerdendir:

Çok konuşmak, boş konuşmak, münakaşa etmek, düşmanlık etmek, sövmek, başkasına dil uzatmak, lânet etmek, alay etmek, beddua etmek, aşırı şaka, yalan söylemek, yalan yere yemin etmek, gıybet etmek, söz taşımak, iki yüzlülük, insanları yermek veya övmek, sır tutmamak, lüzumsuz soru sormak... dilin âfetlerindendir.

***

O

Abdurrahman Çetin[86]

O
Hep O
Nûrumuz
Huzurumuz
Ezelî güzel
Güzel hem lemyezel*
Müjdeler o canlara
O'na bende olanlara
Her yarattığı bin sır taşır
Yollar sonunda O'na ulaşır
Çevirmez kulunun açtığı eli
Oldukça kulun Rabbisi tek emeli
O'nu zikirde felâh, başka yollar çıkmaz
Her şey O'nu tesbihte, tesbihte gökler ve arz
Mutluluk bulacaksa O'nunla bulur âlem
O'nsuzluk hüsrandır, O'nsuzluk bize mâtem
Hamdimiz, şükrümüz hepsi de O'nadır
Bütün varlığımız O'ndan yanadır
"Ol!" demesiyledir hep olanlar
Gerçek dosttur O, O'dur tek yâr
Canımız, cananımız O
Derde dermanımız O
Her şey O'nda güzel
Ulvi mükemmel
O'dur asıl
Velhasıl
Hep O
O

---

86 İhsan Işık, *Türkiye Edebiyatçılar ve Kültür Adamları Ansiklopedisi,* III, 923.
* Lemyezel: Bâkî, kalıcı.

ÜÇÜNCÜ BÖLÜM

TEBLİĞ VE İRŞAD

DİN HİZMETLERİNDE İNSANLARLA İLETİŞİM ESASLARI

I. TEBLİĞ VE İRŞAD

A. Tebliğ ve İrşadın Tarifi

Tebliğ; ulaştırmak, iletmek, eriştirmek, bilgi vermek, bilgilendirmek anlamına gelir[1].

Yüce Allah'ın ve Peygamberimizin buyruklarını, emir ve yasaklarını, eksiltme veya artırmada bulunmadan aynen insanlara ulaştırmak demektir.

Kur'ân-ı Kerîm'de bu anlamda fiil ve "belâğ" şeklinde isim olarak kullanılmıştır. يَآ اَيُّهَا الرَّسُولُ بَلِّغْ مَآ اُنْزِلَ اِلَيْكَ مِنْ رَبِّكَ : *Ey Rasûl! Rabbinden sana indirileni tebliğ et*[2] âyetinde, Allah'tan indirilenleri insanlara ulaştırmak emredilirken, مَا عَلَى الرَّسُولِ اِلَّا الْبَلَاغُ : *Rasûle düşen görev ancak duyurmadır*[3] âyetinde ise "belâğ" kelimesi kullanılmıştır[4].

"Belâğ", bir mesajı iletmek, bir maksat veya hedefin en ileri noktasına ulaşmak; "teblîğ" ise, bir gayeyi, bir ideyi, ulaştırılabilecek en ileri noktaya ulaştırmaktır[5]. İkisi de aynı kökten geldiğine

---

1 Âsım Efendi, *Kâmus Tercemesi,* III, 477-478.

2 Mâide 5/67.

3 Mâide 5/99.

4 Ali Ünal, *Kur'an'da Temel Kavramlar,* s. 86; Y. Nuri Öztürk, *Kur'an'ın Temel Kavramları,* s. 618.

5 Öztürk, *age* ve yer; ayrıca bkz: Râğıb Isfahânî, *el-Müfredât,* s. 60.

göre, bunların "belâğat"la da ilgisi vardır. Belâğat ise, bir fikrin sözlü ve yazılı olarak, güzel ve açık bir üslupla, yerinde, yeterince ve zamanında ifade edilmesidir[6].

Tebliğ kavramı, hadislerde de kullanılmıştır. Meselâ Peygamberimiz Veda Hutbesininin son bölümünde şöyle buyurmuştur:

اَلاَ لِيُبَلِّغِ الشَّاهِدُ الْغَائِبَ . فَلَعَلَّ بَعْضَ مَنْ يُبَلَّغُهُ يَكُونُ اَوْعَى لَهُ مِنْ بَعْضِ مَنْ سَمِعَهُ

Dikkat ediniz! Burada hazır bulunanlar, bulunmayanlara bu sözlerimi ulaştırsın. Olabilir ki, kendilerine tebliğ edilenlerin bir kısmı, burada işitenlerin bazılarından daha iyi kavrarlar[7].

İrşad; doğru yolu göstermek[8], mânen aydınlatmak, gafletten uyandırmak demektir.

Bu kelime Kur'ân-ı Kerîm'de bu şekliyle yer almamakla birlikte, "rüşd" kökü ve ondan türeyen kelimeler on dokuz âyette geçmektedir. "Hidâyet, doğruluk, hayır, isabet, fayda, reşid olma" mânâlarına gelen bu kelimeler mutlak olarak veya insana nispet edilerek kullanılmıştır. Şu âyette ise "mürşid" ismi, dolaylı biçimde Allah'a izafe edilmiştir[9]: " مَنْ يَهْدِ اللهُ فَهُوَ الْمُهْتَدِ وَمَنْ يُضْلِلْ فَلَنْ تَجِدَ لَهُ وَلِيًّا مُرْشِدًا : *Allah kime hidâyet ederse, işte o, hakka ulaşmıştır, kimi de hidâyetten mahrum ederse artık onu doğruya yöneltecek bir dost bulamazsın"*[10]. Esmâ-i Hüsnâ'dan birisi de "doğru yolu gösteren, irşad edici" anlamına gelen "Reşîd"dir[11].

---

6 Hulusi Kılıç, "Belâgat", *DİA*, V, 380.
7 Müslim, *Kasâme*, 29-30; ayrıca bkz: Buhârî, *İlim*, 9.
8 Âsım Efendi, *Kâmus Tercemesi*, I, 1142.
9 Bekir Topaloğlu, "İrşad", *DİA*, XXII, 454.
10 Kehf 18/17.
11 Tirmizî, *Deavât*, 82; bkz: Dördüncü bölüm, Esmâ-i Hüsnâ bahsi.

"Rüşd" kavramı, hadislerde de "maddî ve mânevî alandaki doğru yolu bulmak, bu yolu göstermek" anlamında kullanılmıştır[12].

"Tebliğ" ve "irşad"dan başka "dâvet, vaaz, nasihat, inzâr, tebşîr, tezkîr, emir bi'l-ma'rûf nehiy ani'l-münker" gibi terimler de sözlük anlamları itibariyle farklı olmakla birlikte, uygulama ve gayeleri bakımından yakın mânâları ifade eder[13].

Tebliğ edene mübelliğ, irşad edene de mürşid denir.

B. Tebliğ ve İrşadın Önemi

Yüce Allah, insanları yaratmış ve onlara, aralarından seçtiği elçiler vasıtasıyla dünya ve âhirette mutlu olmanın yollarını da göstermiştir.

En büyük mübelliğ ve mürşidler, Allah elçileridir. Başlıca görevleri tebliğ ve irşad olan peygamberler, insanları Allah'ın buyrukları doğrultusunda uyarıp, onlara doğru yolu göstermek ve örnek edinecekleri bir hayatı fiilen yaşamakla görevlendirilmişlerdir.

Mürşid ve mübelliğlerin en büyüğü, son Peygamber Hz. Muhammed (sav)'dir. Ondan sonra gelen müminler de, onun üstlendiği tebliğ ve irşad görevini devam ettirmekle mükellef kılınmışlardır. Bir âyette: "*İçinizden hayra çağıran, iyiliği buyurup kötülükten meneden bir topluluk bulunsun; işte onlar kurtuluşa erenlerdir*"[14] buyurulurken, başka bir âyette de: "*Siz, insanlar için çıkarılmış en hayırlı bir ümmet oldunuz. İyiliği emreder, kötülükten menedersiniz ve Allah'a inanırsınız*"[15] buyurulmuştur.

Demek ki müslümanların tamamı, imkânları ölçüsünde; içlerinden bir bölümü de en iyi şekilde tebliğ ve irşad ile yükümlüdür.

---

12 Topaloğlu, aynı yer.

13 Mustafa Çağrıcı, "Da'vet", *DİA*, IX, 16.

14 Âlü İmrân 3/104.

15 Âlü İmrân 3/110.

Bu bakımdan müslümanlar arasında her devirde yeterli sayıda ve kalitede bir irşad ekibinin bulunması ve yetiştirilmesi gerekir.

İnsanların irşadsız ve öğütsüz bırakılması, onların doğru yoldan sapmalarına sebep olabilir. Çünkü insan, çevresindeki olumlu ve olumsuz her türlü telkine ve tesire açıktır; her an sapabilecek yaratılıştadır. Bu konuda Peygamber efendimiz: *"Kalp, çöl ortasında bulunan bir kuş tüyüne benzer ki, rüzgârlar onu mütemadiyen çevirirler"*[16] buyurarak bu gerçeğe dikkatimizi çekmiştir. Onun şu iki duası da çok anlamlıdır: *"Ey kalpleri çeviren Allah'ım, kalbimi hak dinin üzerinde sâbit kıl"*[17]. *"Ey kalpleri çevirip döndüren Allah'ım! Kalplerimizi sana tâat etmeye çevirip döndür"*[18].

Çağımızın haberleşme imkânları da göz önüne alınırsa, bugün insanların nasıl bir etkilenme altında oldukları kolayca anlaşılır. Hakkı bulamamışlar bir yana, müslümanlar bile bu olumsuz telkinlerin tehdidi altındadır. Bütün bu olumsuzluklar karşısında, namazların her rekâtında tekrarlanan Fâtiha sûresindeki: *"Bizi doğru yola ilet"*[19] âyetinin hikmet ve önemi daha iyi anlaşılmaktadır.

İnsanın, her an olumsuz telkinlerin tehdidi altında olduğuna, ayrıca şu âyet de işaret etmektedir: *"Rabbimiz! Bizi doğru yola ilettikten sonra, kalplerimizi eğriltme, bize katından bir rahmet ver. Şüphesiz lütfu en bol olan sensin"*[20].

Dinimizde tebliğ ve irşada son derece önem verilmiş; insanları doğru yola çağıranların sevap ve mükâfata kavuşacakları; kötülüğe sevk edenlerin de ceza görecekleri bildirilmiştir.

Konuyla ilgili bir âyet meâli şöyledir: *"Onlar, kendi yüklerini, kendi yükleriyle beraber başka yükleri (başkalarını kandırıp saptırmalarının*

---

16 İbn Mâce, *Mukaddime,* 10; Ahmed b. Hanbel, *el-Müsned,* IV, 408, 419.

17 Tirmizî, *Deavât,* 89.

18 Müslim, *Kader,* 17.

19 Fâtiha 1/6.

20 Âlü İmrân 3/8.

vebalini) de taşıyacaklar ve elbette uydurdukları şeylerden Kıyâmet günü hesaba çekileceklerdir"[21].

Peygamberimiz de bu hususta şöyle buyurmuştur:

"Allah'a yemin ederim ki, Allah'ın senin vasıtanla bir insanı hidâyete erdirmesi, senin için, en değerli kırmızı deve sürüsüne sahip olmaktan daha hayırlıdır"[22].

"Bir hayra yol gösteren kimseye, o hayrı yapanın ecri kadar ecir vardır"[23].

"Başkalarını doğruluğa çağıran kimseye, kendisine uyanların sevabı gibi sevap verilir; bununla beraber onların sevabından hiçbir şey eksilmez. Başkalarını sapıklığa çağıran kimseye de, ona uyanların günahı gibi günah verilir; bununla beraber, ona uyanların günahlarından hiçbir şey eksilmez"[24].

"Sizden biriniz bir kötülük görürse, onu eliyle değiştirsin, buna gücü yetmezse diliyle düzeltsin, buna da gücü yetmezse kalbiyle düzeltsin (buğzetsin, en azından kalben rıza göstermesin) ki bu, îmanın en zayıfıdır[25]*"*

---

21 Ankebût 29/13.

22 Buhârî, *Cihâd,* 143; Müslim, *Fedâilü's-Sahâbe,* 4.

23 Müslim, *İmâret,* 133; Ebû Dâvud, *Edeb,* 115; Tirmizî, *İlim,* 14.

24 Müslim, *İlim,* 16; Ebû Dâvud, *Sünnet,* 6; Tirmizî, *Sevâbü'l-Kur'ân,* 14; İbn Mâce, *Mukaddime,* 14.

25 Müslim, *İmân,* 78. "Ehl-i Sünnet'in toplumda yeni haksızlıklara, fitne ve fesada yol açılmasını önlemek düşüncesiyle, emir bi'l-ma'rûf nehiy ani'l-münker faaliyetlerinde yaptırımlı fiilî müdahaleleri sadece resmî kurumlara bıraktığı, fertlerin ve dolayısıyla sivil örgütlerin yetkisini ise eğitme, aydınlatma ve uyarma gibi barışçı teşebbüsler ve iyiliğe ortam hazırlamakla sınırladığı gözden uzak tutulmamalıdır. Ayrıca bu tür faaliyetlerin, ehliyetli kimseler tarafından ve sadece ma'rûf veya münker olduğu hususunda İslâm bilginlerince görüş birliği sağlanmış olan konularda sürdürülmesi gerekmektedir" (Mustafa Çağrıcı, "Emir bi'l-ma'rûf nehiy ani'l-münker", *DİA,* XI, 141).
(Ma'rûf; aklın ve dînin güzel kabul ettiği şeydir. Münker ise; aklın ve dînin uygun bulmayıp reddettiği şeydir. İslâmî kaynaklarda, iyi ve doğru olarak ka-

irşad hizmetlerinin, belli esaslar çerçevesinde yürütülmesi gerektiği de unutulmamalıdır ki bundan sonraki bahislerde bu esaslar üzerinde durulacaktır.

bul edilen inanç, düşünce ve davranışlar "ma'rûf" terimiyle; İslâm'a yabancı, müslümanlar tarafından yadırganan yanlış inanç, düşünce ve davranışlar da genel olarak "münker" (bazen de "fahşâ") kelimesiyle ifade edilmiştir).

II. KUR'ÂN VE SÜNNETTE HİTABET, TEBLİĞ VE İRŞAD ESASLARI

Bu kısımda, Kur'ân-ı Kerîm ve Sünnette yer alan ve tebliğ ve irşadda bize ışık tutan bazı hususları maddeler halinde özetlemeye çalışacağız[1].

Öncelikle şunu ifade edelim ki, müslümanın her söz ve hareketinde ihlâs yani Allah rızası esas olmalıdır. Bunun dışında herhangi bir çıkar gözetilerek yapılan davranışın, Allah katında hiçbir değeri yoktur; üstelik sorumluluğu gerektirir. Aşağıda kaydedilen hususların bu çerçeve içinde değerlendirilmesi gerekir.

A. Muhatabın Durumu

Hitabet ve irşadda başarılı olmanın unsurlarından birisi, muhatabı tanımak ve onun anlayacağı, benimseyeceği bir şekilde konuşmaktır. Muhatabın yetişme tarzı, kültür seviyesi, mesleği, yaşadığı çevre vb. hususlar göz önünde bulundurulmalıdır. Sahâbeden Abdullah b. Mes'ûd'un şu sözü önemlidir: "Bir kavme, akıllarının

---

1 Bu konu üzerinde birçok müstakil araştırma yapılmıştır. Bunlardan bazıları: Süleyman Uludağ, *İslâm'da İrşad*, İstanbul 1981, 2. baskı; Ahmed Lütfi Kazancı, *Peygamber Efendimizin Hitabeti*, İstanbul 1980; Seyyid Kutub, *Kur'ân'da Edebî Tasvir*, trc: Süleyman Ateş, İstanbul 1996, 4. baskı; Zahir b. Avvad el-Elmaî, *Kur'ân'da Tartışma Metodları*, trc: Ercan Elbinsoy, İstanbul 1984; Şevki Saka, *Kur'ân-ı Kerîm'in Davet Metodu*, Ankara, ts; Ahmet Önkal, *Rasûlüllahın İslâm'a Da'vet Metodu*, Konya 1990, 6. baskı; Muhammed Çelik, *Kur'ân'ın İkna Hususiyetleri*, İstanbul 1994; ayrıca bkz: Celal Kırca, *Kur'an ve İnsan*, s. 267-360.

kavrayamadığı bir söz söylersen, o söz, onlardan bir kısmı için fitne olur"[2].

İrşad edilecek kişinin inanç ve fikir yapısını bilmek; hastayı tedavi etmeden önce onu muayene edip, önce hastalığı teşhis etmek gibidir. Bu bakımdan yanlış yolda olan bir müslüman ile bir gayri müslime takip edilecek metot farklı olmalıdır.

Kur'ân-ı Kerîm, muhataplarına hitap ederken, önce onların benimsedikleri inanç ve gelenekleri tespit edip ortaya koymuş; sonra bunların tenkidini yapmıştır. Meselâ müşriklerin, münafıkların, yahudilerin ve hıristiyanların fikir, inanç ve davranışlarını, onların itiraz edemeyeceği dürüstlükle tespit etmiş, daha sonra da gerekli uyarılarda bulunmuştur.

Bilindiği gibi insan, her türlü olumlu ve olumsuz telkine açık bir varlıktır. Müslüman da böyledir; bu bakımdan onun da öğütsüz ve irşadsız bırakılmaması gerekir. Yüce Allah: *"Öğüt ver; çünkü öğüt müminlere fayda verir"*[3] buyurmuştur. Ancak, irşad edilecek müminin şahsiyetinin rencide edilmemesine, incitilmemesine dikkat etmek lâzımdır; aksi halde bunun faydası değil, zararı olur ve kişi yanlışında daha ısrarlı hale gelir.

Herkese, seviyesine göre davranılmasını buyuran[4] Hz. Peygamber, irşadda daima muhatabın durumunu göz önünde bulundurmuş, muhataba göre söz söylemiştir. Meselâ "hangi amel daha faziletlidir?" veya "Hangi günah daha büyüktür?" diye sual soranlara yahut kendisine öğüt vermesini isteyenlere, muhatabın durumuna ve onda gördüğü ihtiyaca göre farklı cevaplar[5] vermiştir[6].

---

2 Müsim, *Mukaddime,* 5. Bu konuda daha başka örnekler için bkz: Kazancı, *age,* s. 87 vd.

3 Zâriyât 51/55.

4 Ebû Dâvud, *Edeb,* 22.

5 Meselâ değişik zamanlarda "Hangi amel daha faziletlidir?" diye soru soran sahâbîlere: *"Az da olsa devamlı olanıdır"*[5], *"Vaktinde kılınan namaz, sonra ana babaya*

*

Muhatap gayri müslim ise, önce onunla samimi bir dostluk kurulmalı; bilhassa semâvî dinlerin ortak yönleri beraberce tespit edilmeli, daha sonra görülen farklılıkların tahlili yapılmalıdır. Şu âyetler bize bu konuda ışık tutmaktadır:

"De ki: Ey ehl-i kitap! Bizim ve sizin aranızda eşit olan bir kelimeye gelin: Yalnız Allah'a ibadet edelim, O'na hiçbir şeyi ortak koşmayalım ve Allah'ı bırakıp da kimimiz kimimizi ilâhlaştırmasın. Eğer yüz çevirirlerse: Şahit olun, biz müslümanlarız, deyin. Ey Kitap ehli! Neden İbrahim hakkında tartışıyorsunuz? Oysa Tevrat da İncil de ondan sonra indirilmiştir. Düşünmüyor musunuz? Haydi, siz, biraz bilginiz olan şey hakkında tartıştınız; ama hiç bilginiz olmayan şey hakkında neden tartışıyorsunuz? Allah bilir, siz bilmezsiniz"[7].

"İçlerinden zulmedenleri hariç Kitap ehliyle ancak en güzel tarzda mücadele edin ve deyin ki: Bize indirilene de size indirilene de inandık. Tanrımız ve Tanrınız birdir ve biz O'na teslim olmuşuzdur"[8].

Habeşistan'a hicret eden müslümanları temsilen konuşan Cafer b. Ebû Tâlib, dindar bir hıristiyan olan Necâşî ve yakınlarına,

---

iyilik, sonra Allah yolunda cihaddır" (Buhârî, *Mevâkîtü's-Salât,* 5; Müslim, *Îmân,* 137-140); *"Oruçtur"* (Nesâî, *Sıyâm,* 43); *"Devamlı Kur'ân okumaktır"* (Tirmizî, *Kıraat,* 13; Dârimî, *Fedâilü'l-Kur'ân,* 33); *"Allah ve Rasûlüne îman, sonra cihad, sonra kabul olunmuş hacdır"* (Buhârî, *Îmân,* 17; Müslim, *Îmân,* 135); *"Yemek yedirmek ve herkese selâm vermektir"* (Buhârî, *Îmân,* 19; Müslim, *Îmân,* 63); *"Allah için sevmek, Allah için buğz etmektir"* (Ebû Dâvud, *Sünnet,* 3) buyurmuştur. Peygamberimize bir adam gelerek: "Yâ Rasûlallah, bana bir öğütte bulun" dedi. Peygamberimiz: "Öfkelenme!" buyurdu. Adam sözünü birkaç defa tekrar ederek, nasihat istedi. Peygamberimiz her defasında: "Öfkelenme!" buyurdu (Buhârî, *Edeb,* 76).

6 Ancak itikâdî ve fıkhî konularda; meselâ abdestin veya orucun ne zaman bozulacağı, guslün ne zaman gerektiği vb. sorulara elbette aynı cevabı veriyordu. Örnekler için bkz: Nevzat Âşık, *Sahâbe ve Hadîs Rivâyeti,* s. 88 vd.

7 Âlü İmrân 3/64-67.

8 Ankebût 29/46.

Hz. Îsâ ile annesi Hz. Meryem'i anlatan Kur'ân âyetlerini okuyarak onların gönüllerini fethetmişti[9].

*

İnsanlardan bir kısmı da ikiyüzlüdür; bu bakımdan bunlarla mücadele etmek oldukça zordur. Bu gibileri yakından tanıyıp, ne gibi çıkar peşinde koştuklarını tespit etmek ve ona göre bir metot uygulamak gerekir. Bu tip kimseleri ikna yoluyla, müslümanlara karşı en azından zararsız hale getirmek lâzımdır. Şu âyetler de bu konuya ışık tutmaktadır: *"Allah onların kalplerinde olanı biliyor. Onlara aldırma, onlara öğüt ver ve onların içlerine tesir edecek güzel söz söyle"*[10].

Peygamberimiz, müslümanlar arasında fitne çıkmaması için, bu kişilere karşı dikkatli ve hoş görülü bir tavır içinde olmuştur[11].

Muhatabın durumuyla ilgili olarak dikkat edilmesi gereken diğer bir husus da şudur ki, mürşid, ilgilendiği kişinin sırlarını saklamalı, onun hata ve kusurlarını kimseye söylememelidir.

B. Uygun Yer ve Zamanın Gözetilmesi

Hitabet ve irşadda dikkat edilecek hususlardan birisi de, muhatabı tanıdıktan sonra, onun müsait durumunu gözeterek, yapılacak telkinin yerini ve zamanını tayin etmektir.

İnsanların hataları, yalnız bulundukları bir yerde ve onları incitmeden, uygun bir üslupla söylenmelidir. Kalabalık bir yerde yapılacak uyarının yararı değil zararı olur.

Tebliğde bulunulacak kişiye, uygun bir zaman ve yerde tebliğin yapılması gerektiği gibi, söylenenleri anlayıp düşünebilmesi için zaman tanımak lâzımdır. Hemen neticeye ulaşmayı

---

9 İbn İshâk, *Siyer*, s. 275.

10 Nisâ 4/63.

11 Ayrıntılı bilgi için bkz: Süleyman Ateş, *Yüce Kur'ân'ın Çağdaş Tefsiri*, IX, 453 vd.

beklememelidir. Bir bitkinin büyüyüp olgunlaşması için nasıl uzun bir zamana ihtiyaç varsa, insan için de durum böyledir.

Aynı şekilde bu safhada bıktırıcı olmamaya da dikkat etmek gerekir. Haftada bir gün müslümanlara va'z u nasihatte bulunan Abdullah b. Mes'ûd'a, her gün kendilerine ders verilmesi istenmesi üzerine o : "Ben size usanç vermek istemiyorum. Nitekim Hz. Peygamber (sav) de, va'z u nasihat hususunda, bize bıkkınlık gelmesin diye, halimize bakıp ona göre günler içinde gün kollardı", demiştir[12]. Şu halde yapılacak irşadda zamana da dikkat edilmeli, muhataba bıkkınlık vermeden, onun ilgisi ve isteği kadar konuşulmalıdır.

*

Burada dikkat edilmesi gereken husus, yer ve zaman konusuna muhatap açısından dikkat etme zarûretidir. Tebliğci açısından ise bu görev, her fırsatta yerine getirilmeye çalışılmalıdır. Nitekim Kur'ân-ı Kerîm'de bunun örneği verilmiş ve Hz. Nûh'un ağzından şöyle buyurulmuştur: *"Rabbim! Doğrusu ben kavmimi gece gündüz dâvet ettim, dedi"*[13]. Aynı şekilde Hz. Yûsuf'un da, hapishanede bile tebliğ görevine devam ettiği anlaşılmaktadır: *"Ey zindan arkadaşlarım! Çeşitli tanrılar mı daha iyi, yoksa gücüne karşı konulamaz olan bir tek Allah mı? Allah'ı bırakıp da taptığınız diğer şeyler, sizin ve atalarınızın taktığı bir takım boş isimlerden başka bir şey değildir. Allah, onlar(ın gerçekliği) hakkında herhangi bir delil indirmemiş (onlara hiçbir güç vermemiş)tir. Hüküm sadece Allah'a aittir. O size, yalnız kendisine ibâdet etmenizi emretmiştir. İşte dosdoğru din budur. Fakat insanların çoğu bilmezler"*[14].

*

---

12 Müslim, *Sıfâtü'l-Münâfikîn*, 82-83.
13 Nûh 71/5.
14 Yûsuf 12/39-40.

Bir topluluğa yapılacak nasihatte, isim vermeden sadece yapılan hataları söylemek ve bunların düzeltilmesi cihetine gitmek gerekir. Kur'ân'ın bu konudaki metodu da genel olarak böyledir. Yüce Allah din ve Peygamber düşmanlarını bile isim vermeden uyarmış, gerekli öğütlerde bulunmuştur.

Peygamber efendimizin usûlü de böyle olmuştur. O, hataları düzeltirken, isim vermeden tashih yoluna gitmiştir. Hz. Âişe'nin bildirdiğine göre Rasûlüllah, bir kimsede hoşa gitmeyen bir hâl görünce, "Filan kimseye ne oluyor da şöyle diyor?", demezdi. "Bir kısım insanlara ne oluyor ki şöyle diyorlar" şeklinde söylerdi[15]. Bununla birlikte onun, bazı önemli konularda, muhatabını açıkça tenkit edip uyardığı da olmuştur[16].

Bilindiği gibi, pek çok âyetin nüzûl sebebi, yani gönderiliş nedeni vardır. Bazen önemli bir olay olmuş veya sual sorulmuş ve bunun üzerine âyetler nâzil olmuştur. Yüce Allah istese Kur'ân'ı toptan indirebilirdi. Ama O, diğer bazı hikmetler yanında, ilgili konu üzerinde dikkatlerin toplanması ve insanların açıklamaya ihtiyaç duymasını gözetmiş, daha sonra ilgili sûre veya âyetleri indirmiştir. Böylece gelen vahye toplumun ilgisi de o derecede artmıştır. Bu konuda pek çok örnek vardır. Meselâ -daha sonra da bahsedileceği üzere- tedrîci bir şekilde yasaklama cihetine gidilen içki hakkında, son hüküm verilmeden önce, içki sebebiyle bazı üzücü durumlar yaşanmış ve artık içkinin kesin olarak yasaklanması arzu edilir olmuş ve hatta Hz. Ömer "Yâ Rabbî, içki hakkında tam ve yeterli bir açıklamada bulun"[17] diyecek hâle gelmiş ve kesin yasağı ifade eden âyetler nâzil olmuştur.

---

15 Ebû Dâvud, *Edeb,* 6.

16 Örnek için bkz: Kazancı, *age,* s. 130.

17 Ebû Dâvud, *Eşribe,* 1.

Demek ki irşadda hem muhatap için uygun zaman ve zemin gözetilecek hem de yapılacak uyarılar gurur kırmadan, onu inada sürüklemeden, uygun bir üslup ile yapılacaktır.

C. Akılcı Olmak

Muhatabın seviyesine uygun, makul düşünce ve bilgilerle hitap etmek gerekir. Bu bakımdan konular, mümkün mertebe açık ve anlaşılır hale getirilmeli, kabul edilebilir olmalıdır.

Kur'ân-ı Kerîm, muhatabını aklî deliller getirerek düşünmeye çağırır. Öncelikle kendi yaradılışını düşünmesini, ayrıca çevresinde olup bitenlere, yere, göğe, güneşe, aya, yıldızlara ve tabiat olaylarına bakmasını; bunların kendiliğinden olamayacağını, bir Yaradanının bulunduğunu; sorular sorarak, hatırlatmalar yaparak ikna eder. Bazı örnek âyet mealleri:

"Üstlerindeki göğe bakmadılar mı, onu nasıl yaptık, süsledik, hiçbir çatlağı yoktur? Arzı nasıl yaydık, ona sağlam dağlar attık, onda her güzel çifti bitirdik. (Bütün bunları) Allah'a yönelen her kulun, gönül gözünü açmak için ve (ona) ibret vermek için (yaptık)"[18].

"Eğer yerde ve gökte Allah'tan başka tanrılar olsaydı, yer de gök de bozulup gitmişti. Arşın sahibi Allah, onların nitelendirmelerinden münezzeh (yüce)dir"[19].

"De ki: Hiç düşündünüz mü, eğer Allah, geceyi üzerinize kıyâmet gününe kadar sürekli kılsa, Allah'tan başka size bir ışık getirecek tanrı kimdir? Hâlâ dinlemeyecek misiniz? De ki: Söyleyin bakalım, eğer Allah üzerinizde gündüzü kıyâmet gününe kadar sürekli kılsa, Allah'tan başka, size dinleneceğiniz geceyi getirecek tanrı kimdir? Hâlâ görmeyecek misiniz?"[20].

---

18 Kaf 50/6-8.

19 Enbiyâ 21/22.

20 Kasas 28/71-72.

"Görmediniz mi Allah, göklerde ve yerde bulunan şeyleri size boyun eğdirdi ve size zâhir ve bâtın (görülen, görülmeyen, bildiğiniz ve bilmediğiniz) nimetleri bol bol verdi? Yine de insanlardan kimi var ki ne bilgisi, ne yol göstereni ve ne de aydınlatıcı bir kitâbı olmadan Allah hakkında tartışır durur"[21].

"Ey insanlar! Allah'ın size olan nimetini hatırlayın: Allah'tan başka size gökten ve yerden rızık verecek bir yaratıcı var mı? O'ndan başka tanrı yoktur. Nasıl oluyor da gerçekten çevriliyorsunuz!"[22].

"İnsan yediğine bir baksın: Yağmurlar yağdırdık. Sonra toprağı göz göz yardık da oradan daneler, üzümler, sebzeler, zeytinler ve hurmalar, iri ve sık ağaçlı bahçeler, meyveler ve çayırlar bitirdik. (Bütün bunlar) sizi ve hayvanlarınızı yararlandırmak içindir"[23].

Muhatabın dayandığı delillerin aklî yönden çürütülmesi de gerekir; böylece onun dayandığı delillerin yanlışlığı ortaya çıkar ve kişi gerçeğe ulaşabilir. Kur'ân-ı Kerîm'deki peygamber kıssalarını ve bu kıssalarda geçen konuşmaları, bu hususa örnek olarak göstermek yeterlidir. Bir misal:

"İbrahim, babasına ve kavmine: Şu karşısına geçip tapmakta olduğunuz heykeller de nedir? demişti.

'Babalarımızı onlara tapar bulduk' dediler.

Doğrusu siz de, babalarınız da açık bir sapıklık içine düşmüşsünüz, dedi.

'Sen bize gerçeği mi getirdin, yoksa şaka yapanlardan mısın?' dediler.

Hayır, dedi, sizin Rabbiniz göklerin ve yerin Rabbidir ki, onları yaratmıştır. Ben de buna şahitlik edenlerdenim. Allah'a yemin ederim ki, siz dönüp gittikten sonra putlarınıza bir tuzak kuracağım.

---

21 Lokman 31/20.

22 Fâtır 35/3.

23 Abese 80/24-32.

Nihayet (İbrahim) onları paramparça etti. Yalnız onların büyüğünü bıraktı; belki ona müracaat ederler diye.

(Döndükleri zaman): 'Bunu tanrılarımıza kim yaptı? Muhakkak o zalimlerden biridir' dediler. 'Onları diline dolayan bir genç işittik, kendisine İbrahim deniliyormuş' dediler. 'Onu insanların gözü önüne getirin de (ona nasıl ceza verdiğimize) tanık olsunlar' dediler. 'Bunu tanrılarımıza sen mi yaptın ey İbrahim?' dediler.

Belki de bu işi şu büyükleri yapmıştır, onlara sorun; eğer konuşuyorlarsa! dedi.

Bunun üzerine kendi vicdanlarına dönüp, 'Hakikaten sizler haksızsınız' dediler. Sonra tekrar eski inanç ve tartışmalarına döndüler de 'Sen bunların konuşmadığını pek âlâ biliyorsun' dediler.

İbrahim: Öyleyse siz, Allah'ı bırakıp da, size hiçbir fayda ve zarar vermeyen şeylere mi tapıyorsunuz? dedi. Size ve Allah'tan başka taptıklarınıza yazıklar olsun! Aklınızı kullanmıyor musunuz siz?"[24].

Peygamberimiz de daima muhatabının anlayışına ve kavrayışına uygun, mâkul şeyler söyler; onun aklına ve sağduyusuna hitap ederdi.

Bir gün bir genç, Peygamberimize gelerek:

— Bana zina etmem için izin ver, dedi. Orada bulunanlar, genci azarlayarak susturmak istediler. Peygamberimiz, delikanlının yanına gelmesini istedi ve sordu:

— Söyle bakalım, bir başkasının senin annenle zina etmesini ister misin? Delikanlı:

— Kesinlikle istemem, diye cevap verdi. Peygamberimiz:

— İnsanlar da böyledir, analarıyla zina edilmesini arzu etmezler. Peki, kızınla zina edilmesini ister misin? buyurdu. Delikanlı:

---

24 Enbiyâ 21/52-56.

— Hayır, ey Allah'ın Elçisi, asla istemem, diye cevap verince Rasûlüllah:

— İnsanlar da böyledir, kızlarıyla zina edilmesine razı olmazlar, buyurdu.

Daha sonra kız kardeşini, halasını, teyzesini bu yolda görünce hoşlanıp hoşlanmayacağını sordu. Genç adam hoşlanmayacağını söyleyerek hatasını anladı ve Rasûlüllahın yanından tevbe ederek ve onun hayır duasını alarak ayrıldı[25].

Ebû Hüreyre'nin bildirdiğine göre, siyah bir oğlan çocuğu doğurduğu için eşinden şüphelenen bir kişi, Peygamberimize gelerek bu durumu arz etti. Peygamberimiz ile bu zât arasında şu konuşma geçti:

— Senin develerin var mı?

— Evet, var.

— O develerin renkleri nasıldır?

— Kırmızıdır.

— Bunların içinde beyazı siyaha çalan boz deve var mıdır?

— Evet, vardır.

— O boz renk nereden oldu?

— Soyundan bir damarına çekmiş olsa gerek.

— Senin oğlun da, soyunuzdan birine çekmiş olabilir[26].

D. Eski Bilgileri Sorgulatmak

Muhataba yeni bir yolu, yeni bir fikri ve inancı benimsetmeden önce, onun eski bilgi ve inançlarının, kendisi tarafından

---

25 Ahmed b. Hanbel, *el-Müsned,* V, 256-257; Heysemî, *Mecmeu'z-Zevâid,* I, 129.

26 Buhârî, *Talâk,* 26; Müslim, *Liân,* 18-20.

sorgulanmasını sağlamak gerekir. İnsanın eski fikir ve alışkanlıklarından dönmesi oldukça zordur. Bu bakımdan önce onu, bulunduğu durum üzerinde düşünmeye, kendi kendini yargılamaya sevk etmek olmak lâzımdır. Böylelikle onun doğruyu bulması ve benimsemesi daha kolay hale gelir.

Gerçekten insanların bir şeye önceden şartlanmış olması önemli bir husustur. Bir duruma şartlanmış olan kimseleri, içinde bulundukları bu durumdan kurtarmak kolay olmaz; uzun çabalar gerektirir. İnsanlar yaşadıklarını, gördüklerini ve duyduklarını hep bu şartlanmaya göre algılayıp değerlendirirler: Amerika'da, okumuş-okumamış, genç-ihtiyar her seviyeden oluşmuş büyük bir grup üzerinde şöyle bir deneme yapılmış: Kendilerine kısa kısa bazı filmler seyrettirilmiş. Bir filmde de şu sahne varmış: Üç-dört tane zenci genç, iki beyaz polisi dövüyorlarmış... Filmler izlettirildikten bir süre sonra, bu karma gruptan bu sahneyi anlatmaları istenmiş. Bu kişilerin büyük bir çoğunluğu, daha önceki şartlanmalarına bağlı olarak, "iki beyaz polisin, zenci gençleri dövdüklerini" anlatarak, izledikleri filmi nasıl ters algıladıkları ortaya çıkmıştır. Bu örnekten de anlaşılacağı üzere, muhatabın bazı ön yargıları, saplantıları varsa, önce bunların üzerinde durmak, onu bu şartlanmalar üzerinde düşünmeye sevk edip, bunlardan arınmasını sağlamak faydalı olacaktır.

Kur'ân-ı Kerîm'de bu metoda da başvurulduğu görülmektedir:

"Onlara, Allah'ın indirdiğine ve Rasûl'e gelin, denildiği zaman, 'Babalarımızı üzerinde bulduğumuz (yol) bize yeter' derler. Ataları hiç bir şey bilmiyor ve doğru yol üzerinde bulunmuyor iseler de mi?"[27].

"Onlar bir kötülük yaptıkları zaman: 'Babalarımızı bu yolda bulduk, Allah da bize bunu emretti' derler. De ki: Allah kötülüğü emretmez, Allah'a karşı bilmediğiniz şeyleri mi söylüyorsunuz?"[28].

---

27 Mâide 5/104.

"Onlara İbrahim'in haberini de oku. Hani o, babasına ve kavmine: Neye tapıyorsunuz? demişti. 'Putlara tapıyoruz ve onlara tapmaya devam edeceğiz' diye cevap verdiler. Peki, dedi, siz dua ettiğiniz zaman onlar işitiyorlar mı? Yahut size fayda ya da zarar verebiliyorlar mı? 'Hayır, ama babalarımızın böyle yaptıklarını gördük' dediler. İbrahim dedi ki: İyi ama ister sizin, ister önceki atalarınızın neye taptığınızı (biraz olsun) düşündünüz mü?"[29].

"Onlara, Allah'ın indirdiğine uyun, dendiğinde: 'Hayır, biz babalarımızı üzerinde bulduğumuz yola uyarız' derler. Ya şeytan, onları alevli ateşin azabına çağırıyor idiyse!"[30].

"(Salih) dedi ki: Ey kavmim! Eğer ben Rabbimden (verilen) apaçık bir delil üzerinde isem ve O bana kendinden bir rahmet vermişse, buna ne dersiniz? Bu durum karşısında O'na karşı gelirsem, beni Allah'tan kim kurtarır? Sizin bana, ziyanımı artırmaktan başka bir katkınız olamaz"[31].

Peygamber efendimiz, tartıştığı kişilerin önce görüşlerini dinler, daha sonra da onların fikirlerine cevap olarak ilgili Kur'ân âyetlerini okurdu. Dolayısıyla o da, okuduğu âyetlerle, bu kişilerin alışageldikleri hatalı hayat tarzını ve benimsedikleri yanlış fikirleri, Kur'ân'ın diliyle onlara ifade etmiş oluyordu.

Bir defasında Kureyşliler, aralarından Utbe b. Rebîa'yı temsilci seçerek, Peygamberimize gönderdiler. Utbe, Allah'ın Elçisine şunları söyledi:

— Ey Muhammed! Sen bizim en şereflimizsin. Biz seni hep akıllı, iyiliksever ve sevimli bir adam olarak tanırız. Kimseye bir kötülük ettiğini de görmedik. Bana açıkça söyle, ne istiyorsun? Para istiyorsan, emin ol ki halk, istediğin kadar parayı sana toplayacaktır.

---

28 A'râf 7/28.

29 Şuarâ 26/69-76.

30 Lokmân 31/21.

31 Hûd 11/63.

Kadın istiyorsan, sana şehrin en güzel kızlarını nikâhlayalım. Mekke'ye hâkim olmak sevdasındaysan, seni en yüksek başkanımız olarak kabule hazırız. Ama şu söylediklerinden, putlarımızı kötülemekten vazgeç artık. Peygamberimiz:

— Söyleyeceklerin bitti mi? diye sordu. Utbe:

— Evet, dedi.

— Öyleyse şimdi de sen beni dinle, buyurarak Fussılet sûresinin başından okumaya başladı.

Biraz dinledikten sonra, şaşkına dönen Utbe:

— Bu kadarı yeterli, deyip geri döndü.

Kureyşliler onu değişik bir yüzle görünce, şüphelenip merakla durumu sordular. Utbe onlara şunları söyledi:

— And olsun, ondan öyle bir söz işittim ki, şiir değil, sihir değil, kehanet değil. Ey Kureyşliler, beni dinleyin: Bu adamı kendi hâline bırakın. Eğer başarıya ulaşamazsa, zaten Arabistan onu mahveder; siz de kurtulursunuz. Ama başarırsa, bu sizin de başarınız demektir; sizin aranızdan çıktığı için onunla iftihar edersiniz.

— Muhammed seni de büyülemiş, diye söylendiler. Utbe:

— Benim görüşüm budur, artık istediğinizi yapın, diye cevap verdi[32].

E. Yumuşak Söz ve Hoşgörü

"Tatlı söz yılanı deliğinden çıkarır" diye bir atasözü vardır. Gerçekten hitabet ve irşadda sonuç alabilecek en önemli metot, muhataba yumuşak bir tarzda hitap etmektir. Yumuşak söz, en aksi insana bile tesir eder; hiç olmazsa onu zararsız hale getirir. Bu

---

32 İbn İshâk, *Sîret*, s. 187-188.

bakımdan "kavl-i leyyin (yumuşak söz)" her zaman göz önünde bulundurulacak prensip olmalıdır.

Muhataba karşı kırıcı olmak, incitici sözler söylemek, aşağılamak, azarlamak asla doğru değildir. Bunun yerine rıfk ve şefkati, hoşgörü ve kolaylığı esas almak lâzımdır.

Kur'ân-ı Kerîm'de, "yumuşak huylu, içli ve kendisini Allah'a vermiş" bir insan olarak[33] tanıtılan Hz. İbrahim'in, oğluna "oğulcuğum, yavrucuğum" diye; onun da babasına "babacığım" tarzında hitap etmesi[34]; kezâ yine Hz. İbrahim'in, babası Âzer'e, şirkin yanlışlığını ve tevhîde yönelmenin gerekliliğini anlatırken, hep "babacığım" diye söze başlaması[35]; Hz. Yûsuf'un, babası Hz. Ya'kûb'a "babacığım" şeklinde hitap etmesi[36]; Hz. Lokman'ın, oğluna nasihat ederken, "oğulcuğum, yavrucuğum" ifadelerini kullanması[37]... bütün bunlar, nezâket ve yumuşaklığın önemini gösteren örnekler olarak değerlendirilmelidir.

Kur'ân-ı Kerîm'in konumuzla ilgili diğer bazı âyetlerinin anlamı da şöyledir:

"Güzel söz söylemek ve affetmek, peşinden eziyet gelen bir sadakadan daha hayırlıdır"[38].

"Allah'ın rahmeti sebebiyledir ki sen onlara yumuşak davrandın. Eğer kaba ve katı kalpli olsaydın, etrafından dağılır giderlerdi. Öyleyse onları affet ve onlar için mağfiret dile"[39].

"Onlara öğüt ver ve onlara içlerine tesir edecek güzel söz söyle"[40].

---

33 Hûd 11/75.
34 Sâffât 37/102.
35 Meryem 19/44-45.
36 Yûsuf 12/14, 100.
37 Lokman 31/13, 16, 17.
38 Bakara 2/263.
39 Âlü İmrân 3/159.
40 Nisâ 4/63.

"Sen hikmetle, güzel öğütle Rabbinin yoluna çağır ve onlarla en güzel şekilde mücadele et"[41].

"Kullarıma söyle: en güzel sözü söylesinler. Çünkü şeytan aralarına girer (onları tartışmaya ve kötülüğe sevk eder). Zira şeytan, insanın apaçık düşmanıdır"[42].

"İyilik ve kötülük bir olmaz. Sen kötülüğü en güzel şekilde sav. O zaman, seninle arasında düşmanlık bulunan kimse, sanki sıcak bir dost oluvermiştir"[43].

Bu âyetleri kendisine prensip edinen Peygamberimiz de şöyle buyurmuştur:

"Güzel söz bir sadakadır"[44].

"Yarım hurma ile olsun, cehennemden korununuz; bunu da bulamayan güzel söz söylesin"[45].

"Kardeşini güler yüzle karşılamak şeklinde dahi olsa, iyilikten hiçbir şeyi küçümseme"[46].

Muhataba, Allah'ın kendisine bahşettiği nimetleri hatırlatmak, insafa davet etmek, onu kırmadan, gücendirmeden gerçeğe ulaşmasına yardımcı olmak, hoş görülü davranmak, Kur'ân'ın benimsediği prensipler arasındadır:

"Biz gökleri, yeri ve bunlar arasında bulunanları hak ile yarattık. O saat (kıyâmet) mutlaka gelecektir. Şimdi sen güzel bir hoşgörü ile hareket et"[47].

---

41 Nahl 16/125.
42 İsrâ 17/53.
43 Fussılet 41/34.
44 Buhârî, *Cihâd*, 128; Müslim, *Zekât*, 56.
45 Buhârî, *Zekât*, 10; Müslim, *Zekât*, 68.
46 Müslim, *Birr*, 144; Ebû Dâvud, *Libas*, 24; Tirmizî, *Et'ıme*, 30.
47 Hıcr 15/85.

"Sizden fazilet ve servet sahibi kimseler, yakınlığı bulunanlara, yoksullara, Allah yolunda göç edenlere bir şey vermemeye yemin etmesinler, affetsinler, feragat göstersinler. Allah'ın sizi bağışlamasını istemez misiniz? Allah çok bağışlayandır, çok merhametlidir"[48].

"Rahmân'ın (has) kulları onlardır ki, yeryüzünde tevazu ile yürürler ve kendini bilmez kimseler onlara lâf attığında (incitmeksizin) "Selâm!" derler (geçerler)"[49].

Yüce Allah'ın nimetlerini hatırlatarak muhatabı insafa davet eden bazı âyet mealleri de şöyledir:

"O Rab ki, yeri sizin için bir döşek, göğü de bina yaptı. Gökten su indirerek onunla, size rızık olarak çeşitli ürünler çıkardı. Artık bile bile Allah'a ortaklar koşmayın"[50].

"Allah sizi annelerinizin karnından çıkardığı zaman hiçbir şey bilmiyordunuz. Size işitme (duyusu), gözler ve gönüller verdi ki şükredesiniz"[51].

"And olsun biz, Âdemoğullarını şan ve şeref sahibi kıldık. Onları (çeşitli nakil vasıtaları ile) karada ve denizde taşıdık. Onları güzel rızıklarla besledik ve onları yarattıklarımızın birçoğundan üstün kıldık"[52].

"O, geceyi sizin için örtü, uykuyu dinlenme, gündüzü de kalkıp çalışma zamanı yaptı. Ve O, rüzgârları rahmetinin önünde müjdeci olarak gönderdi. Ve gökten tertemiz bir su indirdik ki onunla ölü bir beldeyi diriltelim ve onunla yarattığımız hayvanlardan ve insanlardan birçoğunu sulayalım"[53].

---

48 Nûr 24/22.
49 Furkan 25/63.
50 Bakara 2/22.
51 Nahl 16/77-78.
52 İsrâ 17-70.
53 Furkan 25/47-49.

"Eğer Allah'ın nimetini saymaya kalksanız, sayamazsınız. Gerçekten Allah çok bağışlayan, pek esirgeyendir"[54].

İrşadda, her zaman için rıfk (yumuşak davranış), şefkat ve hoşgörü esas olmalıdır. Peygamber efendimiz: *"Allah rıfk sahibidir ve bütün işlerde rıfk ile (yumuşaklıkla) davranılmasını sever"*[55]; *"Rıfk, bulunduğu işi güzelleştirir, rıfkın kaldırılması ise o şeyi çirkinleştirir"*[56], buyurmuştur.

Mürşid, Peygamberimizin: *"Çocuğuna göre baba ne ise, size göre de ben öyleyim"*[57], sözünü kendisine rehber edinmelidir. Bir baba, evlâdını nasıl maddî ve mânevî tehlikelerden korur, onun gerekli ihtiyaçlarını karşılar, çocuğunun eğitim ve terbiyesiyle meşgul olur ise, mürşid de böyle olmak durumundadır.

Peygamberimiz, ashabıyla birlikte Mescitte bulundukları bir sırada, bedevi (göçebe) birisi içeri girdi ve iki rekât namaz kılıp: "Allah'ım, bana ve Muhammed'e rahmet et, kimseye bizimle beraber rahmet eyleme", diye dua etti. Peygamberimiz: "Pek geniş olan İlâhî rahmete sınır çektin", buyurarak onun bu hatasını düzeltti. Biraz sonra bu şahıs kalkıp, Mescidin bir köşesine giderek küçük abdest bozmaya başlayınca, şaşkına dönen sahâbîler bağrışmaya başladılar. Rasûlüllah, onlara müdahale ederek: "Bırakın işini bitirsin; sonra orayı su ile temizlersiniz", dedi. Daha sonra bu kimseyi yanına çağırarak, camilerin Allah'ı zikretmek, namaz kılmak, Kur'ân okumak için yapıldığını, kirletilmemesi gerektiğini anlattı[58].

Enes b. Mâlik şöyle anlatıyor: Bir gün Rasûlüllah (sav) ile gidiyorduk. Üzerinde Necran kumaşından yapılmış sert kenarlı bürde vardı. Bu sırada arkasından bir bedevî yetişerek, Peygamberin

---

54 Nahl 16/18.

55 Buhârî, *İstitâbe,* 4; Müslim, *Selâm,* 10.

56 Müslim, *Birr,* 78; Ebû Dâvud, *Cihâd,* 1.

57 Ebû Dâvud, *Tahâret,* 4.

58 Buhârî, *Edeb,* 27, 35; Müslim, *Tahâret,* 98-100.

elbisesini şiddetle çekti. Baktım, bu çekişin şiddetinden cübbenin kenarı, Peygamberimizin boynunda iz bırakmıştı. Sonra bedevî:

— Ey Muhammed! Senin yanında bulunan Allah'ın malından bana vermelerini emret! dedi. Rasûlüllah onun yüzüne bakıp gülümsedi ve kendisine bir şeyler verilmesini emretti[59].

Sahâbeden Muâviye b. Hakem es-Sülemî, başından geçen şöyle bir olay anlatır:

Rasûlüllah (sav) ile namaz kılarken, cemaatten birisi aksırdı. Bunun üzerine ben (aksıran birisine Allah sana rahmet etsin anlamında söylenen) "Yarhamükallâh" dedim. Ahâli bana baktılar. Bunun üzerine ben:

— Yazıklar olsun bana, ne var, neden bakıyorsunuz? dedim.

Bu sefer elleriyle dizlerini vurmaya başladılar. Onların beni susturmaya uğraşmaları üzerine sükût ettim.

Rasûlüllah, namazı bitirince -anam babam ona fedâ olsun, ondan evvel de ondan sonra da tâlim ve irşadı kendisinden daha güzel bir muallim görmedim- bana karşı surat asmadı, azarlamadı ve şöyle buyurdu:

— Bu namazdır; bunda dünya kelâmının yeri yoktur. Namaz tesbîhdir, tekbîrdir ve Kur'ân okumaktır[60].

Görüldüğü gibi gerek Kur'ân'da, gerek sünnette muhataba hoşgörü ve tatlı söz ile muamele edilmesi gerektiği ortaya konulmuş bulunmaktadır.

F. Önceliklerin Tespiti ve Tedrîcîlik

İnsanın yaradılışında ve dünyaya gelişinde olduğu gibi, eğitilmesinde de tedrîcîlik yani azar azar, aşama aşama ilerlemek

---

59 Buhârî, *Libâs,* 18; İbn Mâce, *Menâsik,* 30.

60 Müslim, *Mesâcid,* 33.

esastır. Mevsimlerin değişmesi, tabiattaki bitki ve diğer canlıların yetişmesi nasıl yavaş yavaş, aşama aşama gerçekleşiyorsa, insanın olgunlaşması da böyledir. Onu yavaş yavaş işleyip kemâle erdirmek gerekir. Aksi tutum, fıtrata aykırıdır. Nitekim Kur'ân-ı Kerîm de, 22 yıllık bir zaman içinde parça parça nâzil olmuştur. Ondaki emir ve yasaklar da kademe kademe ortaya konmuştur.

Kur'ân'ın vahiy süreci göz önüne alınırsa, dâvette ilk ve en mühim adımın, tevhîd akîdesini yerleştirmek olduğu görülür. Çünkü sağlam îman her şeyin başıdır; insanı aksiyona sevk eden îmandır.

İşte Kur'ân-ı Kerîm, önce insanlara sağlam, doğru ve temiz bir îman aşıladı: Allah'tan başka tanrı bulunmadığını, O'nun ortaklarının ve benzerinin olmadığını, her şeyi O'nun yarattığını ve sadece O'na ibâdet edilmesi gerektiğini açıkladı. Ayrıca insanların öldükten sonra diriltileceklerini, dünyada iken yaptıkları her şeyin hesabını vereceklerini; inanıp iyi işler (salih amel) yapanların cennete, inanmayanların ve kötülerin cehenneme gideceklerini bildirdi.

Böyle bir sağlam îmanı yerleştirdikten sonra da, onları hem fert, hem toplum olarak kemâle erdirecek, yükseltip yüceltecek ahlâk ve ibâdet esaslarını ortaya koydu.

Farz ibâdetler de tedrîcî olarak vaz' edildi:

Dînimizde bilinen şekliyle beş vakit namaz, Mi'rac gecesi farz kılınmıştır. Müslümanlar namazı daha önce sabah ve akşam iki vakitte ikişer rekât olarak kılıyorlardı[61].

Keza oruç, hicretin ikinci yılında farz kılınmıştır. Peygamberimiz, daha önce, müslümanlara her ay üç gün oruç tutmalarını

---

61 Bu konuda geniş bilgi için bkz: İ. Kâfi Dönmez, "Namaz", *İslâm'da İnanç İbâdet ve Günlük Yaşayış Ansiklopedisi,* III, 427 vd; İSAM, *İlmihal,* I, 219 vd.

tavsiye etmişti. Müslümanlar, vakti ve miktarı zorunlu olmayacak şekilde, isteğe bağlı oruç tutarlardı[62].

Peygamberimizin şu talimatı da, dâvetteki tedrîcîliği gösteren en açık örnektir:

Abdullah b. Abbâs'ın bildirdiğine göre, Rasûlüllah (sav) Muâz b. Cebel'i Yemen'e gönderirken şöyle buyurdu:

"Ey Muâz! Önce onları, Allah'tan başka tanrı olmadığına ve benim Allah'ın Elçisi olduğuma inanmaya dâvet et. Eğer bunu kabul ederlerse, bu defa her gece ve gündüz Allah'ın onlara beş vakit namazı farz kıldığını bildir. Eğer bunu da kabul ederlerse bu kez, Allah'ın onların zenginlerinden alınıp fakirlerine verilmek üzere zekâtı farz kıldığını bildir"[63]. Buhârî'nin başka bir rivâyetinde, namazı kılarlarsa zekâtı emretmesi, zekât alırken de mallarının en iyisinden almamasını buyurmuştur[64].

İnsanlar, kötü alışkanlıklardan da aynı yöntemle uzaklaştırdı. Bu konuda akla ilk gelen örnek, içkinin kademe kademe yasaklanmış olmasıdır. İlgili âyetlerin meâli şöyledir:

---

62 Geniş bilgi için bkz: Tâhir'ül Mevlevî (Olgun), *Müslümanlıkta İbadet Tarihi*, s. 102 vd.

63 Buhârî, *Zekât*, 1.

64 Buhârî, Zekât, 41. Bu hadis, Buhârî'nin *Sahîh*'inde yedi yerde geçmektedir. Kâmil Miras, *Tecrîd-i Sarîh Tercemesi*, V, 4. Bu hadiste oruç ve haccın zikredilmemiş olması şöyle izah edilmiştir: Yüce Allah, Kur'ân-ı Kerîm'de namaz ile zekâtı daha çok zikretmiş ve bu ikisi birlikte defalarca kaydedilmiştir. Bu hadiste de sadece bunlarla yetinilmiştir. Aslında Peygamberimiz İslâm'ın beş esasını başka bir hadislerinde açıklamıştır: Bkz. Buhârî, *İmân*, 37; Müslim, *İmân*, 19-22. Bu bakımdan O, bu hadisinde üçünü zikretmekle yetinmiştir. Bkz: *Tecrîd-i Sarîh Tercemesi*, V,13-14. Şöyle bir yorum da yapılabilir: Hadis'te zikredilmeyen oruç ve hac, özel zamanı olan (biri Ramazan ayında diğeri de hac mevsiminde Zilhicce ayında îfâ edilen) iki ibâdettir. Muâz b. Cebel Yemen'e giderken, muhtemelen bu iki ibâdet vaktine daha çok zaman bulunduğu ve tebliğinde âciliyet bulunmadığı için zikrine gerek görülmemiştir. Vakti gelince Muâz b. Cebel'in bunları da bildirmesi tabiidir.

"Hurma ve üzüm meyvelerinden hem içki hem de güzel rızık elde edersiniz. Şüphesiz bunda aklını kullanan bir toplum için ibret vardır"[65]. İçki hakkında ilk nâzil olan bu âyette, içki "güzel rızık"tan ayrı olarak zikredilmiş; ince bir üslupla bunun güzel bir şey olmadığı anlatılmıştır[66].

"Sana şaraptan ve kumardan soruyorlar. De ki: Her ikisinde de büyük günah vardır; insanlara bazı faydaları varsa da, günahları faydasından daha büyüktür"[67]. Bu âyette, içkinin zevk ve ticaret açısından, kumarın da kazanç açısından zâhirî bazı faydaları var gibi görünüyorsa da, aslında pek çok zararları bulunduğuna dikkat çekilmiştir.

"Ey inananlar! Sarhoş iken, ne söylediğinizi bilinceye kadar namaza yaklaşmayın"[68]. Bu âyet ile de, bir müslüman için en büyük ibâdetlerden birisi olan namaz, sarhoşa yasaklanmış; böylece Allah'a ibâdet etmek isteyenin içki içmemesi gerektiğine dikkat çekilmiştir. Ayrıca bu âyetle (beş vakit namaz kılma gereği göz önüne alınırsa) içki içme zamanı da daraltılmıştır.

"Ey îman edenler! Şarap, kumar, dikili taşlar (putlar), fal ve şans okları, şeytan işi birer pisliktir. Bunlardan uzak durun ki kurtuluşa eresiniz. Şeytan, içki ve kumar ile aranıza düşmanlık ve kin sokmak, sizi Allah'ı anmaktan ve namazdan alıkoymak ister. Artık vazgeçtiniz değil mi?"[69]. İşte bu iki âyet ile de, belirli bir süre içinde bu konuda uyarılıp, bu kötü alışkanlıklarından soğutularak uzaklaştırılan müslümanlara kesin yasak getirilmiş; artık bu yasaktan sonra bu tür kötü alışkanlıkların tamamen bırakılması istenmiştir.

Bu örnekte görüldüğü gibi, diğer emir ve yasaklarda da hep bu tedrîcîlik esas alınmıştır.

---

65 Nahl 16/67.
66 Hamdi Yazır, *Hak Dini Kur'ân Dili,* V, 3107.
67 Bakara 2/218.
68 Nisâ 4/43.
69 Mâide 5/90-91.

Nitekim riba/faiz de, içki gibi tedrîcî olarak yasaklanmıştır: Konuyla ilgili dört âyetten birincisi (Rûm 30/39) Mekkî, diğerleri Medenîdir. İlk âyette, faizin Allah katında bir değerinin olmadığına, buna karşılık zekâtın değerine işarat edilerek ilk uyarı yapılmıştır. İkinci âyette (Nisâ 4/161), kendilerine yasak kılındığı halde yahudilerin faiz yemeye devam ettikleri ve bu yüzden Allah tarafından cezalandırıldıkları anlatılarak, daha etkili bir ikazda bulunulmuş, müslümanlar için de bunun haram kılınacağına işaret edilmiştir. Üçüncü âyette (Âlü İmrân 3/130), özellikle faizin mürekkep şekli (kat kat riba) yasaklanmıştır. Ve son olarak, kesin ve kapsamlı yasak getirilerek (Bakara 2/275-279) konuya son şekli verilmiş ve her türlü faiz haram kılınmıştır*.

Hz. Âişe, izah etmeye çalıştığımız bu tedrîcîlik hususuna dikkat çekerek, Kur'ân'dan ilk inen âyetlerde cennet ve cehennemden bahsedildiğini, insanlar İslâm'a ısındırıldıktan sonra helâl ve haramla ilgili âyetlerin nâzil olmaya başladığını; eğer ilk olarak "içki içmeyin", "zina etmeyin" gibi buyruklar gelseydi, insanların belki de buna yanaşmayacaklarını vurgulamıştır[70].

Demek ki dâvetçi de, görevini ifa ederken muhatabın durumuna göre, esas'tan teferruata doğru tedrîcî, kademeli, aşamalı bir program yürütmek durumundadır. Bu konuda şöyle denilmiştir: "Vazifemiz: Şirkte olanı şekke (şirk üzerinde şüpheye düşürmeye), şekde (şüphede) olanı îmana, îmanda olanı ibâdete, ibâdette olanı takvâya götürmektir".

*

Tedrîcîlik konusunda dikkat edilmesi gereken diğer bir husus da, "muhatap edinme" açısından tedrîcîliği de göz önünde bulundurmaktır. Yani, mürşid önce kimi irşad etmelidir? sorusuna dikkat etmektir. Bu konuda akla ilk gelen husus, elbette mürşidin yakın

---

* Geniş bilgi için bkz: Merâğî, Ahmed b. Mustafa, *Tefsîru'l-Merâğî*, III, 59-61 (Abdullah Diraz'dan nakletmiştir).

70 Buhârî, *Fedâilü'l-Kur'ân*, 6.

çevresidir. Önce aile bireylerinden başlamak, sonra akraba ve komşulara, daha sonra da büyüyen halkalar şeklinde yakından uzağa doğru irşadı yaygınlaştırmak olmalıdır. Nitekim bu konuda Peygamberimize verilen emir ve uygulama da böyle olmuştur: *"(Önce) en yakın akrabanı uyar"*[71].

Bu âyet nâzil olunca Peygamberimiz, Safâ tepesine çıkıp Kureyşlilere seslenmiş ve her bir sülâleye ayrı ayrı "ey filan oğulları, ey filan oğulları!" diye hitap ederek, daha önce metnini verdiğimiz konuşmasını yapmıştır[72].

Daha sonra halka genişletilmiş ve bütün insanlara ve cinlere teşmil edilmiştir: *"Bu Kur'ân bana, sizi ve ulaştığı herkesi kendisiyle uyarmam için vahyolundu*[73]*". "Bu (Kur'ân), kentlerin anası (Mekke) ve çevresindekileri uyarman için sana indirdiğimiz feyiz kaynağı bir kitaptır"*[74]. *"Biz seni bütün insanlara müjdeleyici ve uyarıcı olarak gönderdik"*[75]. *"Biz seni ancak âlemlere rahmet olarak gönderdik"*[76].

Peygamber efendimiz, bütün ömrünü kendisine verilen görevi yerine getirmek için harcamış, İslâm'ı sadece Araplara değil; elçiler göndererek, mektuplar yazarak ve seferler düzenleyerek bütün insanlığa duyurmaya çalışmıştır.

Günümüzün teknik imkânları göz önüne alınırsa, basınıyla, radyosuyla, televizyonuyla, internetiyle artık tebliğ görevinin iyice kolaylaştığı görülür; yeter ki tebliğci kendisini iyi yetiştirmiş olsun ve bu imkânlardan usulünce istifade etmesini bilsin.

G. Kolaylık

İnsan, genel olarak kolaylıktan hoşlanır. Zor işler bile, kolay bir metotla başarılabilir.

---

71 Şuarâ 26/214.

72 Buhârî, *Tefsir*, Sûretü Tebbet; Müslim, *Îmân*, 355.

73 En'âm 6/19.

74 En'âm 6/92.

75 Sebe' 34/28.

76 Enbiyâ 21/107; ayrıca bkz: Ahkaf 46/29-31, Cinn 72/1-2.

Dinimiz de insan tabiatına en uygun dindir; bu bakımdan onun "kolaylığı" esas alması da tabîîdir. "İslâm dini, küçük bir azınlığın dini olmayıp, bütün beşeriyetin dinidir. Yüce Allah, insanları standart tek bir ölçüde ve karakterde yaratmamıştır. Bu kadar değişik huy ve karakterde olan insanlara yön verecek esasları, hepsine şâmil olacak derecede sağlam ve değişmez esaslarda birleştirirken, onların çok değişken olan huy ve davranışlarına da serbestlik vermek gerekmektedir. Bu da ancak kolaylık esası ile temin edilebilir. Hepsini her şeyde ve her hususta aynı şeyde birleştirmek ve aynı şeyi yapmalarını istemek, onların tek standart olmayan tabiatlarını zora koşacaktır. Böylece tabiatlarına aykırı bir şeyi yapmaya zorlanmaları, hem fertlerin başarıları hem de konulan nizamın başarısı için iyi ve müspet netice vermez. Bunu çok iyi bilen Allah (çünkü insanı nasıl yarattığını kendisi bilir) İslâm dinini kolaylık esası üzerine kurmuştur"[77].

Tebliğci, bu gerçekten hareket ederek, muhatabına, gereken kolaylığı göstermeli; onu zora sokmamalıdır. Daha önce kaydedilen tedrîcîlik esasını da göz önünde bulundurmalı; her yönüyle sade ve temiz olan İslâm'ı, âyet ve hadislerin gösterdiği şekilde muhatabına kademe kademe aktarmalıdır.

Konumuzla ilgili bazı âyet mealleri:

"Allah, sizin için kolaylık ister, güçlük istemez"[78].

"Allah, kimseye gücünün üstünde bir şey teklif etmez"[79].

"Allah, sizden (yükünüzü) hafifletmek ister; çünkü insan zayıf yaratılmıştır"[80].

"Allah size herhangi bir güçlük çıkarmak istemez"[81].

"O Peygamber, onlara iyiliği emreder, kendilerini kötülükten meneder, onlara temiz şeyleri helâl, pis şeyleri haram kılar. Ağırlıklarını ve

---

[77] Hüseyin Atay, *Kur'ân'a Göre Araştırmalar*, II, 78-79.

[78] Bakara 2/185.

[79] Bakara 2/286.

[80] Nisâ 4/28.

[81] Mâide 5/6.

üzerlerindeki zincirleri indirir. Ona inanıp saygı gösteren, ona yardım eden ve onunla birlikte gönderilen nûr'a (Kur'ân'a) uyanlar, işte kurtuluşa erenler onlardır!"[82].

"(Ey Muhammed), biz, Kur'ân'ı sana güçlük çekesin diye indirmedik; Allah'tan korkanlara bir öğüt olsun diye indirdik"[83].

"O, sizi seçti ve din hususunda üzerinize hiçbir zorluk yüklemedi"[84].

Peygamber efendimiz de, prensip olarak daima kolaylığı seçmiş, kimseye, altından kalkamayacağı işi yüklememiştir. Müslümanlara da tavsiyesi böyle olmuştur: *"Kolaylaştırınız, zorlaştırmayınız; müjdeleyiniz, nefret ettirmeyiniz"*[85].

Başka bir hadislerinde ise: *"Şüphesiz din, kolaylıktır; kim bu dini güçleştirirse, din onu mağlup eder. Siz, ona yakın olanı yapınız, mu'tedil (ılımlı) olunuz"*[86], buyurmuştur.

Hz. Âişe'nin bildirdiğine göre Rasûlüllah, iki işten birini seçmek durumunda kalırsa, işlenmesi günah olmadığı takdirde, en kolayını seçerdi[87].

Bir hadisinde o: *"Ben, kolay uygulanan, müsâmahakâr bir din ile gönderildim"* buyurmuştur[88].

Hadis kaynaklarında nakledildiğine göre, bir zât, Peygamberimize gelerek, sahâbîlerden birinin, sabah namazını uzun kıldırdığı için cemaate katılamadığını söylemişti. Bu duruma çok kızan Peygamberimiz, müslümanları toplayıp, onlara şöyle buyurdu: *"Ey insanlar! İçinizde, müslümanları dinden soğutanlar var. Sizden biriniz imam olursa, namazı haddinden fazla uzatmasın. Çünkü onların arasında yaşlısı vardır, zayıfı vardır, ihtiyacı olanlar vardır"*[89].

---

82 A'râf 7/157.
83 Tâhâ 20/2-3.
84 Hacc 22/78.
85 Buhârî, *İlim,* 11; Müslim, *Cihâd,* 5.
86 Buhârî, *Îmân,* 29; Nesâî, *Îmân,* 18.
87 Buhârî, *Edeb,* 80; Müslim, *Fedâil,* 77-78.
88 Ahmed b. Hanbel, *el-Müsned,* II, 236; V, 266.
89 Buhârî, *Ahkâm,* 13; Müslim, *Salât,* 182.

Ashaptan üç kişi, Peygamberimizin evinde yaptığı ibâdetleri sorup öğrenmek üzere, onun evine gitmişlerdi. Onun ibâdeti anlatılınca azımsamış olacaklar ki: "Olabilir. Ama biz nerede, Allah'ın Elçisi nerede. Allah onun geçmiş ve gelecek bütün günahlarını affetmiştir" dediler. İçlerinden birisi, bundan böyle bütün gece namaz kılacağını, diğeri her gün oruç tutacağını, üçüncüsü de hiç evlenmeyeceğini söyledi. Bu durumu haber alan Peygamberimiz onları ve ashabını şu şekilde uyardı: *"Bazı kimseler şöyle şöyle söylemişler. Şunu biliniz ki içinizde en çok Allah'tan korkanınız benim. Buna rağmen ben bazen oruç tutarım bazen tutmam, gecenin bir kısmında namaz kılarım bir kısmında uyurum, kadınlarla da evlenirim (İşte benim sünnetim budur). Kim, benin bu yolumdan (sünnetimden) yüz çevirirse benden değildir"*[90].

Hz. Âişe'nin bildirdiğine göre Peygamberimiz şöyle buyurmuştur: *"Allah'ım! Kim, ümmetimin bir işini üzerine alır da, onlara güçlük çıkarırsa sen de ona güçlük çıkar. Kim de benim ümmetimin bir işini üzerine alır da, onlara yumuşak davranır, iyi muamele ederse, sen de ona yumuşak ve güzel muamele buyur"*[91].

H. Müjdelemek

Yumuşak ve tatlı söze ilâve olarak, muhatabı sevindirici, özendirici bilgiler, müjdeler vermek de irşad esaslarındandır. İnsana olumlu davranışları karşılığında kavuşacağı nimetler anlatılırsa, o daha çabuk ikna olur, yaptığını istek ve samimiyetle yapar. Nitekim insan terbiyesinde de müjdelemenin ve ödüllendirmenin önemli bir yeri vardır.

Kur'ân-ı Kerîm'in takip ettiği metotlardan birisi de budur. Örnek bazı âyet mealleri:

---

90 Buhârî, *Nikâh,* 1; Müslim, *Nikâh,* 1401.
91 Müslim, *İmâre,* 19.

"İnanıp iyi davranışlarda bulunanlara, içinden ırmaklar akan cennetler olduğunu müjdele. O cennetlerdeki bir meyveden kendilerine rızık olarak yedirildikçe: Bu, daha önce dünyada bize verilenlerdendir, derler. Bu rızıklar onlara (bazı yönlerden dünyadakine) benzer olarak verilmiştir. Onlar için cennette tertemiz eşler de vardır. Ve onlar, orada ebedî kalıcıdırlar"[92].

"Kim Allah'a ve Elçisine itaat ederse, işte onlar, Allah'ın nimet verdiği peygamberler, sıddîklar, şehidler ve salihlerle beraberdir. Onlar ne güzel arkadaştır! Bu lütuf, Allah'tandır. Bilen olarak Allah yeter"[93].

"(Allah'ın azabından korkup rahmetine sığınan) takvâ sahipleri, mutlaka cennetlerde ve pınar başlarında olacaklardır. 'Oraya emniyet ve selâmetle girin' (denilir). Biz, onların gönüllerindeki kini söküp atmışızdır; onlar köşkler üzerinde karşı karşıya oturan kardeşler olurlar. Onlara orada hiçbir yorgunluk dokunmayacak ve onlar, oradan çıkarılmayacaklardır. (Ey Muhammed), kullarıma benim çok bağışlayıcı ve pek esirgeyici olduğumu haber ver. Fakat benim azabım da çok acı bir azaptır"[94].

"Ey âyetlerimize inanan ve müslüman olan kullarım! Bugün size korku yoktur. Sizler üzülmeyeceksiniz de. Haydi, cennete girin! Siz ve eşleriniz, sevindirileceksiniz. Onlara altın tepsiler ve kadehler dolaştırılır. Orada canlarının istediği, gözlerinin hoşlandığı her şey vardır. Ve kendilerine: Siz, orada ebedî olarak kalacaksınız; işte yaptıklarınıza karşılık size miras verilen cennet budur. Orada sizin için bol bol meyveler vardır, onlardan yersiniz, denilir"[95].

"Müttakîler gerçekten güvenli bir makamdadır. Bahçelerde ve pınar başlarındadır. İnce ipekten ve parlak atlastan giysiler giyerek karşılıklı otururlar. Ayrıca onları, iri gözlü hûrilerle evlendirmişizdir. Orada güven içinde her meyveyi isterler. İlk tattıkları ölüm dışında, artık orada ölüm

---

92 Bakara 2/25.

93 Nisâ 4/69-70.

94 Hıcr 15/45-50.

95 Zuhruf 43/68-73.

tatmazlar. Ve Allah, onları cehennem azabından korumuştur. (Bunlar) Rabbinden bir lütuf olarak (verilmiştir). İşte büyük kurtuluş budur"[96].

Yüce Allah son Elçisi Hz. Muhammed (sav)'i, müjdeci ve uyarıcı olarak gönderdiğini de şu âyetlerle açıklamıştır:

"Ey Peygamber! Biz seni gerçekten bir şahit, bir müjdeci ve bir uyarıcı olarak gönderdik. Ve izniyle, Allah'a davetçi ve nûr saçan bir lâmba olarak (gönderdik). Allah'tan büyük bir lütfa ereceklerini müminlere müjdele"[97].

"Şüphesiz biz seni şahit, müjdeleyici ve uyarıcı olarak gönderdik"[98].

Peygamberimiz her zaman "müjdeleyici ve uyarıcı" olma vasfını muhafaza ederek görevini yapmıştır. Onun kolaylığı ve hoşgörüyü benimseyen söz ve davranışlarından daha önceki bahislerde söz edilmişti.

Ayrıca onun birçok hadisi vardır ki, gönülleri ferahlatır, ümit ve huzur verir, sevindirir; görülen olumsuzluklara, çekilen sıkıntılara karşı teselli kaynağı olur. Onun bu tür hadislerinden bazıları da şöyledir:

"Müslümanın başına gelen fenalık, hastalık, keder, hüzün, eza, iç sıkıntısından tutun da, bir diken batmasına kadar her musîbete karşılık Yüce Allah, o müslümanın suçlarını ve günahlarını örter"[99].

"Kuvvetli mümin, zayıf müminden daha hayırlı ve Allah'a daha sevimlidir. Bununla beraber bütün müminler hayırlıdır. Dünya ve âhirette kendine faydalı olacak her şey için hırsla çalış. Allah'tan yardım iste ve âcizlik gösterme. Eğer başına bir iş gelirse, 'şöyle yapsaydım şöyle şöyle

---

96 Dühân 44/51-57.

97 Ahzâb 33/45-47.

98 Fetih 48/8.

99 Buhârî, *Merdâ*, 1; Müslim, *Birr*, 50-52.

olurdu' deme; 'Allah takdir etti ve dilediğini yaptı', de. Çünkü 'şöyle etseydim' deyip durmak şeytanın vesvesesine yol açar"[100].

Rasûlüllah (sav) efendimiz, bir gün Medine kabristanına gelip:

— Selâm size ey mü'minler diyarı! İnşâallah biz de size katılacağız. Kardeşlerimi görmeyi isterdim! buyurdu. Ashap:

— Yâ Rasûlallah, biz senin kardeşlerin değil miyiz? dediler. Peygamberimiz:

— Siz benim ashabımsınız. Kardeşlerim ise, henüz gelmemiş olanlardır, buyurdu. Ashap:

— Ey Allah'ın Elçisi! Henüz gelmemiş olan ümmetinizi nasıl tanıyacaksınız? diye sordular.

— Bir kimsenin tamamıyla aynı renkte olan atlar arasında, alnı ve üç ayağı beyaz bir atı bulunsa, onu tanımaz mı? diye cevap verdi. Ashap:

— Evet, dediler.

— İşte onlar da yüzleri, el ve ayakları abdest nûru ile parlak olarak geleceklerdir. Ben de, onlardan önce gidip havuz başında onları bekleyeceğim, buyurdu[101].

Bir gün Rasûlüllah (sav) esirler arasında, çocuğundan ayrılan bir kadını gördü. Kadın çocuğuna olan hasretinden dolayı, rastladığı çocuğu kucağına alıyor, emziriyordu. Allah'ın Elçisi ashabına:

— Hiç bu kadın çocuğunu ateşe atar mı? diye sordu. Onlar:

— Asla! diye cevap verdiler. Bunun üzerine Rasûlüllah şöyle buyurdu:

---

100 Müslim, *Kader,* 34; İbn Mâce, *Mukaddime,* 10.

101 Müslim, *Tahâret,* 39.

— Yüce Allah'ın kullarına merhameti, bu kadının çocuğuna olan merhametinden daha fazladır[102].

Peygamberimiz başka bir hadislerinde şöyle buyurdu:

— Ben, cehennemlik olup da oradan en son çıkacak ve cennet ehlinin cennete en son girecek olanını biliyorum: Bu kişi, cehennemden emekleye emekleye çıkar. Yüce Allah ona:

— Git, cennete gir! buyurur. O kimse cennete varır; ona öyle gelir ki, cennet ağzına kadar dolmuş. Bunun üzerine dönüp:

— Yâ Rabbî! Cenneti dopdolu buldum, der. Cenâb-ı Hak:

— Git, cennete gir! Dünya kadar veyahut dünyanın on misli kadarı senin için hazırdır, buyurur. Bu ihsan karşısında şaşıran kişi:

— Yâ Rabbî! Sen bütün kâinatın hükümdarı olduğun halde bana şaka mı yapıyorsun? der.

Hadisi rivâyet eden Abdullah b. Mes'ûd diyor ki: Rasûlüllah (sav)'e baktım gülüyordu ve:

— İşte cennet ehlinin en aşağı mevki ve derece sahibi bu kimsedir, buyurdu"[103].

Diğer bazı hadisler de şöyledir:

"Sizden biriniz, cennetin en aşağı mevkiinde bulunsa bile, ona: 'Gönlünden geçen her şeyi iste!' denir. O da, ister. Bunun üzerine ona 'İstedin mi?' diye sorulur. 'Evet' cevabını verince: 'Muhakkak temenni edip istediğin şeyler, bir misli fazlasıyla sana verilecektir', denir"[104].

"Cennette hiç bir gözün görmediği, hiçbir kulağın işitmediği ve hiç kimsenin gönlünden bile geçmediği nice nimetler vardır"[105].

---

102 Müslim, *Tevbe,* 22.

103 Buhârî, *Rikâk,* 51; Müslim, *İmân,* 308-309.

104 Müslim, *İmân,* 301.

105 Buhârî, *Tevhîd,* 35; *Müslim,* 312.

"Cennet ehli, cennete girdiklerinde bir münâdî şöyle seslenir: Şüphe yok ki siz, ebedî yaşayacak, hiç ölmeyeceksiniz! Aslâ hastalanmayacak, daima sağlıklı kalacaksınız! Asla ihtiyarlamayacak, ebediyen genç kalacaksınız! Sonsuz nimetlere kavuşacak ve hiçbir zaman hüzün ve keder görmeyeceksiniz!" [106].

Peygamberimiz şöyle buyurdu:

Yüce Allah, cennet ehline:

— Ey cennettekiler! diye hitap eder. Onlar da:

— Buyur ey Rabbimiz! derler.

— Kavuştuğunuz bu nimetlerden razı mısınız? buyurur.

— Nasıl razı olmayalım yâ Rabbî! Sen bize, yarattıklarından hiç birine bahşetmediğin nimetleri verdin, derler. Yüce Allah:

— Size bunlardan daha üstün olanını vereyim mi? buyurur.

— Ey Rabbimiz, bundan daha üstünü ne olabilir? derler. Canâb-ı Hak:

—Size rıdvânımı (rıza ve hoşnutluğumu) bahşedeceğim ve bundan sonra da ebedî olarak size gazap etmeyeceğim, buyurur[107].

Başka bir hadisin anlamı da şöyledir:

"Cennet ehli cennete girdiklerinde, Yüce Allah şöyle buyurur:

— Siz bir şey ister misiniz ki, verdiğim nimetlerden daha fazlasını vereyim?

— Yâ Rabbî! Sen yüzümüzü ak etmedin mi? Bizi cennete koymadın mı? Bizi ateşten kurtarmadın mı? Daha ne isteriz? derler.

---

106 Müslim, *Cennet,* 22; Tirmizî, *Tefsîr,* 39/10.

107 Buhârî, *Rikâk,* 51; Müslim, *Cennet,* 9.

Bunun üzerine (cennetliklerin gözündeki) perde kalkar; artık onlara, Rablerini müşâhededen daha sevgili bir şey verilmemiştir"[108].

İ. Uyarmak

Her insan iyi sözden, müjdeden, mükâfat vadinden yeterince etkilenmeyebilir. Ona, işin olumsuz yönünü de göstermek ve buna göre meseleyi enine boyuna iyice düşünmesini sağlamak gerekir. Bu bakımdan, yapıldığı takdirde elde edilecek nimetleri bildirmenin yanında; aksi durumda başa gelebilecek musibet ve sair olumsuzlukları da hatırlatmak lâzımdır. Yani sevabın sonunun mükâfat, günah ve isyanın sonunun da ceza olabileceği anlatılmalıdır. İstisnasız bütün medenî toplumlarda vaz' edilmiş bulunan ceza kanunlarının caydırıcı etkisi de önemlidir.

İşte Kur'ân'ın metodu da budur. Onda tebşîr ile inzârın, va'd ile vaîdin, müjde ile uyarı ve korkutmanın dengeli bir şekilde kullanıldığı görülmektedir. Yani, ceza bildiren bir âyetin yanında mükâfat, mükâfat bildiren bir âyetin yanında da genellikle ceza bildiren bir âyetin bulunduğu görülmektedir.

Konumuzla ilgili bazı âyet mealleri de şöyledir:

"Allah, inanların dostudur; onları karanlıklardan aydınlığa çıkarır. Kâfirlerin dostları ise tâğuttur; onları aydınlıktan karanlığa götürür. Onlar ateş halkıdır ve orada devamlı kalacaklardır"[109].

"Allah, münafık erkeklere, münafık kadınlara ve kâfirlere cehennem ateşini vaad etmiştir; o onlara yeter. Allah, onları lânetlemiştir. Onlar için sürekli bir azap vardır"[110]... *"Allah, mümin erkeklere ve mümin kadınlara, içinden ırmaklar akan ve ebedî kalacakları cennetler ve Adn cennetlerinde*

---

108 Müslim, *Îmân,* 297; Tirmizî, *Cennet,* 16.

109 Bakara 2/257.

110 Tevbe 9/68.

güzel meskenler vaad etmiştir. Allah'ın rızası ise hepsinden büyüktür. İşte büyük kurtuluş (ve başarı) budur"[111].

"İnkâr edenler, 'Bu Kur'ân'ı dinlemeyin, okunurken gürültü yapın, belki ona galip gelirsiniz' dediler. O inkârcılara şiddetli bir azap tattıracağız ve onları, yaptıklarının en kötüsüyle cezalandıracağız. İşte bu, Allah düşmanlarının cezası olan ateştir. Âyetlerimizi inkâr etmelerinden dolayı, orada onlara ebedî kalacakları (cehennem) yurdu vardır. Kâfirler cehennemde şöyle diyecekler: 'Rabbimiz! Cinlerden ve insanlardan bizi saptıranları göster de, aşağılanmışlardan olsunlar diye onları ayaklarımızın altına alalım!'. 'Rabbimiz Allah'tır' deyip, sonra dosdoğru yolda yürüyenlerin üzerine melekler iner. Onlara: 'Korkmayın, üzülmeyin, size söz verilen cennetle sevinin! Biz dünya hayatında da, âhirette de sizin dostlarınızız. O bağışlayan ve çok merhamet eden Allah'ın ikramı olarak, orada sizin için canlarınızın çektiği her şey var ve istediğiniz her şey orada sizin için hazırdır' (derler)"[112].

"Rablerini inkâr edenler için cehennem azabı vardır. O, ne kötü bir dönüş yeridir. Oraya atıldıklarında, onun kaynarken çıkardığı uğultuyu işitirler. Neredeyse öfkeden çatlayacak! Her ne zaman oraya bir topluluk atılsa, onun bekçileri, bunlara: 'Size hiç bir uyarıcı gelmemiş miydi?' diye sorarlar. Onlar şöyle cevap verirler: 'Evet, bize uyarıcı geldi ama biz yalanladık ve Allah hiçbir şey indirmedi, siz ancak büyük bir sapıklık içindesiniz, dedik'. Ve dediler: 'Eğer biz (onları) dinleseydik yahut aklımızı kullanmış olsaydık, şu çılgın ateşin halkı arasında bulunmazdık!'. Böylece günahlarını itiraf ederler. İşte o çılgın ateş halkına (Allah'ın rahmetinden) uzak olup ezilmek yaraşır. Fakat daha görmeden Rablerinden korkanlara gelince, işte onlar için hem bağışlanma, hem de büyük mükâfat vardır"[113].

---

111 Tevbe 9/72.
112 Fussılet 41/26-32.
113 Mülk 67/6-12.

Peygamber efendimiz de yerine göre müjdelemiş, yerine göre de müminlere gerekli uyarılarda bulunmuştur. O'nun uyarılarıyla ilgili bazı hadislerinin anlamı şöyledir:

"Kıyâmet günü, cehennemliklerin azapça en hafif olanı o kimsedir ki, ayak oyluklarına iki kor ateş konulur da (onun tesiriyle) o kişinin beyni kaynar. Hiç kimsenin kendisi kadar şiddetli azapta olduğunu hatırına getirmez; oysa o, azap görenlerin en hafifidir"[114].

"İnsanlar Allah'ın emriyle (kabirlerinden) kalkarlar. Onlardan bir kısmı kulaklarının yarılarına kadar ter içinde kalır"[115].

"Mümin kimse, Allah'ın azâbının miktarını bilseydi, hiç kimse cenneti ümit etmezdi. Kâfir de, Allah'ın rahmetinin ne kadar çok olduğunu bilseydi, hiç kimse O'nun rahmetinden ümit kesmezdi"[116].

"Cennet, size ayakkabınızın bağından daha yakındır; cehennem de böyledir"[117].

Enes b. Mâlik şöyle demiştir: Bir gün Rasûlüllah (sav), benzerini hiç bir vakit işitmediğim bir hutbe irad ederek şöyle buyurdu: *"Eğer, siz benim bildiklerimi bilmiş olsaydınız, az güler, çok ağlardınız"*. Bunun üzerine Rasûlüllah (sav)'in ashabı yüzlerini kapayarak ağladılar[118].

Hz. Âişe, Rasûlüllahın şöyle buyurduğunu söylemiştir:

— İnsanlar kıyâmet gününde yalınayak, çıplak ve sünnetsiz haşrolunacaktır.

— Yâ Rasûllah! Kadınlarla erkekler bir arada mı haşrolunacaklar? Bunlar birbirlerine bakarlar, dedim.

---

114 Buhârî, *Rikâk,* 51; Müslim, *Îmân,* 362-364.

115 Buhârî, *Tefsîr,* 83; Müslim, *Cennet,* 60.

116 Müslim, *Tevbe,* 23.

117 Buhârî, *Rikâk,* 29.

118 Buhârî, *Rikâk,* 27; Müslim, *Salât,* 112.

— Ey Âişe! İş, bunu hatıra getirmeyecek kadar şiddetlidir, buyurdu[119].

Enes b. Mâlik'in bildirdiğine göre Peygamberimiz şöyle buyurmuştur:

Dünyada iken refah ve bolluk içinde yaşayan cehennemlik bir kişi kıyâmet günü getirilir ve ateşe bir defa daldırılıp çıkarılır. Sonra:

— Ey insan! Sen dünyada iken hiç hayır gördün mü, sana hiç nimet verildi mi? diye sorulur. O kul (her şeyi unuttuğu için):

— Hayır, yâ Rabbi! der.

Cennet ehlinden olup da, dünyada iken sıkıntılı ve üzüntülü hayat süren kişi getirilir, cennete bir defa konulup çıkarılır. Daha sonra:

— Ey insan! Sen hiç dünyada üzüntü, sıkıntı ve zorluk gördün mü? diye sorulur. O da:

— Hayır, yâ Rabbi! Ben hiç sıkıntı ve kötülük görmedim, der[120].

J. Soru - Cevap

İnsanın dikkatini çeken hususlardan birisi de ona sual sormaktır. Ustaca sorulacak sorularla, muhataba gerçeği buldurmak mümkündür. Bu bakımdan hitabet ve irşadda bu metottan da yararlanmak gerekir.

Kur'ân-ı Kerîm'in bu metodu uyguladığı da görülür. Ancak buradaki sualler, muhataptan bilgi istemek veya bir şey öğrenmek kastıyla değil; daha çok uyarı, tehdit, kınama, muhatabın fikrini çürüterek ona gerçeği söyletme biçimindedir. Bazen de sual sorulur ve muhatap adına, onun reddedemeyeceği şekilde cevap verilir

---

119 Müslim, *Cennet*, 56; Tirmizî, *Kıyâme*, 3.

120 Müslim, *Sıfatü'l-Kıyâme*, 55.

yahut bir sual sorularak muhatabın dikkati konu üzerine çekilir ve daha sonra gerekli açıklama yapılır. Şimdi bahsettiğimiz bu hususların her birine cevap olacak şekilde ilgili bazı âyetlerden örnekler nakledelim:

"De ki: Bunlardan daha hayırlısını size bildireyim mi? Takvâ sahipleri için Rableri katında içinden ırmaklar akan, orada sürekli kalacakları cennetler, tertemiz eşler ve Allah'ın rızası vardır. Allah, kullarını çok iyi görür"[121].

"Ey inananlar! Sizi acı bir azaptan kurtaracak ticareti size göstereyim mi? Allah'a ve Elçisine inanır, mallarınızla ve canlarınızla Allah yolunda cihad edersiniz. Eğer bilirseniz bu sizin için daha hayırlıdır"[122].

"De ki: Biliyorsanız (söyleyin), bu dünya ve içinde bulunanlar kimindir? 'Allah'a aittir' diyecekler. O halde düşünmüyor musunuz? de. De ki: Yedi göğün Rabbi ve büyük Arş'ın Rabbi kimdir? 'Allah'tır' diyecekler. Şu halde siz Allah'tan korkmaz mısınız? de. De ki: Biliyorsanız (söyleyin), her şeyin mülkü ve yönetimi elinde olan, koruyup kollayan ve fakat kendisi korunup kollanmayan (buna muhtaç olmayan) kimdir? 'Allah'tır' diyecekler. O halde nasıl büyüleniyorsunuz? de"[123].

"Siz Kitabı okuduğunuz (gerçekleri bildiğiniz) halde, insanlara iyiliği emredip kendinizi unutuyor musunuz? Aklınızı kullanmıyor musunuz?"[124].

"Allah ile beraber başka bir tanrı mı var? De ki: Eğer doğru söylüyorsanız delilinizi getirin!"[125].

---

121 Âlü İmrân 3/15.
122 Saff 61/10-11.
123 Mü'minûn 23/84-89.
124 Bakara 2/44.
125 Neml 27/64.

Peygamberimiz de zaman zaman soru cevap metoduna müracaat etmiş ve böylece söyleyeceği şeyler hakkında muhatabın dikkatini çekmiştir:

Veda hutbesinin bir bölümünün yer aldığı şu rivâyet, bunun örneklerinden biridir. Sahâbeden Ebû Bekre şöyle demiştir:

Rasûlüllah (sav), veda haccında devesi üzerinde oturdu. Devenin dizginini bir adam tutuyordu. Rasûlüllah:

— Bu ay hangi aydır? diye sordu.

— Allah ve Peygamberi bilir, dedik. Bunun üzerine bir süre sustu; o kadar ki, bu aya başka isim vereceğini zannettik.

— Bu ay Zilhicce değil mi? dedi.

— Evet, dedik.

— Burası hangi şehirdir? diye sordu.

— Allah ve Rasûlü bilir, dedik. Bunun üzerine yine sustu; o kadar ki, bu şehre başka bir isim vereceğini zannettik.

— Burası Beled-i emîn (Mekke) değil mi? buyurdu.

— Evet, dedik.

— Bugün hangi gün? diye sordu.

— Allah ve Elçisi bilir, dedik. Bunun üzerine bir süre daha sustu; o kadar ki bugüne başka bir isim vereceğini sandık.

— Bugün Kurban günü değil mi? buyurdu.

— Evet, dedik. Bunun üzerine Rasûlüllah (sav) şöyle buyurdu:

— Bu günleriniz nasıl mukaddes bir gün ise, bu şehriniz nasıl mukaddes bir şehir ise ve bu ayınız nasıl mukaddes bir ay ise, kanlarınız, mallarınız ve namuslarınız da öyle mukaddestir, dokunulmazdır. Yakında Rabbinize kavuşacaksınız ve O sizden yaptıklarınızı soracaktır. Dikkat ediniz! Benden sonra küfre dönüp birbirinizin boynunu vurmayınız. Dikkat ediniz! Burada hazır bulunanlar, bulunmayanlara bu sözlerimi ulaştırsın. Olabilir ki, kendilerine tebliğ edilenlerin bir kısmı, burada işitenlerin bazılarından daha iyi kavrarlar.

Daha sonra Allah'ın Elçisi şöyle buyurdu:

— Dikkat ediniz, tebliğ ettim mi? Dikkat ediniz, tebliğ ettim mi?

— Evet, dedik.

— Allah'ım şahit ol, buyurdu[126].

Ebû Hüreyre'den rivâyet edildiğine göre Rasûlüllah (sav) şöyle buyurmuştur:

Peygamberimiz, bir gün ashâbına:

— Müflis kimdir, bilir misiniz? diye sordu. Orada bulunanlar:

— Bize göre müflis, parası ve malı kalmayan kimsedir, diye cevap verdiler. Peygamberimiz ise şöyle buyurdu:

— Benim ümmetimin müflisi şu kimsedir ki, kıyâmet gününde namaz, oruç, zekât... sevaplarıyla gelir. Ancak dünyada iken kimine sövmüş, kimine iftira etmiş, kiminin haksız yere malını yemiş, kiminin kanını dökmüş, kimini de dövmüştür. Bu yüzden onun iyilik ve sevaplarından bir kısmı şuna, bir kısmı buna verilir, üzerinde hakkı bulunan kişilere dağıtılır. Eğer kul hakları ödenmeden sevapları tükenirse, bu sefer alacaklı kimselerin günahlarından alınıp, bu kişinin üzerine yüklenir. Sonra da kendisi cehenneme atılır (İşte gerçek müflis yani iflas etmiş kişi budur)"[127].

Enes b. Mâlik'in bildirdiğine göre Peygamberimiz şöyle buyurmuştur:

— Şüphesiz, insanlardan bir kısmı Allah'ın ehlidir.

— Ey Allah'ın Elçisi, onlar kimlerdir? diye sordular.

---

126 Buhârî, *İlim,* 9; Müslim, *Kasâme,* 29-30.

127 Müslim, *Birr,* 59.

— Onlar, Kur'ân ehli olanlardır ki Allah'ın ehli ve O'nun seçkin kullarıdır, buyurdu[128].

Ebû Hüreyre'den nakledildiğine göre Hz. Peygamber (sav) şöyle buyurdu:

— Gıybet nedir bilir misiniz?

— Allah ve Rasûlü daha iyi bilir, dediler.

— Din kardeşini, onun hoşlanmadığı bir şekilde zikretmendir, buyurdu.

— Kardeşimde söylediğim özellik varsa ne buyurursunuz? denilmesi üzerine:

— Eğer dediğin sıfat kardeşinde varsa, gıybet etmiş olursun; eğer söylediğin özellik onda yoksa o zaman ona iftira etmiş olursun, buyurdu[129].

Ebû Hüreyre'nin bildirdiğine göre Rasûlüllah (sav) şöyle buyurdu:

— Siz, (insanları ve toplumları) mahvedici yedi günahtan sakınınız!

— Ey Allah'ın Elçisi, bunlar nedir? diye sordular.

— Allah'a ortak koşmak, büyü yapmak, Allah'ın haram kıldığı canı haksız yere öldürmek, tefecilik yapmak, yetim malı yemek, düşman ile muharebe yapılırken kaçmak, evli ve hiçbir şeyden haberi olmayan namuslu bir kadına zina iftirasında bulunmaktır, buyurdu[130].

K. Tartışma

Kur'ân-ı Kerîm'de insanların hikmet ve güzel öğütle irşad edilmesi emredilmiştir. İnsan yaradılışına uygun olan da budur.

---

128 İbn Mâce, *Mukaddime*, 16; Ahmed b. Hanbel, *el-Müsned*, III, 127.

129 Müslim, *Birr*, 70.

130 Buhârî, *Vasâyâ*, 23; Müslim, *Îmân*, 144.

Bilgisiz, delilsiz, hikmetsiz, kaba söz ve davranışlarla hareket etmek fayda değil zarar getirir. Konuyla ilgili âyetin anlamı şöyledir: *"Rabbinin yoluna hikmetle ve güzel öğütle çağır ve onlarla en güzel şekilde mücadele et"*[131].

Âyette dikkat edilmesi gereken husus, Allah yoluna sadece hikmetle ve güzel öğütle dâvet edilmesinin buyurulması, "mücadele" nin bu ikisinden ayrılmasıdır. Demek ki asıl olan hikmet ve güzel öğüttür. Çünkü mücadele, yani tartışma, muhatabı fikren yenmek, susturmak için yapılır. Ve çok defa da insan yenilgiyi kabul etmez, direnir; sonuçta kırgınlık ortaya çıkar.

Ancak, gerçeklere aykırı tezler ileri sürenlerle bazen tartışmak da gerekebilir ve bu yapılmalıdır da. Fakat bunda da, Kur'ân'ın ifadesiyle "en güzel" yol izlenmeli; muhatabı kırmadan, incitmeden yanlış düşüncelerini güzel bir üslupla düzeltmeye çalışmalıdır.

Bu konuyla ilgili başka bir âyette de şöyle buyurulmuştur: *"İçlerinden zulmedenleri hariç, ehl-i kitapla en güzel tarzda mücadele edin ve deyin ki: Bize indirilene de size indirilene de inandık. Bizim Tanrımız da sizin Tanrınız da birdir ve biz O'na teslim olmuşuzdur"*[132].

Şunu da hatırlatmak gerekir ki tartışma, hak için yapılır; bâtıla sevk eden, ona yardımcı olan her türlü haksız tartışma reddedilmiştir: *"Biz, peygamberleri, sadece müjdeleyiciler ve uyarıcılar olarak göndeririz. İnkâr edenler ise, hakkı bâtıla dayanarak ortadan kaldırmak için, bâtıl yolla mücadele verirler. Onlar âyetlerimi ve uyarıldıkları şeyleri alaya almışlardır"*[133]. *"Onlardan önce Nuh kavmi ve onlardan sonra gelen topluluklar da yalanladı. Her millet, peygamberlerini yakalamaya yeltendi; hakkı gidermek için boş şeyler ileri sürerek tartıştılar. Bu yüzden onları yakaladım. (Bak) azâbım nasıl oldu!"*[134].

---

131 Nahl 16/125.
132 Ankebût 29/46.
133 Kehf 18/56.
134 Mü'min 40/5.

Kur'ân-ı Kerîm'de "tartışma"ya örnek gösterilebilecek bazı âyetlerin anlamı şöyledir:

"Eğer kulumuz (Muhammed'e) indirdiğimizden şüphe içinde iseniz, haydi onun gibi bir sûre getirin. Allah'tan başka bütün yardımcılarınızı da çağırın. Eğer doğru iseniz (bunu yapın)"[135].

"Yahudiler yahut hıristiyanlar dışında hiç kimse cennete giremeyecek, dediler. Bu onların kuruntusudur. De ki: Eğer sahiden doğru söylüyorsanız delilinizi getirin"[136].

"De ki: Allah'tan başka taptıklarınızı gördünüz mü? Bana gösterin, onlar yeryüzünde neyi yarattılar? Yoksa göklerde bir ortaklıkları mı var? Eğer doğru sözlü iseniz, bundan önce (indirilmiş) bir kitap yahut bir bilgi kalıntısı getirin"[137].

İnsanların hepsi bir değildir. Hatip, muhataba göre hareket etmelidir. Bunda da prensip olarak daima i'tidâli, sühûleti, yumuşaklığı esas almalıdır. Ancak bir toplum içinde bazen öyle kimseler vardır ki bunlar, mukaddes değerlere dil uzatmayı, inananlarla alay etmeyi, çoğunluğun moralini bozmayı âdet hâline getirirler. Bu kimselere de özel olarak cevap vermek gerekir. Kur'ân-ı Kerîm'de din ve vicdan özgürlüğüne baskı yapan, müslümanlara işkence eden, bozgunculuk yapanlara da kendi üsluplarıyla cevap verilmiştir:

"O sûr'a üflendiği zaman, işte o gün zorlu bir gündür. Kâfirler için kolay değildir. Tek olarak yaratıp, kendisine geniş servet ve gözü önünde duran oğullar verdiğim, kendisi için (nimetleri önüne) serdikçe serdiğim o kimseyi bana bırak! Üstelik daha da arttırmamı umuyor. Asla (ummasın)! Çünkü o bizim âyetlerimize karşı bir inatçı kesildi. Onu sarp bir yokuşa sardıracağım! Zira o, düşündü taşındı, ölçtü biçti. Canı çıkasıca, ne biçim

135 Bakara 2/23.

136 Bakara 2/111.

137 Ahkaf 46/4.

ölçtü biçti! Sonra canı çıkasıca tekrar (ölçtü biçti) nasıl ölçtü biçtiyse! Sonra baktı, sonra kaşlarını çattı, suratını astı. Sonra arkasını döndü, böbürlendi ve şöyle dedi: 'Bu, nakledilip öğretilen bir büyüden başka bir şey değildir. Bu sadece bir insan sözüdür'. Onu sakar'a (cehenneme) sokacağım!"[138].

"Ebû Leheb'in iki eli kurusun! Kurudu da. Malı ve kazandıkları ona fayda vermedi. O alevli bir ateşte yanacak. Odun hamalı olarak ve boynunda bir urgan olduğu halde onun karısı da (ateşe girecek!)"[139].

"İnsan, bizim kendisini bir damla meniden yarattığımızı görmedi mi ki, şimdi o apaçık bir hasım kesildi? Kendi yaradılışını unutup bize karşı misal getirmeye kalkışarak 'Şu çürümüş kemikleri kim diriltecek?' dedi. De ki: Onları ilk defa yaratan diriltecek. O her yaratmayı en iyi bilendir. O, yeşil ağaçları sizin için ateş yapmıştır. İşte siz de ondan yakıyorsunuz. O'nun işi, bir şey irade ettiği zaman, sadece ona "ol" demesidir; hemen oluverir. Her şeyin hükümranlığı elinde olan Allah ne yücedir! Ve siz, O'na döndürüleceksiniz"[140].

Tefsirlerde kaydedildiğine göre, yukarıda mealini kaydettiğimiz Yâsîn sûresinin 77–83. âyetlerinin nüzûl sebebi olarak şu olay nakledilir: Übeyy b. Halef (veya Âs b. Vâil yahut Abdullah b. Übeyy), çürümüş bir kemiği eline alıp ufalayarak Peygamberimize:

— Sen, Allah'ın bu kemikleri yeniden canlandıracağını söylüyorsun öyle mi? demiş. Peygamberimiz de:

— Evet, onu diriltecek, seni de öldürecek, sonra diriltecek ve cehenneme sokacaktır! buyurarak gereken cevabı vermiştir[141].

Müslüman olmak üzere Medine'ye gelen Sakîf heyetiyle Peygamberimizin arasında geçen konuşmalardan bir bölümü şöyledir:

---

138 Müddessir 74/8-26.

139 Tebbet 111/1-5.

140 Yâsîn 36/77-83.

141 Taberî, *Câmiu'l-Beyân (Tefsir)*, XXIII, 30-31.

— Zina için ne dersin? Biz gurbette dolaşan kimseleriz ve bundan geri duramayız.

— Bu size haramdır; çünkü Yüce Allah: *"Zinaya yaklaşmayın, zira o bir hayâsızlıktır ve çok kötü bir yoldur"*[142] buyurdu.

— Fâiz hakkında ne dersin? O bizim bütün servetimizdir.

— Sermayeleriniz (anaparanız) sizindir. Yüce Allah: *"Ey îman edenler! Allah'tan korkun. Eğer gerçekten inanıyorsanız mevcut faiz alacaklarınızı terk edin"*[143] buyuruyor.

— İçki için ne dersin? Bölgemizin üzümlerinden elde ederiz ve onsuz edemeyiz.

— Allah onu haram kılmıştır. Yüce Allah: *"Ey inananlar! Şarap, kumar, dikili taşlar (putlar), fal ve şans okları şeytan işi birer pisliktir; bunlardan uzak durun ki kurtuluşa eresiniz"* buyurmuştur[144].

Aralarında bir süre müzakere ettikten sonra şu cevabı verdiler:

— İstediğin her şeye evet, ama ilâhımız Lât (putu) hakkında ne dersin?

— Yıkın!

— Eyvâh! Lât, senin onu yıkmak istediğini öğrenirse halkı öldürür!

Hz. Ömer, söze karışarak: "Yazıklar olsun! Lât'ın bir taş parçası olduğunu bilmiyor musunuz?" dedi.

— Biz sana gelmedik ey Ömer! (Sonra Peygamberimize dönerek:) O halde yıkma işini sen üzerine al, biz katiyen yıkamayız, dediler.

— Size onu yıkmaya yetecek kadar adam göndereceğim, buyurdu[145].

---

142 İsrâ 17/32.

143 Bakara 2/278.

144 Mâide 5/90.

145 İbn Kayyim, *Zâdü'l-Meâd*, IV, 150-151.

Peygamberimizin Necranlı hristiyanlarla yaptığı tartışmanın bir bölümü şöyledir: (Peygamberimiz, Hz. Îsâ'yı -hâşâ- Allah'ın oğlu olarak telakki eden muhataplarına şöyle buyurmuştu:)

— Siz her çocuğun babasına benzediğini bilmiyor musunuz?

— Evet biliyoruz.

— Siz, Rabbimizin hayat sahibi olduğunu, asla ölmeyeceğini; halbuki Îsâ aleyhisselâma yokluk ârız olacağını, olduğunu bilmiyor musunuz?

— Evet biliyoruz.

— Rabbimizin her varlığa hayat verdiğini, hayatta devam ettiren "el-Kayyûm" olduğunu, onları koruduğunu ve rızık verdiğini bilmiyor musunuz?

— Evet biliyoruz.

— Peki, Îsâ aleyhisselâm bunlardan birine mâlik midir?

- ...

— Allah'a yerde gökte hiçbir şeyin gizli kalmadığını bilmiyor musunuz?

— Evet biliyoruz.

— Peki, Îsâ, Allah'ın kendisine bildirdiklerinden başkasını bilir mi?

— Bilmez.

— Rabbimiz, Îsâ'ya ana rahminde dilediği gibi sûret ve şekil vermiştir. Bunu biliyor musunuz?

— Evet biliyoruz.

— Rabbimizin yemek yemediğini, içmediğini, def-i hâcet etmediğini bilmiyor musunuz?

— Evet biliyoruz.

— Bir kadının çocuğunu karnında taşıdığı gibi, Îsâ'yı da kendi anasının karnında taşıdığını, sonra bir kadının çocuğunu doğurduğu gibi, Îsâ'yı doğurduğunu, sonra çocuk nasıl emzirilirse öylece emzirip beslediğini, daha sonra Îsâ'nın yemek yediğini, içtiğini, def-i hâcet ettiğini siz bilmiyor musunuz?

— Evet biliyoruz.

— Hal böyle olunca Îsâ aleyhisselâm nasıl sizin iddia ettiğiniz gibi olabilir?[146]

L. Misâl

Bazı konuları, daha iyi anlaşılması ve zihinlere yerleşmesi için, bir takım örnek ve benzetmelerle izah etmek ve çarpıcı hale getirmek hitabet ve irşadın esaslarındandır.

Kur'ân-ı Kerîm'in birçok yerinde bu metodun da uygulandığı görülür. Ayrıca Kur'ân'da bunun önemli bir nokta olduğuna da işaret edilir:

"Biz bu misalleri, insanlara anlatıyoruz; ama onları bilenlerden başkası düşünüp anlamaz"[147].

"And olsun ki biz, bu Kur'ân'da insanlar için her çeşit misale yer verdik"[148].

"And olsun ki biz, öğüt alsınlar diye, bu Kur'ân'da insanlara her türlü misali verdik"[149].

Konumuzla ilgili bazı âyet mealleri:

"Allah yolunda mallarını harcayanların misali, yedi başak bitiren bir dâne gibidir ki, her başakta yüz dâne vardır. Allah dilediğine kat kat fazlasını verir. Allah'ın lütfu geniştir, O her şeyi bilir"[150].

---

146 Taberî, *Tefsîr,* III, 162-163; Âlûsî, *Rûhu'l-Meânî,* III, 75; Kazancı, *age,* s. 211-212.
147 Ankebût 29/43.
148 Rûm 30/58.
149 Zümer 39/27.
150 Bakara 2/161.

"O, gökten su indirdi de vadiler kendi hacimlerince sel olup aktı. Sel de, yüze çıkan bir köpük yüklenip götürdü. Süs veya (diğer) eşya yapmak için ateşte erittikleri madenlerden de buna benzer bir köpük olur. İşte Allah hak ile bâtılı böyle bir benzetme ile anlatır. Köpük yok olup gider. İnsanlara yararlı olan ise yeryüzünde kalır. İşte Allah, böyle güzel meseller verir"[151]. Bu âyette, hak ve hak taraftarları, gökten yağan ve yerde türlü menfaatler sağlayan sulara; bâtıl ve bâtıl taraftarları ise, su üstündeki köpüklere benzetilmiştir. İkinci olarak da hak, insanlara ziynet ve fayda temin eden madenlere; bâtıl ise, erimiş maden üzerindeki kir ve köpüklere benzetilmiştir.

"Rablerini inkâr edenlerin iyi işleri, fırtınalı bir günde, rüzgârın şiddetle savurduğu küle benzer. Kazandıklarından hiçbir şey elde edemezler. İşte bu (haktan) uzak sapıklığın ta kendisidir"[152].

"Görmedin mi Allah nasıl bir benzetme yaptı: Güzel söz, kökü sâbit, dalları gökte olan bir ağaç gibidir. (O ağaç) Rabbinin izniyle her zaman yemişini verir. Öğüt alsınlar diye Allah, insanlara böyle misaller getirir. Kötü sözün durumu da, gövdesi yerden koparılmış, bu yüzden ayakta durma imkânı olmayan kötü bir ağaca benzer. Allah, inananları hem dünya hayatında hem âhirette sağlam sözle (kelime-i tevhidle) sağlamlaştırır, zâlimleri ise saptırır. Allah dilediğini yapar"[153].

"Allah'tan başka dostlar edinenlerin durumu, örümceğin durumu gibidir. Örümcek bir yuva edinir; yuvaların en çürüğü şüphesiz örümcek yuvasıdır. Keşke bilselerdi!"[154].

"Onlara şu iki adamı misal olarak anlat: Bunlardan birine iki üzüm bağı vermiş, onların etrafını hurmalarla çevirmiş, ortalarında da ekin bitirmiştik. İki bağın ikisi de ürünlerini vermiş, hiçbirini eksik

---

151 Ra'd 13/17.

152 İbrahim 14/18.

153 İbrahim 14/24-26.

154 Ankebût 29/41.

bırakmamıştı. İki bağın arasından bir de ırmak akıtmıştık. O adamın başka ürünü de vardı.

Arkadaşıyla konuşurken ona: "Ben servetçe senden daha zenginim; adamca da senden güçlüyüm" dedi. Böylece (gururlanıp) kendisine zulmederek bağına girdi. "Bunun hiçbir zaman yok olacağını sanmam. Kıyâmetin kopacağını da sanmıyorum. Şayet Rabbime döndürülsem bile, bundan daha güzel bir sonuç bulurum" dedi.

Kendisiyle konuştuğu arkadaşı ona şöyle dedi: "Seni topraktan, sonra nutfe (meni)den yaratan, daha sonra seni bir adam biçimine sokan Allah'ı inkâr mı ettin? Fakat O Allah benim Rabbimdir ve ben Rabbime hiçbir şeyi ortak koşmam. Bağına girdiğin zaman "Mâşâallah (Allah dilemiş de olmuş), kuvvet yalnız Allah'ındır" deseydin ya! Eğer beni malca ve evlâtça kendinden güçsüz görüyorsan, (bil ki) Rabbim bana, senin bağından daha iyisini verebilir. Senin bağına da gökten yıldırımlar gönderir de bağın kupkuru bir toprak haline gelir. Yahut bağının suyu dibe çekilir de, bir daha onu arayıp bulamazsın".

Derken, onun (bütün) ürünü yok edildi! Çardakları üzerine yıkılmış durumda olan (bağın karşısında) ona sarf ettiklerine (içi yanarak) ellerini ovuşturmaya başladı: "Ah, keşke ben Rabbime hiçbir ortak koşmamış olsaydım!" diyordu. Allah'tan başka, kendisine yardım eden bir topluluğu da olmadı, kendi kendini de kurtaramadı"[155].

Şimdi de Peygamber efendimizin konumuzla ilgili bazı hadislerini kaydedelim:

"Yüce Allah'ın çizdiği sınırlara riâyet etmeyen kimse şu kavme benzer ki, bunlar, gemideki yerlerini kur'a ile paylaştılar. Bir kısmı geminin üst katına, diğer kısmı da alt katına yerleştiler. Aşağıya yerleşenler, su almak için çıktıkları zaman, üst kattakilerin yanından geçerlerdi. Bunun üzerine, hissemize düşen yerden bir delik açsak da yukarıdakileri rahatsız etmesek, dediler. Şimdi üst kattakiler, bunları, istediklerini yapmakta

---

155 Kehf 18/32-43.

serbest bırakırlarsa hepsi helâk olur. Eğer onları bu tehlikeli işten menederlerse, kendileri de kurtulur; onları da kurtarmış olurlar"[156].

"Kur'ân okuyan mümin, kokusu ve tadı güzel turunç (portakal) gibidir. Kur'ân okumayan mümin, tadı güzel, fakat kokusu olmayan hurma gibidir. Kur'ân okuyan münafık, kokusu güzel fakat tadı acı olan reyhâne otu gibidir. Kur'ân okumayan münafık ise, kokusu olmadığı gibi tadı da acı olan Ebû Cehil karpuzu gibidir"[157].

"Kalbinde Kur'ân'dan bir şey bulunmayan kimse harap bir ev gibidir"[158].

(Ey Kur'ân sahibi olan hâfızlar!) Sizler, Kur'ân'ı daima okuyup müzâkere ediniz! Çünkü Kur'ân'ın hâfız kişilerin gönüllerinden ayrılıp kaçması, devenin bağından boşanıp kaçmasından daha zorludur"[159].

"Allah'ın benimle gönderdiği hidâyet ve ilim, bol yağmura benzer ki, bu yağmurun isabet ettiği yerin bir kısmı suyu emen kuvvetli bir toprak olup bol ot bitirir. Bir kısmı da su emmeyen katı yer olup suyu biriktirir ve muhafaza eder de Yüce Allah bu su ile insanları faydalandırır; insanlar ondan içerler, hayvanlarını sularlar ve onunla ekip biçerler. Yine o yağmur öyle bir yere isabet eder ki, orası düz ve kaypaktır; ne su tutar, ne ot bitirir. İşte bu iki durum, Allah'ın dinini anlayan ve Allah'ın benimle gönderdiği hidâyet ve ilimden faydalanan ve onları öğrenip başkalarına da öğreten kimse ile buna kulak asmayan, benim getirdiğim hidâyeti kabul etmeyen kimsenin benzeridir"[160].

"Benimle sizin benzerliğiniz, şu adamın haline benzer: Adam, ateş yakmış. Bunun üzerine çekirge ve küçük kelebekler içine düşmeye başlamışlar. O ise, onları ateşten engellemeye çalışmaktadır. İşte ben de bunun

---

156 Buhârî, *Şeriket*, 6; *Şehâdât*, 30.

157 Buhârî, *Fedâilü'l-Kur'ân*,17; Müslim, *Salâtü'l-Müsâfirîn*, 243.

158 Tirmizî, *Fedâilü'l-Kur'ân*, 18; Dârimî, *Fedâilü'l-Kur'ân*, 1.

159 Buhârî, *Fedâilü'l-Kur'ân*, 23; Müslim, *Salâtü'l-Müsâfirîn*, 228.

160 Buhârî, *İlim*, 20; Müslim, *Fedâil*, 15.

gibi, sizi cehennem ateşinden korumak için, sizi tutuyorum; siz ise kaçmaya çalışıyorsunuz"[161].

Ebû Hüreyre'den nakledildiğine göre Peygamberimiz bir gün ashâbına:

— Ne dersiniz; birinizin kapısının önünde bir ırmak olsa da, o kişi günde beş defa bu ırmakta yıkansa, vücudunda hiç kir kalır mı? diye sordu. Ashâb-ı kirâm:

— Hayır, onun hiç kiri kalmaz, diye cevap verdiler. Bunun üzerine Rasûlüllah:

— İşte beş vakit namaz da buna benzer. Yüce Allah, namaz sayesinde günahları bağışlayıp yok eder, buyurdu[162].

M. Tasvir

Tasvir; yazıyla veya başka ifade tarzıyla anlatmak, resim yapmak; bir şeyi söz ve yazı ile canlandırmak demektir.

Konuşmaya canlılık kazandırmak, tekdüzelikten kurtarıp renklendirmek, dinleyicinin dikkatini devam ettirmek için, hitabette tasvire de yer verilebilir.

Tasvir, Kur'ân üslubunun özelliklerinden birisidir. Kur'ân-ı Kerîm, bahsettiği mücerret konulara canlılık kazandırır; muhatabın zihninde bir sahne, bir tablo haline getirir. Böylece sözün tesiri kat kat artmış ve güzelleşmiş olur.

Bazı örnekler:

"Bizim âyetlerimizi yalanlayıp da onlara karşı kibirlenmek isteyenler var ya, işte onlara gök kapıları açılmayacak ve onlar, deve iğne deliğinden girinceye kadar cennete giremeyeceklerdir. Suçluları işte böyle cezalandırırız.

---

161 Müslim, *Fedâil*, 19.

162 Buhârî, *Mevâkît*, 6; Müslim, *Mesâcid*, 282.

Onlar için cehennem ateşinden döşekler, üstlerinde de (ateşten) örtüler vardır. İşte zalimleri böyle cezalandırırız. İnanıp iyi işler yapanlara gelince -ki hiç kimseye gücünün üstünde bir görev yüklemeyiz- işte onlar, cennet ehlidir. Onlar orada ebedî kalacaklardır. Göğüslerinde kinden (tasadan) ne varsa hepsini çıkarıp atmışızdır. Altlarından ırmaklar akmaktadır. Ve onlar derler ki: Lütfedip bizi buraya getiren Allah'a hamdolsun. Allah bizi getirmeseydi, biz bunu bulamazdık. Rabbimizin elçileri gerçeği getirmişler (söyledikleri doğruymuş). Onlara: İşte size cennet; yaptıklarınıza karşılık ona vâris kılındınız, diye seslenilir. Cennet ehli, cehennem ehline: Biz, Rabbimizin bize vaat ettiğini gerçek bulduk; siz de Rabbinizin size vaad ettiğini gerçek buldunuz mu? diye seslenir. Evet, derler. Ve aralarından bir ünleyici: Allah'ın lâneti zalimlerin üzerine olsun, diye bağırır. Onlar, Allah yolundan alıkoyan ve onu eğip bükmek isteyen zalimlerdir. Onlar âhireti de inkâr ederlerdi"[163].

"Cehennem ehli, cennet ehline: Suyunuzdan veya Allah'ın size verdiği rızıktan biraz da bize verin! diye seslenirler. Onlar da: Allah bunları kâfirlere haram kılmıştır, derler"[164].

"Güneş dürüldüğü zaman. Yıldızlar kararıp döküldüğü zaman. Dağlar yürütüldüğü zaman. Gebe develer başıboş bırakıldığı zaman. Vahşi hayvanlar bir araya toplandığı zaman. Denizler kaynatıldığı zaman. Ruhlar (bedenlerle) birleştiği zaman. Diri diri toprağa gömülen kıza, hangi günahı sebebiyle öldürüldüğü sorulduğu zaman. Amel defterleri açıldığı zaman. Gökyüzü sıyrılıp koparıldığı zaman. Cehennem alevlendirildiği zaman. Cennet yaklaştırıldığı zaman. Herkes ne yapıp getirdiğini öğrenmiş olacaktır'[165].

Peygamberimizin ilgili hadislerinden bazısı da şöyledir:

---

163 A'râf 7/40-45.

164 A'râf 7/50.

165 Tekvîr 81/1-14.

"Kıyâmet gününde insanlar, amelleri nispetinde ter içinde kalır. Ter, onlardan bir kısmının topuklarına, bazılarının bellerine ve bazılarının da ağızlarına ve kulaklarına kadar çıkar. Onları âdeta ter deryasına daldırır. Rasûl-i Ekrem (sav) eliyle ağzını işaret ederek: İşte buraya kadar" buyurmuşlardır[166].

"Âhirete nazaran dünyanın değeri, sizden birinizin parmağını denize daldırmasına benzer; parmağı ile denizden aldığı suyu göz önüne getirsin"[167].

Câbir'den rivâyete göre Rasûlüllah (sav) bir gün çarşıya uğramıştı. Halk etrafında idi. Küçük kulaklı bir erkek oğlak ölüsüne rastladı. Onu kulağından tutarak:

— Hanginiz bunu bir dirheme satın almak ister? buyurdu.

— Bundan daha az para ile de olsa almayız, o bizim ne işimize yarar ki, diye cevap verdiler. Peygamberimiz:

— Peki, parasız verilse ister misiniz? diye sordu.

— Bu diri bile olsa, kulaksız olduğundan dolayı esasen kusurludur; ölü iken ne yapalım? dediler. Bunun üzerine Peygamber (sav) şöyle buyurdu:

— Bu sizce nasıl kıymetsiz ise, dünya da Allah katında bundan daha değersizdir[168].

Abdullah b. Mes'ûd şöyle anlatmıştır:

Bir defasında Rasûlüllah (sav) yere bir kare çizdi. Sonra bu karenin ortasından dışarıya doğru paralel bir çizgi çekti. Daha sonra

---

166 Müslim, *Cennet,* 62.

167 Müslim, *Cennet,* 55.

168 Müslim, *Zühd,* 2; Tirmizî, *Zühd,* 13; İbn Mâce, *Zühd,* 3.

bu çizgi üzerine bir takım dik çizgiler yaptı.

Daha sonra o, bunları şöyle açıkladı: Şu, insandır. Etrafını kuşatan şu kare, onun ecelidir. Karenin dışına uzanan çizgi, insanın ihtiras ve emelleridir. Şu ufak çizgiler de, insanın başına gelebilecek âfet ve musibetlerdir. Bu musibetlerden birisi dokunmasa, diğeri isabet eder[169].

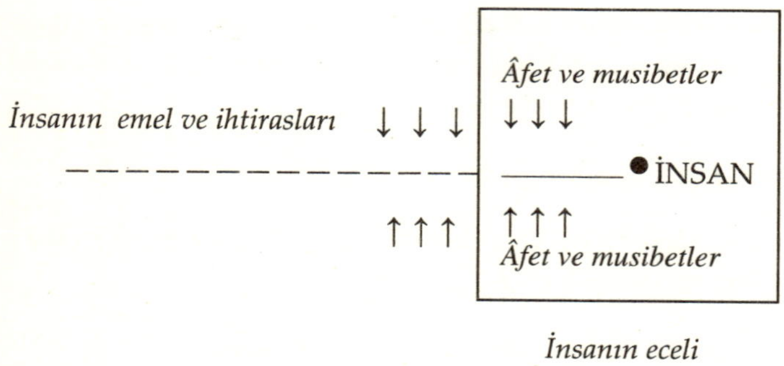

Yine Abdullah b. Mes'ûd'dan nakledildiğine göre, Peygamberimiz yere düzgün bir çizgi çizdi, "Bu doğru olan yoldur", buyurdu. Daha sonra bu çizginin sağına ve soluna birçok çizgiler daha çizdi, "Bunlar da bir takım yollardır ki her yolun üzerinde o yola çağıran bir şeytan bulunmaktadır", buyurdu ve daha sonra şu ayeti[170] okudu:

---

169 Buhârî, *Rekâik,* 4. Şekil için bkz: *Tecrîd-i Sarîh Tercemesi,* XII, 180, 359; Uludağ, *age,* s. 240.

170 Enâm 6/153.

"Şüphesiz bu, benim dosdoğru yolumdur. Buna uyun. Başka yollara uymayın. Zira o yollar sizi Allah'ın yolundan ayırır. İşte sakınmanız için Allah size bunları emretti"[171].

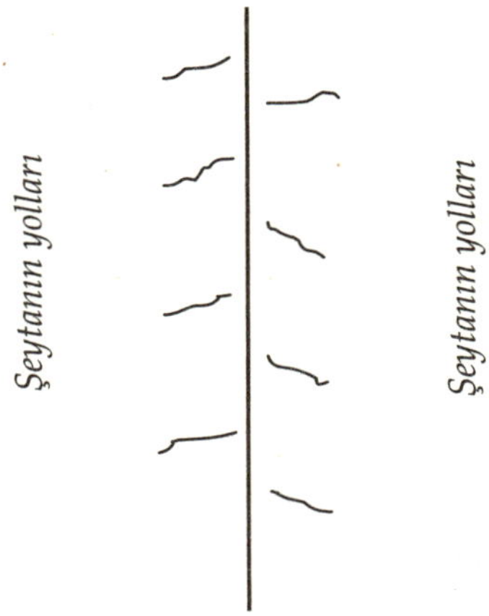

Doğru yol

N. Kıssa

Kıssa; olay, durum, haber, rivâyet; birine bir haberi anlatmak, bildirmek, bir kimseyi veya olayı adım adım izleyip anlatmak gibi mânâlara gelir.

İnsan, geçmiş olaylara, tarihî hâdiselere meraklıdır. Bir kıssayı, bir olayı dinleyen kişi, bunu zihninde canlandırır, az-çok etkilenir; kendisine dersler çıkarır. Bu bakımdan hitabet ve irşadda bu unsurdan da faydalanmak lâzımdır. Ancak anlatılacak olayların akla uygun, inandırıcı ve mantıklı olması lâzımdır. Bu konuda en iyi örnek, Kur'ân-ı Kerîm'deki kıssalar ve bu kıssaların anlatımında izlenen yöntemdir.

---

171 Dârimî, *Mukaddime,* 23; Ahmed b. Hanbel, *el-Müsned,* I,435.

Kur'ân-ı Kerîm'de anlatılan olayların hepsi de gerçektir. Geçmiş peygamberlerin haberleri, onları yalanlayanların başına gelenler birer ibret tablosudur. Zaten bunlar ibret ve ders olması için zikredilmiştir: *"Kıssayı anlat; belki düşünür (öğüt alırlar)"*[172]. *"Peygamberlerin haberlerinden senin kalbini teskin edeceğimiz her şeyi sana anlatıyoruz. Bunda sana gerçeğin bilgisi, müminlere de bir öğüt ve uyarı gelmiştir"*[173]. *"Elbette onların kıssalarında, akıl sahipleri için ibret vardır"*[174].

Kur'ân-ı Kerîm'deki kıssalar, kronolojik sıra gözetilmeden, bazen çok kısa, bazen da biraz detaylı olarak verilir. Bahsedilen yerde ne kadar lâzımsa o kadar anlatılır; çünkü bundan gaye muhatabı düşündürmek, gereken dersi almasını sağlamaktır.

Kıssaların, mücerret fikirleri müşahhaslaştırması, yani soyutu somut hale getirmesi sebebiyle, muhataba verilmek istenen mesajın daha kolay ve çabuk anlaşılmasını sağlaması bakımından önemli bir unsur olduğu da unutulmamalıdır.

Ancak tekrar ifade edelim ki, dinleyiciye uzun, bıktırıcı yahut mantık dışı kıssalar değil; kısa, çarpıcı ve akla uygun faydalı kıssalar anlatılmalıdır.

Kur'ân-ı Kerîm'den orta uzunlukta bir kıssa örneği:

And olsun, biz Nûh'u, kavmine peygamber olarak gönderdik. Onlara: "Ben, sizin için apaçık bir uyarıcıyım. Allah'tan başkasına tapmayın. Doğrusu ben, size (gelecek) acı bir günün azabından korkuyorum" (dedi).

Kavminden ileri gelen inkârcı grup dedi ki: "Biz seni, bizim gibi bir insan olarak görüyoruz ve sana, bizim basit görüşlü alt tabakamızdan başkasının uyduğunu görmüyoruz. Ve sizin, bize karşı bir üstünlüğünüzü de görmüyoruz. Aksine sizin yalancı olduğunuzu düşünüyoruz".

---

172 A'râf 7/176.

173 Hûd 11/120.

174 Yûsuf 12/111.

Nûh dedi ki: "Ey kavmim! Eğer ben, Rabbim tarafından (bildirilen) açık bir delil üzerinde isem ve O bana kendi katından bir rahmet vermiş de, bu size gizli tutulmuşsa, buna ne dersiniz? Siz onu istemediğiniz halde biz sizi ona zorlayacak mıyız? Ey kavmim! Allah'ın emirlerini bildirmeye karşılık, sizden herhangi bir mal istemiyorum. Benim mükâfatım ancak Allah'a aittir. Ben inananları (yanımdan) kovacak değilim; çünkü onlar Rablerine kavuşacaklardır. Fakat ben sizi, bilgisizce davranan bir topluluk olarak görüyorum. Ey kavmim! Ben onları kovarsam, Allah'a karşı beni kim savunur? Düşünmüyor musunuz? Ben size Allah'ın hazineleri benim yanımdadır, demiyorum. Gaybı da bilmem. Ben bir meleğim de demiyorum. Sizin hor gördüğünüz kimseler için, Allah onlara bir hayır vermeyecek de demem. Onların kalplerinde olanı Allah daha iyi bilir. Onları kovduğum takdirde gerçekten ben zalimlerden olurum".

Dediler ki: "Ey Nûh! Bizimle mücadele ettin ve bu mücadelede çok ileri gittin. Eğer doğrulardan isen, kendisiyle bizi tehdit ettiğin (azab)ı bize getir".

Nûh dedi ki: "Onu size ancak Allah dilerse getirir ve siz engel olamazsınız. Eğer Allah sizi azdırmak dilemişse, ben size nasihat etmek istesem de, nasihatim size fayda vermez. Rabbiniz O'dur ve siz O'na döndürüleceksiniz".

Yoksa bunu uydurdu mu diyorlar? De ki: Eğer onu uydurduysam günahım bana aittir. Fakat ben sizin işlediğiniz günahtan uzağım.

Nûh'a vahyolundu ki: Kavminden îman etmiş olanlardan başkası artık sana inanmayacak. Onların yaptıklarından dolayı üzülme. Gözlerimizin önünde ve vahyimiz gereğince gemiyi yap ve zulmedenler hakkında bana hitap etme (dua etme). Onlar mutlaka boğulacaklardır.

Nûh gemiyi yapıyor, kavminin ileri gelenleri ise, yanından geçtikçe onunla alay ediyorlardı.

(Nûh) dedi ki: "Siz bizimle alay ediyorsanız, iyi bilin ki sizin alay ettiğiniz gibi biz de sizinle alay edeceğiz. İnsanı rezil eden azap kime geliyor, sürekli azap kimin tepesine iniyor yakında bileceksiniz".

Nihayet emrimiz gelip de sular coşup yükselmeye başlayınca Nûh'a dedik ki: Her şeyden iki eş ile -(boğulacağına dair) haklarında söz geçmiş olanlar hariç- aileni ve îman edenleri gemiye bindir. Zaten onunla beraber pek azı îman etmişti.

Nûh dedi ki: "Haydi gemiye binin! Onun yüzüp gitmesi de, durması da Allah'ın adıyladır. Rabbim elbette çok bağışlayan, pek esirgeyendir".

Gemi, dağlar gibi dalgalar arasında onları götürüyordu.

Nûh, gemiden uzakta bulunan oğluna: "Yavrucuğum! Bizimle beraber bin, kâfirlerle birlikte olma!" diye seslendi.

(Oğlu:) "Beni sudan koruyacak bir dağa sığınacağım!" dedi.

(Nûh:) "Bugün Allah'ın azabından, merhamet sahibi Allah'tan başka koruyacak kimse yoktur" dedi. Ve aralarına dalga girdi, o da boğulanlardan oldu.

(Nihayet) Ey yer suyunu yut ve ey gök (suyunu) tut! denildi. Su çekildi, iş bitirildi. (Gemi) Cûdî (dağının üzerin)e oturdu. Ve: Zalimler topluluğu yok olsun! denildi[175].

Denildi ki: Ey Nûh! Sana ve seninle bebarber olan ümmetlere bizden selâm ve bereketlerle (gemiden) in! Kendilerini (dünyada) faydalandıracağımız, sonra da bizden, kendilerine elem verici bir azabın dokunacağı ümmetler de olacaktır.

(Ey Muhammed!) İşte bunlar, sana vahyettiğimiz ğayb haberlerindendir. Bundan önce onları ne sen biliyordun, ne de kavmin. O halde sabret. Çünkü iyi sonuç (sabredip) sakınanlarındır"[176].

---

175 Hûd 11/25-44

176 Hûd 11/48-49.

Bu kıssanın bazı bölümleri Nûh sûresiyle diğer bazı sûrelerde de zikredilmiştir.

Peygamberimizin de zaman zaman ashabına kıssalar anlattığı bilinmektedir. Ondan nakledilen bir kıssa şöyledir:

Abdullah b. Ömer'in bildirdiğine göre Peygamberimiz şöyle buyurmuştur:

"Sizden evvel geçenlerden üç kişi yola çıktılar. Yürüyüp giderlerken şiddetli bir yağmura yakalandılar. Bunun üzerine bir dağdaki mağaraya sığındılar.

Bunlar mağaraya girince, dağdan büyük bir kaya parçası yuvarlanıp mağaranın kapısını kapattı. Bunun üzerine birbirlerine: Hayatımızda sırf Allah rızası için yaptığımız bir takım iyi amellerimizi düşünüp bunları zikrederek Allah'a dua edelim; belki Allah, bu kayayı açar da buradan kurtuluruz, dediler.

Bunlardan birisi:

— Ey Allah'ım! Bilirsin ki benim, ihtiyar anamla babam ve bir de eşim ve çocuklarım vardı. Ben her gün onlar için koyunları otlatır eve gelince de sütlerini sağardım. Önce ana babamdan başlayarak, çocuklarımdan önce onlara süt içirirdim. Yine senin bildiğin üzere bir gün eve geç dönmüştüm. Ben gelince anamla babam uyumuşlardı. Sağdığım sütü getirdim ve onları uyandırmak istemediğim için yanlarında bekledim. Bu sırada çocuklar süt istedikleri halde vermedim; çünkü anam ve babamdan önce onlara süt içirmek istemiyordum. Bu durum, sabaha kadar devam etti. Şüphe yok ki sen, pek iyi bilirsin ki ben ana babama yaptığım bu hizmeti senin rızan için yaptım. Bu böyle ise, lütfet, şu kayayı arala da oradan gökyüzünü görelim, diye dua etti.

Bunun üzerine Allah tarafından kaya biraz açıldı ve o delikten gökyüzünü gördüler.

Onlardan diğeri de şöyle dua etti:

— Ey Allah'ım! Benim amcamın bir kızı vardı. Ben ona âşık olmuştum; o ise beni reddetti. Nihayet bir kıtlık yılında kız bana gelip yardım istedi. Ben de ona yüz yirmi dinar verdim ve onunla beraber olmak istedim. Kız bana: "Allah'tan kork! Bana nikâhsız yaklaşma!" dedi. Ben de yanından çekildim. Sen pek iyi bilmektesin ki, benim o haram işi yapmayışım, sırf senin rızan içindi. Lütfet de, bizim için kayadan bir delik aç.

Bunun üzerine Allah kayayı biraz daha açtı.

Üç arkadaşın üçüncüsü de:

— Ey Allah'ım! Ben bir işçi tutmuştum. İşçi işini tamamlayınca ücretini almadan gitti. Ben de onun ücretini ticaret yaparak çoğalttım ve bu parayla birçok hayvan satın aldım. Uzun bir süre sonra o işçi gelip benden ücretini istedi. Ben de sığırları göstererek: "Bunlar senindir, al götür" dedim. Adam: "Benimle alay etme" dedi. "Seninle alay etmiyorum, bunları al götür" dedim. Adam da sevinerek malı alıp götürdü. Şüphesiz sen biliyorsun ki, ben bu işi ancak senin hoşnutluğun için yaptım. Şu halde lütfet de deliğin kalanını da aç, diye dua etti.

Allah, onlar için mağaranın kalan kısmını da açtı ve yürüyerek çıktılar"[177].

Peygamberimizden nakledilen başka bir kıssa da şöyledir:

"İsrâil oğullarından bir kimse, herhangi bir yoksula sadaka vermek üzere gece evinden dışarı çıkar, rastladığı bir kimsenin avucuna koyar. Sabah olunca bunun hırsız bir kimse olduğu anlaşılır; halk, hırsıza sadaka verilmiş diye söylenir. Adam, Allah'a hamdeder ve yine sadaka vermeye söz verir. Gece olunca evinden çıkar ve birisinin eline sadakayı koyar. Sabah olunca bu defa bir

---

[177] Müslim, *Rikâk*, 100.

fahişeye vermiş olduğu anlaşılır; halk da bunun sözünü eder. Adam Allah'a hamdeder ve tekrar sadaka vermek üzere söz verir. Gece evinden çıkar ve bu kez de yine bilmeden bir zenginin eline parayı sıkıştırır. Sabah olunca durum anlaşılır, insanlar yine şaşkınlığını ifade ederler. Adam: Allah'ım, hırsıza, fahişeye ve zengine sadaka verdiğim için sana hamdederim, der. Bu kişiye rüyasında şöyle müjde verilir: Allah sadakanı kabul buyurdu. Umulur ki hırsıza verdiğin sadaka sebebiyle, hırsız ihtiyacını temin eder ve hırsızlıktan vazgeçer. Fahişeye verdiğin sadaka sebebiyle, belki o kadın zinadan vazgeçer de iffetli bir hayata döner. Zengine verdiğin sadakaya gelince, olur ki o da senden ibret alır da, bundan böyle senin gibi, Allah'ın kendisine bahşettiği maldan yoksullara sadaka verir"[178].

Peygamberimiz şöyle buyurdu:

— Bir adam yolda yürürken çok susadı. Nihayet bir kuyu buldu, oraya indi, su içip çıktı. O sırada bir köpeği susuzluktan bitkin bir halde nemli toprağı yalarken gördü. "Bu köpek de benim gibi çok susamış" dedi ve kuyuya inip mestine su doldurdu. Bunu ağzında tutarak kuyudan çıktı, köpeği suladı. Bundan dolayı Yüce Allah ondan razı oldu ve onu bağışladı. Ashap:

— Ey Allah'ın Elçisi, hayvanlarda bizim için sevap var mıdır? diye sordular. Peygamberimiz:

— Her canlı sebebiyle ecir vardır, buyurdu[179].

Ö. Mektup

Bilindiği gibi mektup; uzakta bulunan kimseyle konuşma yerine kullanılan yazılı araçtır.

---

178 Müslim, *Zekât,* 77; Ahmed b. Hanbel, *el-Müsned,* II, 322, 350; *Riyâzü's-Sâlihîn,* III, 363-364.

179 Buhârî, *Musâkât,* 9; Müslim, *Selâm,* 41.

Sözlü irşad ve tebliğin yanında, Kur'ân ve hadislerde görülen diğer bir irşad vasıtası da mektuptur. Bu konuda ilk akla gelen örnekler arasında da Hz. Süleyman'ın, Yemen melikesi Belkıs'a gönderdiği mektup ile Peygamberimizin bazı devlet başkanlarına gönderdiği mektuplar gelir. Bu arada, Kur'ân-ı Kerîm'in yazılı en güzel bir davet mektubu olduğu unutulmamalıdır.

Aslında yazılı tebliğ şekli, sadece mektuptan ibaret değildir. Günümüzün imkânlarını da göz önüne alırsak; mektup, elektronik posta, kitap, risale, makale, el ilânı, takvim, levha, tebrik, afiş, roman, hikâye, piyes ve benzerlerini de[180] yazılı ve görsel tebliğ vasıtaları arasında değerlendirmek mümkündür. Günümüz internet imkânlarıyla yazılı ve sözlü iletişim daha da kolaylaşmıştır.

Kur'ân-ı Kerîm'de, Hz. Süleyman'ın yazdığı bir mektuptan bahsedilmekte, mektubun Besmele ile başladığı ifade edilmekte, fakat içeriği hakkında bilgi bulunmamaktadır. Ancak bunun bir tebliğ mektubu olduğu; Hz. Süleyman'ın, muhataplarını İslâm'a çağırdığı da açıktır. İlgili ayetlerin anlamı şöyledir:

"Çok geçmeden (hüdhüd / ibibik / çavuş kuşu) geldi: Ben, senin bilmediğin bir şeyi öğrendim. Sebe' den sana gerçek bir haber getirdim. Ben onlara hükümdarlık eden, kendisine her şey verilmiş ve büyük bir tahtı olan kadın buldum. Onun ve kavminin, Allah'ı bırakıp güneşe secde ettiklerini gördüm. Şeytan, kendilerine yaptıklarını süslü göstermiş de onları doğru yoldan alıkoymuş. Bu yüzden doğru yolu bulamıyorlar. (Şeytan böyle yapmış ki) göklerde ve yerde gizleneni açığa çıkaran, gizlediklerinizi ve açığa çıkardıklarınızı bilen Allah'a secde etmesinler. Oysa büyük Arş'ın sahibi Allah'tan başka tanrı yoktur. (Süleyman) dedi ki: Doğru mu söyledin, yoksa yalancılardan mısın, bakacağız. Şu mektubu götür, bunu kendilerine ver, sonra onlardan biraz çekil de, ne sonuca varacaklarına bak. (Süleyman'ın mektubunu alan Sebâ melikesi Belkıs) şöyle dedi: Ey ileri gelenler! Bana çok önemli bir mektup bırakıldı. Mektup, Süleyman'dandır

---

180 Uludağ, *age*, s. 241-242.

ve Bismillâhirrahmânirrahîm ile başlamaktadır. 'Bana karşı büyüklük taslamayın ve bana teslim olarak (yahut: müslümanlar olarak) gelin' (diye yazmaktadır). Ey ileri gelenler, dedi, bu işimde bana bir fikir verin, (bilirsiniz ki) ben siz olmadıkça (size danışmadan) hiçbir işi kestirip atmam"[181]. Melike, Hz. Süleyman'a elçilerle hediyeler göndermiş, fakat Hz. Süleyman hediyeleri kabul etmemiş, onlardan sadece müslüman olmalarını istemiştir. Netice olarak Melike Belkıs, Hz. Süleyman'la görüştükten sonra: *"Ey Rabbim! Şüphesiz ben nefsime zulmetmişim. Şimdi ise Süleyman'la beraber âlemlerin Rabbi Allah'a teslim oldum"*[182] diyerek müslüman olmuştur.

Bilindiği gibi Peygamber efendimiz birçok yöneticiye, İslâm'a davet eden mektuplar yazmıştır[183]. Bunlardan Habeşistan kralı (necâşî) Ashame (8/630)'ye gönderilen mektup şöyledir:

Bismillâhirrahmânirrahîm.

Allah'ın Rasûlü Muhammed'den Habeşlerin kralı Ashame'ye:

Kendisinden başka Tanrı olmayan, Melik (her şeyin sahibi ve hükümdarı), Kuddûs (her türlü eksiklikten uzak), Selâm (esenlik veren), Mü'min (güven veren, vaadinde sadık olan), Müheymin (kâinatı gözetip yöneten) Allah'a hamdimi sana ulaştırırım.

Şehâdet ederim ki, Meryem oğlu Îsâ, Allah'ın Rûhu ve kelimesidir. Allah, onu, korunmuş (namuslu), temiz ve kendini Allah'a adamış bulunan Meryem'e bıraktı da Meryem, Îsâ'ya hamile kaldı. Meryem, ona Allah'ın rûhu ve üflemesiyle hamile kalmıştır. Nitekim Yüce Allah, Âdem'i de kendi eli (kudreti) ve üflemesiyle yaratmıştı.

Ben seni, ortaksız ve tek olan Allah'a, O'na itaatte devamlı olmaya ve ayrıca bana tâbi olmaya, bana gelene îman etmeye çağırıyorum. Çünkü

---

181 Neml 27/22-32.

182 Neml 27/44.

183 Bu mektuplar ve değerlendirilmesi hakkında bkz: Muhammed Hamidullah, *İslâm Peygamberi*, II, 192 vd.

ben, Allah'ın Rasûlüyüm.

Sana, amcamın oğlu Ca'fer'i ve onunla beraber müslümanlardan bir grubu gönderdim. Sana geldiklerinde onları misafir et ve kendini büyük görmeyi terk et.

Ben, seni ve halkını Azîz ve Celîl Allah'a davet ediyorum. Sana vazifemi tebliğ ettim ve öğütte bulundum; nasihatimi kabul edin.

Allah'ın selâmı, O'nun yoluna uyanların üzerine olsun[184].

Bu mektupla birlikte, oraya ulaşan müslümanlardan aldığı bilgiler sonucunda Necâşî müslüman olmuş ve cevabî bir mektupla, Peygamberimize bağlılığını bildirmiştir.

P. Tekrar

İnsanın yetişmesi kolay değildir. Birisine bir şeyi anlatmak için bazen defalarca tekrar etmek gerekebilir. Öğretilen bir şeyi bile, aradan bir süre geçtikten sonra, hatırlatmak için tekrar etmek lâzımdır.

Sahâbe, Peygamberimizden duydukları hadisleri kendi aralarında müzakere ederlerdi. Enes b. Mâlik bu konuda şöyle demiştir: "Biz, Rasûlüllahın yanında bulunur, onun sözlerini dinlerdik. Yanından ayrıldıktan sonra, işittiğimiz hadisleri ezberleyinceye kadar müzakere ederdik". Abdullah b. Ömer de, rivâyet edilecek bir hadisin, muhataba üç defa tekrar edilmesini tavsiye ederdi[185].

Unutmak, insanın özelliklerinden birisidir. Bunun için "hâfıza-i beşer nisyân ile mâluldür" denilmiştir. İşte hem bir şeyi kavratmak hem de kavranılmış şeyi unutturmamak için "tekrar", lüzumlu bir keyfiyettir. Medyada da sürekli tekrarlanan reklâmlar boşuna değildir.

---

184 H. Karaman-B. Topaloğlu, *Arap Dili ve Edebiyatından Tercemeler,* s. 45.

185 Bu konuda geniş bilgi için bkz: Nevzat Âşık, *Sahâbe ve Hadis Rivâyeti,* s. 97 vd.

Tebliğ ve irşadda, psikoloji ilminin de yakından ilgilendiği "tekrar"ın önemli bir yeri vardır. Bu bakımdan Kur'ân-ı Kerîm'de bu metot da ihmal edilmemiştir.

Kur'ân'da bazı ana temalar üzerinde sık sık tekrara başvurulur: Allah'ın varlığı ve birliği, Allah'a ortak koşmanın yanlışlığı, âhiret inancı, cennet ve cehennem, peygamberlik müessesesi, Kur'ân'ın Allah kelâmı oluşu vb. îman esasları çeşitli yönleriyle tekrar tekrar gündeme getirilir. Böylece muhataba kuvvetli bir îman aşılanır.

Kur'ân'da hakkı yalanlayanlar, Allah'a ortak koşanlar kınanır; bunların tuttukları yolun mantıksızlığı ve yanlışlığı çeşitli yönleriyle ve tekrar tekrar anlatılır. İnkârda ve şirkte direnenlerin uğrayacakları azap bildirilir ve böylece muhatabın yola gelmesi ve doğru yoldan ayrılmaması gereği vurgulanır.

Allah elçisi olan peygamberlerin, hiçbir karşılık beklemeden elçilik görevlerini yaptıkları, bu nedenle Allah'a ve peygamberlerine itaat edilmesi gerektiği bildirilir; peygamberlerini yalanlayan geçmiş toplumların başlarına gelenler anlatılır ve ibret alınması istenir. Bu tür âyetlerle hem muhataba ders verilir hem de hakkı tebliğ edecek kişilerin peygamberlerin yolunu izlemeleri, insanlardan bir menfaat beklememeleri gereği anlatılır. Ayrıca, peygamberlerin ve ümmetlerinin başlarına gelenler, onların bu olumsuzluk karşısında sabredip, dâvâlarından vazgeçmemeleri de sık sık vurgulanarak, tebliğciye de gerekli ibret dersleri verilmiş olur.

Kur'ân-ı Kerîm'de Yüce Allah'ın ihsan ettiği nimetler de sık sık hatırlatılarak, kulun bu nimetlere karşı kulluk ve şükür görevi; şükrü îfâ yollarının başında da namaz, zekât, oruç, hac, tesbih, zikir, Allah'ın âyetlerini tefekkür... gibi hususlar gündeme getirilir. İnsanın Allah'a, Peygambere ve diğer insanlara karşı görev ve sorumlulukları bildirilir.

Kur'ân'ın tekrarladığı hususlar arasında, kendisinin dikkatle okunup üzerinde düşünülmesi lüzûmu da yer almaktadır. Ayrıca, Kur'ân'a uyanların elde edecekleri mükâfat, inkâr edenlerin ise uğrayacakları azap anlatılmaktadır. Demek ki dâvetçinin elinde de Kur'ân olacak, muhatabını da Kur'ân'a yöneltecektir.

Kur'ân'daki bu tekrarlara bakınca, insanın hem tekrar tekrar hatırlatmaya muhtaç olduğu hem de ona tekrar edilmesi gereken şeylerin neler olduğu özlü bir şekilde anlaşılmış olmaktadır.

Kur'ân'daki tekrarları başka bir açıdan incelersek: Mükâfat bildiren âyetlerin tekrarında sevaba teşvik, azap bildirenlerin tekrarında kötülüklerden sakındırmak, îman esaslarını bildiren âyetlerin tekrarında muhataba temiz, sağlam ve sarsılmaz bir inanç kazandırmak, hükümlerin tekrarında bunlara rağbeti artırmak, nimetlerin tekrarında bunların şükrüne önem vermek, kıssaların tekrarında bunlardan alınacak öğüt ve ibretleri kuvvetlendirmek gayeleri güdülmüş olabilir. Ayrıca Arap dili ve edebiyatında "tekrar" lüzumlu bir keyfiyettir[186]. Şunu da ifade edelim ki, Kur'ân-ı Kerîm'deki tekrarlarda tekrar edilen şey aynen değil, farklı bir boyutuyla ele alınmaktadır.

Peygamberimizin hitabet ve irşadında bu hususa da dikkat ettiği anlaşılmaktadır. O, muhatabın iyi anlamasını temin gayesiyle tane tane konuşur ve bazen söylediklerini üç defa tekrar ederdi.

Hz. Âişe'nin bildirdiğine göre, Rasûlüllah (sav), işiten herkes iyi anlasın diye, sözü tane tane söylerdi[187].

Yine o, "Allah'ın Elçisi sizin yaptığınız gibi kelimeleri arka arakaya sıralayarak konuşmazdı, kelimeleri tek tek telaffuz ederdi.

---

186 Kur'ân-ı Kerîm'deki tekrarlar hakkında bkz: Muhammed Kutub, *Kur'ân Araştırmaları*, I, 461-480; Abdurrahman Çetin, *Kur'ân İlimleri ve Kur'ân-ı Kerîm Tarihi*, s. 274-276.

187 Ebû Dâvud, *Âdâb*, 18; Ahmed b. Hanbel, *el-Müsned*, VI, 138.

Öyle ki onun kelimelerini saymak isteyen bir kimse sayabilirdi"[188] diyerek, Peygamberimizin konuşma tarzını açıklamıştır.

Enes b. Mâlik'ten nakledildiğine göre de Rasûlüllah (sav), bir söz söylediği zaman, iyice anlaşılsın diye üç defa tekrarlardı. Aynı şekilde bir kavmin yanına gelip selâm verdiği zaman da üç kere selâm verirdi[189].

Muâz b. Cebel, deve üstünde Rasûlüllah (sav)'in terkisinde idi. Peygamber ona:

— Ey Muâz! diye seslendi. Muâz:

— Buyur yâ Rasûlallah! diye cevap verdi. Peygamber yine:

— Ey Muâz! diye seslendi. Muâz:

— Buyur yâ Rasûlallah! dedi. Peygamberimiz yine:

— Yâ Muâz! buyurdu. Muâz:

— Buyur yâ Rasûlallah! diye cevap verdi. Bunun üzerine Rasûlüllah (sav) şöyle buyurdu:

— Hiç kimse yoktur ki, kalbinden tasdîk ederek, Allah'tan başka tanrı olmadığına ve Muhammed'in Allah'ın Elçisi olduğuna şehâdet etsin de, Allah onu cehennem ateşine haram etmesin, buyurdu. Bunun üzerine Muâz:

— Yâ Rasûlallah, bunu halka haber vereyim de sevinsinler mi? diye sordu. Peygamberimiz:

— Hayır, söyleme; çünkü (sonra buna) güvenirler, buyurdu.

---

188 Buhârî, *Menâkıb,* 23.

189 Buhârî, *İlim,* 30; Tirmizî, *İst'izân,* 28.

Muâz, vefatına yakın, tebliğ etmezse sorumluluğu olur düşüncesiyle bunu haber verdi[190].

Bir defasında, bir yolculuk sırasında, acele ile abdest aldıkları için, ayaklarını tam yıkamamış kimseleri gören Peygamberimiz, iki veya üç defa yüksek sesle:

— Cehennemde yanacak topuklara yazık! Cehennemde yanacak topuklara yazık! diye buyurmuştur[191].

Ebû Hüreyre'den rivâyet olunduğuna göre Rasûlüllah (sav) (üç defa) şöyle buyurdu:

— Vallahi îman etmiş olmaz, vallahi îman etmiş olmaz, vallahi îman etmiş olmaz.

— Yâ Rasûlallah, kim îman etmiş olmaz? diye sordular.

— Şerrinden komşusu emîn olmayan kimsedir, buyurdu[192].

Ebû Bekre Nüfey' b. Hâris şöyle demiştir: Rasûlüllah sallallâhü aleyhi ve sellem (üç defa) şöyle buyurdu:

— Size büyük günahlardan haber vereyim mi? Size büyük günahlardan haber vereyim mi? Size büyük günahlardan haber vereyim mi?

— Evet, ey Allah'ın Elçisi, dedik. Bunun üzerine Peygamber şöyle buyurdu:

— Allah'a ortak koşmak, ana babaya karşı gelmek.

Rasûlüllah, dayanmış olduğu yerden doğrulup oturdu ve şöyle devam etti:

---

190 Buhârî, *İlim,* 49. Hadisin şerhi için bkz: *Tecrîd-i Sarîh Tercemesi,* II, 366-367 dipnot.

191 Buhârî, *İlim,* 3; Müslim, *Tahâret,* 25-30.

192 Buhârî, *Edeb,* 29; Müslim, *Îmân,* 73.

— Aman, yalan sözden ve yalancı şahitlikten sakınınız! Bu cümleyi o kadar çok tekrar etti ki, biz, yorulmaması için keşke sussa, diye temenni ettik[193].

R. Mürşidin Şahsıyla İlgili Hususlar

a. Bilgi Sahibi Olmak

Tebliğ için önce bilgi sahibi olmak gerekir. Nitekim bir ayette: *"İşte siz böyle insanlarsınız! Biraz bilginiz olan şey hakkında tartıştınız ama hiç bilginiz olmayan şey hakkında neden tartışıyorsunuz? Allah bilir ama siz bilmezsiniz"*[194] buyurularak bu hususun önemine dikkat çekilmiştir.

Bu bakımdan davetçinin iyi bir eğitim, öğretim ve hazırlık döneminden geçmesi gerekir. "Yarım doktor candan, yarım hoca îmandan eder" sözü boşuna söylenmemiştir. Kur'ân ve Sünnete yeteri kadar vâkıf olmadan bu görevi üstlenmek doğru olmaz.

Öte yandan dâvetçinin kendi dilini de iyi bilmesi lâzımdır. Dil bir araçtır ve bu aracı en iyi şekilde kullanmasını öğrenmek gerekir.

b. Örnek Olmak

En etkili tebliğ yolu, insanlara iyi örnek olmaktır. Kişi söyledikleriyle uyumlu bir yaşantı içinde ise, onun çok söz söylemesine ihtiyaç bile kalmaz. Çünkü o, hâl ve tavırlarıyla konuşmaktadır. Yaşadığı güzel ahlâk, o insanın en etkili ve güvenilir sözcüsü durumundadır. Bu bakımdan tebliğci ve mürşid, söylediklerini önce kendisi yaşamalıdır. Bir ayetin anlamı şöyledir: *"(İnsanları) Allah'a çağıran, salih amel (iyi iş) yapan ve 'Ben müslümanlardanım' diyenden daha güzel sözlü kim olabilir?"*[195].

---

193 Buhârî, *Şehâdât,* 10.

194 Âlü İmrân 3/66.

195 Fussılet 41/33.

Dinimizde bu konu üzerinde önemle durulmuştur. Söyledikle-rini yaşamayan, iyiliği emredip kötülüğü yasaklarken, kendisi bunun tam tersini yapan kimseler, Kur'ân'da kınanmıştır:

"Ey inananlar! Niçin yapmayacağınız şeyi söylüyorsunuz? Yapmayacağınız şeyi söylemek, Allah katında en sevilmeyen bir şeydir"[196].

"Siz, Kitabı okuduğunuz halde, insanlara iyiliği emredip, kendinizi unutuyor musunuz? Aklınızı kullanmıyor musunuz?"[197].

Peygamberimiz de, sözü özüne uygun olmayan davetçinin âhiretteki durumunu şöyle tasvir etmiştir:

— Kıyâmet gününde bir kişi getirilip cehenneme atılır da, cehennemde onun bağırsakları derhal karnından dışarıya çıkar. Daha sonra o kişi, bağırsakları etrafında, değirmen eşeğinin değirmende dönmesi gibi döner. Cehennem halkı bu kimsenin etrafında toplanır ve:

— Ey filan, nedir bu hâlin? Sen bize iyilikle emreden ve kötülükten nehyeden (bir öğütçü) değil miydin? derler. O da:

— Evet, öyle idim; ben size iyiliği emrederdim fakat kendim iyilik yapmazdım. Sizleri kötülükten nehyederdim ama kendim kötülük ederdim, diye cevap verir"[198].

Dâvetçi, akl-i selîm, zevk-i selîm ve kalb-i selîm sahibi olmalıdır.

Dâvetçi, güzel ahlâk sahibi olmalıdır. Şüphesiz insanın sahip olduğu şeyler içinde en değerli olanı, güzel ahlâktır. Güzel ahlâkın timsali de Hz. Muhammed (sav) efendimizdir. Onun gibi olmak, onun gibi yaşamak, güzel ahlâk üzere olmak demektir. Yüce Allah:

---

196 Saff 61/2-3.

197 Bakara 2/44.

198 Buhârî, *Fiten,* 17; Müslim, *Zühd,* 15.

"And olsun ki sizin için, Allah'ı ve âhiret gününü arzu eden ve Allah'ı çok anan kimseler için, Allah'ın Eçisi en güzel örnektir"[199] buyurmuştur.

Peygamberimiz, Allah'ın seçtiği bir rehber olarak, hem sözleriyle hem de yaşayışıyla müslümanlara en güzel örnek olmuştur: İnsanlardan bir şeyi yapmalarını isteyince, önce kendisi bunun kat kat fazlasını yapmıştır. Herkesten fazla namaz kılmış, herkesten fazla oruç tutmuş ve herkesten fazla sadaka vermiştir. Yasakladıklarından da daima uzak durmuş, hiçbir günaha bulaşmamıştır. Her türlü aşırılıktan kaçınmış, daima orta yolu izlemiştir. İşte davetçi de, onun hayatını iyi öğrenip, onun gibi yaşamaya, onun gibi olmaya çalışmalıdır ki, insanlara etkili olup söz geçirebilsin.

c. Çıkar Gözetmemek

Peygamberimizin bildirdiğine göre ameller niyetlere göre değer kazanır; herkesin niyeti ne ise, eline geçecek olan ancak odur[200]. Binaenaleyh, Allah katında makbul olan amel, sırf O'nun rızası için yapılandır ki bu da dinimizde "ihlâs" terimiyle ifade edilmiştir.

Allah rızası gözetilmeden yapılan bir işte, kul için hayır olmadığı Kur'ân'da açıkça ifade edilmiştir. Bir ayette, malını gösteriş için harcayan yahut başa kakanların sadakalarının boşa gideceği bildirilirken[201], başka bir ayette de, gafletle ve gösteriş için namaz kılanlar kınanmaktadır[202]. Diğer bir âyette ise, kesilen kurbanların sadece takvâ ve ihlâs ile değer kazanacağına işaret edilmektedir[203].

"Kimler, dünya hayatını ve süsünü isterse, onlara oradaki işlerinin karşılığını tam olarak veririz ve onlar orada hiçbir eksikliğe uğratılmazlar.

---

199 Ahzâb 33/21.

200 Buhârî, *Bed'u'l-vahy,* l; Müslim, *İmâre,* 155; Ebû Dâvud, *Talâk,* 11; Tirmizî, *Fedâilü'l-Cihâd,* 16; Nesâî, *Talâk,* 24; İbn Mâce, *Zühd,* 26; İbn Hanbel, *el-Müsned,* I, 25.

201 Bakara 2/264.

202 Mâûn 107/4-6.

203 Hacc 22/37.

Ama onlar, âhirette kendileri için ateşten başka hiçbir şeyi olmayan kimselerdir ve yaptıklarının hepsi orada boşa çıkmıştır, yapmakta oldukları şeyler (zaten) bâtıldır!"[204].

"Her kim, bu çarçabuk geçen dünyayı isterse, orada ona, dilediğimiz kimseye dilediğimiz kadarını veririz; sonra da onu, kınanmış ve kovulmuş olarak gireceği cehenneme sokarız. Kim de âhireti ister ve bir mümin olarak ona yaraşır bir çaba ile çalışırsa, işte bunların çalışmaları makbuldür. Hepsine, onlara da bunlara da (dünyayı isteyene de âhireti isteyene de) Rabbinin ihsanından veririz. Rabbinin ihsanı kısıtlanmış değildir"[205].

"(Rasûlüm). Şüphesiz ki Kitâb'ı sana hak olarak indirdik. O halde sen de, dini Allah'a has kılarak (ihlâs ile) kulluk et"[206].

"De ki: Ben, dinimde ihlâs ile ancak Allah'a ibâdet ederim"[207].

"O, daima diridir, O'ndan başka hiçbir tanrı yoktur. O halde dinde ihlâslı ve samimî kişiler olarak O'na dua edin. Her türlü övgü, âlemlerin Rabbi Allah'a mahsustur"[208].

Peygamberimizin konuyla ilgili birçok hadisi vardır:

Ebû Ümâme şöyle anlatıyor: Hz. Peygamber (sav)'e bir adam geldi ve:

—Yâ Rasûlallah! Bir kimse hem sevap kazanmak hem de nam bırakmak, ün kazanmak niyetiyle cihad etse, kendisine mükâfat olarak ne vardır? diye sordu. Peygamber (sav):

— Hiçbir şey yoktur, karşılığını verdi. O kişi, sorusunu üç defa tekrarladı ise de, Allah'ın Elçisi, her defasında:

---

204 Hûd 11/15-16.
205 İsrâ 17/18-20.
206 Zümer 39/2.
207 Zümer 39/14.
208 Mü'min 40/65.

— Hiçbir şey yoktur, buyurdu ve ilâve etti: "Şüphesiz Allah, amelin samimî olanından ve sadece kendi rızası için yapılanından başkasını kabul etmez"[209].

Peygamberimiz başka bir sözünde de; Allah rızasını gözetmeden, sırf kahramanlık gösterisi için savaşan kimsenin, aynı şekilde Allah rızasını gözetmeden, insanların övgüsünü kazanmak maksadıyla ilim öğrenip öğreten, Kur'ân okuyan kişinin ve yine Allah rızasını gözetmeden, gösteriş gayesiyle hayır işlerinde bulunan kimsenin âhirette hüsrana uğrayacağını bildirmiştir[210].

Peygamberimiz ve bütün peygamberler, Allah'ın dinine davet yolunda sarf ettikleri maddî ve mânevî bütün çaba ve gayretleri için, insanlardan hiçbir menfaat talebinde bulunmamışlar; hatta onlara imkânlar ölçüsünde her türlü yardım ve desteği sağlamışlardır. Kur'ân'da birkaç defa tekrarlanan şu söz, onların ortak prensibi olmuştur: *"Ben, buna karşı sizden hiçbir ücret istemiyorum. Benim ecrimi verecek olan, ancak âlemlerin Rabbidir"*[211].

Peygamberimiz, bir hadislerinde *"Veren el, alan elden üstündür"*[212] buyurmuştur. Demek ki, üst durumda olmak ve etki edebilmek için, alan değil, veren olmak; hiç olmazsa almamak gerekir. Yine bir hadiste: *"Halktan istemek, berelenmektir. İnsan onunla kendi yüzünü tırmalamış ve berelemiş olur; ancak ihtiyacını devletten istemek bunun dışındadır"*[213] buyurulmuştur.

Peygamberimizin nasıl bir hayat tarzı benimsediği, buna karşılık ashabını nasıl koruyup kolladığı herkesin malûmudur. O, kendi

---

209 Nesâî, *Cihâd,* 24-25. *Sahîh-i Buhârî*'de de buna benzer bir hadis vardır. Bkz: *Cihâd,* 15.

210 Müslim, *İmâre,* 152; Nesâî, *Cihâd,* 22; Ahmed b. Hanbel, II, 322; aynı anlama gelen başka bir hadis için bkz: Buhârî, *Humus,* 10. Ayrıca bkz: Buhârî, *Cihâd,* 15; Nesâî, *Cihâd,* 24.

211 Şuarâ 26/109, 127, 145, 164, 180.

212 Buhârî, *Zekât,* 18; Müslim, *Zekât,* 94-97.

213 Tirmizî, *Zekât,* 38; Nesâî, *Zekât,* 93.

ihtiyaçlarını karşılamadan önce ashabını düşünmüş, onların ihtiyaçlarını temin etmiştir. Müslüman olmak için uzaktan kendisiyle görüşmeye gelenleri günlerce misafir edip ağırlamış, ikramlarda bulunmuş, bazen bizzat kendisi hizmet etmiş, onları uğurlarken de hediyeler vermiştir.[214] İşte dâvetçinin takip etmesi gereken yol da budur.

d. Sabır ve Tahammül

İrşad görevi zor bir iştir; bu yol engellerle, dikenlerle, sıkıntılarla doludur. Peygamberimizin tebliğ hayatı boyunca nice sıkıntılara göğüs gerdiği, ashabıyla birlikte nice çileler çektiği bilinen bir husustur[215].

İnsan; büyümesi, gelişmesi ve eğitimi açısından en uzun zamana ihtiyaç duyan bir varlıktır. Bilindiği gibi, diğer canlıların birçoğu, dünyaya gelir gelmez ayağa kalkar, beslenmeye başlar, birkaç gün veya birkaç hafta sonra annesine bağımlılığı iyice azalır ve biter. Ama insanoğlunun bu safhaya gelebilmesi için yıllar gerekir.

İnsanın fizikî yapısında olduğu gibi, rûhî yapısının imarında da bazen çok uzun süre gerekebilir. Bu bakımdan mürşit, sabırlı olmasını bilmeli, elinden gelen gayreti göstermeli ve ötesini Allah'a havale etmelidir.

İnsanların tepkilerine, direnmelerine, kötülemelerine tahammül ve sabır göstermek ve ümitsizliğe düşmemek de tebliğci için ayrı bir mecburiyettir. Zira davetçinin bu tür sıkıntılarla karşılaşması muhakkak gibidir. Nitekim Kur'ân-ı Kerîm'de anlatılan peygamber kıssaları bu açıdan da dikkat çekicidir. Bu gerçekleri açıklayan Yüce Allah, Peygamberimize şöyle buyurmuştur:

---

214 Bu konuda geniş bilgi için bkz: Ahmet Önkal, *Rasûlüllahın Da'vet Metodu,* s. 137 vd.

215 Bu konuda örnekler görmek için *"Örneklerle Peygamberimiz"* isimli eserimize bakılabilir.

"O halde sen de, peygamberlerden azim sahiplerinin sabrettikleri gibi sabret"[216].

Şu âyetler de bu gerçeğe ışık tutmaktadır:

"Namazı kıl, iyiliği emret, kötülükten vazgeçir ve başına gelene sabret. Şüphesiz bunlar, azmedilmeye değer işlerdendir"[217].

"Onların söylediklerinin hakikaten seni üzmekte olduğunu biliyoruz. Aslında onlar seni yalanlamıyorlar, fakat o zalimler açıkça Allah'ın âyetlerini inkâr ediyorlar. And olsun ki, senden önceki peygamberler de yalanlanmıştı. Onlar, yalanlanmalarına ve eziyet edilmelerine rağmen sabrettiler, nihayet yardımımız onlara yetişti. Allah'ın kelimelerini değiştirebilecek hiç kimse yoktur. Sana da peygamberlerin haberlerinden bazısı geldi. Eğer onların yüz çevirmesi sana ağır geldiyse, haydi yapabilirsen yerin içine inebileceğin bir tünel yahut göğe çıkabileceğin bir merdiven ara ki, onlara bir mu'cize getiresin! Allah dileseydi onları hidâyet üzerinde birleştirirdi, o halde cahillerden olma!"[218].

"Yoksa siz, sizden evvel geçenlerin durumu sizin de başınıza gelmeden önce cennete gireceğinizi mi sandınız? Onlara öyle yoksulluk ve sıkıntı dokunmuş ve öyle sarsılmışlardı ki, peygamber ve yanındaki müminler: 'Allah'ın yardımı ne zaman!' dediler. Bilin ki Allah'ın yardımı yakındır!"[219].

Tebliğcinin görevi sadece duyurmaktır; usûlüne göre ilâhî gerçekleri tebliğ etmektir; hidâyet ise Allah'tandır:

"Elçi'ye düşen, sadece duyurmaktır. Allah, açıkladığınızı da gizlediğinizi de bilir"[220].

---

216 Ahkaf 46/35.
217 Lokman 31/17.
218 En'âm 6/33-35.
219 Bakara 2/214.
220 Mâide 5/99.

"De ki: Allah'a itaat edin, Peygambere itaat edin. Eğer yüz çevirirseniz şunu bilin ki, Peygamberin sorumluluğu kendisine yüklenen (tebliğ görevini yapmak), sizin sorumluluğunuz da size yüklenen (görevleri yerine getirmeniz)dir. Eğer ona itaat ederseniz, doğru yolu bulmuş olursunuz. Peygambere düşen, sadece açık bir şekilde duyurmaktır"[221].

"Sen sevdiğini doğru yola iletemezsin; fakat Allah dilediğini doğru yola iletir. O, yola gelecek olanı daha iyi bilir"[222].

"Biz bu Kitâb'ı, insanlar için, sana hak ile indirdik. Artık kim doğru yola gelirse kendi yararınadır. Kim de saparsa kendi zararına sapmış olur. Sen onların üzerinde vekil değilsin"[223].

"Eğer yüz çevirirlerse (üzülme ve bil ki) biz seni onların üzerine bekçi göndermedik. Sana düşen sadece duyurmaktır"[224].

"Sen öğüt ver, çünkü sen ancak öğüt vericisin. Onların üzerinde zorlayıcı değilsin"[225].

e. İnsan ve Toplum Psikolojisine Uygun Davranmak

Tebliğ ve irşadda, insanlarla iyi bir iletişim kurabilmek için, aşağıdaki hususları göz önünde bulundurmak da uygun olur[226]:

Her insan, kendisiyle ilgilenir ve önemli bir kimse olduğuna inanır. Siz de, muhatabınıza değer verdiğinizi ve onun önemli bir kimse olduğuna inandığınızı içtenlikle gösteriniz.

---

221 Nûr 24/54.

222 Kasas 28/56.

223 Zümer 39/41.

224 Şûrâ 42/48.

225 Ğâşiye 88/21-22.

226 Bu konular hakkında geniş bilgi için bkz: Dale Carnegie, *Dost Kazanmak ve İnsanlar Üzerinde Etki Yapmak Sanatı*, trc: Türkân Akbaş, İstanbul 1969; Ali Fuat Başgil, *Gençlerle Başbaşa*, İstanbul 1970, 6. baskı; Komisyon, *Nasıl Mutlu Olunur*, İstanbul, ts.

Davranışlar, kelimelerden daha etkilidir. Karşınızdaki insana göstereceğiniz küçük bir tebessüm, onun kalbini fetheder. Bu bakımdan daima gülümseyiniz. Canınız istemese de buna kendinizi alıştırınız.

İnsan, iltifattan ve takdirden hoşlanır. İçtenlikle yapılan takdirler, değerli bir armağan gibi yıllarca hâfızalarda saklanır. Bu bakımdan birkaç güzel sözü muhatabımızdan sakınmamak gerekir. İnsanların en asil ve ince duygularına hitap edin. Onun meziyetlerini dile getirin. En küçük başarılarını bile takdir edin. Ona saygı gösterin. Onun değerli, şerefli iyi bir insan olduğuna inandığınızı uygun dille ve samimiyetle ifade eder ve onu buna inandırırsanız, o da böyle olmaya çalışacaktır[227]. Ancak burada dikkat edilmesi gereken husus, riyadan sakınmak, samimi olmaktır.

İnsanın en çok sevdiği kelimelerden birisi kendi ismidir. Bir kimsenin ismini kolayca hatırlayıp söylerseniz, ona iltifatta bulunmuşsunuz demektir. İsmini hatırlamaz yahut yanlış söylerseniz, muhatabınız üzerinde olumsuz bir izlenim bırakmış olursunuz[228].

Muhatabınızı suçlamayınız; onun düşünce ve davranışlarının kendine göre bir sebebi olduğunu düşünüp bunu anlamaya çalışınız. Kendinizi onun yerine koyup, "ben olsam ne yapardım" diye düşününüz. Olayları başkalarının gözüyle görmeye çalışınız.

Birisiyle konuşurken, önce anlaşmazlık doğuracak bir konudan değil, anlaşabileceğiniz konudan başlayınız. Muhatabınız bir süre sizi "evet, evet" diyerek dinlemeli; mümkünse "hayır" dedirtmemelisiniz[229].

Muhatabınızı teşvik ediniz. Yapacağı işi kolayca başarabileceği, hatalarını düzeltebileceği kanaatini veriniz. Eğer ona başarısız ve

---

227 Dale Carnegie, *Dost Kazanmak,* s. 90, 143.

228 Carnegie, *age,* s. 71.

229 Carnegie, *age,* s. 119.

beceriksiz izlenimi verirseniz, bütün şevkini ve cesaretini kırmış olursunuz. Bu ise, sizin için başarısızlık demektir[230].

Başkalarını tenkit etmeden önce kendi hatalarınızı söyleyiniz. Emir vermek yerine isteklerinizi sorularla belirtiniz. "Bunu yap", "Şunu yapma" yerine, "Böyle yapsak olur mu?", "Şöyle de düşünebilir miyiz?" gibi sorularla onu iknaya, hatalarını kendisine buldurmaya çalışınız[231].

İnsanların hatalarını aramak yerine onların iyi yönlerini görmek gerekir. Bir hatip, verdiği konferansta, tahtanın üzerine beyaz bir kâğıt asmış. Sonra kâğıdın ortasına siyah bir nokta koymuş. Dinleyicilere ne gördüklerini sorunca: "Siyah bir nokta" diye cevap vermişler. Bunun üzerine konuşmacı: "Hiçbiriniz koskoca beyaz kâğıdı görmüyor musunuz?" diye uyarmış[232].

Tartışmaktan kaçınınız. Hiç kimse yenilgiyi kabul etmez. Şayet bir şeyi ispat etmek istiyorsanız, bunu karşınızdakini incitmeden yapınız. "Ben başka türlü düşünüyorum, fakat yanılmış olabilirim; yanılmışsam düzeltmek isterim, haydi durumu bir defa daha inceleyelim" gibi ifadeler kullanınız[233].

İlgi görmek, ilgi göstermekle olur. Bu bakımdan iyi bir dinleyici olunuz; başkalarının kendilerini anlatmalarına fırsat veriniz. Karşınızdakine, hoşlanarak cevap vereceği sorular sorunuz[234].

Muhatabınıza karşı samimi olunuz. Onunla sohbet etmekten memnun olduğunuzu hissettiriniz. Bir sohbet sırasında "evet, hayır, tamam" gibi kısa cevaplar vermek uygun değildir; bu sizin orada olmaktan ya da o kişiyle konuşmaktan hoşnut olmadığınızı gösterir. Bu bakımdan yumuşak ve tatlı bir ses tonuyla sohbete iştirak

---

230 Carnegie, *age,* s. 177.

231 Carnegie, *age,* s. 163.

232 Komisyon, *Nasıl Mutlu Olunur,* s. 36.

233 Carnegie, *Dost Kazanmak,* s. 98.

234 Carnegie, *age,* s. 77.

edilmelidir. "Altın gibi sükûtlar kadar, öldürücü susmalar da vardır"[235].

Kendinizi küçük düşürmeden alçak gönüllü olunuz, kendinizi övmeyiniz.

Her zaman dürüst olunuz. Söz ve davranışlarınızda doğruluktan ayrılmayınız. Verdiğiniz sözü yerine getiriniz. Etkili insan olmak için öncelikle güven şarttır. Güvenilir kimse olmak için de dürüst olmalıdır[236].

İnsanları yargılayıp mahkûm etmeyiniz. Seksen yaşında mutluluk içinde yaşayan bir kimseye, huzurun sırrını sormuşlar. O da: "Ben huzur ve mutluluğa, başkalarını yargılama alışkanlığından vazgeçtiğim zaman kavuştum" diye cevap vermiş. "Başkası hakkında sert yargınızı açıkladığınız sırada aynaya bakın ve ne kadar haşin olduğunuzu görün. Sonra, bir kimse hakkında iyi şeyler söyleyin, iyiliğin yüzünüze nasıl yayıldığını seyredin"[237].

Maddi değeri az bile olsa hediyeleşmeyi de ihmal etmeyiniz. Özellikle size hediye getirene, mutlaka karşı bir hediye veriniz.

Sağlığa dikkat etmek, kötü alışkanlıklardan uzak durmak, temiz ve düzgün giyinmek de tebliğ ve irşadda başarı için şarttır.

---

235 Komisyon, *Nasıl Mutlu Olunur,* s. 32.
236 Ali Fuad Başgil, *Gençlerle Başbaşa,* s. 55.
237 Komisyon, *Nasıl Mutlu Olunur,* s. 33.

III. OKUMA VE İNCELEME PARÇALARI

RUBAİLER

Mevlânâ Celâleddîn Rûmî[1] (672/1273)

Ömür bittiyse Allah bir başka ömür verdi; geçici ömür kalmadıysa işte şuracıkta ölümsüz ömür... Aşk, bengisudur, dal şu suya; bu denizin her katresinde ayrı bir yaşayış var.

*

Canında bir can var, o canı ara. Beden dağında bir mücevher var, o mücevherin madenini ara. A yürüyüp giden sûfî! Gücün yeterse ara; ama dışarıda değil, aradığını kendinde ara.

*

Gece oldu; şu gönüldeki yanlış nedir acaba? Sanıyorum ki tan yeri ağardı; gündüz oldu mu ki? Aşkın gözüne ne gece sığar ne gündüz. Şu aşkın gözleri, gözleri nasıl da bağlıyor.

*

A Yûsuf! Babanın evinde aman bulursun sen; ova, kardeşler ölümdür, tehlikedir sana. Kurtla uzlaşma, hasetçilerle oturup kalkma; haset kurdu, dışarıdaki kurttan beterdir.

*

---

1 Mevlânâ Celâleddîn, *Rubâîler,* trc: Abdülbaki Gölpınarlı, s. 18, 22, 27, 32, 34, 34, 38, 45, 65, 56, 61, 69, 79, 152, 219, 227, 227.

Ezel sofrasının üstüne, binlerce kavga edilmede ama yediler, yerler, sofra yine o sofra, bir şey eksilmedi. Hani bir kuş, şu dağın üstüne kondu, sonra uçtu gitti. Bir bak da gör, o dağda ne fazlalık oldu, o dağdan ne eksildi?

*

Nereye baş korsam koyayım, secde edilen O'dur; altı yönde de tapacak O'dur, altı yönden dışarıda da. Bağ bahçe, gül, bülbül, sema, güzel... Bunların tümü de bahane; maksat hep O'dur.

*

Ölümde insaf ehline, din ehline bir başka yaşayış var; tertemiz can ölümle yatışır, oturaklı hale gelir. Ölüm kavuşmadır; cefa etmek, kin gütmek değil. Fakat adam olmayan, boyuna ölür durur; işte dert burada.

*

Ansızın bir şeker kamışı bitti, boy attı; ansızın böylesine bir bengisu (âbıhayat), kaynadı-coştu; ansızın padişahlar padişahından sadakalar yağıp akmaya başladı... Mustafâ'nın rûhu şâd olsun, salâvat verin.

*

Hangi şekil gelir, görünürse ondan daha güzel bir şeklin olması da mümkündür; mâdem ki ondan iyisi vardır, o, benim sevgilim değildir... Gönlünden bütün şekilleri sür-çıkar da şekilsiz, sûretsiz sevgilinin şeklini, sûretini elde et.

*

Dostla uzlaşan, dostsuz kalmaz; alıcıyla bulunan müflis olmaz. Ay, geceden kaçmadığı için ışık elde etmiştir; gül, dikenle uzlaştığı için kokuya sahip olmuştur.

*

Bir bölük halk gamlı, fakat gam nereden geliyor, kendileri bilmiyorlar. Bir bölük halk neşeli, fakat bu neşe hangi yerden, haberleri yok... Bunca sağda solda bulunanlar var ki sağdan soldan haberleri bile yok... Bunca ben var, biz var da ne benden haberleri var, ne bizden.

*

İnsanın bilgisine, hünerine bakma; ahdinde duruyor mu, vefası var mı? Ona bak. Ahdini yerine getiriyorsa, vefakârsa, istediğin kadar öv, ondan da artıktır o kişi.

*

Bulutlu, yağışlı günlerde dostların toplanmaları şarttır; çünkü dost, dostu tazeleştirir. Hani baharlarda gül topluluklarında her gül, öbür güllere nasıl ayrı bir tazelik, ayrı bir güzellik veriyorsa tıpkı onun gibi.

*

Canım bedenimde oldukça Kur'ân'ın kuluyum; seçilmiş Muhammed'in yolunun toprağıyım. Birisi, bundan başka benden bir söz naklederse, o nakledenden de şikâyetçiyim, o sözden de.

*

Ey mum! Sende sûfi huyları var. Sanırım ki şu altı huyu temizlik erlerinden almışsın: Geceyi uyanık geçirmek, yüzü nurlu olmak, beti benzi sararmak, gönül yanışı, gözyaşı, uyanıklık.

*

Kendi dileğini yüceltmemek gerek; sen ise sevdiğin kişiyi alçaltıyorsun. Bismillâh demeden Elham'a başlıyorsun; sabah olmadan kuşluk çağını umuyorsun.

*

Dedim ki: Ne yapayım? Ne yapayım dedin ya şimdi, yeter bu dedi. Bundan daha iyi, daha güzel bir çare söyle, çaremi gör benim, dedim. Yüzünü bana çevirdi de: Ey din isteklisi! dedi, boyuna ne yapayım de dur, boyuna iste!

***

SÖZ

Yûnus Emre[2] (1320?)

Keleci bilen kişinün
Yüzüni ağ ide bir söz
Sözi bişirüp diyenün
İşini sağ ide bir söz.

(Keleci: Söz, mânâlı söz).

Söz ola kese savaşı
Söz ola bitüre başı
Söz ola ağulu aşı
Yağ ile bal ide bir söz

Kişi bile söz demini
Dimeye sözün kemini
Bu cihan cehennemini
Sekiz uçmağ ide bir söz

(Kem: Fena, kötü. Uçmağ: Cennet)

***

---

2 Yunus Emre, *Yunus Emre Divanı,* nşr: Faruk Kadri Timurtaş, s. 78-79.

DİLİN MEZİYETİNİ VE KUSÛRUNU, FAYDASINI VE ZARARINI SÖYLER

Yusuf Has Hâcib (1070?)[3]

Anlayış ve bilgiye tercüman olan dildir; insanı aydınlatan fasîh dilin kıymetini bil.

İnsanı dil kıymetlendirir ve insan onunla saâdet bulur; insanı dil kıymetten düşürür ve insanın dil yüzünden başı gider.

Dil aslandır, bak, eşikte yatar; ey ev sâhibi, dikkat et, senin başını yer.

Dilinden eziyet çeken adam ne der, dinle; başımı kesmesinler de ben dilimi keseyim.

Sözüne dikkat et, başın gitmesin; dilini tut, dişin kırılmasın.

Bilgili dil için özlü bir söz söyledi; ey dil sâhibi, başını gözet.

Sen kendi selâmetini istiyorsun, ağzından yakışıksız bir söz kaçırma.

Söz, bilerek söylenirse, bilgi sayılır; bilgisizin sözü kendi başını yer.

Çok sözden fazla fayda görmedim; amma söylemek de faydasız değildir.

Sözü çok söyleme, sırasında ve az söyle; binlerce söz düğümünü bu bir sözde çöz.

İnsan söz ile yükseldi ve sultan oldu; çok söz, başı, gölge gibi yere serdi.

---

3 Yusuf Has Hâcib, *Kutadgu Bilig*, trc: Reşid Rahmeti Arat, s. 23-25.

Çok konuşan kimseye bilgi "gevezelik etti" der; söylemezse de, ona "dilsiz" der.

Mâdem ki böyledir, sen fasîh dil kullan; dil fasîh olursa, insanı yükseltir.

Bak, doğan ölür; ondan, eser olarak, söz kalır; sözünü iyi söyle, ölümsüz olursun.

Bak, insan doğdu, öldü; sözü kaldı; insanın kendisi gitti, adı kaldı.

Her sözü saklamayı da anlayış hoş görmez; insan lüzûmlu olan sözü söyler, gizlemez.

Ey oğul, bu sözümü sana söyledim; ey oğul, bu nasihatleri ben sana verdim.

Benden sana gümüş ve altın kalırsa, sen onları bu söze denk tutma.

Gümüşü bir işe sarf edersen, biter, tükenir; sözümü işe sarf edersen, gümüş kazanılır.

İnsandan insana, miras olarak söz kalır; vasiyet edilen sözü tutmanın faydası çoktur.

***

ENDÜLÜS'E AĞIT[4]

Ebü'l-Bekâ Sâlih b. Şerif er-Rundî (1285)

...

Her Fâciayı unutmak mümkün, olup biten bütün bunları unutmak olabilir.

Ama İslâm'ın başına geleni avutacak ne bir neşe olabilir, ne unutturacak bir korku.

Endülüs'e öyle bir felâket çöktü ki, yok bir eşi.

Dehşetinden Medine'de Uhud, Necid'deki Sehlân dağları yerinden oynadı, bir deprem ki yer yarıldı arz boyu.

Ah! Yarımadada İslâm'a göz değdi. Yağdı belâ yağmur gibi.

Şimdi o canım Endülüs şehirlerinde, İslâm'ın ne nâmı var ne nişanı; sanki hiç olmamıştı, sanki baştan beri yoktu.

Belensiye'ye bir sor, Mürsiye'nin hali nicedir?

Şâtıbe'nin başına gelenler? Ceyyan ne oldu?

Toprağı buram buram bilgi tüten Kurtuba.

Bilginlerinin adı ta uzaklarda çınlayan Kurtuba'ya ne oldu?

---

4 Bu mersiye, Endülüslü şair Ebü'l-Bekâ Sâlih er-Rundî tarafından, Endülüs'ün büyük bir bölümünün -yıllarca birbirleriyle savaşıp zayıf düşen- müslümanların elinden çıkıp hıristiyanların hâkimiyeti altına girmesi sebebiyle yazılmıştır. Yazıldığı günden beri önemini korumaktadır. (Şair ve eserleri hakkında bkz: Abdülkerim Halîfe, "Ebü'l-Bekâ er-Rundî", *DİA*, X, 298-299). Yukarıdaki parça Sezai Karakoç çevirisidir. Şiirden bazı bölümler alınmıştır. Bkz: Sezai Karakoç, *İslâm'ın Şiir Anıtlarından*, s. 85-90. Aynı şiirin Türkçe tercümesi ve manzûm şeklini görmek için bkz: Osman Keskioğlu, "Parlak Bir Medeniyetin Hazin Âkıbeti", *Diyanet Dergisi*, C. XIV, sayı: 1, s. 40-46, Ocak-Şubat 1975, Ankara.

Nerede Hıms'ın (İşbîliye'nin) o ışıklı, o aydınlık bahçeleri, güneşi tazeleyen bahçeleri.

Tükendi mi çılgın çılgın akan şeker gibi tatlı nehirlerin suyu?

...

Cami kilisedir artık, hilâl yerine haç asılı.

Nur yüzlü ezan yerine, bitmeyen bir çan sesi, bir baykuş uğultusu...

Mihraplar ki taştandır, minberler ki ağaçtan,

Canlı cansız ne varsa bu hâle inledi durdu.

Ey ibret dolu geçmişten ibret alacak yerde, günübirlik işlere dedikodulara batmış kişi!

Sen uyu bakalım; ama zaman için ne demek dinlenmek, ne demek uyku!

...

Endülüs'ün başına gelen felâket tarihin bütün felâketlerini unutturdu;

Ama dünya durdukça unutulmayacak, yâd edilecek bir felâkettir bu!

...

Endülüs'ten, Endülüs'ün zavallı halkından var mı haberiniz?

Her yer, onların felâketini duydu, sizin kulağınız sağır, gözünüz kör, kalpleriniz meflûç mu?

Ölen asker, esir kadın ufuklara bakıp bizden

İmdat ummuş beklemişti, son âna dek. Hiç düşündünüz mü bunu?

Onların sesi, insan olanın yüreğini eritirken,

Siz müslümanlar, onların kardeşi, kayıtsız, halinden memnun ve haz maymunu!

Yürekli, utanan, alçalmaktan korkan, kardeş için can veren kimse kalmadı mı yeryüzünde?

Hakkın yardımcısı, hak peşinden giden, kendini hakka adamış tek kişi yok mu?

Dünyanın efendisiydi bu millet, şimdi dünyanın kölesi.

Neler çekiyorlar? Yüzleri bile tanınmaz hâle geldi. Yâ Rabbî ne kaderdir bu!

Kendi yurtlarında bey idiler, şimdi küfr ülkesinde uşak.

Uluğun doruğundan eziliş uçurumuna yuvarlanan bu halka acıyan yok mu?

Alçalışın örtüsü kalın bir gece gibi sarmış dört yanlarını.

Başsız, şaşkın, olup bitene hayrette, gözleri büyümüş, bakışları korkulu.

Sen de şahit olsaydın benim gibi onların

Yurtlarından koparılıp satışlarına pazarda, ey Tanrı kulu.

O hıçkırıklar senin de aklını komazdı yerinde benim gibi.

Canı vücuttan çeker gibi ayırdılar anadan yavrusunu.

Ya o kızlar ki, yakuttan ve mercandan dökülmüşlerdi sanki.

Ve sabah bir dağ ucundan yeni çıkan bir güneşin masumluğu.

İçindeki o Meryem yüzlü kızları da saçlarından sürükleyip götürdüler.

Kirli yataklarına. Haykırışları yırttı gökleri. Yürekleri parça parça, babalarsa kan kustu.

Daha ne anlatayım, yüreklerin erimesi için bir tanesi yeter anlattıklarımın:

Eğer o yüreklerde İslâm'dan ve îmandan bir eser varsa elbet ey Tanrı dostu!

***

KİLİT

Mustafa Necati Sepetçioğlu[5] (2006)

Ekim ayı, olanca ayazını, uzak güneşinde daha çok soğutarak sanki başka bir yer bulamamış gibi çadıra dolduruyordu. Bir an, karşısında, iki dizi üstünde oturan çocuğu serbest bırakmak istedi. Şimdi şu ayazda, iki diz üstünde oturup ders dinlemek?...

— Ne düşündün Sarı Hocam? Niye sustun?...

Her zaman böyle olurdu; çocuk, düşündürtmez söyletirdi.

— Seni düşündüm Çağrı Beyimin oğlu.

— Beni düşündüysen salıver gitsin; dışarıda akranlarım bekler.

— Dışarıda akranların bekler de, ya biz ne bekleriz burada?

Çağrı Beyin oğlu güldü. Çadırın soğuğu bu çocuk gülüşüyle ısınır gibi oldu. Konuşmasaydı, Sarı Hoca, gülüşün hatırı için gene de onu dışarı salacaktı. Ama Çağrının oğlu:

— Sen benim akranım değilsin, deyiverdi; otur da akranlarınla konuş!

Çadır mı döndü Sarı Hocanın beyninin orta yerinde yoksa ayaz, beynini Ceyhun nehri gibi dondurdu mu, ne oldu pek anlayamadı. Birden fırladı:

— Höt! diye bağırdı. Höt ordan höt...

Çadırı arşınlıyordu; çadırın içinde dört dönüyordu.

---

5 Mustafa Necati Sepetçioğlu, *Kilit*, s. 7 vd.

— Çağrı Beyimin oğlu demem alırım ayağımın altına. Alamam mı?

— Alırsın Sarı Hocam!...

— Alırsın da peki ne demeğe denmiştir o lâf? Ha, söyle bakalım ne demeğe denmiştir o lâf.. Sen Isıkgöllü deli karının oğlu mu sanırsın kendini. Ne dedim ben sana ha? Kimin nesi olduğunu bilmez misin?

...

— Bak bakalım Çağrı Beyimin oğlu; bana bak bakalım.. iyice bak.

Gidip Çağrı Beyin oğlunun tam karşısına oturmuştu. Artık soğuğu duymuyordu; artık çadırın içinde değildi. Artık Sarı Hoca da değildi; Harezm'in ötesinden gelmiş iki iri ve yumuşak gözdü, yeryüzü ile gökyüzünü dolduran kocaman bir akıldı.

— Çağrı Beyin oğlu, gözlerini gözlerime dik de bak... Neden dediğimi yapmadın?

— Bana hep Çağrı Beyin oğlu dersen, dediğini yapamam Sarı Hocam.

— Ne demeliymişim ya?

— Alpaslan! Senden başka herkes Alpaslan diyor.

Sarı Hoca yine tedirginleşti. Gözleriyle birlikte o kocaman aklı uçmağa hazır bir küçük kuş halini aldı. Kuşu uçurmamak gerekti. Usul usul:

— Öyle olsun Alpaslan, dedi. Senin dediğin olsun bakalım. Şimdi gözlerini gözlerime dik de bak.. Bu Kurban Bayramının dördüncü günü seni bu ayazda, iki diz üstünde oturtmuşsam; oturtmuş da böyle abuk sabuk konuşturuyorsam, bir şey demek istiyorum. Ne dediğimi anlayacak mısın?

— Dersen anlarım hay Sarı Hocam. Demezsen ne deyim?

....

(Sav-Tekin) el öpüp çıkmak için Alpaslan'a işaret etti. Fakat Sarı Hoca elini vermedi. Üstelik Sav-Tekin'i kolunun yeninden tuttu.

— Gel buraya deli yiğit, bu kilit açılmadan bir yere gidemezsin, dedi. Kilit nasıl açılırmış Sarı Hocan göstersin sana. Çağrı Beyimin oğlu, sen de gözünü iyice aç, dediklerimi iyi belle..

Kilidi aldı...

— Bak Sav-Tekin, dedi. Deli yiğidim benim; Sarı Hocanın deli yiğidi, sen ne yaptın ne yapmadın bir bir deyim sana. Bu kilit kilitliydi; açılması gerekti, âmennâ. Her kilidin açılması gerektir ki o kilidin kilitlediği yere giresin de oturacaksan oturasın; yurt yapacaksan yurt yapasın.. Bunun için de ne gerek? Anahtar gerek.. Kilit paslıysa yağlamak gerek.. Daha daha? Orasını burasını kurcalamak, sağını solunu yoklamak, sıkıysa gevşetmek, gevşekse sıkıştırmak gerek. Ama bu her kilit için böyle mi gerek? Hayır! Kilidine göre, kilidin icabatına göre.. Onu artık ehli her kimse o anlar.. Ya sen ne yaptın Sav-Tekin yiğenim? Sen de bunları yaptın.. Tamam mı tamam. Ee; tamam da kilit niye açılmadı? Açılmaz tabii.. Hani besmelesi bunun? Besmele niye gelmez aklına Sav-Tekin yiğenimin?.. Gelmez tabii, neden?. Çünkü Sav-Tekin'im, yiğitliğine güvenir!. Eyi, güvenmesini biz de istiyoruz. Yiğitliği yetmez aklına da güvensin diyoruz, amma besmeleyi de unutmasın diyoruz, besmelesiz başlamasın. Odunun bile neyi var?. Özü var.. Öyleyse?. Hadi al bakalım şimdi şu kilidi; al da, o yiğitliğin, o aklın besmeleyle cilâlansın, hep beraber bir besmele çekelim, görelim ne olacak?...

***

BABALAR UNUTUR

W. Livigston Larned[6]

Dinle oğlum! Bunları sen uyurken söylüyorum. Küçük ellerinden biri yanağına dayanmış ve sarı bukleli saçların terle ıslanan alnına yapışmış. Senin odana yavaşça girdim. Az önce yalnız oturmuş kitap okuyordum. Birden içimi bir pişmanlık dalgası kapladı. Kendimi suçlu hissediyorum. Hemen senin yanına geldim.

Aklıma şunlar geldi yavrum: Sana kızmıştım. Mektebe gitmek için giyinirken seni azarlamıştım; çünkü sen yüzünü iyi yıkamamıştın. Ayakkabılarını da kirli görünce daha çok kızdım. Hele yerlere bir şeyler atıp kirletince büsbütün sinirlendim. Kahvaltı masasında da seni azarladım. Masanın üzerine bir şey devirdin, dirseklerini masaya dayadın ve ekmeğine çok tereyağı sürdün. Bu davranışlar beni kızdırmıştı.

Ben işe, sen okula gitmek üzere evden çıktık. Sen bana "güle güle babacığım" diyerek el salladın. Ben karşılık vermedim ve sana "omuzlarını dik tut!" dedim.

Akşam işten eve gelirken seni sokakta çocuklarla dizlerini yere dayamış zıp zıp oynarken gördüm. Çorapların delinmişti. Seni önüme katıp eve getirdim, arkadaşlarının yanında küçük düşürdüm. Sonra "çoraplar çok pahalı, parasını sen kazansaydın bakalım böyle yırtar mıydın?" diye azarladım.

Akşam yemekten sonra ben kütüphaneme çekilince sen ürke ürke yanıma geldin, ben gazetemin üzerinden sana sert bir bakış fırlatarak "ne istiyorsun?" diye sordum. Sen hiçbir şey söylemedin,

---

6 Dale Carnegie, *Dost Kazanmak,* s. 201-203.

koşarak yanıma geldin ve kollarını boynuma doladın, beni öptün. Allah'ın kalbine verdiği sevgiyi benim ilgisizliğim solduramamıştı ve sen bu sevgi ile küçücük kollarınla beni sıkmıştın.

İşte böyle yavrum! Sen yattıktan az sonra, elimdeki gazete kaydı, içimi bir sıkıntı sardı. Bana ne olmuştu? Bu, yaptığım hataları görmekle duyduğum sıkıntıydı. Kusur aramak, azarlamak bende alışkanlık olmuştu. Seni seviyordum. Fakat senden büyük insan davranışları bekliyordum. Senin, benim yaşımın tecrübesi ile davranmanı istiyordum. Oysa senin karakterinde ne iyi, ne gerçek, ne doğru şeyler var! Küçücük kalbin, bir dağ kadar büyük! Benden yüz bulamadığın halde, beni gelip öpmenle, bunu öyle güzel açıkladın ki...

Karanlıkta odana geliyorum ve yaptıklarımdan utanarak ağlıyorum.

Bunları uyanıkken söylersem beni anlamayacaksın. Fakat yarın ben gerçek bir baba olacağım. Seninle arkadaş gibi konuşacağım. Üzüldüğün zaman üzüleceğim, güldüğün zaman güleceğim. Aklıma kötü bir söz gelince dilimi ısıracağım, söylemeyeceğim. "O, minicik bir çocuk, tabii hata yapabilir" diyeceğim.

Ne yazık ki seni koca bir adam sandım bugüne kadar. Şimdi sana bakıyorum, ne kadar küçüksün! Yatağında kıvrılmış yatarken, hâlâ küçük bebek gibisin. Hem, daha dün annenin kucağından ayrılmadın mı? Daha dün başını onun omzuna dayardın. Senden meğer ne çok şey istemişim, ne çok şey!

***

KARAKTER

Samuel Smiles[7]

Hayatın tacı ve şerefi karakterdir. Aslında başlı başına bir mertebe teşkil eden ve umumun iyiliği için bir merhale olan karakter, her insanı yükseltir ve cemiyetteki her mevkiye lâyık olduğu itibarı sağlar. Servetten daha büyük bir kuvvet ifade eden karakter, şöhret kıskançlıkları olmaksızın bütün itibarları temin eyler. Onda öyle bir tesir vardır ki, mevcudiyetini daima hissettirir...

Karakter, en iyi bir şekle bürünmüş insan tabiatının kendisidir. İnsanı sarmış bir ahlâk nizamıdır. Karakter sahibi insanlar cemiyetin yalnız vicdanı değil, aynı zamanda devletin en mükemmel itici güçleridir...

Bir insanın kültürü nispeten az, serveti sınırlı ve kabiliyeti zayıf olabilir; fakat karakteri sağlam ise, nerede bulunursa bulunsun o daima nüfuz sahibi olacaktır...

Zeki insanlara karşı hayranlık duyabilirsiniz; fakat onlara inanmadan önce daha başka şeyler de lâzımdır. Arkalarından gidilecek olanlar, karakter sahibi insanlardır...

Bilginin kuvvet olduğunu biliriz ama karakter ondan da kuvvetlidir. Kalpsiz bir beyin, ahlâksız bir zekâ, iyiliksiz bir yetenek, kendilerine göre kuvvettirler; fakat fenalığa yarayan birer kuvvet! Biz onlardan ders alır, bir yankesicinin maharetine yahut bir haydudun biniciliğine şaşmak kabîlinden bir hayranlık gösteririz, o kadar...

---

7 Samuel Smiles, *Kendine Yardım*, s. 263-269'dan kısaltarak.

Sadakat, doğruluk ve iyilik... Bunlar öyle meziyetlerdir ki, gerçek bir karakterin esasını, ruhunu teşkil eder... Sözde ve harekette doğruluk karakterin bel kemiğidir... Yüksek bir karakter için esas olan, yapılan şeyde ve söylenilen sözde doğruluğun mevcudiyetidir. Bir insan nasılsa yahut nasıl görünmek istiyorsa hakikaten öyle olmalıdır... Sözleriyle hareketleri birbirini tutmayan insanlar, hürmet uyandıramazlar...

Küçükleri, faziletli huylar edindirmeye çalışmak çok önemlidir. Bu huylar, onlarda kolaylıkla teşekkül ettirilebilir. Bir defa teşekkül edince de, hayatı boyunca devam eder. Ağaç kabuğuna kazılan harfler gibi, yaşlandıkça büyür ve genişler...

Yirmi beş yaşına varmadan önce öyle bir karakter yapmış olmalısın ki, bütün hayat boyunca sana hizmet etsin...

İnsanın huyları ve âdetleri, yaşlandıkça nasıl kuvvetlenir, karakter teşekkül ederse, yeni bir yola sapmak da o kadar güçleşir. Bu suretle öğrendiğini unutmak, yeniden öğrenmekten daha güç bir hal alır. Bunun içindir ki Yunanlı bir flüt öğretmeni, evvelce yetersiz ustalardan ders almış öğrencilerden iki kat ücret istemiştir. İnsandan eskimiş bir huyu çıkarıp atmak, bazen bir diş çekmekten daha güç ve daha ıstırap vericidir...

Aydınlık nasıl küçük deliklerden görülebilirse, küçük şeyler de bir insanın karakterini öylece aydınlatır...

***

DÖRTLÜKLER

Abdurrahman Çetin

ŞÜKÜR

Bir doyulmaz aşka tutulmuşuz biz
En büyük Melik'e satılmışız biz.
Vazgeçip var'lardan bir Var dışında
Bendeler içine katılmışız biz![8]

GEÇER

Şirin'lerin ömrü Ferhat'la geçer
Günübirlikçi'nin heyhatla geçer
Bu fânî dünyada ekmeyenlerin
Bâkî dünyaları feryatla geçer![9]

GİDERİZ

Bu yaşlı dünyadan göçer gideriz
Nice bir sevdadan geçer gideriz
Ve, yüce bir çağrı gelir de bir gün
Ölüp, ölmezliği seçer gideriz![10]

---

8 *Nesil Dergisi*, C. II, sayı: 7, s. 17, Nisan 1978, İstanbul.
9 *Nesil Dergisi*, C. III, sayı: 2, s. 60, Kasım 1978, İstanbul.
10 *Nesil Dergisi*, C. III, sayı: 2, s. 60, Kasım 1978, İstanbul.

DÖRDÜNCÜ BÖLÜM

MÜBÂREK GÜN VE GECELER, TÖRENLER, DUALAR

I. MÜBÂREK GÜN VE GECELER

Genellikle, kendilerinde meydana gelen önemli olaylar sebebiyle, bazı gün ve geceler, dinimizce mübârek sayılmış ve bunların mânevî açıdan değerlendirilmesi teşvik edilmiştir. Eskiden beri bu geceler, kandiller yakılarak kutlandığı için, bunlara "kandil gecesi" de denilmiştir.

Kandil gecelerini namaz kılarak, zikir ve dua ederek, Kur'ân okuyarak, Peygamberimize salâtü selâmda bulunarak, nefis muhasebesi yaparak, tevbe ve istiğfar ederek; gündüzlerini de mümkünse oruç tutup, hayır ve hasenatta bulunarak değerlendirmelidir.

Ayrıca, büyüklerin ziyaret edilip dualarının alınması, muhtaçlara yardım edilmesi, namazların camilerde cemaatle kılınması... bilhassa bugünlerde yapılması önem arz eden ve topluma canlılık kazandıran davranışlardır.

Mübârek gün ve gecelerde yapılacak vaazlarda müslümanlara görev ve sorumlulukları hatırlatılmalı; sadece bu gün ve geceleri değerlendirmekle işin bitmeyeceği, her gün ve geceyi mübârek bilip ona göre değerlendirilmesi gerektiği anlatılmalıdır.

Dinimizce mübârek sayılan aylar, günler ve gecelerin başlıcaları şunlardır:

A. Üç Aylar

"Üç Aylar" ; kamerî aylardan Receb, Şaban ve Ramazan aylarına denir[1].

Bu aylardan Receb ayı içinde iki mübârek gece vardır ki, ilk Cuma gecesi Regâib, 27. gecesi de Mi'rac gecesidir.

Şaban ayının 15. gecesi Berat gecesidir.

Ramazan ise, içinde Kadir gecesi de bulunan, başlı başına en mübârek aydır.

Peygamberimizin, Receb ayı girdiğinde *"Allah'ım, Receb ve Şaban aylarını bize mübârek kıl ve bizi Ramazana ulaştır"* şeklinde dua ettiği nakledilmiştir[2].

Üç aylara girince yapılacak vaaz ve hutbelerde; müslümanların kendilerine çeki düzen vermeleri, hayatlarının muhasebesini yapmaları, hayır ve hasenâtı artırmaları... vb. hususlar tavsiye edilebilir[3].

B. Ramazan ve Geceleri

Ramazan, hicrî takvime göre dokuzuncu sırada bulunan, üç ayların sonuncusu ve müslümanların en kıymetli ayıdır. Bu aya, sonbaharın başında yağıp yeryüzünü tozdan temizleyen yağmur gibi, müminleri günahlarından yıkayıp temizlediği için bu ismin verildiği kaydedilmiştir[4].

---

1 Üç aylar içinde yer alan kandil gecelerinin gerek Rasûlüllah gerekse ashap döneminde kutlama niteliğinde herhangi bir etkinliğe rastlanmadığı ifade edilmektedir (Nebi Bozkurt, "Kandil", *DİA*, XXIV, 301; Süleyman Ateş, "Üç Aylar", *Kur'ân Mesajı*, sayı: 10-12, Ağustos-Ekim İstanbul 1998, s. 45).

2 Aclûnî, *Keşfü'l-Hafâ'*, I, 213. Ayrıca bkz: Ahmed b. Hanbel, *el-Müsned*, I, 259.

3 Lütfi Şentürk-Seyfettin Yazıcı, *Diyanet İslâm İlmihali*, s. 333 vd.

4 Başka izah tarzları için bkz: Elmalılı Hamdi Yazır, *Hak Dini Kur'ân Dili*, I, 642-644.

Kur'ân'ın inmeye başlaması sebebiyle şereflenen bu ay, tutulan oruçlarla, okunan mukabelelerle, kılınan teravihlerle, verilen zekât, sadaka ve fitrelerle değerlendirilir. Bu ayın fazileti hakkında âyet ve hadisler vardır.

Bu ayla ilgili olarak Kur'ân-ı Kerîm'de şöyle buyurulmuştur: *"Ramazan ayı, insanlara yol gösterici, doğrunun ve doğruyu eğriden ayırmanın açık delilleri olarak Kur'ân'ın indirildiği aydır. Artık kim bu aya yetişirse onu oruçlu geçirsin"*[5].

Bu âyetten anlaşıldığına göre, Ramazanı diğer aylardan üstün kılan özellik, Kur'ân'ın bu ayda indirilmeye başlanmış olmasıdır.

Peygamberimiz bu ayın faziletiyle ilgili olarak şunları buyurmuştur:

"Her kim inanarak ve ecrini yalnız Allah'tan umarak Ramazan ayını ibâdetle geçirirse, geçmiş günahları mağfiret olunur"[6].

"Bir kimse, Ramazanın faziletine inanarak ve mükâfatını umarak oruç tutarsa, geçmiş günahları bağışlanır"[7].

"Ramazan geldiği zaman cennet kapıları açılır, cehennem kapıları kapanır ve şeytanlar zincire vurulur"[8].

Peygamberimiz, Ramazan ayında ibâdetlerini daha da artırırdı. Ramazanın son on gününde, Mescitte itikâf ederek, bu günleri ve geceleri ibâdet ve zikirle geçirirdi[9].

Abdullah b. Abbas şöyle demiştir: "Rasûlüllah (sav), insanların en cömerdi idi. En cömert olduğu zaman da Ramazan idi ki bu ay

---

5 Bakara 2/185.
6 Buhârî, *Îmân*, 27; Müslim, *Salâtü'l-Müsâfirîn*, 173.
7 Buhârî, *Savm*, 6; Müslim, *Salâtü'l-Müsâfirîn*, 175.
8 Buhârî, *Savm*, 5; Müslim, *Sıyâm*, 2
9 Buhârî, *İ'tikâf*, 1, 6; Müslim, *İ'tikâf*, 2.

Cebrâil'in kendisiyle çokça buluştuğu zamandı. Cebrâil aleyhisselâm Ramazanın her gecesinde Peygamberle buluşur ve onunla Kur'ân'ı müzâkere ederdi. İşte bundan dolayı Allah'ın Elçisi hayır dağıtmakta, esmesi engele uğramayan rüzgârdan daha cömert idi"[10].

Ömrümüzde sayılı olan bu ayların ve gecelerin kıymetini bilmek ve en iyi şekilde değerlendirmek lâzımdır.

Bu ayda yapılacak vaazlarda İslâmî her konu işlenebilir. Özellikle sadece Ramazanda camiye gelenler, plânlı, sistemli ve sevdirici, ikna edici bir şekilde uyarılıp irşad edilmeli; müslümanların sadece Ramazan ayından değil, bütün bir ömründen sorumlu olduğu anlatılmalı; bu ayda elde edilen mânevî kazanımların, yapılan ibâdetlerin, Ramazandan sonra da devam ettirilmesi tavsiye edilmelidir.

***

Okuma Parçası:

ATİK-VALDE'DEN İNEN SOKAKTA

-Nihad Sami Banarlı'ya-

İftardan önce gittim Atik-Valde semtine,
Kaç def'a geçtiğim bu sokaklar, bugün yine,
Sessizdiler. Fakat Ramazan mâneviyyeti
Bir tatlı intizâra çevirmiş sükûneti;
Semtin oruçlu halkı, süzülmüş benizliler,
Sessizce çarşıdan dönüyorlar birer birer;
Bakkalda bekleşen fıkarâ kızcağızları
Az çok yakından sezdiriyor top ve iftarı.

---

10 Buhârî, *Bed'u'l-Vahy,* 5; *Fedâilü'l-Kur'ân,* 7; Müslim, *Fedâil,* 50.

Meydanda kimse kalmadı artık bütün bütün;
Bir top gürültüsüyle bu sâhilde bitti gün.
Top gürleyip oruç bozulan lâhzadan beri,
Bir nurlu neş'e kapladı kerpiçten evleri.
Yâ Rab nasıl ferahlı bu âlem, nasıl temiz!
Tenhâ sokakta kaldım oruçsuz ve neş'esiz.
Yurdun bu iftarından uzak kalmanın gamı
Hadsiz yaşattı rûhuma bir gurbet akşamı.
Bir tek düşünce oldu tesellî derdime:
Az çok ferahladım ve dedim kendi kendime:
"Onlardan ayrılış bana her an üzüntüdür;
Mâdem ki böyle duygularım kaldı, çok şükür."

Yahya Kemal[11]

***

C. Cuma Günü ve Gecesi

"Cuma" kelimesinin sözlük anlamı toplamak, bir araya getirmek demektir.

Peygamberimizin ifadesiyle Cuma, *"Üzerine güneşin doğduğu en hayırlı gün"*dür[12]. Bu gün, müminlerin topluca ibâdet ettikleri, va'z u nasihat dinledikleri haftalık bayram günüdür. Perşembeyi Cumaya bağlayan gece de Cuma gecesidir.

Kur'ân-ı Kerîm'de şöyle buyurulmuştur: *"Ey îman edenler! Cuma günü namaza çağırıldığı (ezan okunduğu) zaman, hemen Allah'ı an-*

---

11 Yahya Kemal, *Kendi Gök Kubbemiz,* s. 28-29.

12 Müslim, *Cuma,* 17-18.

maya koşun ve alış verişi bırakın. Bilesiniz ki bu, sizin için daha hayırlıdır"[13].

Peygamberimizin bildirdiğine göre: *"Cuma günü mescidin kapısında melekler durur. Câmiye gelenleri öncelik sırasına göre yazarlar. Gusledip câmiye erken gelenler bir deve kurban eder gibi, ondan sonrakiler bir sığır kurban eder gibi, ondan sonrakiler bir koç kurban eder gibi, ondan sonrakiler bir tavuk sadaka eder gibi, ondan sonrakiler de bir yumurta sadaka eder gibi sevap kazanırlar. İmam hutbeye başlayınca melekler defterlerini kapatıp hutbeyi dinlerler"*[14].

Başka bir hadiste ise şöyle buyurulmuştur:

"Cuma gününde öyle bir an vardır ki, bir müslüman namazdayken o zamana rastlar da Allah'tan bir şey dilerse, muhakkak Allah onun dileğini yerine getirir"[15].

Cumanın en önemli özelliklerinden birisi de vaaz ve hutbedir. Peygamberimiz Cuma hutbelerine çok önem verirdi. Sahâbeden Câbir b. Abdullah'ın ifadesine göre, sanki "düşmanınız akşama veya sabaha size baskın yapacak!" diye tehlikeyi haber veren bir komutan gibi ciddiyetle uyarıda bulunurdu[16].

Cuma günlerinde yapılacak vaaz ve hutbeler hakkında daha önce bilgi verilmiştir.

D. Mevlid Kandili

"Mevlid", doğum zamanı (veya doğum yeri) anlamında olup, Peygamber efendimizin doğum yıl dönümüne denir. Her yıl Rebîulevvel ayının 12. gecesinde kutlanır.

---

[13] Cuma 62/9.

[14] Buhârî, *Cuma,* 4; Müslim, *Cuma* 10.

[15] Buhârî, *Cuma,* 37; Müslim, *Cuma,* 13-15.

[16] Müslim, *Cuma,* 43.

Yüce Allah'ın insanlığa en büyük lütuflarından birisi de âlemlere rahmet olarak gönderilen Peygamberimizdir. Bununla ilgili bir âyetin anlamı şöyledir: *"Aralarından, kendilerine Allah'ın âyetlerini okuyan, kendilerini (her türlü kötülükten) temizleyen, Kitâb ve hikmeti öğreten bir Peygamber göndermekle Allah, müminlere büyük bir lütufta bulunmuştur"*[17].

Yüce Allah, Peygamberimizi bize şöyle tanıtmıştır: *"And olsun size kendi içinizden öyle bir Peygamber gelmiştir ki, sizin sıkıntıya uğramanız ona çok ağır gelir. O, size çok düşkün, müminlere karşı çok şefkatlidir, merhametlidir"*[18].

Gerçekten Peygamberimiz, hem kendi zamanında yaşayan, hem de daha sonra gelecek bütün müslümanlar için sevgi, şefkat ve merhamet kaynağı olmuştur:

Ebû Hüreyre'nin anlattığına göre Peygamber efendimiz bir gün Bakî' kabristanına gitmişti. Oraya varınca:

— Allah'ın selâmı üzerinize olsun ey müminlerin yurdunda sâkin olanlar! Biz de inşâallah sizlere kavuşacağız, diyerek ölüleri selâmladı. Daha sonra bir ara:

— Kardeşlerimizi görmeyi pek arzu ettim, dedi. Bunun üzerine ashap:

— Biz senin kardeşlerin değil miyiz ey Allah'ın Rasûlü? dediler. Peygamberimiz:

— Sizler benim ashâbımsınız. Kardeşlerim ise henüz dünyaya gelmemişlerdir, buyurdu. Ashap:

---

17 Âlü İmrân 3/164.

18 Tevbe 9/128.

— Ey Allah'ın Elçisi! Daha dünyaya gelmeyen ümmetini nasıl tanıyacaksın? diye merak edip sordular. Bunun üzerine Peygamberimiz şunları söyledi:

— Sizden birinin, alnında ve ayaklarında beyaz nişanı olan bir atı olsa, siyah atların arasında gördüğü zaman onu tanımaz mı? Onlar, kıyâmet günü, alınlarında nûr, abdest azalarında nûr olduğu halde gelecekler. Ben onların önüne düşüp Havz-ı Kevser'e[19] götüreceğim[20].

Onun ümmetine olan düşkünlüğü şu hadiste açıkça görülmektedir:

"Benimle siz, şu adamın haline benziyoruz: Adam, ateş yakmış. Bunun üzerine çekirge ve küçük kelebekler içine düşmeye başlamışlar. O ise, onları ateşten engellemeye çalışmaktadır. İşte ben de bunun gibi, sizi cehennem ateşinden korumak için, sizi tutuyorum; siz ise kaçmaya çalışıyorsunuz"[21].

Peygamberimize itaat etmekle ilgili bazı âyet mealleri:

"(Rasûlüm!) De ki: Eğer Allah'ı seviyorsanız bana uyunuz ki Allah da sizi sevsin ve günahlarınızı bağışlasın. Allah son derece bağışlayıcı ve esirgeyicidir. De ki: Allah'a ve Rasûlü'ne itaat edin. Eğer yüz çevirirlerse bilsinler ki Allah kâfirleri sevmez"[22].

---

19 Havz-ı Kevser: Peygamberimizin verdiği bilgilere göre bu, Yüce Allah'ın Peygamberimize bahşettiği, kilometrelerce uzunlukta ene ve boya sahip olan bir nehir ve onun uzantısı olan havuzdur. Ondan içilecek su, sütten daha beyaz, baldan daha tatlıdır. Altın ve gümüşten olan iki oluk, cennetten devamlı olarak içine tazyikli su boşaltır. Gökteki yıldızlar kadar tasları vardır. Bu sudan içen bir daha susamaz. (Buhârî, *Rikâk,* 53; Müslim, *Fedâil,* 25-44).

20 Müslim, *Tahâret,* 39.

21 Müslim, *Fedâil,* 19.

22 Âlü İmrân 3/31-32.

"Kim Rasûl'e itaat ederse Allah'a itaat etmiş olur"[23].

"Ey îman edenler! Allah'a ve Rasûlüne itaat edin, işittiğiniz halde O'ndan yüz çevirmeyin"[24].

"Ey îman edenler! Allah'a itaat edin, Peygambere itaat edin. İşlerinizi boşa çıkarmayın"[25].

Enes b. Mâlik'in bildirdiğine göre bir kimse Peygamberimize gelerek:

— Kıyâmet ne zaman kopacak? diye sordu. Peygamberimiz:

— Kıyâmet için ne hazırladın? buyurdu. O da:

— Allah ve Elçisinin sevgisini, diye cevap verdi. Bunun üzerine Peygamberimiz:

— O halde sen, sevdiğin ile berabersin, buyurdu[26].

Bu gecede yapılacak vaazlarda ve aile sohbetlerinde ana konu, Peygamberimiz olmalıdır; onun daha iyi tanınıp sevilmesine gayret edilmelidir.

***

Okuma Parçası:

Bu gice ol gicedür kim ol şerîf
Nûr ile âlemleri eyler latîf

Bu gice dünyâyı ol cennet kılur
Bu gice eşyâya Hak rahmet kılur

---

23 Nisâ 4/80.
24 Enfâl 8/20.
25 Muhammed 47/33.
26 Buhârî, *Edeb*, 96.

Bu gice şâdan olur erbâb-ı dil
Bu giceye can virür ashâb-ı dil

Rahmeten li'l-âlemîndir Mustafâ
Hem şefîü'l-müznibîndir Mustafâ

(Süleyman Çelebi)[27]

***

Okuma Parçası:

NAAT

Karanlıktı yeryüzü, yürekler karanlıktı
Ve insanlar "esfeli sâfilin"de karaltı...

Elde put, duvarda put ve kafalarında put
Mekke şehir değil de sanki bahtsız bir tabut.

Ölüme doğar kızlar; minik çığlık boşuna
Kalp, taş katılığında, bakmıyor gözyaşına!

Kargalar şöleninde Zümrüdüanka sâkî
Şişelerde dost kanı, dişlerde kardeş eti!

Mazlûmun çığlığıdır duyulan buralarda
Kuşlar kafeste hapis ve yılanlar yukarda!

Toprak suya susamış, çiçek bahara hasret
Sevgiyi öldürmüşler, katledilmiş merhamet.

---

27 Süleyman Çelebi, *Mevlid,* nşr: Faruk K. Timurtaş, s. 98.

Garibin feryâdını kahkahalar boğuyor
Kahkaha ve gözyaşı, âleme olmuş dekor...

Sisler içindeydi yer, dünya sisler içinde
Karanlığa doğacak, beklenen güneş nerde?

Ve, Sen geldin sonunda, sönüyorken ümitler.
Selâm en büyük insan, selâm en büyük rehber!

Çiçeklendi yeryüzü, yürekler çiçeklendi
Silindi karanlıklar, acılar yaslar dindi!

Aşıldı aşılmazlar, yıkıldı yıkılmazlar
Ağlayan gözler güldü, güldü oğullar kızlar!

Merhamet çağlayanı, derde ilâç oldun Sen
Gönüllere taht kurdun, başlara tâç oldun Sen.

Kadına "ana" dedin, "garipler bana" dedin,
"Uyanın ey insanlar, ölümsüzlüğe gelin!"

Tat verdin Sen ölüme, yürekler kanatlandı!
Bir pınardın ki ey Nûr, bütün kâinat kandı...

Her şey Seninle güzel, her şey Seninle yeni,
Bırakma Sen bizleri, bıraksak da elini!

Ey güzeller güzeli, başka söze ne hâcet:
Seni sevmek en güzel, Seni sevmek ibâdet!

Işıksın Sen, aşksın Sen, hayatsın Sen insana
Salâtü selâm Sana, salâtü selâm Sana!..

Abdurrahman Çetin[28]

***

E. Regaib Kandili

"Reğâib", arzulanan, rağbet edilen pahalı şey, bol ihsan ve ikram, bağış anlamındaki rağîbe kelimesinin çoğuludur[29].

Regaib gecesi, üç ayların (Receb, Şaban Ramazan aylarının) başlangıcı olan Receb ayının ilk Cuma gecesidir.

Bu gecede, Yüce Allah'ın bağış ve ihsanının çok olduğu, Peygamberimizin birçok ilâhî tecelli ve lütuflara mazhar olduğu ifade edilmiştir.

Ancak, Peygamberimizin bu gecede ana rahmine düştüğüne dair bilgi -Receb ayının başı ile Rebîulevvel ayının on ikisi arasındaki süre tabii doğum süresinden az olduğu için- doğru ve güvenilir bulunmamıştır[30].

Peygamberimizin: *"Allah'ım! Recep ve Şaban aylarını bize mübârek eyle ve bizi Ramazan'a ulaştır"* diye dua ettiği ve bu ayın muhtelif günlerinde oruç tuttuğu nakledilmiştir[31].

Bu gecede yapılacak[32] vaazda, Allah'ın bizlere olan sonsuz ihsan ve lütfu hatırlatılarak, O'nun sevdiği bir kul olma gereği ve

---

28 *Günümüz Dilinden Hz. Peygamber'e Naatlar,* s. 249-250.

29 Beş vakit namazda kılınan sünnetlerden ayrı olarak, kuşluk vakti ve gece yarısından sonra kılınan teheccüd namazları gibi nâfile namazlara da reğâib denir.

30 Faruk Beşer, "Mübarek Geceler", *İslam'da İnanç İbadet ve Günlük Yaşayış Ansiklopedisi,* III, 358.

31 Ebû Dâvud, *Savm,* 56.

32 Bu geceye mahsus olarak, iki rekâtta bir selâm vermek sûretiyle 12 rekât namaz kılmanın müstehap olduğu, zayıf bir rivâyet olarak nakledilir (Bkz: Ömer Nasuhi Bilmen, *Büyük İslâm İlmihali,* s. 205.

bunun için yapılması gerekenler anlatılır; namaz kılmak, Kur'ân okumak, dua, tevbe ve istiğfar etmek tavsiye edilir. Müslümanların maddî mânevî yardımlaşma ve dayanışma içinde olmaları gerektiği hatırlatılır.

Okuma Parçası:

REGAAİB GECESİ

Bir müjdeli akşam ki "regaaib" derler...
Şükran kesilir Tanrı'ya gökler, yerler...
Baştanbaşa ma'bedlerimiz incileşen
Kandillerdir, sedefleşen mermerler.

Arif Nihat Asya[33]

***

F. Mi'rac Kandili

"İsrâ", gece yürüyüşüne denir. Bundan, Peygamber efendimizin Mekke'deki Mescid-i Harâm'dan, Kudüs'teki Mescid-i Aksâ'ya götürülmesi kastedilir.

"Mi'râc" ise; yukarı çıkmak, yükselmek anlamına gelir; bundan da Peygamberimizin Mescid-i Aksâ'dan Allah'ın dilediği yükseklere çıkarılması ve orada birçok tecellîlere mazhar olması anlaşılır.

Peygamberimiz bir gece Cebrâil ile birlikte Mekke'deki Kâbe'den Kudüs'teki Mescid-i Aksâ'ya götürülmüş, oradan yüce makamlara yükseltilmiştir.

Orada peygamberlerle görüşmüş, ayrıca kendisine cennet ve cehennem ile buralarda bulunacak insanların durumları

---

33 Arif Nihat Asya, *Dualar ve Âminler*, s. 93.

gösterilmiştir.

Peygamberimizin Yüce Allah'a selâm ve hürmetini arz ettiği, Allah'ın da ona selâmla hitap ettiği ve ihlâslı kullara esenliklerin dile getirildiği "Tahıyyât" duasındaki diyalogun mi'rac olayı sırasında gerçekleştiği bildirilmiştir[34].

Yüce Allah ile sevgili Peygamberi Hz. Muhammed (sav) arasında, insan idrakinin kavramaktan âciz olduğu bir şekilde gerçekleşen bu buluşma sonucunda: a) Peygamberimize, bütün ümmetinin (içlerinden günahkâr olanlar -eğer affedilmezlerse- bir süre cehennemde cezalandırıldıktan sonra) cennete gireceği müjdelenmiş, b) Ayrıca bir hediye olarak Bakara sûresinin "Âmenerrasûlü" diye başlayan son iki âyeti verilmiş, c) İslâm'ın temel ibâdetlerinden beş vakit namaz emredilmiştir[35].

Bu olaya Kur'ân-ı Kerîm'de de temas edilerek şöyle buyurulmuştur: *"Bir gece, kendisine âyetlerimizden*[36] *bir kısmını gösterelim diye (Muhammed) kulunu Mescid-i Harâm'dan, çevresini mübârek kıldığımız Mescid-i Aksâ'ya götüren Allah noksan sıfatlardan münezzehtir; O, gerçekten işitendir, görendir"*[37].

Konuyla ilgili diğer bazı âyetler de şöyledir: *"And olsun onu, önceden bir defa daha görmüştü, Sidretü'l-Müntehâ'nın yanında. Cennetü'l-Me'vâ da onun yanındadır. Sidre'yi kaplayan kaplamıştı. Gözü*

---

34 Komisyon, *Kur'ân Yolu,* III, 459.

35 Komisyon, *Kur'ân Yolu,* III, 459; ayrıca bkz: *Tecrîd-i Sarîh Tercemesi,* X, 56-75.

36 "Âyet": Sözlükte bir şeyin tanınmasına sebep olan ve varlığını gösteren işaret, delil, açık alâmet, şaşırtıcı şey, mucize gibi mânâlara gelir. Yüce Allah'ın varlığını, birliğini, kudretini gösteren her şey bir âyettir, delildir, belgedir. Kur'ân'ın belirli cümlelerine de âyet denilir ki, bunlar da Kur'ân'ın Yüce Allah'ın kelâmı olduğunu ispat etmesi bakımından birer kanıt ve belgedir.

37 İsrâ 17/1.

kaymadı ve sınırı aşmadı. And olsun o, Rabbinin en büyük âyetlerinden bir kısmını gördü"[38].

Peygamberimiz, ertesi sabah mi'racda gördüklerini anlatınca, müminler inanıp tebrik etmişler; müşrikler ise böyle bir olayın gerçekleşebileceğine inanmamışlardı.

Peygamberimizin hicretten bir yıl önce gerçekleşen bu büyük mu'cizesine mi'rac denilmiştir. Her yıl, Receb ayının 27. gecesinde kutlanır[39].

Bu gecede yapılacak[40] vaazda, ihtilâflı konulara girmeden, Mi'rac olayı kısaca anlatılır; namazın öneminden bahsedilir; İsrâ sûresindeki hükümler açıklanır, emir ve nehiy bildiren âyetler (özellikle 22–39. âyetler) okunup tefsir edilir. Muhtaçlara yardım, büyükleri ve hastaları ziyaret; geceyi ibâdetle, Kur'ân okuyarak, dua ve istiğfar ederek, nefis muhasebesi yaparak geçirmek öğütlenir.

***

Okuma Parçası:

Mİ'RÂC

Ruhun kadar hafif yüreğin, kolların, başın...

Çıkmaktasın büyük yola... Cibrîl yoldaşın;

"Geldim, dedin, uğurlayanım Mescid-i Harâm"

Bindin Burâk'a, Mescid-i Aksâ binektaşın.

---

38 Necm 53/13-18. Âyetlerin yorumu için bkz: Hamdi Yazır, *Hak Dini Kur'ân Dili,* VII, 4580-4581.

39 Bu konu hakkında bkz: Salih Sabri Yavuz, "Mi'rac", *DİA,* XXX, 132-135.

40 Bu geceye mahsus olarak, iki rekâtta bir selâm vermek üzere, 12 rekât namaz kılmanın uygun olacağı, zayıf bir rivâyet olarak nakledilmiştir. Ayrıca yüz defa "Sübhânellâhi velhamdülillâhi velâilâhe illallahü vallahü ekber, velâhavle velâkuvvete illâ billâhil alliyyil azîm", yüz defa "Estağfirullâhel azîme ve etûbü ileyh" demek ve yüz defa da Peygamberimize salât ü selâm etmek tavsiye edilmiştir (Bkz: Ömer Nasuhi Bilmen, *Büyük İslâm İlmihali,* s. 205).

Görmek dilerseniz o ilâhî misâfiri
Saygıyla, ey ezel ve ebed, siz de yaklaşın!
Bir böyle nuru görmese -ey can- zaman, mekân
Ma'nâsı neydi ölçü kabûl etmeyen yaşın?
Ey şarkı garbı yeryüzünün; ey şimal, cenûb...
Dağ taş, gönül gönül, en asîl aşkı paylaşın!
En kutlu elle gönderilip gökten, ey kemer;
Şükran, senâ, dua ile konsun kilit taşın!
Ey kubbeler ve ey yedi iklîmi, âlemin;
Rahmetle, mağfiretle -bu akşam- dolup taşın"

Arif Nihat Asya[41]

***

G. Berat Kandili

Berat kelimesinin aslı Berâet'tir. "Berâet", borçtan kurtulmak, insanın bir yükümlülükten kurtulması, aklanmak, temiz ve suçsuz olmak gibi mânâlara gelir.

Şaban ayının on beşinci gecesine Berat gecesi denir. Müslümanların Allah'ın affı ve bağışlaması ile günah yükünden kurtulacağı ümit edildiği için, geceye bu isim verilmiştir[42].

Geceye anlam kazandıran bir husus da[43], kıblenin değişmesinin bu gecede olmasıdır. Bazı âlimlere göre kıblenin, Kudüs'teki

---

41 Arif Nihat Asya, *Dualar ve Âminler,* s. 47.

42 Halit Ünal, "Berat Gecesi", *DİA,* V, 475.

43 Bu gecede, insanların bir yıllık durumlarının Allah tarafından meleklere bildirildiği, Peygamberimize şefaat izninin verildiği nakledilen bilgiler arasındadır. Bununla birlikte "Kur'ân'ın indirildiği, bütün hikmetli işlerin icra için görevlilere tebliğ edildiği gecenin, Şâban ayı ortasına rastlayan ve sonraları Berat gecesi diye anılan gece olduğuna dair rivâyetler sağlam değildir" (Komisyon, *Kur'ân Yolu,* IV, 791).

Mescid-i Aksâ'dan Mekke'deki Kâbe istikametine çevrilmesi, hicretin ikinci yılında, berat gecesinde olmuştur[44].

Bu gecenin ibâdetle, gündüzünün de oruçla geçirilmesine dair rivâyetler vardır.

Bu geceyle ilgili -sened yönünden zayıf olmakla birlikte- bazı hadislerin anlamı şöyledir:

"Yüce Allah, Şâban ayının on beşinci gecesi dünya semasına rahmetiyle tecellî eder ve sayısız kişiyi[45] bağışlar"[46].

"Şâban ayının ortasında gece ibâdet ediniz, gündüz oruç tutunuz. Allah o gece güneşin batmasıyla dünya semasına tecellî eder ve fecir doğana kadar: 'Yok mu benden af isteyen, onu affedeyim; yok mu benden rızık isteyen, ona rızık vereyim; yok mu bir musibete uğrayan, ona âfiyet vereyim; yok mu şöyle, yok mu böyle' der[47].

Bu gecede yapılacak[48] vaazda, İslâmî şuur ve dayanışmanın, nefis muhasebesinin önemi anlatılabilir; muhtaçlara yardım edilmesi, büyüklerin gönüllerinin alınması; gecenin, namaz kılarak, Kur'ân okuyarak, dua, istiğfar, tesbih, zikir ve tevbe ile geçirilmesi tavsiye edilebilir.

***

---

44 Ünal, aynı yer.

45 Hadiste *"kelb kabilesinin koyunlarının kılları sayısından daha fazla kişiyi bağışlayacağı"* ifadesi yer almaktadır ki bu çokluktan kinayedir.

46 Tirmizî, *Savm,* 39; İbn Mâce, *İkâme,* 191.

47 İbn Mâce, *İkâme,* 191.

48 Sonradan ortaya konulduğu ifade edilen zayıf bir habere göre, bu gecede 100 rekât namaz kılınabileceği ve her rekâtında Fâtiha'dan sonra 10 İhlâs okunmasının uygun olacağı ve bu namaza da "salâtü'l-hayr" denildiği nakledilir (Bkz: Ömer Nasuhi Bilmen, *Büyük İslâm İlmihali,* s. 205).

Okuma Parçası:

BERAT GECESİ

Her mümine bir kutlu berattır verilen;
Ni'metle huzûrdur, hayattır verilen...
Bilsen ne cömerd olur bu gökler pazarı;
Üç Yâsin'e üç çift kanaddır verilen.

Arif Nihat Asya[49]

***

H. Kadir Gecesi

"Kadr", 'hüküm, şeref, güç, yücelik' gibi mânâlara gelir.

Dînî literatürde ise, "leyletü'l-kadr" şeklinde Kur'ân-ı Kerîm'in indirildiği gecenin adı olarak kullanılır[50].

Kadir gecesi hakkında özel bir sûre indirilmiş ve bu gecenin bin aydan hayırlı olduğu bildirilmiştir:

"Biz onu (Kur'ân'ı) Kadir gecesinde indirdik. Kadir gecesinin ne olduğunu sen bilir misin? Kadir gecesi bin aydan hayırlıdır. O gecede Rablerinin izniyle melekler ve Rûh (Cebrâil), her bir iş için iner de iner. O gece, tan yeri ağarıncaya kadar esenlik doludur"[51].

Kadir gecesiyle ilgili sahih hadisler de vardır. Bir hadisinde Peygamberimiz: *"Kim, faziletine inanarak ve ecrini umarak Kadir gecesini ihyâ ederse, geçmiş günahları bağışlanır"*[52] buyurmuştur.

Ramazan ayında bulunan bu gecenin, Ramazan'ın hangi gecesi olduğu kesin olarak bilinmemekle beraber, umûmî kanaat, 27. gecesi

---

49 Arif Nihat Asya, *Dualar ve Âminler,* s. 96.

50 M. Sait Özervarlı, "Kadir Gecesi", *DİA,* XXIV, 124.

51 Kadr 97/1-5.

52 Buhârî, *Terâvih,* 2; Müslim, *Salât,* 25.

olduğu şeklindedir[53].

Bu geceyi, terâvihi cemaatle kıldıktan sonra Kur'ân okuyarak, zikir, tesbih, tevbe, istiğfar, dua ve tefekkürle geçirmelidir. Gündüz de hayır ve hasenatta bulunmalıdır[54].

Peygamberimiz, Kadir gecesinde: " اَللّٰهُمَّ اِنَّكَ عَفُوٌّ تُحِبُّ الْعَفْوَ فَاعْفُ عَنِّى : *Allah'ım! Sen affedicisin, affetmeyi seversin, beni de affet"* şeklinde dua etmeyi tavsiye etmiştir[55].

Bu gecede yapılacak vaazda asıl konu, Kadir gecesinin değeri ve ona bu değeri kazandıran Kur'ân-ı Kerîm olmalıdır.

***

Okuma Parçası:

KADİR GECESİ

Dışlar gibi, içler de ılık... cemre kadar...
Nur içmede dağ taş... yuvadan kabre kadar...
Yüksekten açılmış yere rahmet kapısı...
Va'diyle göğün, açık kalır fecre kadar.

Arif Nihat Asya[56]

---

53 Ashaptan Übeyy b. Kâ'b, Peygamberimizin ibâdetle geçirilmesini emrettiği Kadir gecesinin, Ramazan'ın 27. gecesi olduğunu söylemiş ve *"o gecenin alâmetinin, gündüzünün sabahında, güneşin ışıksız olarak bembeyaz doğmasıdır"* demiştir. (Müslim, *Salâtü'l-Müsâfirîn,* 179).

54 Bu gecede en az iki rekât veya yüz rekât yahut en çok bin rekât "Kadir namazı" kılınabileceği söylenmiş; bir gecede bin rekât namaz kılınamayacağına göre, ortası yüz rekât kılmak olduğu ve her rekâtta Fâtiha'dan sonra Kadr sûresi ile üç İhlâs okunması bildirilmiştir. Ancak, mühim olan çok rekât namaz kılmak değil, şuurlu ve ta'dîli erkân üzere namaz kılmaktır; bu bakımdan rekât sayısı önemli değildir; önemli olan geceyi en güzel şekilde değerlendirmektir (Bkz: Ömer Nasuhi Bilmen, *Büyük İslâm İlmihali,* s. 206).

55 Tirmizî, *Deavât,* 84; İbn Mâce, *Dua,* 5.

56 Aynı eser, s. 97.

Okuma Parçası:

YANKI

Bu ramazan, Kur'ân-ı Kerîm'in insanlığa inişinin 1400. yıldönümüdür. Kur'ân, bundan bin dört yüz yıl önce bir kadir gecesinde indi. Ve onun bize gelişinin üzerinden bin dört yüz kadir gecesi geçti. Arı, kendine gelen vahiyle nasıl peteğini örer ve balını yaparsa, müslümanlar da kendi peygamberlerine gelen vahiyle, Kur'ân'dan yayılan ışıklarla eşsiz bir medeniyet kurdular. Yeryüzünde Kur'ân şehirlerini yaydılar. Kur'ân gerçeklerinden, Kur'ân'ın sanatından, Kur'ân'ın sesinden insan ruhunu bir hakikat sitesine çevirmek birinci işleri oldu müslümanların.

Kur'ân'ın inişiyle, dünyaya, öteki dünya da inmiş oldu. Kur'ân'ın aşınmaz lehimi ve kaynağıyla müslümanların ruhunda iki dünya kaynaşmış ve birleşmiş oldu.

Bin dört yüz yıldır ki, o, bizim hayat ışığımızdır, gören gözümüz, çalışan kalbimizdir.

Hayatımızın hiçbir çizgisi olmadı ki, oraya, Kur'ân-ı Kerîm'in tuttuğu bir ayna ve bir ışık bulunmasın. Yaşayışımızın nice çizgileri, vücuttaki kan damarları gibi, Kur'ân çizgileridir.

Atalarımız, her yıl Kur'ân'ı baştan sona okurlardı. Böylece Kur'ân-ı Kerîm, yavaş yavaş onların ruhlarına geçerdi. Onun yapraklarına eğile eğile babalarımızın ve annelerimizin yüzünü Kur'ân aydınlığı kaplardı. İşte bunun için bir müslüman daha ilk bakışta yüzünden tanınır.

Kur'ân'la olan bu yakınlık ve dostluk, müminin ahlâkını Kur'ân ahlâkıyla donatır.

İslâm medeniyetinin her alanında, unsurları derleyip toplayarak kaynaklara çıkınız. Göreceksiniz ki, bu kaynaklar gide gide Kur'ân'a varacaktır.

Kur'ân-ı Kerîm, Allah'ın insanlığa armağan ettiği büyük bir medeniyetin ulu kitabıdır.

Tek noktası bile eskimeyen, ölmek nedir bilmeyen, diri ve diriltici, içi mucize dolu kitabı.

Bin dört yüz yıldır, savaşlara onu okuyarak başlıyoruz. Zaferlerimizde, getirdiği yardımcı melekler ordusuyla en büyük pay sahibi yine odur. Zafer sonunda onun adalet ve merhametiyle esirlere ve yenilenlere insanca davranmış ve tarihimizi lekelemekten korumuşuzdur. Kendi yanlışlıklarımız veya kader gereği yenilmişsek bizi avutan ve onulmaz umutsuzluklardan koruyan, yine şanı büyük Kur'ân olmuştur.

Kur'ân, insana şifa, toplumlara şifa, medeniyetlere şifa ve tarihe şifa olmuştur.

Ölülerimizi son yolcu edişte ancak onunla yolcu edebilmişizdir. Ölümün dağ ağırlığını ondan başka hafifletecek zaten hangi kudret olabilir ki?

Kur'ân'ın her çağa hitap eden ayrı bir mucize dili var...

Her yıl gelen kadir gecesi, Kur'ân'ın mucize yüklü ağırlığıyla, arştan dünyanın göğüne indiği kutlu gecedir. O gece okunan Kur'ânlar, yukarıdan kâinatın üstüne inen Kur'ân'a, yeryüzünden yükselen bir yankıdır.

Bin dört yüz yıldır dünya zamanın üstünde bir köpük gibi bu yankıyla çınladı durdu. Dünya kayalığı, arşa, onun yankısıyla, mahcup olmayacağı yüksek bir cevap verebildi.

İnsan, arştan gelen soruya Kur'ân'la arşın cevabını verdi.

Kıyâmete kadar da bu cevabı verebilmemiz için, Kur'ân'ın bizi bırakmayacağına dair, Allah'ın sözü vardır.

Ne mutlu meşalesi Kur'ân olan bir ümmete!

Sezai Karakoç[57]

***

---

57 Sezai Karakoç, *Sütun*, I, 68-70.

İ. Arefe Günü

Arafe; tanımak, bilmek, keşfetmek gibi mânâlara gelir.

Terim olarak; Kurban bayramından bir önceki güne, yani Zilhicce'nin dokuzuncu gününe denir ki hacılar bu günde Arafat'ta vakfeye çıkarlar.

Bu güne bu ismin verilme sebebi olarak değişik görüşler ileri sürülmüştür. Buna göre; Hz. Âdem ile Havvâ'nın burada karşılaşıp birbirlerini tanımaları, Hz. İbrâhim'in hac ibâdetini burada tanımış olması, Hz. İsmâil'in, annesinden bir müddet ayrılıp, sonra burada buluşmaları, hacıların burada birbirleriyle tanışmaları, burada vakfeye duran hacıların, Allah'ın Rab'liğini ve yüceliğini, herkesin ona muhtaç oluşunu, O'nun ise hiçbir şeye muhtaç olmayışını itiraf etmeleri... vb. sebeplerle arefe denilmiştir[58].

Bunun yanında, bizim kültürümüzde arefe veya arife günü diye, Kurban bayramından bir önceki gün ile birlikte, Ramazan bayramından bir önceki güne de; yani dînî bayramlardan bir evvelki güne denir[59]. Ayrıca bu iki güne, Ramazandan bir önceki günü de katmak mümkündür. Zira ertesi gün Ramazan olacağı (bayram arefelerinde de ertesi gün bayram olacağı) bilindiği için "bilme, tanıma" anlamında, böyle bir terimin yerleşmiş olması düşünülebilir.

Daha evvelki günlerde değil de, sadece Ramazan'dan bir gün önce oruç tutmak mekruhtur[60].

Kurban bayramının arefesinde oruç tutmak ise müstehaptır[61].

58 Bkz: Hamdi Yazır, *Hak Dini Kur'ân Dili,* II, 722.
59 Ferit Devellioğlu, *Osmanlıca -Türkçe Ansiklopedik Lügat,* s. 48.
60 İlgili rivâyetler için bkz: *Riyâzü's-Sâlihîn ve Tercemesi,* II, 492-493.
61 Bkz: Aynı eser, II, 508.

Ayrıca Kurban bayramının 4. günü ikindi namazına kadar alınan teşrik tekbirlerine de, arefe günü sabah namazından itibaren başlanır.

J. Bayramlar

Müslümanların biri Ramazan, diğeri Kurban olmak üzere iki dînî bayramı[62] vardır. Ramazan bayramı, Şevvâl ayının 1, 2 ve 3. günlerinde; Kurban bayramı ise, Zilhicce ayının 10, 11, 12 ve 13. günlerinde kutlanır.

Bayramlar huzur, mutluluk ve sevinç günleridir. Peygamberimiz (sav), Hicretten sonra, Medinelilerin, İran'dan alınma Nevruz ve Mihrican adlı iki bayramları olduğunu öğrenince: *"Allah, sizin için o iki günü, daha hayırlı iki günle, Kurban ve Ramazan bayramlarıyla değiştirmiştir"*[63] buyurarak, eski iki bayramın kutlanmasını yasaklamıştır.

Hz. Peygamber, bayram namazlarını hava yağışlı değilse, Mescit dışında boş bir alanda kıldırmıştır. Süslenmemek kaydıyla kadınlar da bayram namazlarına katılmışlardır. Namaz kılamayacak durumda olsalar bile, oraya gidip, Peygamberimizin öğütlerini dinlemişler ve yapılan dualara iştirak etmişlerdir.

Rasûlüllah (sav), bayramları yardımlaşma, dayanışma ve sevinç günleri ilân ederek, insanların gülüp eğlenmelerine izin vermiştir. Bu günler; barışma, yardımlaşma, dayanışma, tebrikleşme, büyükleri, hastaları ve kabirleri ziyaret günleri olarak değerlendirilmelidir.

---

62 "Bayram": Farsça asıllı bir kelime olup "sevinç ve eğlence günü" demektir. Bu kelimenin eski Türkçe'den Farsça'ya geçmiş olduğu da söylenmiştir. Arapça karşılığı "ıyd" kelimesidir ki bu da "âdet halini alan sevinç ve keder", "bir araya toplanma günü", "gerek sevinçli gerekse kederli günlerin yıl dönümü" gibi mânâlara gelmektedir.

63 Ebû Dâvud, *Salât,* 245; Nesâî, *Salâtü'l-Iydeyn,* 1; Ahmed b. Hanbel, *el-Müsned,* III, 103.

Bayram namazları ve bayramda okunacak hutbe ve vaazlar ile Peygamberimiz devrindeki bayramlar ve bayram hutbeleri hakkında ikinci bölümde geniş bilgi verilmiştir.

***

Okuma Parçası:

SÜLEYMÂNİYE'DE BAYRAM SABAHI

Artarak gönlümün aydınlığı her sâniyede,
Bir mehâbetli sabâh oldu Süleymâniye'de.
Kendi gök kubbemiz altında bu bayram saati,
Dokuz asrında bütün halkı, bütün memleketi
Yer yer aksettiriyor mâvileşen manzaradan,
Kalkıyor tozlu zaman perdesi her ân aradan.
Gecenin bitmeğe yüz tuttuğu andan beridir,
Duyulan gökte kanad, yerde ayak sesleridir.
Bir geliş var!.. Ne mübârek, ne garîb âlem bu!..

Hava boydan boya binlerce hayâletle dolu...
Her ufuktan bu geliş eski seferlerdendir;
O seferlerle açılmış nice yerlerdendir.
Bu sükûnette karıştıkça karanlıkla ışık,
Yürüyor, durmadan, insan ve hayâlet karışık;
Kimi gökten, kimi yerden üşüşüp her kapıya,
Giriyor, birbiri ardınca, ilâhî yapıya.
Tanrının mâbedi her bir tarafından doluyor,
Bu saatlerde Süleymâniye târîh oluyor.

Ordu – milletlerin en çok döğüşen, en sarpı
Adamış sevdiği Allâhına bir böyle yapı.
En güzel mâbedi olsun diye en son dînin
Budur öz şekli hayâl ettiği mîmârînin.
Görebilsin diye sonsuzluğu her yerden iyi,
Seçmiş İstanbul'un ufkunda bu kudsî tepeyi;
Taşımış harcını gaazîleri, serdârıyle,
Taşı yenmiş nice bin işçisi, mîmârıyle.
Hür ve engin vatanın hem gece, hem gündüzüne,
Uhrevî bir kapı açmış buradan gökyüzüne,
Tâ ki geçsin ezelî rahmete rûh orduları..

Bir neferdir bu zafer mâbedinin mîmârı.
Ulu mâbed! Seni ancak bu sabâh anlıyorum;
Ben de bir vârisin olmakla bugün mağrûrum;
Bir zaman hendeseden âbide zannettimdi;
Kubben altında bu cumhûra bakarken şimdi,
Senelerden beri rü'yâda görüp özlediğim
Cedlerin mağfiret iklîmine girmiş gibiyim.
Dili bir, gönlü bir, îmanı bir insan yığını
Görüyor varlığının bir yere toplandığını;
Büyük Allah'ı anarken bir ağızdan herkes
Nice bin dalgalı Tekbîr oluyor tek bir ses;
Yükselen bir nakarâtın büyüyen velvelesi,
Nice tuğlarla karışmış nice bin at yelesi!.

Gördüm ön safta oturmuş nefer esvaplı biri
Dinliyor vecd ile tekrâr alınan Tekbîr'i;

Ne kadar sâf idi sîmâsı bu mü'min neferin!
Kimdi? Bânîsi mi, mîmârı mı ulvî eserin?
Tâ Malazgird ovasından yürüyen Türkoğlu
Bu nefer miydi? Derin gözleri yaşlarla dolu,
Yüzü dünyâda yiğit yüzlerinin en güzeli,
Çok büyük bir işi görmekle yorulmuş belli;
Hem büyük yurdu kuran hem koruyan kudretimiz
Her zaman varlığımız, hem kanımız hem etimiz;
Vatanın hem yaşayan vârisi hem sâhibi o,
Görünür halka bu günlerde tesellî gibi o,
Hem bu toprakta bugün, bizde kalan her yerde,
Hem de çoktan beri kaybettiğimiz yerlerde.

Karşı dağlarda tutuşmuş gibi gül bahçeleri,
Koyu bir kırmızılık gökten ayırmakta yeri.
Gökte top sesleri var, belli, derinden derine;
Belki yüzlerce şehir sesleniyor birbirine.
Çok yakınlardan mı bu sesler, çok uzaklardan mı?
Üsküdar'dan mı? Hisar'dan mı? Kavaklar'dan mı?
Bursa'dan, Konya'dan, İzmir'den, uzaktan uzağa,
Çarpıyor birbiri ardınca o dağdan bu dağa;
Şimdi her merhaleden, tâ Beyazıd'dan, Van'dan,
Aynı top sesleri bir bir geliyor her yandan.
Ne kadar duygulu, engin ve mübârek bu seher!
Kadın erkek ve çocuk, gönlü dolanlar, yer yer,
Dinliyor hepsi büyük hâtıralar rüzgârını,
Çaldıran topları ardınca Mohaç toplarını.

Gökte top sesleri, bir bir, nerelerden geliyor?
Mutlaka her biri bir başka zaferden geliyor:
Kosova'dan, Niğbolu'dan, Varna'dan, İstanbul'dan...
Anıyor her biri bir vak'ayı heybetle bu an;
Belgrad'dan mı? Budin, Eğri ve Uyvar'dan mı?
Son hudutlarda yücelmiş sıra-dağlardan mı?

Deniz ufkunda bu top sesleri nerden geliyor?
Barbaros, belki, donanmayla seferden geliyor!.
Adalardan mı? Tunus'dan mı, Cezâyir'den mi?
Hür ufuklarda donanmış iki yüz pâre gemi
Yeni doğmuş aya baktıkları yerden geliyor;
O mübârek gemiler hangi seherden geliyor?

Ulu mâbedde karıştım vatanın birliğine,
Çok şükür Tanrı'ya, gördüm, bu saatlerde yine
Yaşayanlarla berâber bulunan ervâhı.

Doludur gönlüm ışıklarla bu bayram sabahı.

Yahya Kemal[64]

K. Âşûrâ Günü

"Âşûrâ", on sayısı ile ilgili olan "aşr" veya "âşir" kökünden türemiş Arapça bir kelime olup, Muharrem ayının onuncu gününe denir.

Bu günde, birçok önemli olayın gerçekleştiği nakledilmiştir: Hz. Âdem'in tevbesinin kabul edildiği, Hz. Nûh'un gemisinin

---

64 Yahya Kemal, *Kendi Gök Kubbemiz*, s. 3-7.

tufandan kurtularak Cûdî dağına oturduğu, Hz. İbrahim'in doğduğu gün olduğu, bu günde Hz. Mûsâ ile ona inananların Firavun'un elinden kurtulduğu, Hz. Yûnus'un balığın karnından çıkarıldığı, câhiliye döneminde Kâbe örtülerinin değiştirildiği ve oruç tutulduğu... konuyla ilgili rivâyetler arasında yer almaktadır[65]. Bu bakımdan bu gün, tarih boyunca birçok toplum tarafından değer verilmiş bir gündür.

Hz. Âişe şöyle demiştir: Âşûrâ, Kureyş'in câhiliye devrinde oruç tuttuğu bir gündü. Rasûlüllah da buna riâyet ediyordu. Medine'ye hicret edince bu orucu devam ettirmiş ve başkalarına da emretmişti. Fakat Ramazan orucu farz kılınınca kendisi âşûrâ gününde oruç tutmayı bırakmış, bundan sonra müslümanlardan dileyen bu günde oruç tutmuş, dileyen tutmamıştır"[66].

Bir hadiste de Peygamberimizin: *"Âşûrâ, Allah'ın günlerinden bir gündür; dileyen bu günde oruç tutsun, dileyen tutmasın"*[67] dediği nakledilmiştir. Bu bakımdan bu günde oruç tutmak müstehaptır. Ancak, eğer tutulacaksa, bu orucun, yahudilere benzememek için, tek olarak değil, iki gün olarak, yani Muharrem ayının dokuz ve onuncu yahut on ve on birinci günlerinde tutulması uygun olup sadece âşûrâ gününde oruç tutmak mekruh görülmüştür[68].

Müslüman Türklerde, Muharrem ayının onuncu günü başlamak üzere daha sonraki günlerde aşure tatlısı pişirip dağıtmak gelenek olmuştur[69].

---

65 Yusuf Şevki Yavuz, "Âşûrâ", *DİA,* IV, 25. Peygamberimizin torunu Hz. Hüseyin de 10 Muharrem 61 (1 Ekim 680)'de Kerbelâ'da şehit edilmiştir.

66 Buhârî, *Savm,* 69; Ahmed b. Hanbel, *el-Müsned,* VI, 29-30.

67 Ahmed b. Hanbel, *age,* II, 57, 143.

68 *Diyanet İslâm İlmihali,* s. 344.

69 Âşûrâ gününde aşure pişirmek, sadaka vermek, mescitleri ziyaret etmek, kurban kesmek gibi fiiller hakkında sahih bir rivâyete rastlanmadığı, Peygamberimiz ve sahâbe döneminde böyle bir uygulamanın bulunduğuna dair bir bilginin bulunmadığı kaydedilmektedir. Bkz: Yusuf Şevki Yavuz, "Âşûrâ", *DİA,* IV, 25.

L. Diğer Bazı Günler

Bahsedilen bu gün ve gecelerden başka; her haftanın Pazartesi ve Perşembe günleri ile her kameri ayın 13, 14 ve 15. günlerinde oruç tutmanın müstehap olduğu bildirilmiştir[70].

[70] İlgili rivâyetler için bkz: *Riyâzü's-Sâlihîn ve Tercemesi,* II, 510-515.

II-DÎNÎ-İÇTİMÂÎ TÖRENLER

A. İsim Koyma

Müslümanlığı yeni kabul eden kimselerle, yeni doğan çocuklara uygun bir isim konur. Ancak, verilecek isimlerin İslâmî ve millî olmasına dikkat etmelidir. Peygamberimiz: *"Kıyâmet gününde siz, hem kendi adınızla, hem de babalarınızın adıyla çağrılacaksınız; bu sebeple kendinize güzel isim koyunuz"*[1] buyurmuştur. Peygamberimizin, anlamca uygun olmayan bazı isimleri değiştirdiği de göz önüne alınarak, bu konuda dikkatli olmak lâzımdır[2].

Asr-ı saadette, yeni doğan çocuk, Peygamberimize getirilir, ondan dua etmesi istenirdi. O da çocuğu kucağına alır, dua eder, bazen isim de koyardı. Onun, oğlu İbrahim'e, doğduğu gece adını koyduğu; torunu Hasan'ın kulağına ezan okuduğu, bize ulaşan haberler arasındadır[3]. Daha sonraları da Ömer b. Abdülaziz zamanında, yeni doğan çocuğun, kıbleye yönelerek hafif sesle sağ

---

1 Ebû Dâvud, *Edeb,* 61.

2 Sahâbeden Ebû Hüreyre'nin asıl adı "Güneşin kulu" anlamına gelen "Abdüşşems" iken, Peygamberimiz tarafından "çok merhametli olan Allah'ın kulu" anlamında "Abdurrahman" ismi verilmiştir. Başka bir hadislerinde ise Peygamberimiz, "Abdullah", "Abdurrahman" isimlerinin Allah katında en sevimli isimler olduğunu bildirmiştir. Bu konuda bkz: Müslim, *Âdâb,* 14-29; Ebû Dâvud, *Edeb,* 68-69; İbn Mâce, *Edeb,* 31-32; ayrıca bkz: Süleyman Uludağ, *İslâm'da İrşad,* s. 113 vd.

3 İbn Hemmâm, *el-Musannef,* IV, 335-337.

kulağına ezan, sol kulağına kamet okunması dînî bir gelenek haline gelmiştir[4].

Ad koyma işini, ailenin büyüğü yapabileceği gibi, bu konuda din adamlarından da yardım istenebilir. Bu durumda, çocuk kucağa alınır, kıbleye yönelinir, hafif bir sesle sağ kulağına ezan, sol kulağına kamet okunur ve konulacak isim, yüzüne karşı üç defa tekrar edilir. Daha sonra, çocuğun îmanlı, sağlıklı, dinine ve milletine faydalı, hayırlı bir evlat olması anlamında birkaç cümlelik kısa bir dua yapılır[5].

B. Sünnet

Arapçada "hıtân" denilen sünnet olma işlemi, Hz. İbrahim'den kalma, tıbbî faydaları da olan dînî bir uygulama ve Muhammed ümmetinin önemli bir simgesidir[6].

Peygamberimiz sünnet olmayı "fıtrat" gereği olarak değerlendirerek: ağzı ve burnu yıkamayı, bıyıkları kısaltmayı, tırnakları kesmeyi, koltuk altı ve kasık kıllarını gidermeyi, sünnet olmayı insan yaratılışına yaraşan davranışlar arasında saymıştır[7].

Ülkemizde erkek çocuklar, küçük yaşlarda sünnet ettirilirler. Bu merasimlerde de genellikle mevlid okutulur, misafirlere ikramda bulunulur. Sünnet olan çocuğa da elbiseler alınır, para, altın vb. hediyeler verilir.

Bu merasimlere çağrılan din adamının; evlat yetiştirmenin önemi ile Peygamberimizin sünnetine uyup, izinden gitmenin gereği konusunda kısa bir konuşma yapması uygun olur. Tören sonunda yapılacak duada da, genel dilekleri içeren cümleler yanında,

---

4 İbn Hemmâm, *age,* IV, 336; Beğavî, *Şerhu's-Sünne,* XI, 273.

5 İsim koyma hakkında geniş bilgi için bkz: Özgü Aras, "Ad Koyma", *DİA,* I, 332-333.

6 Kâmil Miras, *Tecrîd-i Sarîh Tercemesi,* IX, 112.

7 Müslim, *Tahâret,* 49-50.

sünnet olan çocuk (veya çocuklar) için de dua etmek; onların iyi birer müslüman, hayırlı evlat olmalarını temenni etmek uygun olur. Ayrılırken de çocuğa "geçmiş olsun, Allah mübârek etsin" demek, çocuğun ana babasını ve diğer yakınlarını da tebrik etmek, âdâbdandır[8].

C. Nişan

Memleketimizde, nikâhtan önce "söz kesme, şerbet içme ve nişan" merasimlerinin yapılması âdet olmuştur.

Resmî nikâhtan önce yapılan bu törenlerde, dînî nikâh kıyılması, hem kanûnî yönden, hem de kız açısından sakıncalı olmaktadır. (bazen kız tarafı nişanı bozmak istiyor, fakat damat adayı, kızın nikâhını bırakmamakta direniyor, evlilik de gerçekleşmiyor. Böylece içinden çıkılmaz olumsuz ve üzücü bir durum ortaya çıkıyor). Bu bakımdan, din adamlarının, bu tür merasimlere çağrıldıklarında, dînî nikâh kıymamaları; sadece Allah'ın bu toplantıyı hayırlı ve mübârek kılması, taraflar arasına ülfet ve muhabbet vermesi, nefret ve ayrılıklardan uzak tutması ve hayırlısıyla tamamına erdirmesi, herkese dünya ve âhirette iyilikler ve güzellikler ihsân etmesi... anlamında birkaç cümlelik dua etmekle yetinmeleri; ayrıca kadın erkek ilişkilerinde dînî kuralları hatırlatmaları uygun olur.

D. Nikâh

Nikâh, evlilik için yapılan akit (sözleşme)dir; evlenecek erkek ve kadının, şahitler huzurunda evlendiklerini söylemeleridir.

Dînî nikâh töreninde önce gelin ve damada tevbe ve istiğfar ettirilmesi ve nikâhın ciddiyeti ile karı koca hakları üzerinde nasihatte bulunulması uygun olur[9].

---

8 Çakan - Gündüz - Çiçek, *age*, II, 82.

9 Aynı eser, II, 75; Cemal Sofuoğlu, *Açıklamalı Dua Kitabı*, s. 235.

Dînî nikâhta, gelin ve damat ile iki şahit hazır bulunur. Verilecek mehir[10] tayin edilir. Tarafların isimleri ile babalarının ve şahitlerin isimleri tespit edilir. Ve geline hitaben şöyle söylenir: "Allah'ın emri, Peygamberimizin sünneti üzere siz ... hanım, anlaştığınız ...mehr-i muaccel ve ... mehr-i müeccel ile, ... oğlu ...'ı kocalığa kabul ettiniz mi?". Ondan alınacak olumlu cevaptan sonra, damada hitaben şöyle denir: "Siz, ... bey, Allah'ın emri, Peygamberimizin sünneti üzere, anlaştığınız ... mehr-i muaccel ve ... mehr-i müeccel ile, ... kızı ...'ı zevceliğe kabul ettiniz mi?". Damadın da olumlu cevabı alındıktan sonra şahitlere dönerek: "Siz de bu îcab ve kabûle şahit misiniz?" diye sorulur. Onların da onayı alındıktan sonra şu dua okunur:

اَلْحَمْدُ لِلّٰهِ رَبِّ الْعَالَمِينَ • وَالصَّلاَةُ وَالسَّلاَمُ عَلَى رَسُولِنَا مُحَمَّدٍ
وَعَلَى آلِهِ وَصَحْبِهِ اَجْمَعِينَ • اَللّٰهُمَّ اجْعَلْ هَذَا الْعَقْدَ مَيْمُونًا مُبَارَكًا •
وَاجْعَلْ بَيْنَهُمَا اُلْفَةً وَمَحَبَّةً وَقَرَارًا ، وَلاَ تَجْعَلْ بَيْنَهُمَا نَفْرَةً وَفِتْنَةً وَفِرَارًا •
اَللّٰهُمَّ اَلِّفْ بَيْنَهُمَا كَمَا اَلَّفْتَ بَيْنَ آدَمَ وَحَوَّاءَ ، وَكَمَا اَلَّفْتَ بَيْنَ مُحَمَّدٍ
صَلَّى اللّٰهُ عَلَيْهِ وَسَلَّمَ وَخَدِيجَةَ الْكُبْرَى رَضِىَ اللّٰهُ عَنْهَا ، وَكَمَا اَلَّفْتَ بَيْنَ
عَلِيٍّ رَضِىَ اللّٰهُ عَنْهُ وَفَاطِمَةَ الزَّهْرَاءِ رَضِىَ اللّٰهُ عَنْهَا • اَللّٰهُمَّ اَعْطِ لَهُمَا
اَوْلاَدًا صَالِحًا وَرِزْقًا وَاسِعًا وَعُمْرًا طَوِيلاً • رَبَّنَا هَبْ لَنَا مِنْ اَزْوَاجِنَا

---

10 Dînimize göre mehir; nikâh akdinin sonucu olarak, erkeğin eşine ödemek zorunda olduğu para veya mal demektir. Kadın için maddî güvence olan mehrin tamamı nikâh sırasında ödenebileceği gibi, tamamının veya bir kısmının ödenmesi sonraya da bırakılabilir. Bir kısmının peşin (mehr-i muaccel), kalanının daha sonra (mehr-i müeccel) ödenmesi genel bir uygulama gibi görünmektedir. Mehir, bütünüyle kadına aittir, onda dilediği gibi tasarrufta bulunabilir. Mehir, çeyiz ve başlıktan farklıdır. Bkz: M. Âkif Aydın, "Mehir", *DİA,* XXVIII, 389-391; ayrıca bkz: Hasan Güleç, "Mehir", *İslâm'da İnanç İbadet ve Günlük Yaşayış Ansiklopedisi,* III, 166-168.

وَذُرِّيَّاتِنَا قُرَّةَ اَعْيُنٍ وَاجْعَلْنَا لِلْمُتَّقِينَ اِمَامًا • رَبَّنَا آتِنَا فِى الدُّنْيَا حَسَنَةً وَفِى الْآخِرَةِ حَسَنَةً وَقِنَا عَذَابَ النَّارِ • سُبْحَانَ رَبِّكَ رَبِّ الْعِزَّةِ عَمَّا يَصِفُونَ • وَسَلَامٌ عَلَى الْمُرْسَلِينَ • وَالْحَمْدُ لِلّٰهِ رَبِّ الْعَالَمِينَ •

Mânâsı: "Âlemlerin Rabbi Allah'a hamdolsun. Peygamberimiz Hz. Muhammed'e, onun bütün aile efrâdına ve ashabına salât ve selâm olsun. Allah'ım! Bu nikâh sözleşmesini hayırlı ve uğurlu eyle. Bu çift arasında ülfet, sevgi, hoşnutluk ve sebât nasib eyle. Aralarına nefret, fitne ve ayrılık verme yâ Rabbî. Allah'ım! Hz. Âdem ile Havvâ arasında, Peygamberimiz Hz. Muhammed sallallâhü aleyhi ve sellem ile (ona ilk inanan ve bütün varlığıyla destek olan Efendimizin eşi) büyük insan Hz. Hatice radıyallâhü anhâ arasında ve Hz. Ali radıyallâhü anh ile Hz. Fâtıma radıyallâhü anhâ arasında ülfet verdiğin gibi, bu çiftin arasında da sevgi ve yakınlık lütfeyle yâ Rabbî. Allah'ım! Bu çifte (ve hepimize) salih evlâtlar, bol rızık ve uzun ömürler nasip eyle. *Ey Rabbimiz! Bize gönüller açan eşler ve çocuklar ihsân eyle. Ve bizi takvâ sahiplerine önder kıl*[11]. *Rabbimiz! Bize dünyada da iyilik ve güzellik, âhirette de iyilik ve güzellikler ihsân eyle ve bizi cehennem azâbından koru*[12]. *Kudret ve şeref sahibi Rabbin, onların taktıkları vasıflardan uzak ve yücedir. Gönderilen bütün peygamberlere selâm, âlemlerin Rabbi Allah'a hamdolsun"*[13] .

*

Memleketimizdeki âdetlerden birisi de, damat giydirilirken ve gerdeğe konulurken dua etmektir.

Böyle bir dua yapmak üzere davet vâki olunca elbise giydirilirken, Eûzü Besmele çekilir, hamdele ve salvele okunur ve şöyle bir dua yapılabilir: "Allah'ım! Bu kardeşimizi senin adınla ve hayır

11 Furkan 25/74.
12 Bakara 2/201.
13 Sâffât 37/180-182.

temennileriyle giydirip kuşattık. Ona, elbisesinin güzelliği gibi ruh güzelliği de nasip eyle. Ona ve bizlere sağlık, afiyet, hayırlı evlatlar ve bol rızıklar ihsan eyle. Yuvalarımıza huzur ve saadetler lütfeyle yâ Rabbî. Rabbenâ âtinâ fiddünyâ haseneten ve fil'âhirati haseneten ve kınâ azâbennâr. Sübhâne rabbike rabbil ızzeti ammâ yasıfûn, ve selâmün alel mürselîn, velhamdü lillâhi rabbil âlemîn".

Gerdeğe konulurken de, Eûzü Besmele çekilir. Hamdele ve salvele okunur ve şöyle dua edilir: "Allah'ım! Senin emrini, Peygamberimizin sünnetini yerine getirmek üzere iki gencimizi evlendirdik. Sen onlara huzur, saadet, rahmet ve bereket ihsan eyle. Bu iki genç arasında sevgi ve bağlılıklar lütfeyle. Cümlemizi her türlü kötülüklerden, âfetlerden, kazalardan, hastalıklardan muhâfaza eyle yâ Rabbî! Sağlık, âfiyet ve hayırlı evlatlar ihsan eyle Allah'ım. Rabbenâ âtinâ fiddünyâ haseneten ve fil'âhirati haseneten ve kınâ azâbennâr. Sübhâne rabbike rabbil ızzeti ammâ yasıfûn, ve selâmün alel mürselîn, velhamdü lillâhi rabbil âlemîn" [14]

E. Asker Uğurlama

Özellikle kırsal kesimde, askere gidenler için törenler düzenlenir; asker olan genç veya gençler dost, akraba ve komşuların dualarıyla uğurlanır.

Böyle bir tören için çağrılınca; vatanın ve vatan beklemenin değeri, cihadın fazileti üzerinde kısa bir konuşma yapılır ve şu mahiyette bir dua yapılır:

"Allah'ım! Yüce Kitabın Kur'ân'da, bizlere, kendi yolunda cihadı ve gerektiğinde düşmanla savaşmamızı emrettin. İşte bu emre uygun olarak, evlatlarımızı dînimiz, vatanımız ve milletimiz için asker ocağına gönderiyoruz. Sen onlara sağlık ve âfiyetler ihsan eyle. Yüreklerine cesaret, vücutlarına kuvvet ver. Bir askere lâzım

---

14 Cemal Sofuoğlu, *age*, 250-252.

olan sabrı, sebat ve metâneti, cesaret ve şecaati lütfeyle. Onları ve bizi, kazalardan, belâlardan, âfetlerden, musîbetlerden ve hastalıklardan muhafaza eyle yâ Rabbî! Allah'ım, ordumuzu hak ve hakikatten ayırma. Gençlerimizi sağ sâlim ana babalarına ve sevdiklerine kavuştur. Geride bıraktıklarına da sabır ver, yardımlarını esirgeme. Vatanımıza, milletimize, mukaddes değerlerimize göz diken düşmanlara fırsat verme. Onlara karşı Bedir'de, Malazgirt'te ve nice savaşlarda yardım ettiğin gibi, her zaman bizlere yardım et ve muzaffer eyle yâ Rabbî. Günahlarımızı affeyle yâ Rabbî. Rabbenâ âtinâ fiddünyâ haseneten ve fil'âhirati haseneten ve kınâ azâbennâr. Sübhâne rabbike rabbil ızzeti ammâ yasıfûn, ve selâmün alel mürselîn, velhamdü lillâhi rabbil âlemîn"[15].

F. Hacı Uğurlama

Mâlî ve bedenî en büyük ibâdetlerden birisi olan hac görevini yapmak üzere yola çıkan müslümanlar için de, onları uğurlama töreni tertip edilir ve şehrin çıkışında topluca dua edip helâlleşilir.

Bu tür bir merasimde, şu mahiyette bir dua yapılabilir: (Eûzü Besmele, hamdele ve salvele'den sonra) Ey bizleri yaratıp İslâm ile şereflendiren Rabbim! Verdiğin sayısız nimetler için, sonsuz şükürler sana. Ey Kâbe'yi mübârek kılan ve orayı ziyareti emreden Allah'ım! İşte o mübârek yerlere varmak, Evini tavâf etmek, zemzeminden içmek için yola çıkan kardeşlerimizin niyetlerini gerçekleştirmeyi nasip eyle yâ Rabbî! Beytullah'ta ibâdeti, Safâ ile Merve arasında sa'yi, Arafat'ta vakfeyi, Müzdelife'de gecelemeyi, Minâ'da şeytan taşlamayı, Kâbe'yi tavafı ve Mescid-i Nebevî'de Peygamber efendimizi ziyaret etmeyi lütfeyle yâ Rabbî! Lebbeyk Allahümme lebbeyk, buyur Allah'ım buyur diyerek, huzuruna koşan kardeşlerimize, ibâdetlerini hakkıyla ve usûlüne göre yerine getirmeyi nasip eyle! Peygamberimizin müjdesinde ifade edilen yeni doğmuş gibi

---

15 Aynı eser, s. 246-247.

günahsız olarak yuvalarına geri dönmeyi lütfeyle Allah'ım! Ayrıca geride kalan yakınlarını sağlık ve âfiyet içinde bulmalarını da nasip eyle yâ Rabbî! Bu kardeşlerimiz gibi her müslümana, o mübârek beldelere gitmeyi, senin hac emrini yerine getirmeyi lütfeyle yâ Rabbî! Rabbenâ âtinâ fiddünyâ haseneten ve fil'âhirati haseneten ve kınâ azâbennâr. Sübhâne rabbike rabbil ızzeti ammâ yasıfûn, ve selâmün alel mürselîn, velhamdü lillâhi rabbil âlemîn

G. Hasta Ziyareti

Hasta ziyareti, Peygamberimizin çeşitli hadislerinde de belirtildiği üzere, müslümanın diğer bir müslüman üzerindeki hak ve vazifelerinden birisidir. Bu bakımdan, bilhassa din görevlilerinin, hasta ziyaretine gereken önemi vermeleri lâzımdır.

Yapılacak ziyarette, şifa dileğinde bulunmalı, sabır tavsiye etmeli, hastayı tesellî edici güzel sözler söylemelidir.

Bu arada gerekli tıbbî tedavinin de yapılması konusunda uyarıda bulunmalıdır.

Ayrıca hastaya dua etmek, Kur'ân'dan şifa âyetlerini okumak da faydalı olur. Bu tür âyetleri, hasta kendisi de okuyabilir.

Bunun için Fâtiha, İhlâs, Felâk ve Nâs sûreleri okunabilir[16]. Bunlara ilave olarak aşağıdaki âyetler de okunabilir:

بِسْمِ اللّٰهِ الرَّحْمٰنِ الرَّحِيمِ • وَيَشْفِ صُدُورَ قَوْمٍ مُؤْمِنِينَ ، وَيُذْهِبْ غَيْظَ قُلُوبِهِمْ [17] • بِسْمِ اللّٰهِ الرَّحْمٰنِ الرَّحِيمِ • يَا اَيُّهَا النَّاسُ قَدْ جَاءَتْكُمْ مَوْعِظَةٌ مِنْ رَبِّكُمْ وَشِفَاءٌ لِمَا فِى الصُّدُورِ وَهُدًى وَرَحْمَةٌ لِلْمُؤْمِنِينَ [18] • بِسْمِ اللّٰهِ الرَّحْمٰنِ الرَّحِيمِ • وَنُنَزِّلُ مِنَ الْقُرْآنِ مَا هُوَ شِفَاءٌ وَرَحْمَةٌ

---

16 Nevevî, *et-Tibyân*, s. 124.

17 Tevbe 9/14-15.

18 Yûnus 10/57.

لِلْمُؤْمِنِينَ وَلاَ يَزِيدُ الظَّالِمِينَ اِلاَّ خَسَارًا[19] • بِسْمِ اللّٰهِ الرَّحْمَنِ الرَّحِيمِ •
وَاِذَا مَرِضْتُ فَهُوَ يَشْفِينِ[20] • بِسْمِ اللّٰهِ الرَّحْمَنِ الرَّحِيمِ • قُلْ هُوَ لِلَّذِينَ
آمَنُوا هُدًى وَشِفَاءٌ[21] •

Bu âyetleri okuduktan sonra, bazı hadislerde geçen, şu muhtevada bir dua yapılabilir:

"Allah'ım, ey insanların Rabbi! Hastalığı yok et. Âcil şifalar ver; şifa veren ancak sensin. Senin şifandan başka şifa yoktur. Öyle bir şifa ver ki, hiçbir hastalık bırakmasın. Ey Allah'ım! Izdırap veren her şeyden, her kötü nazardan, senin adınla senden şifa dileriz. Her kötülükten sana sığınırız. Yâ Rabbî! Sen şifa ver. Sabır, metânet, sağlık ve âfiyetler ihsan eyle. Rabbenâ âtinâ fiddünyâ haseneten ve fil'âhirati haseneten ve kınâ azâbennâr. Sübhâne rabbike rabbil ızzeti ammâ yasıfûn, ve selâmün alel mürselîn, velhamdü lillâhi rabbil âlemîn"[22].

---

[19] İsrâ 17/82.

[20] Şuarâ 26/80.

[21] Fussılet 41/44.

[22] Bkz: *Tecrîd-i Sarîh Tercemesi,* XII, 73; İbrahim Canan, *Kütüb-i Sitte,* XI, 336 vd; Süleyman Ateş, *Dua Mecmuası,* s. 190; Mahmut Denizkuşları, *Hadislerin Işığında Günlük Hayatımız,* s. 145, 203; Cemal Sofuoğlu, *Açıklamalı Dua Kitabı,* s. 181.
Hz. Âişe'nin bildirdiğine göre, Rasûlüllah (sav), bir hasta ziyaretinde veya kendisine bir hasta getirildiğinde sağ eli ile hastayı mesheder ve şöyle dua ederdi:

أَذْهِبِ الْبَأْسَ رَبَّ النَّاسِ ، وَاشْفِ اَنْتَ الشَّافِى ، لاَشِفَاءَ اِلاَّ شِفَاؤُكَ ، شِفَاءً لاَيُغَادِرُ سَقَمًا

"Ey insanların Rabbi! Acıyı gider (şu hastalığı yok et) , şifa ver, şifa veren ancak sensin. Senin şifandan başka hiçbir şifa yoktur. Öyle bir şifa ver ki hiçbir hastalık izi bırakmasın" (Buhârî, *Tıb,* 40; Müslim, *Selâm,* 46).

H. Cenaze

"Cenâze", hem ölü hem de tabut anlamında kullanılır.

Ölmek üzere olan kimseye "muhtazar", yüzünü kıbleye gelecek şekilde yatırılmasına "tevcih", ölüye "meyyit", ölü için yapılan hazırlıklara "techiz", ölüyü yıkama işlemine "gasil", yıkandıktan sonra kefenlenmesine "tekfin", tabuta konulup namazının kılınacağı yere ve daha sonra kabre götürülmesine "teşyi", kabre konulmasına "defin", defnedildikten sonra bir kimsenin ölüye hitaben îman esaslarını hatırlatmasına "telkin", ölü yakınlarına baş sağlığı dilemeye de "tâziye" denir.

Ölüm, ruhun bedenden ayrılmasıdır. Her doğan varlığın, vakti gelince ölmesi kaçınılmazdır. Kur'ân-ı Kerîm'de şöyle buyurulmuştur: *"Allah, eceli geldiğinde hiç kimsenin ölümünü ertelemez. Allah, yaptıklarınızdan haberdardır"*[23]. *"Ecelleri geldiği zaman onlar ne bir saat geri kalabilirler ne de öne geçebilirler"*[24]. *"Nerede olursanız olun, ölüm size ulaşır; sarp ve sağlam kalelerde olsanız bile!"*[25]

Peygamberimiz vefatı sırasında, ölümü Allah'a kavuşmak olarak değerlendirmiş ve: *"Yüce Rabbime, Yüce Rabbime!"* diyerek ruhunu teslim etmişti.

Peygamberimizin müezzini ve en yakın ashâbından birisi olan Bilâl-i Habeşî, ölüm döşeğinde yatarken, yakınları üzüntü içinde etrafında toplanmışlardı. Hz. Bilâl onlara, ölümü bir musibet değil, müjde olarak gördüğünü; çünkü Peygamber efendimize ve ashâbına kavuşmak üzere olduğunu söylemişti[26].

---

23 Münâfikûn 63/11.

24 Nahl 16/61; ayrıca bkz: Âlü İmrân 3/154.

25 Nisâ 4/78.

26 Abbas Mahmud Akkad, *Hz. Muhammed'in Eşsiz Deha ve Şahsiyeti,* trc: M. Said Şimşek, s. 116.

Dinimize göre insan değerli bir varlıktır; bu bakımdan onun ölüsüne de gereken saygının gösterilmesi gerekir. Peygamberimiz cenazeye saygı gösterilmesini isteyerek şöyle buyurmuştur: *"Sizler cenaze görünce, cenaze sizden uzaklaştırılıncaya kadar ayağa kalkınız!"*[27].

Bunun yanında, insanın ölümünden kabre bırakılıncaya kadar onunla ilgili yapılan dînî işlemlerde de, ona verilen önemi ve duyulan saygıyı görmek mümkündür.

Ölmek üzere olan ve daha sonra ölen müslüman bir kimseye yapılacak işlemler şöyledir:

1. Tevcih

Ölmek üzere olan kimse, eğer güçlük yoksa yüzü kıbleye gelecek şekilde sağ yanı üzerine yatırılır yahut ayakları kıbleye gelecek şekilde sırt üstü yatırılıp, başı hafifçe kaldırılarak, bir yastık üzerine konur.

Temiz bir bez kullanarak, varsa zemzem ile yoksa normal su ile dudakları zaman zaman ıslatılır; eğer içebilecek durumdaysa çay kaşığı ile içirilir.

2. Ölüm Öncesi Telkin

Ölüm halindeki kimseye, kelime-i tevhîd veya kelime-i şehâdet telkin edilir; yani bu ifadeler, onun yanında sesli olarak okunur. Peygamberimiz: *"İçinizden ölüm halinde bulunanlara Lâ ilâhe illallah sözünü telkin ediniz"*[28], buyurmuştur.

Ancak, (o sıkıntılı anda ters bir cevap verme ihtimali bulunduğundan) bu durumdaki kişiye "sen de söyle!" diye zorlama yapılmaz. Ayrıca söz konusu bu telkinin, hastanın sevdiği bir kimse tarafından yapılması uygun olur.

---

27 Buhârî, *Cenâiz,* 47.

28 Müslim, *Cenâiz,* 1-2; Ebû Dâvud, *Cenâiz,* 20.

Bu arada Kur'ân okumak, özellikle Yâsîn sûresini tilâvet etmek faydalıdır.

3. Ölüm Sonrası

Ölüm gerçekleşince, vefat eden kişinin önce gözleri sıvazlanıp yumulur. Çenesi, enli bir bezle başının üstüne bağlanarak, ağzı kapatılır. Elbisesi çıkarılır. Elleri yanlarına uzatılır. Ayakları da yan yana getirilip uzatılarak bağlanır. Üzerine bir örtü örtülür. Şişmeyi önlemek için de, karın üzerine demir parçası gibi ağır bir cisim konulur. Bütün bu işlemler, ölü soğuyup kasları katılaşmadan önce yapılmalıdır. Ayrıca, ölünün bulunduğu odaya güzel koku vermek de münasip olur.

Yıkanıncaya kadar, ölünün yanında Kur'ân okunmaz (başka bir odada okunabilir). Ancak dua etmek mümkündür ve şöyle bir duada bulunulabilir: "Allah'ım! Bu kişinin günahlarını bağışla. Onun derecesini yükselt. Geride kalanlarına yardımcı ol. Allah'ım, bizim ve onun günahlarını bağışla. Kabrinde ona genişlik ver ve orada kendisini nurlandır".

4. Gasil

Ölü, kapalı ve tenha bir yerde, dindar bir kişi tarafından yıkanır. Yıkayıcı ve yardımcısından başka kimsenin bulunmamasına özen gösterilmelidir.

Cenaze, teneşir denilen dört ayaklı bir tahta veya beton üzerine, ayakları kıbleye gelecek şekilde sırt üstü yatırılır, göbek ile diz kapakları arası örtülür.

Yıkayıcı (ğassâl), yıkamaya niyet edip, Besmele çeker ve yıkama süresince "Ğufrâneke yâ Rahmân (Rabbim, bağışlamanı diliyorum)", der.

Eline bir bez sararak, örtünün altından, ölünün avret mahallerini yıkar. Ağzına ve burnuna su vermez, mesheder. Sonra yüzünden başlayarak ellerini, kollarını, yıkar, başını mesheder ve ayaklarını da yıkayıp abdest aldırma işlemini tamamlar. Bundan sonra su dökerek, başını ve bedenin ön kısmını sabunla yıkar. Sonra, sol tarafına çevirip sağ yanını; daha sonra da sağ tarafına çevirip sol yanını yıkar. Bu arada sırtı da yıkanmış olur. Her âzânın üç defa yıkanması sünnettir. Bundan sonra yıkayıcı kimse, ölüyü, hafifçe oturtur gibi kaldırıp kendine yaslayarak, karnını yavaşça sıvazlar, bir şey çıkarsa, orasını su ile temizleyip yıkar; fakat tekrar abdest aldırmaz ve guslettirmez[29]. Böylece yıkama işlemi tamamlanmış olur. Cenaze, bir havlu ile kurulanır.

5. Techiz ve Tekfin

Ölünün yıkanmasından, defnedilmesine kadar yapılması gereken işlere ve bu işler için gerekli malzemenin sağlanmasına "techîz"; ölünün kefenlenmesine de "tekfîn" denir.

Erkekler için sünnet olan kefen üç parçadır:

a) Kamîs: Yakası olmayan, omuzdan ayaklara kadar uzanan bir parçadır (gömlek yerinedir).

b) İzâr: Kamîs'ın üstüne gelecek bir parça olup baştan ayağa kadar uzanır (don veya eteklik yerinedir).

c) Lifâfe: Boyu, izârdan daha uzun olan (baş ve ayak tarafları, kefenin çözülmemesi için düğümlemeye de yarayan), en üste gelecek bir örtüdür (sargı-bürgü yerinedir).

---

29 Ömer Nasuhi Bilmen, *Büyük İslâm İlmihali,* s. 248; İSAM, *İlmihal,* I, 357; Beşir Gözübenli, "Cenaze", *İslâm'da İnanç İbadet ve Günlük Yaşayış Ansiklopedisi,* I, 301. Ölüyü yıkama işlemi, ölünün ikinci defa yıkandıktan sonra, "hafifçe kaldırılarak karnının sıvazlanması ve bir şey çıkarsa temizlenmesi; bundan sonra kâfur vb. güzel koku ilave edilmiş su ile üçüncü defa yıkanması" şeklinde de tanımlanmıştır (Mehmet Şener, "Cenaze (İslâm'da Cenaze)", *DİA,* VII, 355) ki bu daha uygun olsa gerektir.

Kadınların kefenlenmesinde bu üç parçaya başörtüsü ve göğüs örtüsü de ilâve edilir.

Yıkanıp kurulanan ölüye önce kamîs, başından geçirilerek giydirilir. Daha sonra lifâfe, bir tabut veya kilim üzerine yayılır. Bunun üzerine de izâr serilir. Kamîs giydirilen ölü, getirilip bunların üzerine uzatılır. İzâr, önce soluna, sonra sağına sarılır. Lifâfe de yine aynı sıra ile sarılıp, baş ve ayak uçlarından (kabirde çözülmek üzere) düğümlenir ya da birer bezle bağlanır. Kefenin açılmaması için (kabirde çözülmek üzere), ortadan bir kuşakla bağlanması da uygun olur.

Ölü, kadın ise, kamîs giydirilip, saçları ikiye ayrılarak göğsü üzerine konur ve üstüne, yüzünü de örtecek şekilde baş örtüsü örtülür. Üstüne de izâr sarılır. İzârın üzerinden de göğüs örtüsü bağlanır. Daha sonra da lifâfe sarılır. Göğüs örtüsü, lifâfeden sonra da bağlanabilir.

Daha sonra cenaze namazı kılınmak üzere camiye götürülür.

6. Cenaze Namazı

Cenaze namazının hükmü farz-ı kifâyedir.

Her namazda olduğu gibi cenaze namazında da niyet şarttır. Cenazenin erkek, kadın, sabî (erkek çocuk) veya sabiyye (kız çocuk) olmasına göre niyet edilir (Niyet ettim Allah rızası için cenaze namazı kılmaya ve şu meyyit (veya meyyite veya sabî, yahut sabiyye) için dua etmeye, denir. Cemaat, buna ilave olarak, "uydum imama" der). İmam da, Allah rızası için orada bulunan cenazenin namazını kılmaya ve o cenaze için dua etmeye niyet eder.

Niyetten sonra, imamın önderliğinde ilk tekbir alınır ve eller bağlanır. Sübhâneke, "ve celle senâük" ilavesiyle okunur. İkinci tekbir alınır, Salli ve Bârik duaları okunur. Üçüncü tekbir alındıktan sonra da, cenazenin durumuna göre, aşağıda kaydedilen dualardan birisi okunur. Daha sonra dördüncü tekbir alınır ve sağa sola selâm verildikten sonra eller salınır; böylece namaz tamamlanmış olur[30].

7. Cenaze Duaları

Mükellef Erkek İçin:

اَللّٰهُمَّ اغْفِرْ لِحَيِّنَا وَمَيِّتِنَا وَشَاهِدِنَا وَغَائِبِنَا وَصَغِيرِنَا وَكَبِيرِنَا وَذَكَرِنَا وَاُنْثَانَا • اَللّٰهُمَّ مَنْ اَحْيَيْتَهُ مِنَّا فَاَحْيِهِ عَلَى الْاِسْلَامِ • وَمَنْ تَوَفَّيْتَهُ مِنَّا فَتَوَفَّهُ عَلَى الْاِيمَانِ • وَخُصَّ هٰذَا الْمَيِّتَ بِالرَّوْحِ وَالرَّاحَةِ وَالرَّحْمَةِ وَالْمَغْفِرَةِ وَالرِّضْوَانِ • اَللّٰهُمَّ اِنْ كَانَ مُحْسِنًا فَزِدْ فِى اِحْسَانِهِ ، وَاِنْ كَانَ مُسِيئًا فَتَجَاوَزْ عَنْهُ ، وَلَقِّهِ الْاَمْنَ وَالْبُشْرَى وَالْكَرَامَةَ وَالزُّلْفَى بِرَحْمَتِكَ يَا اَرْحَمَ الرَّاحِمِينَ •

Mânâsı: Allah'ım! Bizim dirilerimizi, ölülerimizi, hazır ve gaib olanlarımızı, küçüklerimizi ve büyüklerimizi, erkeklerimizi ve kadınlarımızı bağışla. Allah'ım! Bizden yaşattıklarını İslâm üzere yaşat, bizden öldürdüklerini de îman üzere öldür. Bu ölü kolaylık, rahatlık, rahmet, mağfiret ve rızâya ersin. Allah'ım! Eğer bu ölü iyi bir kimse ise, iyiliğini artır; eğer günahkâr ise affet, kendisine emniyet, müjde, ikram ve yakınlık ihsan eyle ey merhametlilerin en merhametlisi!

---

30 Cenaze namazının başına yetişemeyen kimse, hemen niyet eder (cenazenin cinsiyetini bilmiyorsa, "üzerine imamın namaz kıldığı kimseye imam ile beraber namaz kılıp dua etmeye" der), başlama tekbirini alır ve imama uyar. İmam selâm verince, eksik tekbirleri, dua okumadan tamamlar ve selâm vererek, namazı bitirir (Ömer Nasuhi Bilmen, *Büyük İslâm İlmihali,* s. 254).

Mükellef Kadın İçin:

اَللّٰهُمَّ اغْفِرْ لِحَيِّنَا وَمَيِّتِنَا وَشَاهِدِنَا وَغَائِبِنَا وَصَغِيرِنَا وَكَبِيرِنَا وَذَكَرِنَا وَاُنْثَانَا • اَللّٰهُمَّ مَنْ اَحْيَيْتَهُ مِنَّا فَاَحْيِهِ عَلَى الْاِسْلَامِ • وَمَنْ تَوَفَّيْتَهُ مِنَّا فَتَوَفَّهُ عَلَى الْاِيمَانِ • وَخُصَّ هٰذِهِ الْمَيِّتَةَ بِالرَّوْحِ وَالرَّاحَةِ وَالرَّحْمَةِ وَالْمَغْفِرَةِ وَالرِّضْوَانِ • اَللّٰهُمَّ اِنْ كَانَتْ مُحْسِنَةً فَزِدْ فِى اِحْسَانِهَا ، وَاِنْ كَانَتْ مُسِيئَةً فَتَجَاوَزْ عَنْهَا ، وَلَقِّهَا الْاَمْنَ وَالْبُشْرَى وَالْكَرَامَةَ وَالزُّلْفَى بِرَحْمَتِكَ يَا اَرْحَمَ الرَّاحِمِينَ •

Mânâsı: Yukarıdaki gibidir.

Mükellef Olmayan Erkek Çocuk İçin:

اَللّٰهُمَّ اغْفِرْ لِحَيِّنَا وَمَيِّتِنَا وَشَاهِدِنَا وَغَائِبِنَا وَصَغِيرِنَا وَكَبِيرِنَا وَذَكَرِنَا وَاُنْثَانَا • اَللّٰهُمَّ مَنْ اَحْيَيْتَهُ مِنَّا فَاَحْيِهِ عَلَى الْاِسْلَامِ • وَمَنْ تَوَفَّيْتَهُ مِنَّا فَتَوَفَّهُ عَلَى الْاِيمَانِ • اَللّٰهُمَّ اجْعَلْهُ لَنَا فَرَطًا • اَللّٰهُمَّ اجْعَلْهُ لَنَا اَجْرًا وَذُخْرًا • اَللّٰهُمَّ اجْعَلْهُ لَنَا شَافِعًا وَمُشَفَّعًا •

Mânâsı: Allah'ım! Bizim dirilerimizi, ölülerimizi, hazır ve gaib olanlarımızı, küçüklerimizi ve büyüklerimizi, erkeklerimizi ve kadınlarımızı bağışla. Allah'ım! Bizden yaşattıklarını İslâm üzere yaşat, bizden öldürdüklerini de îman üzere öldür. Allah'ım! Bu çocuğu bizim için faydalı bir öncü kıl. Onu bize sevap ve mânen yükselme vesilesi yap. Allah'ım! Bu çocuğu bizlere şefaatçi ve şefaati kabul edilmiş kıl.

Mükellef Olmayan Kız Çocuk İçin:

اَللّٰهُمَّ اغْفِرْ لِحَيِّنَا وَمَيِّتِنَا وَشَاهِدِنَا وَغَائِبِنَا وَصَغِيرِنَا وَكَبِيرِنَا وَذَكَرِنَا وَاُنْثَانَا • اَللّٰهُمَّ مَنْ اَحْيَيْتَهُ مِنَّا فَاَحْيِهِ عَلَى الْاِسْلَامِ • وَمَنْ تَوَفَّيْتَهُ مِنَّا فَتَوَفَّهُ عَلَى الْاِيمَانِ • اَللّٰهُمَّ اجْعَلْهَا لَنَا فَرَطًا • اَللّٰهُمَّ اجْعَلْهَا لَنَا اَجْرًا وَذُخْرًا • اَللّٰهُمَّ اجْعَلْهَا لَنَا شَافِعَةً وَمُشَفَّعَةً •

Mânâsı: Yukarıdaki gibidir.

Bu duaları bilmeyenler, "Rabbenâ âtinâ" duasını veya başka bir duayı okuyabilirler.

8. Tezkiye

Namazdan sonra, imam (veya müezzin) tarafından cemaate tezkiye çağrısında bulunularak, ölünün "iyi" bir kişi olduğuna dair şahitlik ve helâllik istenir ve cemaate şöyle sorulur:

— Ey cemaat! Aramızdan ayrılan bu merhûmu (veya merhûmeyi) nasıl bilirsiniz, iyi bir insan mıdır?

— İyi biliriz! (Cemaatten ölüyü tanımayanlar bu suale "Allah rahmet eylesin", diye cevap verir[31]).

— Mümin, muvahhid ve salih bir kul olduğuna şahitlik eder misiniz?

— Ederiz! (Tanımayanlar yine "Allah rahmet eylesin" derler).

— Haklarınızı[32] helâl ediniz!

---

31 "Müslümanların bilmedikleri kişiler hakkında yalan yere iyi veya kötü diye şahitlik etmeleri caiz değildir. Bu bakımdan sadece "Allah rahmet eylesin" denilir; bu bir duadır, şahitlik değildir. İyi bildiğimize iyi demek sünnettir, faydalıdır. Kötü bildiğimiz kişi hakkında susmak evla, fayda var ise durumunu anlatmak caiz, bazen vazifedir" (Hayreddin Karaman, *İslâm'ın Işığında Günün Meseleleri,* I, 59).

— Helâl olsun!

— Allah sizden razı olsun, şehâdetinizi kabul buyursun. Rûhu için el-Fâtiha...

Fâtihalar okunur ve cenaze, omuzlara alınarak kabre götürülür.

9. Teşyi

Cenazenin, namaz kılınan yerden (musallâ'dan) kabre kadar götürülmesine teşyi' denir.

Kabir yakın ise omuzlar üzerinde, uzaksa vasıta ile taşınır. Buna göre: Tabutu tutmak isteyen kimse, önce tabutun ön sol kolunu sağ omzuna alır ve on adım kadar götürür. Sonra, sol arka kolunu yine sağ omzuna alır ve on adım daha götürür. Bundan sonra, tabutun sağ ön kısmını sol omzuna alarak on adım taşır ve daha sonra da, tabutun sağ arka kısmını sol omzuna alıp on adım götürür; böylece onar adımdan toplam kırk adım taşımış olur. Cemaat az olur veya mezarlık uzakta bulunursa, aynı usulle taşıma işlemi tekrar edilir. Tabiidir ki bu kırk adım meselesi, gerekli bir şey olmayıp, âdabdandır. Bu bakımdan o sırada bunun telâşına düşmemek gerekir.

Cenaze ardından yürünürken dünyevî meseleler konuşulmaz, gürültü yapılmaz, çalgı çalınmaz, alkışlanmaz. Ölüm ve sorumluluk düşünülür, Kur'ân okunur, dua edilir. Kadınlar, cenaze teşyiine katılmazlar.

10. Defin

Cenazenin toprağa verilmesine defin denir. Defnedilen yere de kabir adı verilir.

---

32 Eğer imkân olursa cenaze namazından önce ölünün -varsa- borçlarının ödenmesi uygun olur. Fakat her hâlükârda ölünün mirasçıları, ölünün bıraktığı mirastan borçlarını ödemek zorundadır.

Kabrin derinliği bir adam boyu veya en az göğüs hizası kadar; uzunluğu, ölünün boyundan biraz fazla; genişliği ise ölünün rahatça defnedilebileceği şekilde hazırlanır. Kabirde faziletli olan husus, lâhit yapılmasıdır ki bu da, kabrin içinde kıble tarafının oyulması demektir. Lâhit yapıldığı takdirde, ölü buraya konulur; önüne de tahta, kamış, kerpiç gibi şeyler bırakılır; bu durumda toprak, ölünün tam üzerine değil, bu engeller üzerine atılmış olur ki, bu ölüye karşı hürmet demektir. Bununla beraber, kabir yeri yumuşak olur, lâhit (oyuk) açmak mümkün olmazsa, bundan vazgeçilir ve normal olarak çukur kazılır; buna da şakk (yarma) denilir.

Ölüyü, kabre yakınlarının koyması ve kabre yerleştirirken de "Bismillâhi ve alâ milleti Rasûlillâh (Allah'ın adıyla ve Rasûlüllahın dini üzere)" demesi uygun olur.

Ölü, tabuttan alınarak, yüzü kıbleye çevrilmiş halde sağ tarafına yatırılır. Kefenin bağları çözülür. Daha sonra kabrin üzeri, tahta, kerpiç, kamış vb. şeylerle kapatılarak toprak atılır. Kabrin üstü, yerden bir karış kadar yüksek tutulup, tümsek yapılır. Kabrin üzerine su dökülmesinde, başına bir taş dikilmesinde ve fidan veya çiçek dikilmesinde bir sakınca yoktur.

Daha sonra kabrin başında bir miktar Kur'ân (vakit ölçüsünde Yâsîn, Vâkıa, Mülk, Tekâsür, İhlâs, Felak, Nâs, Fâtiha ve Bakara sûresinin ilk beş âyeti) okunup dua edilmesi uygun olur.

11. Kabirde Telkin

Esas "telkîn", ölüm halinde olan insana "kelime-i tevhîd" veya "kelime-i şehâdet" okumasını teşvik için, bunları onun yanında, "sen de söyle!" demeden, sesli olarak okuyarak yapılan telkindir.

Bu telkinden başka, kabre konulan ve mükellef olan bir müslüman için de telkin verilmesi âdet olmuştur. Buna göre; cenazenin defin işi tamamlandıktan sonra cemaat dağılır. Orada imam veya dindar bir kimse kalarak, kabrin başucunda, ölünün yüzüne karşı durup telkinde bulunur: Ölünün[33] annesinin ve kendisinin adıyla " يَافُلاَنَ ابْنَ فُلاَنَ : ey filan oğlu filan (veya: ey filan kızı filan)" diye üç defa hitap ederek telkine başlar[34]:

اُذْكُرْ مَا كُنْتَ عَلَيْهِ مِنْ شَهَادَةِ اَنْ لاَ اِلَهِ اِلاَّ اللّٰهُ ، وَاَنَّ مُحَمَّدًا رَسُولُ
اللّٰهِ • وَاَنَّ الْجَنَّةَ حَقٌّ ، وَالنَّارَ حَقٌّ ، وَاَنَّ الْبَعْثَ حَقٌّ ، وَاَنَّ السَّاعَةَ آتِيَةٌ
لاَ رَيْبَ فِيهَا ، وَاَنَّ اللّٰهَ يَبْعَثُ مَنْ فِى الْقُبُورِ • وَاَنَّكَ رَضِيتَ بِاللّٰهِ رَبًّا ،
وَبِالْاِسْلاَمِ دِينًا ، وَبِمُحَمَّدٍ صَلَّى اللّٰهُ عَلَيْهِ وَسَلَّمَ نَبِيًّا ، وَبِالْقُرْآنِ اِمَامًا ،
وَبِالْكَعْبَةِ قِبْلَةً ، وَبِالْمُؤْمِنِينَ اِخْوَانًا • قُلْ رَبِّىَ اللّٰهُ لاَ اِلَهَ اِلاَّ هُوَ ، عَلَيْهِ
تَوَكَّلْتُ وَهُوَ رَبُّ الْعَرْشِ الْعَظِيمُ • يَا عَبْدَ اللّٰهِ قُلْ لاَ اِلَهَ اِلاَّ اللّٰهُ ، مُحَمَّدٌ
رَسُولُ اللّٰهِ • قُلْ لاَ اِلَهَ اِلاَّ اللّٰهُ ، مُحَمَّدٌ رَسُولُ اللّٰهِ • قُلْ رَبِّىَ اللّٰهُ ، وَدِينِى
الْاِسْلاَمُ ، وَنَبِيِّى مُحَمَّدٌ عَلَيْهِ الصَّلاَةُ وَالسَّلاَمُ • رَبِّ لاَ تَذَرْهُ فَرْدًا وَاَنْتَ
خَيْرُ الْوَارِثِينَ •

Mânâsı: Dünyada iken, Allah'tan başka hiçbir ilâh yoktur, Muhammed (sav) O'nun Elçisidir, diye yaptığın şehâdeti hatırla. Yine hatırla ki sen, cennet haktır, cehennem haktır, öldükten sonra dirilmek haktır, Kıyâmet şüphesiz gelecektir ve Allah, kabirlerde olanları diriltip çıkaracaktır, diye inanıp şehâdet etmiştin. Sen, rab olarak Allah'a, din olarak İslâm'a, peygamber olarak Hz. Muhammed (sav)'e, rehber olarak Kur'ân'a, kıble olarak Kâbe'ye razı olmuştun ve kardeş olarak müminleri seçmiştin. De ki: Rabbim Allah'tır, O'ndan başka tanrı yoktur, sadece O'na tevekkül ettim ve O,

---

33 Ölen kimse bayan ise Arapça metinde geçen ilgili kelime ve zamirlerin müennes şekliyle söylenmesi gerekir.

34 Ölünün kendisinin adı bilinmezse Allah'ın kulu anlamında Abdullah, annesinin adı bilinmezse Havva (Yâ Abdellah! Yebne Havvâ!) diye seslenilir (Ö. Nasuhi Bilmen, *Büyük İslâm İlmihali,* s. 261).

büyük arşın Rabbidir. Ey Allah'ın kulu! De ki: Allah'tan başka ilah yoktur, Muhammed (sav) O'nun Elçisidir. De ki: Rabbim Allah, dînim İslâm, peygamberim Hz. Muhammed aleyhissalâtü vesselâmdır. Yâ Rabbî, bu ölüyü yalnız bırakma; sen vârislerin en hayırlısısın.

Kabir başında yapılan bu telkinin bid'at olduğunu, yapılmaması gerektiğini söyleyenler de vardır[35]. Aslında bu telkin, öncelikle dirilere lâzımdır.

12. Tâziye

Tâziye, ölen kimsenin yakınlarına baş sağlığı dilemek, tesellî etmek, sabır tavsiyesinde bulunmak demektir. "Başın sağ olsun", "Allah sabır versin, başka elem keder göstermesin", "Hüküm Allah'ın", "Mekânı cennet olsun" gibi ifadelerle yerine getirilir. Muhatap da "İnnâ lillâh ve innâ ileyhi râciûn" (Allah'tan geldik ve yine O'na döneceğiz), "Sizler de sağ olun" gibi ifadelerle karşılık verir.

Cenaze evinde, cenaze sahiplerini üzücü lüzumsuz söz ve davranışlardan sakınmak lâzımdır.

Tâziye sadece sözde kalmamalı; vefat eden kişinin yakınlarının, işlerini yoluna koymasına yardım etmeli, maddî ve mânevî destekte bulunmalıdır. Ayrıca ilk günlerde, ölü evine yemek götürmek de Peygamberimizin tavsiyeleri arasındadır.

Tâziyenin süresi üç gündür ve bir defa yapılır. Bundan sonra, acıların tazelenmemesi için, yapılmamalıdır. Ancak uzak yerde bulunup, ölüm haberini geç alanlar, bu sınırlamanın dışındadır.

---

[35] Konu hakkında bkz: Hayreddin Karaman, *İslâm'ın Işığında Günün Meseleleri*, I, 72-73.

13. Bazı Bid'at Gece Anlayışları

Halk arasında yaygın olan birçok bid'at vardır. Bunlardan birisi de, ölünün "üçüncü, yedinci, kırkıncı ve elli ikinci" gecelerinde mevlid vs. okutarak, özel dualarda bulunarak anılması gerektiği anlayışıdır.

Aslında ölünün belirli zamanlarda anılmasına dair dînî bir hüküm yoktur. Ölüm ve ölüler, her zaman hatırlanmalı, ibret alınmalı; vefat eden yakınlara, ücret karşılığı olmadan, Kur'ân okuyup dua edilmelidir. İnsanların, belli gecelerde törenler tertip etmeye zorlanması ve bu amaçla maddî kazanç elde edilmeye çalışılması yanlış bir davranıştır, câiz değildir. Ücret karşılığında Kur'ân okumanın câiz olmadığı ve sakıncaları hakkında *"Kur'ân Okuma Esasları"* isimli kitabımızda geniş açıklama vardır[36].

Bir insanın vefatının elli ikinci gecesinde, etlerinin kemiklerinden ayrılacağına dair bir hüküm ve bilgi de yoktur. Çünkü mevsime ve bulunulan yere göre bedenin çürümesi değişik zamanlarda olur ve çürüme bir anda oluvermez. Kaldı ki, artık beden ölmüştür, yaşayan ise ruhtur. İşte bu türlü bid'atlere âlet olmamak, halkı bu konularda uyarmak, din adamlarının görevi olmalıdır[37].

14. Kabir Ziyareti

Kabirler, insana âhireti hatırlattığı için, zaman zaman ziyaret edilmelidir. Peygamberimiz: *"Kabirleri ziyaret etmek isteyen ziyaret etsin; çünkü bu bize âhireti hatırlatır"*[38] buyurmuştur.

---

36 Bkz: Abdurrahman Çetin, *Kur'ân Okuma Esasları,* s. 411-429.

37 Cenaze bahisleriyle ilgili olarak bkz: Ömer Nasuhi Bilmen, *Büyük İslâm İlmihali,* s. 245-251; Kürşat Demirci - Mehmet Şener, "Cenaze", *DİA,* VII, 353-357; Beşir Gözübenli, "Cenaze", *İslâm'da İnanç İbadet ve Günlük Yaşayış Ansiklopedisi,* I, 294-318; Çakan - Gündüz - Çiçek, *Hitabet Dersleri,* II, 88. Bid'at geceler hakkında bkz: Mustafa Uysal, *İslâm'a Sokulan Bid'at ve Hurâfeler,* II, 244.

38 Ebû Dâvud, *Cenâiz,* 48; İbn Mâce, *Cenâiz,* 47; Nesâî, *Cenâiz,* 100.

Kabre varınca, Peygamberimizin yaptığı gibi şöyle söylemelidir:

اَلسَّلاَمُ عَلَيْكُمْ دَارَ قَوْمٍ مُؤْمِنِينَ • وَاِنَّا اِنْ شَاءَ اللّٰهُ بِكُمْ لاَحِقُونَ •
اَسْئَلُ اللّٰهَ لِى وَلَكُمُ الْعَافِيَةَ •

Mânâsı: Ey müminler yurdunun sâkinleri! Allah'ın selâmı üzerinize olsun. Biz de inşâallah size katılacağız. Bana ve size Allah'tan âfiyet dilerim.

Kabirde Yâsîn, Mülk, Fâtiha, İhlâs vb. sûreler okunur ve sevabı oradaki ölülere bağışlanır. Okunan Kur'ân'dan sonra şöyle dua edilebilir:

اَللّٰهُمَّ رَبَّ هٰذِهِ الْاَجْسَادِ الْبَالِيَةِ وَالْعِظَامِ النَّخِرَةِ • خَرَجَتْ بِهَا الدُّنْيَا
وَهِىَ بِكَ مُؤْمِنَةٌ ، فَبَلِّغْ اِلَيْهَا رُوحًا مِنْكَ وَسَلاَمًا مِنَّا • اَللّٰهُمَّ رَوِّحْ
اَرْوَاحَهُمْ بِرُوحِ لاَ اِلٰهَ اِلاَّ اللّٰهُ ، وَنَوِّرْ قُبُورَهُمْ بِنُورِ مُحَمَّدٍ رَسُولِ اللّٰهِ •

Mânâsı: Allah'ım! Şu çürümüş cesetlerin, ufalanmış kemiklerin Rabbi! Bunlar, dünyadan sana inanarak çıkmışlardı, sen de onlara kendinden bir rahatlık ve bizden selâm ulaştır. Allah'ım! Onları kelime-i tevhid olan Lâilâhe illallah'ın rahmet ve rahatına kavuştur, kalplerini Allah'ın Elçisi Hz. Muhammed (sav)'in nuruyla aydınlat.

***

Okuma Parçası:

KARACAAHMET

Deryada sonsuzluğu fikretmeye ne zahmet!
Al sana, derya gibi sonsuz Karacaahmet!
Göbeğinde yalancı şehrin, sahici belde;
Ona sor, gidenlerden kalan şey neymiş elde?
Mezar, mezar zıtların kenetlendiği nokta;
Mezar, mezar, varlığa yol veren geçit, yokta...

Onda sırların sırrı: Bulmak için kaybetmek.
Parmakların saydığı ne varsa hep tüketmek.
Varmak o iklime ki, uğramaz ihtiyarlık;
Ebedî gençliğin taht kurduğu yer, mezarlık.
Ebedî gençlik ölüm, desem kimse inanmaz;
Taş ihtiyarlar, servi çürür, ölüm yıpranmaz.
Karacaahmet bana neler söylüyor, neler!
Diyor ki, viran olmaz tek bucak, viraneler,
Zaman deli gömleği, onu yırtan da ölüm;
Ölümden yekpâre ân, ne kesiklik ne bölüm...
Hep olmadan hiç olmaz, hiçin ötesinde hep;
Bu mu dersin, taşlarda donmuş sükûta sebep?
Kavuklu, başörtülü, fesli, başakçık taşlar;
Taşlara yaslanmış da küflü kemikten başlar,
Kum dolu gözleriyle süzüyor insanları;
Süzüyor, sahi diye toprağa basanları;
Onlar ki, her nefeste habersiz öldüğünden,

Gülüp oynamaktalar, gelir gibi düğünden
Onlar ki, sıfırlarda rakamları bulmuşlar;
Fikirden kurtularak, ölümden kurtulmuşlar.
Söyle Karacaahmet, bu ne acıklı talih!
Taşlarına kapanmış, ağlıyor koca tarih!

Necip Fazıl Kısakürek[39]

***

---

[39] Necip Fazıl Kısakürek, *Çile*, s. 108-109.

III. BAZI DUALAR

A. Dua ve Önemi

"Dua", çağırmak, seslenmek, yardım istemek anlamına gelir ve kulun bütün benliğiyle Yüce Allah'a yönelerek O'ndan istek ve dilekte bulunması demektir. Dua aynı zamanda bir zikirdir[1].

İnsan ancak Allah'a yöneldiği, O'na dua ve ibâdette bulunduğu sürece değer kazanır. Nitekim bir âyette şöyle buyurulmuştur: *"De ki: Duanız / ibâdetiniz olmasa Rabbim size ne diye değer versin?"*[2].

Başka bir âyette de: *"İçten bir inanç ve bağlılıkla O'na yalvarın"*[3] buyurulmuştur.

Yüce Allah, kendisine el açıp boyun bükenlerin, O'na içtenlikle yalvaranların isteklerini geri çevirmez: *"Kullarım sana, beni sorduğunda bilsinler ki şüphesiz ben çok yakınım. Bana dua ettiği vakit dua edenin dileğine karşılık veririm. O halde (kullarım da) benim davetime uysunlar ve bana îman etsinler ki doğru yolu bulalar"*[4]. *"Rabbiniz şöyle buyurdu: Siz bana dua edin, ben de sizin duanızı kabul edeyim"*[5].

---

1 Geniş bilgi için bkz: Selahettin Parladır, "Dua", *DİA*, IX, 533.
2 Furkan 25/77.
3 A'râf 7/29.
4 Bakara 2/186.
5 Mü'min 40/60.

Yüce Allah'a her zaman dua ve niyazda bulunmalı, verdiği nimetlere şükretmelidir. O'nu sadece sıkıntılı zamanlarda hatırlayıp daha sonra unutmak Kur'ân-ı Kerîm'de kınanmıştır[6].

Dua; kibir, gösteriş, kabalık ve gaflet gibi kusurlardan arınıp, edep ve saygı dâhilinde Allah'a gizlice ve içtenlikle yapılmalıdır: *"Rabbinize içtenlikle yalvararak ve gizlice dua edin. Bilesiniz ki O, haddi aşanları sevmez[7]"*.

Dua ederken yapmacık ifadeler kullanmak, bağırıp çağırmak doğru değildir. Peygamberimiz: *"Sizler sağır ve uzaktaki birine değil, her şeyi duyan ve gören Allah'a dua ediyorsunuz"*[8] buyurarak bu konuya dikkat çekmiştir.

Dua, hem dünya hem de âhiretle ilgili istekler için yapılabilir. İdeal olanı her ikisi için de dua etmektir. Kur'ân-ı Kerîm'de bunun bir örneği de verilmiştir: *"İnsanlardan öyleleri var ki: Ey Rabbimiz! Bize dünyada ver, derler. Böyle kimselerin âhiretten hiç nasibi yoktur. Onlardan bir kısmı da: Ey Rabbimiz! Bize dünyada da iyilik ver, âhirette de iyilik ver. Bizi cehennem azabından koru! derler. İşte onlar için, kazandıklarından büyük bir nasip vardır"* [9].

Duanın kabulü için acele etmemeli, sade ve samimi bir dille talepte bulunmalıdır. Bu konuda Peygamberimiz şöyle buyurmuştur: *"Acele edip, dua ettim kabul olunmadı, demedikçe dualarınız kabul olunur"*[10].

Peygamberimizin konuyla ilgili uyarıcı bir hadisi de şöyledir: *"Ey insanlar! Şüphesiz ki Allah güzeldir, temizdir; bu bakımdan helâl ve temiz olanı kabul eder. Allah, peygamberlere emrettiğini müminlere de*

---

6 Bkz: Ankebût 29/65; Lokman 31/32.

7 A'râf 7/55.

8 Buhârî, *Deavât,* 50; Müslim, *Zikr,* 44.

9 Bakara 2/200-202.

10 Buhârî, *Deavât,* 21; Müslim, *Zikr,* 90-92.

emretmiştir: 'Ey peygamberler! Tertemiz nimetlerden yiyip için, güzel işler yapın. Şüphesiz ben, yaptıklarınızı eksiksiz bilmekteyim'[11]*, buyurmuştur. Ve yine: 'Ey müminler! Size verdiğimiz rızıkların temiz olanlarından yiyin'*[12] *buyurmuştur. Böyle iken, bir kimse ellerini göğe doğru kaldırarak: Yâ Rabbî! Yâ Rabbî! diye dua eder. Halbuki onun yediği haram, içtiği haram, giydiği haramdır; haram ile beslenmektedir. Böylesinin duası nasıl kabul olunur?"*[13].

Duanın başında ve sonunda Allah'a hamd, Peygamberimize salâtü selâm edilmelidir. Dua Arapça ifadelerle yapılabileceği gibi, diğer dillerde de olabilir. İnsan istediği şekilde, içinden geldiği gibi dua edebilir. Meşrû her konuda Allah'tan dilekte bulunulabilir.

Din görevlilerinin, cemaatle birlikte yaptıkları duaları fazla uzatmamaları gerekir.

Kitabımızın bu bölümünde lâzım olabilecek bazı dualar yer almaktadır. Aslında mümin, Allah'a her türlü dileğini dilediği dil ile sunabilir. Bununla birlikte birer örnek olmak üzere bazı duaların kaydedilmesi yararlı görülmüştür. Önce Kur'ân âyetlerinden derlenmiş bir dua örneği ile Peygamberimizden nakledilen bazı dua örneklerine (kaynakları da gösterilerek) yer verilmiş, daha sonra da diğer dualar kaydedilmiştir.

---

11 Mü'minûn 23/51.

12 Bakara 2/172.

13 Müslim, *Zekât*, 65.

B. Kur'ân-ı Kerîm'den Dua Örnekleri

(اَعُوذُ بِاللّٰهِ مِنَ الشَّيْطَانِ الرَّجِيمِ)• بِسْمِ اللّٰهِ الرَّحْمَنِ الرَّحِيمِ • اَلْحَمْدُ لِلّٰهِ رَبِّ الْعَالَمِينَ • اَلرَّحْمَنِ الرَّحِيمِ • مَالِكِ يَوْمِ الدِّينِ • اِيَّاكَ نَعْبُدُ وَاِيَّاكَ نَسْتَعِينُ • اِهْدِنَا الصِّرَاطَ الْمُسْتَقِيمَ • صِرَاطَ الَّذِينَ اَنْعَمْتَ عَلَيْهِمْ . غَيْرِ الْمَغْضُوبِ عَلَيْهِمْ وَلاَ الضَّالِّينَ • رَبَّنَا اَفْرِغْ عَلَيْنَا صَبْرًا وَثَبِّتْ اَقْدَامَنَا وَانْصُرْنَا عَلَى الْقَوْمِ الْكَافِرِينَ • رَبَّنَا لاَ تُؤَاخِذْنَا اِنْ نَسِينَا اَوْ اَخْطَأْنَا . رَبَّنَا وَلاَ تَحْمِلْ عَلَيْنَا اِصْرًا كَمَا حَمَلْتَهُ عَلَى الَّذِينَ مِنْ قَبْلِنَا . رَبَّنَا وَلاَ تُحَمِّلْنَا مَا لاَ طَاقَةَ لَنَا بِهِ . وَاعْفُ عَنَّا وَاغْفِرْ لَنَا وَارْحَمْنَا . اَنْتَ مَوْلَينَا فَانْصُرْنَا عَلَى الْقَوْمِ الْكَافِرِينَ • رَبَّنَا لاَ تُزِغْ قُلُوبَنَا بَعْدَ اِذْ هَدَيْتَنَا وَهَبْ لَنَا مِنْ لَدُنْكَ رَحْمَةً . اِنَّكَ اَنْتَ الْوَهَّابُ • رَبَّنَا اِنَّكَ جَامِعُ النَّاسِ لِيَوْمٍ لاَ رَيْبَ فِيهِ . اِنَّ اللّٰهَ لاَ يُخْلِفُ الْمِيعَادَ • رَبَّنَا آمَنَّا بِمَا اَنْزَلْتَ وَاتَّبَعْنَا الرَّسُولَ فَاكْتُبْنَا مَعَ الشَّاهِدِينَ • رَبَّنَا اغْفِرْ لَنَا ذُنُوبَنَا وَاِسْرَافَنَا فِى اَمْرِنَا وَثَبِّتْ اَقْدَامَنَا وَانْصُرْنَا عَلَى الْقَوْمِ الْكَافِرِينَ • رَبَّنَا اِنَّكَ مَنْ تُدْخِلِ النَّارَ فَقَدْ اَخْزَيْتَهُ . وَمَا لِلظَّالِمِينَ مِنْ اَنْصَارٍ • رَبَّنَا اِنَّنَا سَمِعْنَا مُنَادِيًا يُنَادِى لِلْاِيمَانِ اَنْ آمِنُوا بِرَبِّكُمْ فَآمَنَّا . رَبَّنَا فَاغْفِرْ لَنَا ذُنُوبَنَا وَكَفِّرْ عَنَّا سَيِّئَاتِنَا وَتَوَفَّنَا مَعَ الْاَبْرَارِ • رَبَّنَا وَآتِنَا مَا وَعَدْتَنَا عَلَى رُسُلِكَ وَلاَ تُخْزِنَا يَوْمَ الْقِيَامَةِ . اِنَّكَ لاَ تُخْلِفُ الْمِيعَادَ • رَبَّنَا ظَلَمْنَآ اَنْفُسَنَا وَاِنْ لَمْ تَغْفِرْ لَنَا وَتَرْحَمْنَا لَنَكُونَنَّ مِنَ الْخَاسِرِينَ • رَبَّنَا آمَنَّا فَاغْفِرْ لَنَا وَارْحَمْنَا وَاَنْتَ خَيْرُ الرَّاحِمِينَ • رَبَّنَا هَبْ لَنَا مِنْ اَزْوَاجِنَا وَذُرِّيَّاتِنَا قُرَّةَ اَعْيُنٍ وَاجْعَلْنَا لِلْمُتَّقِينَ اِمَامًا • رَبَّنَا اغْفِرْ لَنَا وَلِاِخْوَانِنَا الَّذِينَ سَبَقُونَا بِالْاِيمَانِ وَلاَ تَجْعَلْ فِى قُلُوبِنَا غِلاًّ لِلَّذِينَ

آمَنُوا رَبَّنَا اِنَّكَ رَؤُفٌ رَحِيمٌ • رَبَّنَا عَلَيْكَ تَوَكَّلْنَا وَاِلَيْكَ اَنَبْنَا وَاِلَيْكَ
الْمَصِيرُ • رَبَّنَا لاَ تَجْعَلْنَا فِتْنَةً لِلَّذِينَ كَفَرُوا وَاغْفِرْ لَنَا رَبَّنَا اِنَّكَ اَنْتَ
الْعَزِيزُ الْحَكِيمُ • رَبَّنَا آتِنَا فِي الدُّنْيَا حَسَنَةً وَفِي الْآخِرَةِ حَسَنَةً وَقِنَا عَذَابَ
النَّارِ • رَبِّ اجْعَلْنِي مُقِيمَ الصَّلٰوةِ وَمِنْ ذُرِّيَّتِي رَبَّنَا وَتَقَبَّلْ دُعَاءِ • رَبَّنَا
اغْفِرْ لِي وَلِوَالِدَيَّ وَلِلْمُؤْمِنِينَ يَوْمَ يَقُومُ الْحِسَابُ • فَلِلَّهِ الْحَمْدُ رَبِّ
السَّمَوَاتِ وَرَبِّ الْاَرْضِ رَبِّ الْعَالَمِينَ • وَلَهُ الْكِبْرِيَاءُ فِي السَّمَوَاتِ
وَالْاَرْضِ وَهُوَ الْعَزِيزُ الْحَكِيمُ • سُبْحَانَ رَبِّكَ رَبِّ الْعِزَّةِ عَمَّا يَصِفُونَ •
وَسَلاَمٌ عَلَى الْمُرْسَلِينَ • وَالْحَمْدُ لِلَّهِ رَبِّ الْعَالَمِينَ •

Kaydedilen âyetlerin meâli:

(Kovulmuş şeytandan Allah'a sığınırım.) *Rahmân, Rahîm Allah'ın adıyla. Âlemlerin Rabbi Allah'a hamdolsun. Rahmân, Rahîm. Âhiret gününün sahibi. Ancak sana kulluk eder ve ancak senden yardım dileriz. Bizi doğru yola ilet. Nimet verdiğin kimselerin yoluna. Kendilerine gazap edilmiş olanların ve sapmışların yoluna değil*[14].

Ey Rabbimiz! Üzerimize sabır yağdır. Ayaklarımızı sağlam tut ve kâfirler toplumuna karşı bize yardım et[15].

Rabbimiz! Unutur ya da yanılırsak bizi sorumlu tutma. Rabbimiz! Bize, bizden öncekilere yüklediğin gibi ağır yük yükleme. Rabbimiz! Bize gücümüzün yetmediği şeyleri yükleme. Bizi affet, bizi bağışla, bize acı. Sen bizim Mevlâmızsın; kâfirler toplumuna karşı bize yardım eyle[16].

Rabbimiz! Bizi doğru yola ilettikten sonra kalplerimizi eğriltme. Bize katından bir rahmet ver, şüphesiz lütfu en bol olan sensin. Rabbimiz! Sen,

---

14 Fâtiha 1/1-7.

15 Bakara 2/250.

16 Bakara 2/286.

insanları hiç şüphe olmayan bir günde toplayacaksın. Allah sözünden dönmez[17].

Rabbimiz! Senin indirdiğine inandık, Peygambere uyduk; bizi şahitlerle beraber yaz[18].

Rabbimiz! Bizim günahlarımızı ve işimizde taşkınlığımızı bağışla, ayaklarımızı sağlam tut, kâfirler toplumuna karşı bize yardım eyle[19].

Rabbimiz! Sen birini ateşe soktun mu, onu perişan etmişsindir. Zâlimlerin yardımcıları yoktur. Rabbimiz, biz, 'Rabbinize inanın' diye îmana çağıran bir dâvetçi işittik, hemen inandık. Rabbimiz, bizim günahlarımızı bağışla, kötülüklerimizi ört, canımızı iyilerle beraber al. Rabbimiz, bize, elçilerine vaad ettiğini ver, kıyâmet günü bizi rezil, perîşan etme. Şüphesiz sen verdiğin sözden caymazsın[20].

Rabbimiz! Biz kendimize zulmettik. Eğer bizi bağışlamaz ve bize acımazsan mutlaka ziyan edenlerden oluruz[21].

Rabbimiz! İnandık, bizi bağışla, bize merhamet eyle; sen merhamet edenlerin en hayırlısısın[22].

Rabbimiz! Bize gözler sevinci eşler ve çocuklar lütfeyle ve bizi muttakîlere önder yap[23].

Rabbimiz! Bizi ve bizden önce inanan kardeşlerimizi bağışla. Kalplerimizde inananlara karşı bir kin bırakma. Rabbimiz, sen çok şefkatli çok merhametlisin[24].

---

17 Âlü İmrân 3/8-9.
18 Âlü İmrân 3/53.
19 Âlü İmrân 3/148.
20 Âlü İmrân 3/192-194.
21 A'râf 7/23.
22 Mü'minûn 23/109.
23 Furkan 25/74.
24 Haşr 59/10.

Ey Rabbimiz! Ancak sana dayandık ve içtenlikle yalnız sana yöneldik. Dönüş de ancak sanadır. Rabbimiz! Bizi inkâr edenlerin zulmüne uğratma. Bizi bağışla. Rabbimiz, yegâne galip ve hikmet sahibi ancak sensin, sen[25].

Rabbimiz! Bize dünyada da güzellik ver, âhirette de güzellik ver ve bizi ateşin azabından koru[26].

Rabbim! Beni namaza devam eden bir kimse eyle. Soyumdan da böyle kimseler yarat. Rabbimiz! Duamı kabul eyle[27].

Rabbimiz! Hesabın görüleceği gün, beni, anamı babamı ve müminleri bağışla[28].

Hamd, göklerin Rabbi, yerin Rabbi ve bütün âlemlerin Rabbi Allah'a mahsustur. Göklerde ve yerde ululuk, yalnız O'na aittir. O azîzdir, hakîmdir[29].

Kudret ve şeref sahibi Rabbin, onların taktıkları sıfatlardan münezzehtir. Selâm, gönderilen elçilere. Hamd, âlemlerin Rabbi Allah'a[30].

---

25 Mümtehine 60/4-5.
26 Bakara 2/201.
27 İbrahim 14/40.
28 İbrahim 14/41.
29 Câsiye 45/36-37.
30 Sâffât 37/180-182.

C. Peygamberimizden Dua Örnekleri

لاَ اِلَهَ اِلاَّ اللّٰهُ الْعَظِيمُ الْحَلِيمُ • لاَ اِلَهَ اِلاَّ اللّٰهُ رَبُّ الْعَرْشِ الْعَظِيمِ • لاَ اِلَهَ اِلاَّ اللّٰهُ رَبُّ السَّمٰوَاتِ وَرَبُّ الْاَرْضِ رَبُّ الْعَرْشِ الْكَرِيمِ • لاَ اِلَهَ اِلاَّ اللّٰهُ وَحْدَهُ لاَ شَرِيكَ لَهُ ، لَهُ الْمُلْكُ وَلَهُ الْحَمْدُ وَهُوَ عَلَى كُلِّ شَيْئٍ قَدِيرٌ• سُبْحَانَ اللّٰهِ الْعَظِيمِ سُبْحَانَ اللّٰهِ وَبِحَمْدِهِ • سُبْحَانَ اللّٰهِ عَدَدَ خَلْقِهِ • سُبْحَانَ اللّٰهِ رِضَا نَفْسِهِ • سُبْحَانَ اللّٰهِ زِنَةَ عَرْشِهِ • سُبْحَانَ اللّٰهِ مِدَادَ كَلِمَاتِهِ• اَللّٰهُمَّ اَنْتَ رَبِّى . لاَ اِلَهَ اِلاَّ اَنْتَ ، خَلَقْتَنِى . وَاَنَا عَبْدُكَ وَاَنَا عَلَى عَهْدِكَ وَوَعْدِكَ مَا اسْتَطَعْتُ . اَعُوذُ بِكَ مِنْ شَرِّ مَا صَنَعْتُ . اَبُوءُ لَكَ بِنِعْمَتِكَ عَلَيَّ وَاَبُوءُ بِذَنْبِى فَاغْفِرْ لِى فَاِنَّهُ لاَ يَغْفِرُ الذُّنُوبَ اِلاَّ اَنْتَ • اَللّٰهُمَّ اجْعَلْ فِى قَلْبِى نُورًا وَفِى بَصَرِى نُورًا وَفِى سَمْعِى نُورًا وَعَنْ يَمِينِى نُورًا وَعَنْ يَسَارِى نُورًا وَفَوْقِى نُورًا وَتَحْتِى نُورًا وَاَمَامِى نُورًا وَخَلْفِى نُورًا وَاجْعَلْ لِى نُورًا • يَا مُقَلِّبَ الْقُلُوبِ ثَبِّتْ قَلْبِى عَلَى دِينِكَ • اَللّٰهُمَّ مُصَرِّفَ الْقُلُوبِ صَرِّفْ قَلْبِى عَلَى طَاعَتِكَ • اَللّٰهُمَّ اِنِّى اَعُوذُ بِكَ مِنْ زَوَالِ نِعْمَتِكَ وَتَحَوُّلِ عَافِيَتِكَ وَفُجَائَةِ نِقْمَتِكَ وَجَمِيعِ سَخَطِكَ • اَللّٰهُمَّ اكْفِنِى بِحَلاَلِكَ عَنْ حَرَامِكَ وَاَغْنِنِى بِفَضْلِكَ عَمَّنْ سِوَاكَ • اَللّٰهُمَّ اِنِّى اَعُوذُ بِكَ مِنَ الْكَسَلِ وَالْهَرَمِ وَالْمَأْثَمِ وَالْمَغْرَمِ ، وَمِنْ فِتْنَةِ الْقَبْرِ وَعَذَابِ الْقَبْرِ وَمِنْ فِتْنَةِ النَّارِ وَعَذَابِ النَّارِ وَمِنْ شَرِّ فِتْنَةِ الْغِنَى . وَاَعُوذُ بِكَ مِنْ فِتْنَةِ الْفَقْرِ وَاَعُوذُ بِكَ مِنْ فِتْنَةِ الْمَسِيحِ الدَّجَّالِ • اَللّٰهُمَّ اغْسِلْ عَنِّى خَطَايَاىَ بِمَاءِ الثَّلْجِ وَالْبَرَدِ ، وَنَقِّ قَلْبِى مِنَ الْخَطَايَا كَمَا نَقَّيْتَ الثَّوْبَ الْاَبْيَضَ مِنَ الدَّنَسِ ، وَبَاعِدْ بَيْنِى وَبَيْنَ خَطَايَاىَ كَمَا بَاعَدْتَ بَيْنَ الْمَشْرِقِ وَالْمَغْرِبِ•

اَللّٰهُمَّ اِنّى اَسْئَلُكَ مِنْ خَيْرِ مَا سَئَلَكَ مِنْهُ نَبِيُّكَ مُحَمَّدٌ ، وَنَعُوذُ بِكَ مِنْ شَرِّ مَااسْتَعَاذَكَ مِنْهُ نَبِيُّكَ مُحَمَّدٌ صَلَّى اللّٰهُ عَلَيْهِ وَسَلَّمَ . وَاَنْتَ الْمُسْتَعَانُ وَعَلَيْكَ الْبَلاَغُ وَلاَ حَوْلَ وَلاَ قُوَّةَ اِلاَّ بِاللّٰهِ • رَبَّنَا آتِنَا فِى الدُّنْيَا حَسَنَةً وَفِى اْلآخِرَةِ حَسَنَةً وَقِنَا عَذَابَ النَّارِ • سُبْحَانَ رَبِّكَ رَبِّ الْعِزَّةِ عَمَّا يَصِفُونَ . وَسَلاَمٌ عَلَى الْمُرْسَلِينَ . وَالْحَمْدُ لِلّٰهِ رَبِّ الْعَالَمِينَ •

Kaydedilen hadislerin anlamı:

Azamet ve hilim sahibi Allah'tan başka tanrı yoktur, büyük arşın Rabbi Allah'tan başka hiçbir ilâh yoktur. Göklerin ve yerin Rabbi kerîm arşın Rabbi Allah'tan başka hiçbir tanrı yoktur[31]. *Tek ve ortaksız olarak, Allah'tan başka hiçbir ilâh yoktur. Mülk O'nundur, hamd O'na mahsustur. O her şeye kâdirdir*[32].

Yüce Allah'ı tesbih ederim. Allah'a hamd ederek O'nu tesbih eylerim[33]. *Allah'ı mahlûkâtın adedince tesbih ederim. Allah'ı, nefsinin hoşnutluğunca tesbih ederim. Allah'ı, arşının ağırlığınca tesbih ederim. Allah'ı, kelimelerinin sayısınca (sonsuz) tesbih ederim*[34].

Allah'ım! Sen benim Rabbimsin. Senden başka ilah yoktur. Beni sen yarattın. Ben senin kulunum ve ben gücüm yettiği kadar, ezelde sana verdiğim ahd ve vaad üzere sâbitim. Allah'ım! İşlediğim kusurların şerrinden sana sığınırım. Bana ihsân ettiğin nimetlerini ikrar ve itiraf ederim. Günahımı da itiraf ederim. Beni affet yâ Rabbî. Çünkü senden başka günahları kimse affedemez[35].

Allah'ım! Kalbimde bir nûr kıl, gözümde bir nûr kıl, kulağımda bir nûr kıl, sağımda bir nûr, solumda bir nûr, üstümde bir nûr, altımda bir

31 Buhârî, *Deavât*, 27; Müslim, *Zikr*, 83.

32 Buhârî, *Deavât*, 18, 64; Müslim, *Zikr*, 30,76.

33 Buhârî, *Deavât*, 65; Müslim, *Zikr*, 29, 85.

34 Müslim, *Zikr*, 79.

35 Buhârî, *Deavât*, 2, 6; *Tecrîd-i Sarîh Tercemesi*, XII, 332.

nûr, önümde bir nûr ve arkamda bir nûr kıl. Ve benim için umûmî ve büyük bir nûr yarat yâ Rabbî[36]*. Ey kalpleri çeviren Allah'ım, kalbimi hak dinin üzerinde sâbit kıl*[37]*. Ey kalpleri çevirip döndüren Allah'ım! Kalplerimizi sana tâat etmeye çevirip döndür*[38]*.*

Allah'ım! Verdiğin nimetlerin elden gitmesinden, verdiğin âfiyetin değişmesinden, ansızın karşılaşacağım musîbetlerden ve gazabını gerektirecek şeylerin hepsinden sana sığınırım[39]*.*

Allah'ım! Beni helâlinden yetindirip haramdan ve senden başkasına muhtaç olmaktan fazl u kereminle beni müstağnî kıl[40]*.*

Allah'ım! Tembellikten, bunaklık derecesine varan ihtiyarlıktan, günahtan, borçtan, kabir fitnesinden ve kabir azabından, cehennem fitnesinden ve cehennem azabından, zenginlik fitnesinin şerrinden, fakirlik fitnesinin şerrinden ve Deccâl fitnesinden sana sığınırım. Allah'ım! Günahlarımı kar ve dolu suyu ile yıka. Kalbimi de günahlardan, beyaz elbiseyi kirden temizler gibi temizle. Benimle günahlarımın arasını da, doğu ile batı arasını uzak kıldığın gibi uzak kıl[41]*.*

Allah'ım! Ben, Peygamberin Muhammed (sav)'in, senden istediği şeylerin hayrından diler, onun senden istiâze ettiği şeylerden de sana sığınırım. Yardım ancak senden beklenir. Dünya ve âhirette matlup olan şeylere ulaştıracak sensin. Hakîmâne tasarruf da, tam kuvvet de Allah ile kâimdir. Kuvvet ve kudret, ancak Allah'ın inâyeti iledir[42]*.*

Rabbimiz! Bize dünyada da güzellik ver, âhirette de güzellik ver ve bizi ateş azabından koru[43]*.*

---

36 Buhârî, *Deavât*,10; *Tecrîd-i Sarîh Tercemesi*, XII, 340.
37 Tirmizî, *Deavât*, 89.
38 Müslim, *Kader*, 17.
39 Müslim, *Zikr*, 96.
40 Tirmizî, *Dua*, 110.
41 Buhârî, *Deavât*, 39; Müslim, *Zikr*, 49.
42 Tirmizî, *Deavât*, 88.
43 Bakara 2/201. Müslim, *Zikr*, 26, 27.

Kudret ve şeref sahibi Rabbin, onların taktıkları sıfatlardan münezzehtir. Selâm, gönderilen elçilere. Hamd, âlemlerin Rabbi Allah'a[44].

D. Ezan Duası

Ezan dinleyen bir kimse, müezzinin söylediği Hayye ale's-salâh ve Hayye ale'l-felâh dışındaki bütün cümleleri, müezzinden sonra tekrar eder; Hayye ale's-salâh ve Hayye ale'l-felâh cümlelerinden sonra ise, bunları tekrarlamadan, Lâ havle velâ kuvvete illâ billâh[45] cümlesini söyler[46]. Sabah ezanında söylenen "es-salâtü hayrun mine'n-nevm (namaz uykudan hayırlıdır)" cümlesine de "sadakte ve berirte (doğru ve haklı söyledin)" diye karşılık verir.

Ezan okunup bittikten sonra da Peygamberimizin öğrettiği (*Sahîh-i Buhârî*'de kaydedilen) şu dua okunur:

اَللّٰهُمَّ رَبَّ هٰذِهِ الدَّعْوَةِ التَّامَّةِ وَالصَّلاَةِ الْقَائِمَةِ ، آتِ مُحَمَّدًا نِ الْوَسِيلَةَ وَالْفَضِيلَةَ وَابْعَثْهُ مَقَامًا مَحْمُودًا نِ الَّذِى وَعَدْتَهُ[47]، اِنَّكَ لاَتُخْلِفُ الْمِيعَادَ[48].

---

44 Sâffât, 37/180-182. Hamdi Yazır, *Hak Dini Kur'ân Dili*, VI, 4080.

45 Anlamı: Kâinatta gerçekleşen her hareket ve değişiklik, varlıklarda mevcut olan bütün güç Allah'tandır.

46 Buhârî, *Ezân*, 7; Müslim, *Salât*, 12.

47 *Sahîh-i Buhârî*'de (Buhârî, *Ezân*, 8) ezan duası bu kelimelerle kaydedilmektedir. اِنَّكَ لاَتُخْلِفُ الْمِيعَادَ ilavesi ise *Sahîh-i Buhârî*'de olmayıp Beyhakî rivâyetinde mevcuttur (Askalânî, *Fethu'l-Bârî*, II, 78). Günümüzde ise bu duaya bazı kelimeler ilave edildiği görülmektedir. Eğer başka hadis kitaplarında bunlar mevcutsa mesele yoktur. Mevcut değilse, Peygamberimizin öğrettiği ifadelere başka ilaveler yapmak uygun değildir.
Bir hadis: Peygamberimiz, Berâ b. Âzib'e, yatarken okumak üzere bir dua öğretir. Berâ b. Âzib, öğrendiği duayı kontrol etmesi için Peygamberimize tekrar eder. Fakat bir cümlede geçen وَنَبِيِّكَ kelimesinin yerine وَرَسُولِكَ der. Peygamberimiz hemen düzelterek: وَنَبِيِّكَ demesini buyurur (Buhârî, *Vudû*, 75; Müslim, *Zikr*, 56).

Mânâsı: *Ey bu mükemmel davetin ve kılınan namazın sahibi olan Allah'ım! Muhammed'e, vesîle'yi ve fazîlet'i ver (sana yaklaştırıcı her türlü vesileyi ve cennetteki en yüce makamı ihsan et, onu faziletlerle donat), onu vaad ettiğin Makâm-ı Mahmûd'a (övgü makamına) yücelt. Şüphesiz sen, vaadinden dönmezsin.*

E. Salât-i Münciyye

اَللَّهُمَّ صَلِّ عَلَى مُحَمَّدٍ وَعَلَى آلِ مُحَمَّدٍ • صَلاَةً تُنْجِينَا بِهَا مِنْ جَمِيعِ الْاَهْوَالِ وَالْآفَاتِ • وَتَقْضِى لَنَا بِهَا جَمِيعَ الْحَاجَاتِ • وَتُطَهِّرُنَا بِهَا مِنْ جَمِيعِ السَّيِّئَاتِ • وَتَرْفَعُنَا بِهَا اَعْلَى الدَّرَجَاتِ • وَتُبَلِّغُنَا بِهَا اَقْصَى الْغَايَاتِ مِنْ جَمِيعِ الْخَيْرَاتِ فِى الْحَيَاةِ وَبَعْدَ الْمَمَاتِ •

Mânâsı: Allah'ım! Hz. Muhammed (sav)'e ve yakınlarına öyle bir salât ve rahmet eyle ki, onunla bizi her güçlük ve âfetten kurtar; bütün ihtiyaçlarımızı yerine getir; bütün kötülüklerden temizle, yüksek derecelere erdir ve onunla bizi gerek hayatta, gerek öldükten sonra bütün hayırların en yükseğine ulaştır[49].

Sahîh-i Müslim'de yukarıda ezan duası olarak kaydedilen ifade yer almamakta ancak başka bir hadiste Peygamberimizin ezanı işiten kimsenin şöyle demesini buyurduğu nakledilmektedir:

اَشْهَدُ اَنْ لاَاِلَهَ اِلاَّ اللهُ وَحْدَهُ لاَشَرِيكَ لَهُ . وَاَنَّ مُحَمَّدًا عَبْدُهُ وَرَسُلُهُ . رَضِيتُ بِاللهِ رَبًّا وَبِمُحَمَّدٍ رَسُولاً وَبِالْاِسْلاَمِ دِينًا .

"Şahâdet ederim ki Allah'tan başka hiçbir ilah yoktur, O'nun hiçbir ortağı da yoktur. Hz. Muhammed O'nun kulu ve elçisidir. Rab olarak Allah'tan, Elçi olarak Hz. Muhammed'den, din olarak da İslâm'dan razı oldum" (Müslim, *Salât*, 13).

48 Bu ilave Beyhakî rivâyetinde mevcuttur. Askalânî, *Fethu'l-Bârî*, II, 78.

49 Süleyman Ateş, *Açıklamalı Yeni Dua Mecmuası*, s. 260.

F. Salât-i Tefrîciyye

اَللّٰهُمَّ صَلِّ صَلاَةً كَامِلَةً وَسَلِّمْ سَلاَمًا تَامًّا عَلَى سَيِّدِنَا مُحَمَّدِنِ الَّذِى تَنْحَلُّ بِهِ الْعُقَدُ وَتَنْفَرِجُ بِهِ الْكُرَبُ وَتُقْضَى بِهِ الْحَوَائِجُ وَتُنَالُ بِهِ الرَّغَائِبُ وَحُسْنُ الْخَوَاتِمِ وَيُسْتَسْقَى الْغَمَامُ بِوَجْهِهِ الْكَرِيمِ وَعَلَى آلِهِ وَصَحْبِهِ فِى كُلِّ لَمْحَةٍ وَنَفَسٍ بِعَدَدِ كُلِّ مَعْلُومٍ لَكَ .

Mânâsı: Allah'ım! Peygamber efendimiz Hz. Muhammed (sav)'e, onun ehl-i beytine ve ashâbına her an ve daima, her nefes alacak zamanda ve bizim bilmediğimiz senin bildiğin şeyler sayısınca kâmil bir salât ve rahmet, tam bir selâm ve esenlik ihsan eyle. O öyle bir Peygamberdir ki, düğümler onun hatırına çözülür, hüzün ve kederler onun hürmetine giderilir, ihtiyaçlar onun hürmetine yerine getirilir, maksatlara onu hürmetine ulaşılır, güzel sonuçlar onun hürmetine elde edilir, onun yüzü suyu hürmetine bulutlardaki yağmur istenir.

G. Namaz Duası

Namazdan sonra yapılabilecek bir dua:

اَلْحَمْدُ لِلّٰهِ رَبِّ الْعَالَمِينَ . وَالصَّلاَةُ وَالسَّلاَمُ عَلَى رَسُولِنَا مُحَمَّدٍ وَعَلَى آلِهِ وَصَحْبِهِ اَجْمَعِينَ . اَللّٰهُمَّ اِنَّا نَعُوذُ بِكَ مِنْ جَهْدِ الْبَلاَءِ وَدَرْكِ الشَّقَاءِ وَسُوءِ الْقَضَاءِ وَشَمَاتَةِ الْاَعْدَاءِ . اَللّٰهُمَّ اغْفِرْلَنَا وَارْحَمْنَا وَارْضَ عَنَّا وَتَقَبَّلْ مِنَّا وَاَدْخِلْنَا الْجَنَّةَ وَنَجِّنَا مِنَ النَّارِ . وَاَصْلِحْ لَنَا شَأْنَنَا كُلَّهُ . اَللّٰهُمَّ اَعِنَّا عَلَى ذِكْرِكَ وَشُكْرِكَ وَحُسْنِ عِبَادَتِكَ . اَللّٰهُمَّ اَحْسِنْ عَاقِبَتَنَا فِى الْاُمُورِ كُلِّهَا وَاَجِرْنَا مِنْ خِزْىِ الدُّنْيَا وَعَذَابِ الْاَخِرَةِ . اَللّٰهُمَّ اِنَّا نَسْأَلُكَ مُوجِبَاتِ رَحْمَتِكَ وَعَزَائِمَ مَغْفِرَتِكَ وَالسَّلاَمَةَ مِنْ كُلِّ اِثْمٍ

وَالْغَنِيمَةَ مِنْ كُلِّ بِرٍّ وَالْفَوْزَ بِالْجَنَّةِ وَالنَّجَاةَ مِنَ النَّارِ • اَللّٰهُمَّ لاَتَدَعْ لَنَا
ذَنْباً اِلاَّ غَفَرْتَهُ ، وَلاَهَمّاً اِلاَّ فَرَجْتَهُ ، وَلاَ دَيْناً اِلاَّ قَضَيْتَهُ ، وَلاَحَاجَةً مِنْ
حَوَائِجِ الدُّنْيَا وَالْآخِرَةِ هِىَ لَكَ رِضاً اِلاَّ قَضَيْتَهَا يَااَرْحَمَ الرَّاحِمِينَ •
اَللّٰهُمَّ رَبَّنَا آتِنَا فِى الدُّنْيَا حَسَنَةً وَفِى الْآخِرَةِ حَسَنَةً وَقِنَا عَذَابَ النَّارِ ،
بِرَحْمَتِكَ يَا اَرْحَمَ الرَّاحِمِينَ • رَبَّنَا اغْفِرْلِى وَلِوَالِدَىَّ وَلِلْمُؤْمِنِينَ يَوْمَ
يَقُومُ الْحِسَابُ ، بِرَحْمَتِكَ يَا اَرْحَمَ الرَّاحِمِينَ • وَسَلاَمٌ عَلَى الْمُرْسَلِينَ ،
وَالْحَمْدُ لِلّٰهِ رَبِّ الْعَالَمِينَ •

Mânâsı: Âlemlerin Rabbi Allah'a hamdolsun. Efendimiz Muhammed (sav) ile onun aile fertleri ve ashabının tamamına salât ve selâm olsun.

Allah'ım! Her türlü belâdan, eziyet ve sıkıntıdan, olumsuzluklardan, düşmanları sevindirecek şeylerden sana sığınırız (Bunları bizden uzak tut yâ Rabbî!).

Allah'ım! Bizi bağışla, bizden razı ol, ibâdet ve tâatlarımızı kabul eyle. Bizi cennete koy, cehennemden kurtar. Bütün işlerimizi düzelt.

Seni anmak, sana şükretmek, sana güzel kulluk etmek için bize yardım et, yâ Rabbî!

Allah'ım! Bütün işlerde sonumuzu güzel eyle. Bizi dünya ve âhiret sıkıntılarından muhafaza eyle.

Allah'ım! Biz senden rahmetinin gereklerini, bağışlamanı, her günahtan korunmayı, her türlü iyiliğe kavuşmayı, cennete girip cehennemden kurtulmayı diliyoruz, lütfeyle yâ Rabbî!

Allah'ım! Bağışlamadığın bir günahımızı, sevince çevirmediğin bir üzüntümüzü, ödenmemiş bir borucumuzu bırakma. Dünya ve âhirete ait, senin razı olduğun, her ihtiyacımızı karşıla, ey merhametlilerin en merhametlisi!

Allah'ım! Ey Rabbimiz! Bize dünya ve âhirette iyilik ve güzellikler ver. Bizi cehennem azabından koru, ey merhametlilerin en merhametlisi!

Ey Rabbimiz! Ey merhametlilerin en merhametlisi! Hesap gününde beni, anamı, babamı ve müminleri bağışla.

Salâtü selâm bütün peygamberlere, hamd âlemlerin Rabbi Allah'a[50].

H. Tevbe ve İstiğfar Duası

"Tevbe", günahtan vazgeçip pişmanlık duyarak Allah'a dönmek, O'na yönelmek demektir. "İstiğfar" ise, Allah'tan af ve mağfiret dilemek, günahlarının bağışlamasını istemek anlamındadır. Tevbe ve istiğfar, birbiri yerine kullanılabilen kavramlardır[51].

İnsanın yaptığı iyi ve kötü işler, onun ruhu üzerinde olumlu veya olumsuz izler bırakır. İyi ve olumlu izler, ruhu cilalar, parlatır, aydınlatır, mutluluk verir. Kötü izler ise ruhu karartmaya, paslandırmaya başlar. Yüce Allah bir âyette: *"Onların işleyip kazandıkları şeyler, kalblerinin üzerine pas olmuştur (kalblerini paslandırmıştır)"*[52] buyurmuştur. Peygamber efendimiz, bu âyeti şöyle açıklamıştır: *"Kul, bir günah işlediği zaman, kalbine siyah bir nokta vurulur (yani ruhunda siyah bir leke oluşur). Eğer o günahı bırakıp vazgeçer ve tevbe*

---

50 Ahmed Hamdi Akseki, *İslâm Dîni,* s.169-170; Süleyman Ateş, *Dua Mecmuası,* s. 69-72.

51 Bununla birlikte, aralarında şöyle bir farkın olduğu da bildirilmiştir: İstiğfar, kişinin kendisini bir müslümana yakışmayan durumlardan uzaklaştırması için Allah'tan dilekte bulunması; tevbe ise, bu hususta bizzat kendisinin çaba harcamasıdır. Mustafa Çağrıcı, "İstiğfar", *İslâm'da İnanç İbâdet ve Günlük Yaşayış Ansiklopedisi,* II, 456. Ayrıca bkz: Mehmed Sofuoğlu, *Sahîh-i Müslim ve Tercemesi,* VIII, 239.

52 Mutaffifîn 83/14.

istiğfar ederse, kalbi temizlenip cilalanır. Şayet (bunu yapmayıp günaha tekrar) dönerse, leke ve siyahlık artar, bütün kalbini kuşatır. İşte Allah'ın bu âyette zikrettiği "pas" budur[53].

Kur'ân'ın birçok âyetinde Allah'ın çok bağışlayıcı olduğu bildirilmiş ve O'ndan af ve mağfiret dilemek emredilmiştir: *"Ey îman edenler! Samimi bir tevbe ile Allah'a dönün. Umulur ki Rabbiniz sizin kötülüklerinizi örter"*[54].

Tevbe, günahtan vazgeçip pişmanlık duyarak Allah'a dönmek, O'na yönelmek, O'ndan af dilemek anlamına geldiğine göre, bu dileğin kabul edilmesi için şu şartlara uyulması gerektiği bildirilmiştir: İşlenen günahı terk etmek, yaptığından pişmanlık duymak, bir daha yapmamaya azmetmek, eğer söz konusu günah fiil, kul hakkını da içeriyorsa[55], hak sahibine hakkını ödemek ve helâlleşmek.

Tevbe ve istiğfar ederek Allah'a sığınan, gerekli sebeplere sarıldıktan sonra, dileklerini O'na arz eden bir kulunu Yüce Allah boş çevirmez: *"Rabbinizden mağfiret dileyin (istiğfar edin); çünkü O çok bağışlayıcıdır. (Mağfiret dileyin ki), üzerinize gökten bol bol yağmur indirsin. Mallarınızı ve oğullarınızı çoğaltsın, size bahçeler ihsan etsin, sizin için ırmaklar akıtsın"*[56].

Peygamberimiz de Kur'ân'ın buyrukları doğrultusunda ümmetini günahlardan tevbe etmeye çağırmış ve: *"Ey insanlar! Allah'a tevbe ve istiğfar ediniz. Ben günde yüz defa tevbe ediyorum"*[57] buyurmuştur. (Bu hadiste sayıdan ziyade, her fırsatta Allah'a tevbe etmek ge-

---

[53] Tirmizî, *Tefsîr*,75; İbn Mâce, *Zühd*, 29; Ahmed b. Hanbel, *el-Müsned*, II, 297.

[54] Tahrîm 66/8.

[55] Bir kimseye haksız muamelede bulunmak, haksız yere para, mal, mülk gibi maddî varlığını üzerine geçirmek, borcunu ödememek, alış verişte hile yapmak, iftira etmek, dedi-kodu etmek, hakaret etmek vs. söz ve devranışlar kul hakkı kapsamındadır.

[56] Nûh 71/10-12.

[57] Müslim, *Zikr*, 41-42.

rektiği anlatılmıştır). Başka bir hadiste de şöyle buyurulmuştur: *"İstiğfâra devam eden kimseyi Yüce Allah, her türlü sıkıntı ve kederden kurtarır ve onu ummadığı yerden rızıklandırır"*[58].

*

Perşembe günü ikindi namazından sonra[59] veya Perşembeyi Cumaya bağlayan gece yatsı namazından sonra, cemaatle birlikte şu şekilde tevbe ve istiğfarda bulunmak da mümkündür[60]:

Diyelim bütün günahlarımıza,

اَسْتَغْفِرُاللّٰهَ ، اَسْتَغْفِرُاللّٰهَ ، اَسْتَغْفِرُاللّٰهَ الْعَظِمَ الْكَرِيمَ الَّذِى لاَاِلَهَ اِلاَّ هُوَ، اَلْحَىَّ الْقَيُّومَ وَاَتُوبُ اِلَيْهِ ، وَاَسْئَلُهُ التَّوْبَةَ وَالْمَغْفِرَةَ وَالْهِدَايَةَ لَنَا اِنَّهُ هُوَ التَّوَّابُ الرَّحِيمُ [61].

اَللَّهُمَّ اَنْتَ رَبِّى ، لاَ اِلَهَ اِلاَّ اَنْتَ ، خَلَقْتَنِى ، وَاَنَا عَبْدُكَ وَاَنَا عَلَى عَهْدِكَ وَوَعْدِكَ مَا اسْتَطَعْتُ ، اَعُوذُ بِكَ مِنْ شَرِّ مَا صَنَعْتُ ، اَبُوءُ لَكَ بِنِعْمَتِكَ عَلَىَّ وَاَبُوءُ بِذَنْبِى فَاغْفِرْ لِى فَاِنَّهُ لاَ يَغْفِرُ الذُّنُوبَ اِلاَّ اَنْتَ [62].

---

58 Ebû Dâvud, *Vitr,* 26; İbn Mâce, *Edeb,* 57.

59 Merhum Kâmil Miras (1957), metinde geçen seyyidü'l-istiğfâr'la ilgili olarak şöyle diyor: "Pek ziyâde me'sûr olan bu Seyyidü'l-istiğfâr duâsı vaktiyle taşraların büyük câmilerinde Perşembe gibi eyyâm-ı mübârekede ikindi namâzından sonra İmam tarafından cemâetle birlikte okunurdu. Ne güzel âdet idi" (*Tecrîd-i Sarîh Tercemesi,* XII, 335).

60 En güzel tevbe ve istiğfar, abdest alıp iki rek'at namaz kıldıktan sonra kulun tek başına ve içtenlikle yaptığı tevbe ve istiğfardır.

61 Mânâsı: Allah'tan af ve mağfiret dilerim. Allah'tan af ve mağfiret dilerim. Yüce, kerîm, kendinden başka ilah olmayan, diri ve her an yaratıklarını gözetip yöneten Allah'tan af ve mağfiret dilerim ve günahlarımdan pişmanlık duyup O'na yönelirim. Ondan tevbelerimizi kabul edip affetmesini ve bizlere hidâyet vermesini niyaz ederim; çünkü O, tevbeleri çok kabul edendir, sonsuz merhamet sahibidir.

Yâ Rabbî! Bu zamana gelinceye kadar benim elimden, dilimden, gözümden, kulağımdan ve diğer bütün uzuvlarımdan bilerek veya bilmeyerek bir hata, isyan, küfür, şirk ve sair büyük küçük her ne türlü günah sâdır olduysa ben onların hepsinden tevbe ettim, pişman oldum, bir daha işlememeye azmettim. Günahlarımı bağışla yâ Rabbî.

Peygamberlerin ilki Hz. Âdem aleyhisselâm, sonuncusu ise Hz. Muhammed aleyhisselâmdır. Bunlara ve bu ikisi arasında gelmiş geçmiş bütün peygamberlere ve senin katından ne getirdilerse onların hepsine inandım, îman ettim, hepsi haktır ve gerçektir; dilim ile ikrar, kalbim ile tasdik ettim.

آمَنْتُ بِاللَّهِ ، وَبِمَا جَاءَ مِنْ عِنْدِاللَّهِ ، عَلَى مُرَادِ اللَّهِ ، وَآمَنتُ بِرَسُولِ اللَّهِ ، وَبِمَا جَاءَ مِنْ عِنْدِ رَسُولِ اللَّهِ ، عَلَى مُرَادِ رَسُولِ اللَّهِ [63].

آمَنْتُ بِاللَّهِ وَمَلَئِكَتِهِ وَكُتُبِهِ وَرُسُلِهِ وَالْيَوْمِ الْآخِرِ وَبِالْقَدَرِ خَيْرِهِ وَشَرِّهِ مِنَ اللَّهِ تَعَالَى ، وَالْبَعْثُ بَعْدَ الْمَوْتِ حَقٌّ ، اَشْهَدُ اَنْ لَاإِلَهَ إِلاَّاللَّهُ ، وَاَشْهَدُ اَنَّ مُحَمَّدًا عَبْدُهُ وَرَسُولُهُ [64].

---

62 Mânâsı: Allah'ım! Sen benim Rabbimsin. Senden başka ilah yoktur. Beni sen yarattın. Ben senin kulunum ve ben gücüm yettiği kadar, ezelde sana verdiğim ahd ve vaad üzere sâbitim. Allah'ım! İşlediğim kusurların şerrinden sana sığınırım. Bana ihsân ettiğin nimetlerini ikrar ve itiraf ederim. Günahımı da itiraf ederim. Beni affet yâ Rabbî. Çünkü senden başka günahları kimse affedemez.

63 Mânâsı: Ben Allah'a ve Allah katından gelen her şeye O'nun muradı doğrultusunda inandım, îman ettim. Ve yine ben Allah'ın Elçisine (Hz. Muhammed sav'e) ve Allah Elçisinden ulaşan her şeye onun muradı doğrultusunda inandım, îman ettim.

64 Mânâsı: Ben Allah'a, mekelerine, kitaplarına, peygamberlerine, âhiret gününe, kadere, hayrın ve şerrin Yüce Allah'tan geldiğine îman ettim. Öldükten sonra dirilmek haktır. Şahâdet ederim ki Allah'tan başka ilah yoktur. Yine şahâdet ederim ki Muhammed (sav), O'nun kulu ve elçisidir.

اَللّٰهُمَّ اِنّى اُرِيدُ اَنْ اُجَدِّدَ اِيمَانِى[65] تَجْدِيدًا بِقَوْلِى لَا اِلٰهَ اِلَّا اللّٰهُ مُحَمَّدٌ
رَسُولُ اللّٰهِ • اَللّٰهُمَّ اِنّى اُرِيدُ اَنْ اُجَدِّدَ اِيمَانِى تَجْدِيدًا بِقَوْلِى لَا اِلٰهَ اِلَّا اللّٰهُ
مُحَمَّدٌ رَسُولُ اللّٰهِ • اَللّٰهُمَّ اِنّى اُرِيدُ اَنْ اُجَدِّدَ اِيمَانِى تَجْدِيدًا بِقَوْلِى لَا اِلٰهَ
اِلَّا اللّٰهُ مُحَمَّدٌ رَسُولُ اللّٰهِ[66] •

وَصَلَّى اللّٰهُ عَلَى رَسُولِنَا مُحَمَّدٍ وَعَلَى آلِهِ وَصَحْبِهِ اَجْمَعِينَ ، وَسَلَامٌ عَلَى الْمُرْسَلِينَ ، وَالْحَمْدُ لِلّٰهِ رَبِّ الْعَالَمِينَ[67] •

Not: Aradaki Türkçe ifadeleri söylemeden sadece Arapça kısımları okuyarak da maksat hasıl olur.

İ. Yemek Duası

Peygamberimizden çeşitli yemek duaları nakledilmiştir. Bir hadisinde o: *"Biriniz yemek yiyince 'Allah'ım! Yemeğimizi mübarek kıl ve daha hayırlısını ihsan eyle' diye dua etsin. Süt içince de 'Allah'ım! İçtiğimiz bu sütü mübârek kıl ve artır' diye dua etsin"*[68] buyurmuştur.

Peygamberimizin yemek dualarından birisi şöyledir:

اَلْحَمْدُ لِلّٰهِ الَّذِى كَفَانَا وَاَرْوَانَا غَيْرَ مَكْفِيٍّ وَلَا مَكْفُورٍ •

---

65 Bu cümleyi ...اَللّٰهُمَّ اِنّى اُرِيدُ اَنْ اُجَدِّدَ اِيمَانِى وَنِكَاحِى تَجْدِيدًا (îmanı ve nikâhı yenilemek, tazelemek) şeklinde söylemek de âdet olmuştur.

66 Mânâsı: Allah'ım! Ben, îmanımı "Lâ ilâhe illallah Muhammedün rasûlüllah (Allah'tan başka tanrı yoktur, Muhammed O'nun elçisidir)" sözümle tazeleyip kuvvetlendirmek istiyorum (üç defa).

67 Mânâsı: Allah, Peygamberimiz Hz. Muhammed (sav)'e, onun bütün ehl-i beytine ve ashâbına salât ve rahmet eylesin. Bütün peygamberlere selâm, âlemlerin Rabbi Allah'a hamd olsun.

68 *Tecrîd-i Sarîh Tercemesi,* VII, 203.

Bize yetecek kadar nimet veren ve bizi suya kandıran Allah'a hamd olsun. O, bizim hamdimizi reddetmez ve bizi nimetine nankörlük edenlerden kılmaz (şükredenlerden kılar)"[69].

Ondan nakledilen bir başka yemek duası ise şöyledir:

اَلْحَمْدُ لِلّٰهِ الَّذِى اَطْعَمَنَا وَسَقَانَا وَجَعَلَنَا مُسْلِمِينَ •

Bizi doyuran, susuzluğumuzu gideren ve bizi müslüman kılan Allah'a hamd olsun"[70].

Dua mecmualarında daha başka dualar da kaydedilmektedir. Bunlardan birisi de şöyledir:

اَلْحَمْدُ لِلّٰهِ الَّذِى اَطْعَمَنَا وَسَقَانَا وَجَعَلَنَا مُسْلِمِينَ • وَالصَّلَاةُ وَالسَّلَامُ عَلَى
رَسُولِنَا مُحَمَّدٍ وَعَلَى آلِهِ وَصَحْبِهِ اَجْمَعِينَ • وَرَحْمَةُ اللّٰهِ وَبَرَكَاتُهُ عَلَى
صَاحِبِ الطَّعَامِ وَالْآكِلِينَ • اَللّٰهُمَّ اَطْعِمْنَا مِنْ طَعَامِ الْجَنَّةِ • وَاَسْقِنَا مِنْ
شَرَابِ الْكَوْثَرِ • وَزَوِّجْنَا بِحُورِ الْعِينِ • وَاَكْرِمْنَا بِرُؤْيَةِ جَمَالِكَ يَا اِلٰهَ
الْعَالَمِينَ • اَللّٰهُمَّ زِدْ وَلَا تَنْقُصْ بِحُرْمَةِ اَسْرَارِ الْفَاتِحَةِ •

Mânâsı: "Bizleri yedirip içiren ve bizi müslüman kılan Yüce Allah'a hamd olsun. Salât ve selâm, Peygamberimiz Hz. Muhammed'e ve onun bütün aile fertlerine ve ashabına olsun. Allah'ın rahmeti ve bereketleri yemek sahibine ve yiyenlere olsun. Allah'ım! Bize cennet yemeklerinden yedir ve Kevser suyundan içir. Bizleri güzel gözlü hûrilerle evlendir. Ve bizlere cemâlini görmeyi lütfeyle ey âlemlerin İlâhı. Allah'ım! Fâtihâ'nın sırları hürmetine (verdiğin nimetleri) artır, eksiltme yâ Rabbî".

---

69 Buhârî, *Et'ıme*, 54; *Tecrîd-i Sarîh Tercemesi*, XI, 396.

70 Ebû Dâvud'dan *Tecrîd-i Sarîh Tercemesi*, XI, 397, dipnot.

J. İftar Duası

Peygamberimimizden nakledilen iki iftar duası şöyledir:

اَللّٰهُمَّ لَكَ صُمْتُ وَعَلٰى رِزْقِكَ اَفْطَرْتُ •

Mânâsı: *Allah'ım! Senin rızan için oruç tuttum. Senin verdiğin rızıkla orucumu açtım*[71].

اَللّٰهُمَّ لَكَ صُمْنَا وَعَلٰى رِزْقِكَ اَفْطَرْنَا فَتَقَبَّلْ مِنَّا اِنَّكَ اَنْتَ السَّمِيعُ الْعَلِيمُ •

Mânâsı: *Allah'ım! Senin rızan için oruç tuttuk. Senin verdiğin rızıkla orucumuzu açtık. Bizden kabul buyur. Şüphesiz sen her şeyi işten ve bilensin*[72].

Hadis kaynaklarında yer aldığı bilinmemekle beraber fıkıh literatüründe şu şekilde dua edilmesi de müstehap görülmüştür[73]:

اَللّٰهُمَّ لَكَ صُمْتُ وَبِكَ آمَنْتُ وَعَلَيْكَ تَوَكَّلْتُ وَعَلٰى رِزْقِكَ اَفْطَرْتُ• اَللّٰهُمَّ يَا وَاسِعَ الْمَغْفِرَةِ اغْفِرْ لِى •

"Allah'ım! Senin rızan için oruç tuttum, sana îman ettim, sana güvendim ve senin verdiğin rızıkla orucumu açıyorum; günahlarımı bağışla".

K. Kurban Duası

Kurban kesilirken (kesmeden önce) Eûzü-Besmele çekilip, bir kısmı âyet olan, şu ifadeler söylenir:

اَعُوذُ بِاللّٰهِ مِنَ الشَّيْطَانِ الرَّجِيمِ • بِسْمِ اللّٰهِ الرَّحْمَنِ الرَّحِيمِ•

---

71 Ebû Dâvud, *Savm*, 22.

72 Dârekutnî, *Sünen*, II, 185.

73 (*el-Fetâva'l-Hindiyye*, I, 200)'den Mehmet Şener, "İftar", *DİA*, XXI, 518.

إِنِّي وَجَّهْتُ وَجْهِيَ لِلَّذِي فَطَرَ السَّمَوَاتِ وَالْأَرْضَ حَنِيفًا وَمَا أَنَا مِنَ الْمُشْرِكِينَ • إِنَّ صَلَاتِي وَنُسُكِي وَمَحْيَايَ وَمَمَاتِي لِلَّهِ رَبِّ الْعَالَمِينَ لَا شَرِيكَ لَهُ ، وَبِذَلِكَ أُمِرْتُ وَأَنَا أَوَّلُ الْمُسْلِمِينَ • اَللَّهُمَّ تَقَبَّلْ مِنَّا كَمَا تَقَبَّلْتَ مِنْ إِبْرَاهِيمَ خَلِيلِكَ وَمُحَمَّدٍ حَبِيبِكَ • اللّٰهُ أَكْبَرُ اللّٰهُ أَكْبَرُ . لَا إِلَهَ إِلَّا اللّٰهُ وَاللّٰهُ أَكْبَرُ . اللّٰهُ أَكْبَرُ وَلِلَّهِ الْحَمْدُ • بِسْمِ اللّٰهِ اَللّٰهُ أَكْبَرُ [74] •

Mânâsı: *Ben hanîf olarak yüzümü, gökleri ve yeri yoktan var eden Allah'a çevirdim ve ben müşriklerden değilim*[75]*. Şüphesiz, benim namazım, kurbanım, hayatım ve ölümüm, âlemlerin Rabbi Allah içindir. O'nun ortağı yoktur. Bana böyle emrolundu ve ben (Hz. Peygamber) müslümanların ilkiyim*[76]. Allah'ım! halîlin Hz. İbrahim aleyhisselâm ve habîbin Hz. Muhammed sallâllâhü aleyhi ve sellem'den kabul ettiğin gibi, (bizim kurbanımızı) da kabul eyle yâ Rabbî. Allah en büyüktür. Allah en büyüktür. O'ndan başka ilâh yoktur ve Allah en büyüktür. Allah en büyüktür ve hamd Allah içindir. Allah'ın ismiyle. Allah en büyüktür".

---

74 بِسْمِ اللّٰهِ وَاللّٰهُ أَكْبَرُ de denilebilir (Müslim, *Edâhî,* 18).

75 En'âm 6/79.

76 Enâm 6/162-163.

L. Sakal Duası

Sakal bırakılınca dua edilecek diye dînî bir hüküm yoktur. Ancak, memleketimizde sakal bırakan kişinin dua talebi âdet olmuştur ve yapılan duaya da "sakal duası" denilmiştir. İşte böyle bir talep ile karşılaşılırsa şöyle dua edilebilir:

Eûzü Besmele çekilir, hamdele ve salvele okunur ve şunlar söylenir:

Allah'ım! Huzurunda el açıp yalvaran bizleri aziz eyle. Günahlarımızı affeyle. Bizlerden yardımını esirgeme. Sevgili Peygamberimiz (sav)'in izinden gitmek niyetiyle, aramızda sakal bırakan kardeşimizi ve bizleri Rasûlüllahın yolundan ayırma. Onun şefaatini nasip eyle. Bu kardeşimizin ve hepimizin işlerini kolaylaştır, başarılar ve helâl kazançlar nasip eyle yâ Rabbî. Kâbe'ye gidip sana secde etmek, Efendimizin kabri başında ona selâm vermek nasip eyle yâ Rabbî. Rabbenâ âtinâ fiddünyâ haseneten ve fil'âhirati haseneten ve kınâ azâbennâr. Sübhâne rabbike rabbil ızzeti ammâ yasıfûn, ve selâmün alel mürselîn, velhamdü lillâhi rabbil âlemîn"[77].

M. Hatim Duası

Bazı Mushafların sonunda da yer alan şu dua, hatim[78] ve mevlid[79] duası olarak okunabilir:

---

[77] Sofuoğlu, *Açıklamalı Dua Kitabı,* s. 240-241.

[78] Hatim İndirme ve hükümleri hakkında *Kur'ân Okuma Esasları* (s. 369-391) isimli kitabımızda ayrıntılı bilgi vardır.

[79] Meşrûluğu zaten tartışmalı olan ve bilhassa cami dışında, evlerde ve düğün salonlarında düzenlenen mevlid törenlerinde İslâm'ın men ettiği davranışlardan sakınmak lâzımdır. Bu konuda geniş bilgi için bkz: Hayreddin Karaman, *age,* I, 79-83; Ahmet Özel, "Mevlid", *DİA,* XXIX, 475-479.

اَلْحَمْدُ لِلّٰهِ رَبِّ الْعَالَمِينَ • وَالصَّلاَةُ وَالسَّلاَمُ عَلَى رَسُولِنَا مُحَمَّدٍ وَعَلَى آلِهِ وَصَحْبِهِ اَجْمَعِينَ • رَبَّنَا تَقَبَّلْ مِنّاً اِنَّكَ اَنْتَ السَّمِيعُ الْعَلِيمُ • وَتُبْ عَلَيْنَا يَا مَوْلاَنَا اِنَّكَ اَنْتَ التَّوَّابُ الرَّحِيمُ • وَاهْدِنَا وَوَفِّقْنَا اِلَى الْحَقِّ وَاِلَى طَرِيقٍ مُسْتَقِيمٍ • بِبَرَكَةِ الْقُرْآنِ الْعَظِيمِ • وَبِحُرْمَةِ مَنْ اَرْسَلْتَهُ رَحْمَةً لِلْعَالَمِينَ • وَاعْفُ عَنّاً يَا كَرِيمُ • وَاعْفُ عَنّاً يَا رَحِيمُ • وَاغْفِرْ لَنَا ذُنُوبَنَا بِفَضْلِكَ وَكَرَمِكَ يَا اَكْرَمَ الْاَكْرَمِينَ وَيَا اَرْحَمَ الرَّاحِمِينَ •

اَللّٰهُمَّ زَيِّنَّا بِزِينَةِ الْقُرْآنِ • وَاَكْرِمْنَا بِكَرَامَةِ الْقُرْآنِ • وَشَرِّفْنَا بِشَرَافَةِ الْقُرْآنِ • وَاَلْبِسْنَا بِخِلْعَةِ الْقُرْآنِ • وَاَدْخِلْنَا الْجَنَّةَ بِشَفَاعَةِ الْقُرْآنِ • وَعَافِنَا مِنْ كُلِّ بَلاَءِ الدُّنْيَا وَعَذَابِ الْآخِرَةِ بِحُرْمَةِ الْقُرْآنِ • وَارْحَمْ جَمِيعَ اُمَّةِ مُحَمَّدٍ يَا رَحِيمُ يَا رَحْمٰنُ •

اَللّٰهُمَّ اجْعَلِ الْقُرْآنَ لَنَا فِى الدُّنْيَا قَرِيناً • وَفِى الْقَبْرِ مُونِساً • وَفِى الْقِيَامَةِ شَفِيعاً • وَعَلَى الصِّرَاطِ نُورًا • وَاِلَى الْجَنَّةِ رَفِيقاً • وَمِنَ النَّارِ سِتْراً وَحِجَاباً • وَاِلَى الْخَيْرَاتِ كُلِّهَا دَلِيلاً وَاِمَاماً • بِفَضْلِكَ وَجُودِكَ وَكَرَمِكَ يَا اَكْرَمَ الْاَكْرَمِينَ وَيَا اَرْحَمَ الرَّاحِمِينَ •

اَللّٰهُمَّ اهْدِنَا بِهِدَايَةِ الْقُرْآنِ • وَنَجِّنَا مِنَ النِّيرَانِ بِكَرَامَةِ الْقُرْآنِ • وَارْفَعْ دَرَجَاتِنَا بِفَضِيلَةِ الْقُرْآنِ • وَكَفِّرْ عَنّاً سَيِّئَاتِنَا بِتِلاَوَةِ الْقُرْآنِ • يَا ذَا الْفَضْلِ وَالْاِحْسَانِ •

اَللّٰهُمَّ طَهِّرْ قُلُوبَنَا وَاسْتُرْ عُيُوبَنَا وَبَيِّضْ وُجُوهَنَا وَارْفَعْ دَرَجَاتِنَا وَاقْضِ دُيُونَنَا وَاَصْلِحْ دِينَنَا وَدُنْيَانَا • وَاشْفِ مَرْضَانَا وَارْحَمْ مَوْتَانَا وَاغْفِرْ

آبَاءَنَا وَاُمَّهَاتِنَا • وَاحْفَظْ اَهْلَنَا وَاَمْوَالَنَا وَبِلاَدَنَا مِنْ جَمِيعِ الْآفَاتِ
وَالْاَمْرَاضِ وَالْبَلاَيَا • وَثَبِّتْ اَقْدَامَنَا وَانْصُرْنَا عَلَى الْقَوْمِ الْكَافِرِينَ •

اَللّٰهُمَّ بَلِّغْ ثَوَابَ مَا قَرَأْنَاهُ وَنُورَ مَا تَلَوْنَاهُ بَعْدَ الْقَبُولِ مِنَّا هَدِيَّةً
وَاصِلَةً اِلَى رُوحِ نَبِيِّنَا وَشَفِيعِنَا مُحَمَّدٍ صَلَّى اللّٰهُ تَعَالَى عَلَيْهِ وَسَلَّمَ ، وَاِلَى
اَرْوَاحِ جَمِيعِ الْاَنْبِيَاءِ وَالْمُرْسَلِينَ صَلَوَاتُ اللّٰهِ وَسَلاَمُهُ عَلَيْهِمْ اَجْمَعِينَ •
وَاِلَى اَرْوَاحِ آلِهِمْ وَاَوْلاَدِهِمْ وَاَزْوَاجِهِمْ وَاَصْحَابِهِمْ وَاَتْبَاعِهِمْ رِضْوَانُ اللّٰهِ
تَعَالَى عَلَيْهِمْ اَجْمَعِينَ • وَاِلَى اَرْوَاحِ آبَائِنَا وَاُمَّهَاتِنَا وَاِخْوَانِنَا وَاَخَوَاتِنَا
وَاَوْلاَدِنَا وَاَقْرِبَائِنَا وَاَحِبَّائِنَا وَاَصْدِقَائِنَا وَاُسْتَاذِنَا وَاُسْتَاذِ اُسْتَاذِنَا وَمَشَايِخِنَا
وَلِمَنْ لَهُ حَقٌّ عَلَيْنَا • وَلِجَمِيعِ الْمُؤْمِنِينَ وَالْمُؤْمِنَاتِ وَالْمُسْلِمِينَ
وَالْمُسْلِمَاتِ اَلْاَحْيَاءِ مِنْهُمْ وَالْاَمْوَاتِ • يَا قَاضِيَ الْحَاجَاتِ وَيَا مُجِيبَ
الدَّعَوَاتِ • اِسْتَجِبْ دُعَاءَنَا بِرَحْمَتِكَ يَا اَرْحَمَ الرَّاحِمِينَ • وَسَلاَمٌ عَلَى
الْمُرْسَلِينَ • وَالْحَمْدُ لِلّٰهِ رَبِّ الْعَالَمِينَ (الفاتحة) •

Mânâsı: Hamd, âlemlerin Rabbi Allah'a mahsustur. Salât ve selâm, Peygamberimiz Muhammed (sav) ile onun ehli ve ashabının tamamınadır. Ey Rabbimiz! Bizim duamızı kabul eyle; zira sen her şeyi hakkıyla işiten ve bilensin. Bizim tevbelerimizi kabul eyle; çünkü sen tevbeleri kabul edersin ve sonsuz merhamet sahibisin. Kur'ân'ın bereketi ve âlemlere rahmet olarak gönderdiğin Peygamberin hürmeti sebebiyle bizleri doğru yola ulaştır.

Ey Kerem sahibi olan Allah'ım! Bizi bağışla. Ey Rahim olan Allah'ım! Bizi affeyle. Ey en büyük kerem sahibi ve merhametlilerin en merhametlisi olan Allah'ım! Fazl ve kereminle günahlarımızı bağışla.

Allah'ım! Bizi Kur'ân'ın süsüyle ziynetlendir, onun kereminden bizi yararlandır, onun şerefiyle bizi şerefli eyle, bize Kur'ân elbisesini giydir, onun şefaati sebebiyle bizi cennete koy, onun hürmetine bizi her türlü dünyevî sıkıntılardan ve kabir azabından âzad eyle, ey rahîm ve rahmân olan Allah'ım! Ümmet-i Muhammed'in hepsine merhamet eyle.

Ey en büyük kerem ve merhamet sahibi olan Allah'ım! Fazlın, cömertliğin ve kereminle Kur'ân'ı dünyada bize yoldaş, kabirde arkadaş, kıyâmette şefaatçi, sırat üstünde nur, cennete ulaşmamızda refakatçi, cehenneme karşı bir örtü ve engel, her türlü iyiliğe ulaşmada da bir delil ve önder eyle.

Ey fazl ve ihsan sahibi Allah'ım! Kur'ân'ın hidâyetiyle bizi hidâyete erdir, onun keremiyle bizi ateşten kurtar, onun faziletiyle bizim derecemizi yükselt, onun tilâvetiyle de günahlarımızı bağışla.

Allah'ım! Kalplerimizi temizle, ayıplarımızı gizle, yüzlerimizi ak eyle, derecelerimizi yüksek kıl, üzerimizde bulunan kulluk borçlarımızı sen gider, din ve dünyamızı düzenle, hastalarımıza şifalar ihsan eyle, geçmişlerimizi bağışla, babalarımıza-analarımıza mağfiret eyle, ailemizi, mallarımızı, memleketimizi her türlü afetlerden, hastalıklardan ve belalardan muhafaza eyle. Ayaklarımızı (sırat-ı müstakimde) sabit eyle, kâfir zümrelere karşı da bize yardımda bulun.

Allah'ım! Tilâvet ettiğimiz Kur'ân'ı bizden kabul buyur ve onun sevap ve nûrunu bir hediye olarak Peygamberimiz, şefaatçimiz Muhammed (sav)'in rûhu ile bütün nebî ve rasûllerin (Allah'ın salât ve selâmı hepsinin üzerine olsun) ruhlarına, onların ailelerinin, evlatlarının, eşlerinin, ashâbının, onlara tabi olanların (Allah hepsinden razı olsun) tamamının ruhlarına ulaştır. Ve yine babalarımızın, annelerimizin, erkek ve kız kardeşlerimizin, yavrularımızın, akraba, dost ve arkadaşlarımızın, hocalarımızın, hocalarımızın hocalarının, mânevî önderlerimizin ve üzerimizde hakkı bulunanların ölmüş olsun hayatta olsun bütün erkek-kadın mümin ve müslümanların tamamının ruhlarına da ulaştır. Ey ihtiyaçları gideren, dualara icabette bulunan en büyük merhamet sahibi Allah'ım! Duamızı rahmetinle kabul eyle. Bütün peygamberlere selâm, âlemlerin Rabbi olan Allah'a hamd olsun.

N. Başka Bir Dua

Elhamdü lillâhi Rabbil âlemîn. Vassalâtü vesselâmü alâ rasûlinâ Muhammedin ve alâ âlihî ve sahbihî ecmaîn.

Ey Rabbimiz! Bize bildirdiğin sıfatlarınla sana, sevgili Peygamberimiz Hz. Muhammed sallallâhü aleyhi ve sellem'e, onunla gönderdiğin Kur'ân'a ve İslâm'ın en yüce din olduğuna inanıyoruz; bizleri bu îmanla yaşatıp bu îmanla huzuruna döndür yâ Rabbî! Bu îmana uygun davranışlar nasip eyle. Îmanımızı, ibâdetlerimizi, amellerimizi ve ahlâkımızı en yüce seviyelere ulaştır. İslâm nimetinin değerini bilen ve gereğini yapanlardan eyle yâ Rabbî!

Ey Rabbimiz! Bize helâl kazanç nasip eyle. Verdiğin nimetlerin elden gitmesinden, verdiğin âfiyetin değişmesinden, karşılaşacağımız âfetlerden, felâketlerden, salgın hastalıklardan, kıtlıktan, selden, depremden, her türlü sıkıntıdan ve gazabını gerektirecek şeylerin hepsinden sana sığınırız, bizleri sen koru yâ Rabbî!

Ey kimsesizler kimsesi! Üzerimizden rahmetini, şefkatini, yardımını esirgeme yâ Rabbî!

Fâni olan biziz, bâkî olan sensin; dua eden biziz, cevap veren sensin; günah işleyen biziz, bağışlayan sensin; hasta olan biziz, şifa veren sensin. Günahlarımızı bağışla, ruhlarımızı yıka. Üzüntülerimizi, sıkıntılarımızı gider; sağlık ve âfiyetler ihsan eyle Allah'ım!

Ey Rabbimiz! Bizi ve bizden önce inanan kardeşlerimizi bağışla. Kalplerimizde inananlara karşı bir kin bırakma.

Ey Rabbimiz! Bize dünyada da âhirette de iyilik güzellik ver ve bizi cehennem azabından koru. Hesabın görüleceği gün, bizi, ebeveynimizi ve müminleri bağışla.

Allah'ım! Boyun eğilecek ve el açılacak tek varlık sensin. Bizleri hor ve hakir eyleme. Ezilen, acı çeken müslümanlara imdat eyle yâ Rabbî! Bizi birbirimize düşürmek, ülkemizi bölmek, zayıf kılmak isteyenlere, bozguncılara, vurguncılara fırsat verme. Hepimize şuur, basîret, adalet, merhamet ve hoşgörü ihsan eyle yâ Rabbî! Müslümanları birbirine kırdırma. Yavrularımızı kötü emellilerin tuzağına düşürme. Hayırlı nesiller yetiştirmek için bize yardım et ve evlât acısı gösterme yâ Rabbî!

Yâ Rabbî! Şu anda içtenlikle sana yöneldik, sana sığındık; günahlarımızı affeyle Allah'ım.

Vücudumuza sağlık âfiyet, meşrû işlerimizde başarılar lütfeyle. Hastalarımıza şifâ, borçlu olanlarımıza ödeme gücü ve kolaylıklar ihsan eyle yâ Rabbî!

Allah'ım! Burada sana dua etmek, Peygamber efendimizi ve bütün geçmişlerimizi anmak üzere toplanmış bulunuyoruz. Toplantımızı hayırlı ve mübârek kıl. Efendimize ve bütün peygamberlere, onların âlü ashâbına salâtü selâmlarımızı ulaştır. Tarih boyunca senin rızan için, dinimiz ve vatanımız için çalışmış, fedakârlıklarda bulunmuş bütün geçmişlerimizin de rûhunu şâd eyle yâ Rabbî.

Burada sana el açıp âmin diyen bütün kardeşlerimizin geçmişlerinin kabirlerini nûr, mekânlarını cennet eyle Allah'ım.

Cümlemize son nefeste, kelime-i şehâdet ki buyurun: "Eşhedü en lâilâhe ilallâh ve eşhedü enne Muhammeden abdühû ve rasûlüh" diyerek, güzel ve kolay ölüm nasip eyle.

Dualarımızı kabul eyle yâ Rabbî!

Sübhâne rabbike rabbil ızzeti ammâ yasıfûn. Ve selâmün alel mürselîn velhamdü lillâhi rabbil âlemin. el-fâtiha.

IV. ESMÂ-İ HÜSNÂ

A. Tarifi ve Önemi

Esmâ-i Hüsnâ (el-Esmâü'l-Hüsnâ), Allah'ın güzel isimleri demektir. Kur'ân-ı Kerîm'de bu isimler 100'den fazladır. Kimi bilginler Kur'ân'da Allah'a nispet edilen fiillere dayanarak isim ve sıfat sayısını 300'den fazlaya çıkarmıştır[1]. Bununla birlikte bazı hadislere dayanılarak, müslümanlar arasında 99 sayısı meşhur olmuştur.

Bunun yanında bu isimlerin tespit ve tasnifinde de birlik yoktur; aslında bu gerekli de değildir. Önemli olan, Yüce Allah'ı bilebildiğimiz güzel isimleriyle tanımak ve O'na bunlarla niyazda bulunmaktır.

Yüce Allah Kur'ân-ı Kerîm'de şöyle buyurmuştur:

"En güzel isimler Allah'ındır. O halde O'na onlarla (o güzel isimlerle) dua edin ve O'nun isimleri hakkında eğriliğe sapanları bırakın; onlar yaptıklarının cezasını çekeceklerdir"[2].

"De ki: İster Allah diye çağırın, ister Rahmân diye çağırın. Hangisiyle çağırsanız, en güzel isimler O'nundur"[3].

"Allah ki, O'ndan başka tanrı yoktur. En güzel isimler O'nundur"[4].

---

1 Bkz: Bekir Topaloğlu, "Esmâi Hüsnâ", *DİA*, XI, 409.
2 A'râf 7/180.
3 İsrâ 17/110.
4 Tâhâ 20/8.

"O, yaratan, var eden, şekil veren Allah'tır. En güzel isimler O'nundur. Göklerde ve yerde bulunanların hepsi, O'nun şânın yüceliğini anarlar. O azîzdir, hakîmdir"[5].

Beyhakî'nin naklettiğine göre Hz. Âişe:

— Yâ Rasûlallah! Yüce Allah'ın kendisine dua edildiği zaman icâbet buyurduğu ismini bana öğret, demişti. Rasûlüllah:

— Kalk, abdest al, mescide gir, iki rekât namaz kıl, sonra dua et, ben dinleyeyim, buyurdu. O da öyle yaptı. Sonra dua için oturduğunda Rasûlüllah:

— Allah'ım, onu başarılı kıl, dedi.

Hz. Âişe şöyle dua etti:

— Allah'ım, ben senden, bildiğimiz ve bilmediğimiz bütün güzel isimlerinin hepsi ile istiyorum. Kendisi ile dua edene icâbet ettiğin, kendisiyle isteyene verdiğin azîm, a'zam, kebîr, ekber olan ismin ile istiyorum.

Bunun üzerine Rasûlüllah:

— İsabet ettin, isabet ettin, buyurdu[6] .

Esmâ-i hüsnâ; Allah hakkında yücelik ve aşkınlık ifade eder ve kullarda saygı hissi uyandırır. Zikir ve duada kullanılması halinde kabûle vesile olur ve sevap kazandırır. Kalplere huzur ve sükûn verir, lütuf ve rahmet ümidi telkin eder. Esmâ-i hüsnâ bilgisine sahip olanlara bu bilgi, meziyet ve şeref kazandırır, denilmiştir[7].

---

5 Haşr 59/24.

6 Mehmed Sofuoğlu, *Sahîh-i Müslim ve Tercemesi,* VIII, 166 (dipnot).

7 Bekir Topaloğlu, "Esmâi Hünsâ", *DİA,* XI, 404.

B. Esmâ-i Hüsnâ

Aşağıdaki çizelgede esmâ-i hüsnâ alfabetik olarak dizilmiş, yanında da ilgili hadisteki (ve kitaptaki açıklama) sıra numarası gösterilmiştir:

1- Adl / 30	34- Halîm / 33	67- Mü'min / 7
2- Afüvv / 82	35- Hamîd / 57	68- Mümît / 62
3- Âhir / 74	36- Hasîb / 41	69- Müntekım / 81
4- Aliyy / 37	37- Hayy / 63	70- Müteâlî / 78
5- Alîm / 20	38- Kâbid / 21	71- Mütekebbir / 11
6- Allah / 1	39- Kâdir / 69	72- Müzill / 26
7- Azîm / 34	40- Kahhâr / 16	73- Nâfi' / 92
8- Azîz / 9	41- Kaviyy / 54	74- Nûr / 93
9- Bâis / 50	42- Kayyûm / 64	75- Râfi' / 24
10- Bâkî / 96	43- Kebîr / 38	76- Rahîm / 3
11- Bâri' / 13	44- Kerîm / 43	77- Rahmân / 2
12- Bâsıt / 22	45- Kuddûs / 5	78- Rakîb / 44
13- Basîr / 28	46- Latîf / 31	79- Raûf / 83
14- Bâtın / 76	47- Mâcid / 66	80- Reşîd / 98
15- Bedî' / 95	48- Mâlikü'l-Mülk / 84	81- Rezzâk / 18
16- Berr / 79	49- Mâni' / 90	82- Sabûr / 99
17- Câmi' / 87	50- Mecîd / 49	83- Samed / 68
18- Cebbâr / 10	51- Melik / 4	84- Selâm / 6
19- Celîl / 42	52- Metîn / 55	85- Semî' / 27
20- Dârr / 91	53- Muahhir / 72	86- Şehîd / 51
21- Evvel / 73	54- Muğnî / 89	87- Şekûr / 36
22- Fettâh / 19	55- Muhsî / 58	88- Tevvâb / 80
23- Ğaffâr / 15	56- Muhyî / 61	89- Vâcid / 65
24- Ğafûr / 35	57- Muîd / 60	90- Vâhid / 67
25- Ğaniyy / 88	58- Muizz / 25	91- Vâlî / 77
26- Habîr / 32	59- Mukaddim / 71	92- Vâris / 97
27- Hâdî / 94	60- Mukît / 40	93- Vâsi' / 46
28- Hâfıd / 23	61- Muksıt / 86	94- Vedûd / 48
29- Hafîz / 39	62- Muktedir / 70	95- Vehhâb / 17
30- Hakem / 29	63- Musavvir / 14	96- Vekîl / 53
31- Hakîm / 47	64- Mübdi' / 59	97- Veliyy / 56
32- Hakk / 52	65- Mücîb / 45	98- Zâhir / 75
33- Hâlık /12	66- Müheymin / 8	99- Zü'l-celâli ve'l-ikrâm / 85

Aşağıda, Tirmizî rivâyetinde[1] yer alıp yaygınlık kazanan Esmâ-i hüsnâ yer almaktadır. Bunlar, metinde kaydedildiği şekilde okunabileceği gibi, kelimelerin evvelindeki elif-lâm'ları söylemeden, "yâ" ilave ederek "yâ Allah, yâ Rahmân, yâ Rahîm..." şeklinde de okunabilir.

هُوَ اللَّهُ الَّذِى لاَ اِلَهَ اِلاَّ هُوَ الرَّحْمَنُ الرَّحِيمُ الْمَلِكُ الْقُدُّوسُ السَّلاَمُ الْمُؤْمِنُ الْمُهَيْمِنُ الْعَزِيزُ الْجَبَّارُ الْمُتَكَبِّرُ الْخَالِقُ الْبَارِئُ الْمُصَوِّرُ الْغَفَّارُ الْقَهَّارُ الْوَهَّابُ الرَّزَّاقُ الْفَتَّاحُ الْعَلِيمُ الْقَابِضُ الْبَاسِطُ الْخَافِضُ الرَّافِعُ الْمُعِزُّ الْمُذِلُّ السَّمِيعُ الْبَصِيرُ الْحَكَمُ الْعَدْلُ اللَّطِيفُ الْخَبِيرُ الْحَلِيمُ الْعَظِيمُ الْغَفُورُ الشَّكُورُ الْعَلِىُّ الْكَبِيرُ الْحَفِيظُ الْمُقِيتُ الْحَسِيبُ الْجَلِيلُ الْكَرِيمُ الرَّقِيبُ الْمُجِيبُ الْوَاسِعُ الْحَكِيمُ الْوَدُودُ الْمَجِيدُ الْبَاعِثُ الشَّهِيدُ الْحَقُّ الْوَكِيلُ الْقَوِىُّ الْمَتِينُ الْوَلِىُّ الْحَمِيدُ الْمُحْصِى الْمُبْدِئُ الْمُعِيدُ الْمُحْيِى الْمُمِيتُ الْحَىُّ الْقَيُّومُ الْوَاجِدُ الْمَاجِدُ الْوَاحِدُ الصَّمَدُ الْقَادِرُ الْمُقْتَدِرُ الْمُقَدِّمُ الْمُؤَخِّرُ الْاَوَّلُ الْآخِرُ الظَّاهِرُ الْبَاطِنُ الْوَالِى الْمُتَعَالِى الْبَرُّ التَّوَّابُ الْمُنْتَقِمُ الْعَفُوُّ الرَّؤُفُ مَالِكُ الْمُلْكِ ذُوا الْجَلاَلِ وَالْاِكْرَامِ الْمُقْسِطُ الْجَامِعُ الْغَنِىُّ الْمُغْنِى الْمَانِعُ الضَّارُّ النَّافِعُ النُّورُ الْهَادِى الْبَدِيعُ الْبَاقِى الْوَارِثُ الرَّشِيدُ الصَّبُورُ (جَلَّ جَلاَلُهُ[2]) •

---

1 Tirmizî, *Deavât*, 82.

2 Celle celâlüh: "Azameti yüce ve ulu olan" mânâsına gelir. Allah'ın adı geçtiğinde, O'nun yüceliğini belirtmek üzere kullanılan bir saygı ifadesidir. Bunun yerine "celle şânühû (şanı yüce olan)" veya "celle ve alâ (azametli ve yüce olan)" ifadeleri de kullanılmaktadır (Hulûsi Kılıç, "Celle celâluh", *DİA*, VII, 211).

C. Esmâ-i Hüsnâ'nın Mânâları

Bu kısımda, Esmâ-i hüsnâ'nın mânâları yer almaktadır. Bazı isimlerin izahında farklı görüşler bulunmakla birlikte ayrıntıya girmeden, bu isimlere verilen mânâlar özet olarak kaydedilmiştir[3]. Ayrıca bir fikir vermesi bakımından ilgili âyetlerden birer tanesinin metni ve meali sunulmuştur.

Aşağıda görüleceği üzere bazı isimler eş anlamlı gibi görünse de gerçekte durum böyle değildir. Çünkü sözlük anlamları yakın veya aynı olsa bile, kelimelerin çeşitli alanlarda kullanımlarıyla kazandıkları mânâlar, aralarında muhteva farklılıkları meydana getirmektedir[4].

Kaydedilmesi gereken diğer bir husus da şudur ki, Esmâ-i Hüsnâ hadisinde geçen bazı isimler, Kur'ân-ı Kerîm'de aynı kalıpta değil (fakat aynı mânâda) başka şekillerde ifade edilmiştir.

1- Allah (الله): Yüce Yaratıcının bütün ilâhî sıfatları kendisinde toplayan, özel ve en kapsamlı adı.

هُوَ اللّٰهُ الَّذِى لاَ اِلَهَ اِلاَّ هُوَ .

O, öyle Allah'tır ki O'ndan başka tanrı yoktur[5].

---

3 Bu isimlerin mânâlarıyla ilgili olarak bkz: Râğıb Isfehânî, *el-Müfredât,* ilgili maddeler; Afîfüddîn Süleyman et-Tilimsânî, *Esmâü'l-Hüsnâ,* trc: Selahattin Alpay, İstanbul 2002; Metin Yurdagür, *Allah'ın Sıfatları – Esmâü'l-Hüsnâ,* İstanbul 1984, Suat Yıldırım, *Kur'ân'da Uluhiyyet,* s. 89-280; Muhammed el-Hamûd en-Necdî, *en-Nehcü'l-Esmâ,* Küveyt 1423, 5. baskı; Bekir Topaloğlu, "Esmâi Hüsnâ", *DİA,* XI, 414-415 ve Esmâ-i hüsnâ'nın alfabetik sırasında ayrı ayrı açıklandığı maddeler; Cemal Sofuoğlu, *Açıklamalı Dua Kitabı,* s. 111-133; Abdülaziz Hatip, *Esmâ-i Hüsnâ,* İstanbul 2004, 2. baskı; Komisyon, *el-Esmâü'l-Hüsnâ Allah'ın Güzel İsimleri,* İstanbul 2004.

4 Bekir Topaloğlu, "Celîl", *DİA,* VII, 268.

5 Haşr 59/23.

2- Rahmân (اَلرَّحْمَنُ): Çok merhametli, bütün varlıklara yaşamaları için gerekli olan her şeyi vermede, her türlü faydaları ihsan hususunda rahmeti yayılmış olan; rahmeti, mümin olsun kâfir olsun, iyi olsun kötü olsun herkesi kapsayan.

اَلرَّحْمٰنُ • عَلَّمَ الْقُرْاٰنَ •

"Çok merhametli (Allah), Kur'an'ı öğretti"[6].

3- Rahîm (اَلرَّحِيمُ): Çok merhametli, bütün varlıklara kendileri için gerekli olan her şeyi vermede, her türlü faydaları ihsan hususunda rahmeti yayılmış olan; özellikle müminlere merhametli, âhirette müminlere rahmetiyle muamele eden.

اَلْحَمْدُ لِلّٰهِ رَبِّ الْعَالَمِينَ • اَلرَّحْمٰنِ الرَّحِيمِ •

"Hamd (övme ve övülme), âlemlerin rabbi, rahmân ve rahîm Allah'a mahsustur"[7].

4- Melik (اَلْمَلِكُ): Her şeyin sahibi ve padişahı, dünya ve âhiretin mülkü yalnız kendisine ait olan; dünya ve âhirette istediği şekilde tasarrufta bulunan; buyurma, var etme, yok etme, öldürme, diriltme, mükâfatlandırma, cezalandırma gibi istediği hususta istediği gibi tasarruf eden.

قُلْ اَعُوذُ بِرَبِّ النَّاسِ • مَلِكِ النَّاسِ •

"De ki: Sığınırım ben insanların Rabbine, insanların Melikine (mutlak sahip ve hâkimine)"[8].

6 Rahmân 55/1-2.
7 Fâtiha 1/2-3.
8 Nâs 114-1-2.

5- Kuddûs (اَلْقُدُّوسُ): Her türlü eksik ve ayıptan son derece uzak, güzel ve yetkin görülmeyen her türlü nitelikten münezzeh ve mübârek, kutlu, temiz, kusursuz.

يُسَبِّحُ لِلّٰهِ مَا فِي السَّمٰوَاتِ وَمَا فِي الْاَرْضِ الْمَلِكِ الْقُدُّوسِ الْعَزِيزِ الْحَكِيمِ •

"Göklerde ve yerde olanların hepsi, mülkün sahibi, eksiklikten münezzeh, azîz ve hakîm olan Allah'ı tesbih eder"[9].

6- Selâm (اَلسَّلاَمُ): Esenlik ve güvenlik veren, dünya ve âhirette kullarını selâmete çıkaran, kendisi her türlü kusur ve eksiklikten uzak olduğu gibi, başkalarına da esenlik veren; her selâmetin kaynağı, selâmet arayanları selâmete erdiren.

هُوَ اللّٰهُ الَّذِي لَآ اِلٰهَ اِلَّا هُوَ . اَلْمَلِكُ الْقُدُّوسُ السَّلَامُ

"O, öyle Allah'tır ki, kendisinden başka hiçbir tanrı yoktur. O, mülkün sahibidir, eksiklikten münezzehtir, selâmet verendir"[10].

7- Mü'min (اَلْمُؤْمِنُ): Güven veren, güvende olmayı sağlayan, emniyete kavuşturan, korku ve endişeden emin kılan; vaadinde sâdık olan, sözüne güvenilen; kullarının îmanını ve samimiyetini tasdik eden.

هُوَ اللّٰهُ الَّذِي لَآ اِلٰهَ اِلَّا هُوَ . اَلْمَلِكُ الْقُدُّوسُ السَّلَامُ الْمُؤْمِنُ

"O, öyle Allah'tır ki, kendisinden başka hiçbir tanrı yoktur. O, mülkün sahibidir, eksiklikten münezzehtir, selâmet verendir, emniyete kavuşturandır"[11].

---

9 Cuma 62/1.

10 Haşr 59/23.

8- Müheymin (اَلْمُهَيْمِنُ): İnsanları ve bütün kâinatı gözetip yöneten, kâinatın bütün işlerini idare eden; koruyan, korku ve endişelerden emin kılan; kendisine güvenilen.

هُوَ اللّٰهُ الَّذ۪ي لَٓا اِلٰهَ اِلَّا هُوَ . اَلْمَلِكُ الْقُدُّوسُ السَّلَامُ الْمُؤْمِنُ الْمُهَيْمِنُ

"O, öyle Allah'tır ki, kendisinden başka hiçbir tanrı yoktur. O, mülkün sahibidir, eksiklikten münezzehtir, selâmet verendir, emniyete kavuşturandır, gözetip koruyandır"[12].

9- Azîz (اَلْعَز۪يزُ): Karşı konulamayan, kendisine üstün gelinemeyen; eşi benzeri olmayan; irade ettiği hiçbir şey kendisine mümteni (imkânsız) olmayan, cezalandıracağı hiçbir kimsenin elinden kurtulamadığı, güçlü ve daima galip; izzet ve kuvvet veren.

فَاِنْ زَلَلْتُمْ مِنْ بَعْدِ مَا جَٓاءَتْكُمُ الْبَيِّنَاتُ فَاعْلَمُوٓا اَنَّ اللّٰهَ عَز۪يزٌ حَك۪يمٌ •

"Size (Kur'an ve Sünnet gibi) apaçık deliller geldikten sonra, eğer saparsanız, şunu iyi bilin ki Allah azîzdir, hakîmdir"[13].

10- Cebbâr (اَلْجَبَّارُ): Yaratılmışların halini iyileştiren, ihtiyaçlarını karşılayan, işlerini düzelten ve her şeyi gereği gibi yapmakta çok iktidarlı olan; iradesini her durumda yürüten, dilediğini zorla yaptırmaya kâdir olan; herhangi bir şeye zorlanamayan, hükmüne karşı çıkılamayan güç sahibi.

---

11 Haşr 59/23.

12 Haşr 59/23.

13 Bakara 2/209.

هُوَ اللّٰهُ الَّذ۪ي لَٓا اِلٰهَ اِلَّا هُوَ . اَلْمَلِكُ الْقُدُّوسُ السَّلَامُ الْمُؤْمِنُ الْمُهَيْمِنُ الْعَز۪يزُ الْجَبَّارُ

"O, öyle Allah'tır ki, kendisinden başka hiçbir tanrı yoktur. O, mülkün sahibidir, eksiklikten münezzehtir, selâmet verendir, emniyete kavuşturandır, gözetip koruyandır, üstündür, istediğini zorla yaptırandır"[14].

11- Mütekebbir (اَلْمُتَكَبِّرُ): Azamet ve yüceliğini izhar eden, her şeyden yüce, çok büyük, büyülükte de eşi benzeri olmayan, zâtının ve sıfatlarının mahiyeti bilinemeyecek kadar ulu; zâlim ve azgınları yenilgiye uğratan.

هُوَ اللّٰهُ الَّذ۪ي لَٓا اِلٰهَ اِلَّا هُوَ . اَلْمَلِكُ الْقُدُّوسُ السَّلَامُ الْمُؤْمِنُ الْمُهَيْمِنُ الْعَز۪يزُ الْجَبَّارُ الْمُتَكَبِّرُ .

"O, öyle Allah'tır ki, kendisinden başka hiçbir tanrı yoktur. O, mülkün sahibidir, eksiklikten münezzehtir, selâmet verendir, emniyete kavuşturandır, gözetip koruyandır, üstündür, istediğini zorla yaptıran, büyüklükte eşi olmayandır"[15].

12- Hâlik (اَلْخَالِقُ): Yaratan, takdirine uygun bir şekilde yaratan; plânlı, ölçülü ve amaçlı bir şekilde yaratan; yok olan şeye varlık veren, ana maddesi ve modeli olmadan icat eden; şekil veren.

ذٰلِكُمُ اللّٰهُ رَبُّكُمْ . لَٓا اِلٰهَ اِلَّا هُوَ . خَالِقُ كُلِّ شَيْءٍ فَاعْبُدُوهُ . وَهُوَ عَلٰى كُلِّ شَيْءٍ وَك۪يلٌ .

---

14 Haşr 59/23.

15 Haşr 59/23.

"İşte Rabbiniz Allah O'dur. O'ndan başka tanrı yoktur. O, her şeyin yaratıcısıdır. Öyle ise O'na kulluk edin. O her şeye vekil (her şeyi yöneten, görüp gözeten)dir"[16].

13- Bâri' (اَلْبَارِئُ): Bir model olmadan, örneksiz ve düzenli olarak yaratan; varlıkları muhtelif şekilleriyle birbirlerinden ayıran, farklı özelliklerde yaratan; yaratılmışları sağlıklı ve dengeli hale koyan; sıfatlarında yaratılmışlara benzemekten uzak olan.

فَتُوبُوٓا اِلٰى بَارِئِكُمْ

"Yaradanınıza tevbe edin"[17].

14- Musavvir (اَلْمُصَوِّرُ): Şekil ve özellik veren, yaratıklarını istediği gibi tasvir eden, biçimlendiren, her şeye uygun bir şekil veren, her bir insana özel bir sûret ve sima bahşeden, maddî ve mânevî özelliklerini veren.

هُوَ اللّٰهُ الْخَالِقُ الْبَارِئُ الْمُصَوِّرُ لَهُ الْاَسْمَآءُ الْحُسْنٰى .

"O, yaratan, var eden, şekil veren Allah'tır. En güzel isimler O'nundur"[18].

15- Ğaffâr (اَلْغَفَّارُ): Daima affeden, günahları tekrar tekrar, çokça bağışlayan, tekrarlanan günahları affeden, çok bağışlayan; güzel olanı gösterip çirkin olanı gizleyen, hata ve kusurları örten; günahkârın iç yüzünü insanlara bildirmeyen.

رَبُّ السَّمٰوَاتِ وَالْاَرْضِ وَمَا بَيْنَهُمَا الْعَزِيزُ الْغَفَّارُ •

---

16 En'âm 6/102.
17 Bakara 2/54.
18 Haşr 59/24.

"Göklerin, yerin ve ikisi arasında bulunanların Rabbi (olan Allah) üstündür, çok bağışlayıcıdır"[19].

16- Kahhâr (اَلْقَهَّارُ): Gâlip gelen, yenilmeyen, hükmeden, boyun eğdirip üstün gelen, bütün varlıkların kendisine boyun eğdiği yegâne gâlip; kendisine karşı gelen zorba ve azgınlara, dilemesi halinde, hak ettikleri cezayı veren.

قُلِ اللّٰهُ خَالِقُ كُلِّ شَيْءٍ وَهُوَ الْوَاحِدُ الْقَهَّارُ .

"De ki: Allah her şeyi yaratandır. Ve O, birdir, karşı durulamaz güç sahibidir"[20].

17- Vehhâb (اَلْوَهَّابُ): Karşılık beklemeden bol bol veren, tekrar tekrar veren, sonsuz ihsân sahibi; hak sahibi olmadıkları halde kullarına sayısız lütuf ve ihsanda bulunan.

رَبَّنَا لَا تُزِغْ قُلُوبَنَا بَعْدَ اِذْ هَدَيْتَنَا وَهَبْ لَنَا مِنْ لَدُنْكَ رَحْمَةً . اِنَّكَ اَنْتَ الْوَهَّابُ .

"Rabbimiz! Bizi doğru yola ilettikten sonra kalplerimizi eğriltme. Bize tarafından rahmet bağışla. Lütfu en bol olan sensin"[21].

18- Rezzâk (اَلرَّزَّاقُ): Bütün canlılara rızkını veren, rızkı çok ve tekrar tekrar veren, rızka kefil olan, rızkı ve rızkı elde etme sebeplerini yaratan; bedenlerin ve ruhların gıdasını yaratıp veren, insanların maddî ve mânevî ihtiyaç duyduğu şeyleri ihsan eden.

اِنَّ اللّٰهَ هُوَ الرَّزَّاقُ ذُو الْقُوَّةِ الْمَتِينُ .

---

19 Sâd 38/66.
20 Ra'd 13/16.
21 Âlü İmrân 3/8.

"Şüphesiz rızık veren, güç ve kuvvet sahibi olan ancak Allah'tır"[22].

19- Fettâh (اَلْفَتَّاحُ): Kullarına rahmet ve iyilik kapılarını açan; zorlukları kolaylaştıran, gönülleri ferahlandıran; kalp gözünü açıp hidâyeti lütfeden; hakemlik yapan, hak ile bâtılı birbirinden ayırıp gerçeği açığa çıkaran, adaletle hükmeden; müminlere zafer veren.

قُلْ يَجْمَعُ بَيْنَنَا رَبُّنَا ثُمَّ يَفْتَحُ بَيْنَنَا بِالْحَقِّ . وَهُوَ الْفَتَّاحُ الْعَلِيمُ •

"De ki: Rabbimiz hepimizi bir araya toplayacak, sonra aramızda hak ile hükmedecektir. O, en âdil hüküm veren, (her şeyi) hakkıyla bilendir"[23].

20- Alîm (اَلْعَلِيمُ): Zaman ve mekân kaydı olmadan küçük büyük, gizli açık her şeyi, her olayı hakkıyla bilen; olmuşu, olmakta olanı ve gelecekte olacak her şeyi tam olarak bilen, kendisine hiçbir şey gizli kalmayan, ilmi her şeyi kuşatan.

قَالُوا سُبْحَانَكَ لَا عِلْمَ لَنَآ اِلَّا مَا عَلَّمْتَنَا . اِنَّكَ اَنْتَ الْعَلِيمُ الْحَكِيمُ •

"(Melekler:) Yâ Rab! Seni noksan sıfatlardan tenzih ederiz, senin bize öğrettiklerinden başka bizim bilgimiz yoktur. Şüphesiz alîm ve hakîm olan ancak sensin, dediler"[24].

21- Kâbid (اَلْقَابِضُ): Rızkı daraltıp tutan, nimetlerini belli bir ölçüye göre tutup veren; ruhları bedenlerden alan; kulların gafleti sebebiyle kalpleri daraltıp yabancılaştıran.

وَاللّٰهُ يَقْبِضُ وَيَبْصُطُ . وَاِلَيْهِ تُرْجَعُونَ •

---

22 Zâriyât 51/58.

23 Sebe' 34/26.

24 Bakara 2/32.

"Darlık veren de bolluk veren de Allah'tır. Sadece O'na döndürüleceksiniz"[25].

Yüce Allah'ın bazı isimleri ikilidir, ikizdir, bir çift oluşturur ve iki yönlü mânâ taşır. Bu bakımdan bunların, bilhassa ilk bakışta olumsuz izlenim veren isimlerin tek başına söylenmesi caiz görülmemiştir.

Yukarıdaki isim de böyledir ve "bâsıt" ismiyle birlikte zikredilmesi gerekir.

22- Bâsıt (اَلْبَاسِطُ): Rızkı genişleten, bol rızık ihsan eden, lütuf ve keremini esirgemeyen, hayat veren; gönülleri ferahlatan, kalpleri ilim ve mârifet yoluyla genişleten; insanların ilmî ve bedenî imkânlarını geliştiren.

اَللّٰهُ يَبْسُطُ الرِّزْقَ لِمَنْ يَشَآءُ مِنْ عِبَادِهِ وَيَقْدِرُ لَهُ . اِنَّ اللّٰهَ بِكُلِّ شَيْءٍ عَلِيمٌ •

"Allah rızkı kullarından dilediğine bol bol verir, dilediğine de kısar. Şüphesiz Allah her şeyi hakkıyla bilendir"[26].

23- Hâfıd (اَلْخَافِضُ): Alçaltan, değerini azaltan, değersiz kılan; zorbaları ve zâlimleri alçaltan (buna karşılık Allah dostlarını yücelten).

Bu isim diğer bazı isimler gibi Kur'ân-ı Kerîm'de Allah'ın sıfatı olarak geçmemektedir. Şu âyette, kıyâmetin hem alçaltıcı hem de yükseltici olduğu bildirilmiştir:

---

25 Bakara 2/245.
26 Ankebût 29/62.

إِذَا وَقَعَتِ الْوَاقِعَةُ • لَيْسَ لِوَقْعَتِهَا كَاذِبَةٌ • خَافِضَةٌ رَافِعَةٌ •

"Kıyâmet koptuğu zaman, ki onun oluşunu yalanlayacak hiçbir kimse yoktur; o, alçaltıcıdır, yükselticidir"[27].

Kıyâmette inkârcıları cehenneme, müminleri cennete koymakla sonuçlanacak alçaltma ve yükseltme fiilinin fâilinin Allah olduğu açıktır[28].

Bu ismin, "Râfi" ismiyle birlikte söylenmesi gerekir.

24- Râfi' (اَلرَّافِعُ): Yücelten, izzet ve şeref veren; dünyada bir kısım insanların, âhirette ise sadece müminlerin derecelerini yükselten.

وَهُوَ الَّذِي جَعَلَكُمْ خَلَآئِفَ الْاَرْضِ وَرَفَعَ بَعْضَكُمْ فَوْقَ بَعْضٍ دَرَجَاتٍ لِيَبْلُوَكُمْ فِى مَا اٰتٰيكُمْ .

"Sizi yeryüzünün halifeleri kılan, size verdiği (nimetler) hususunda sizi denemek için kiminizi kiminizden derecelerle üstün kılan O'dur."[29].

25- Muizz (اَلْمُعِزُّ): Aziz kılan, dilediği kimseyi yücelten, güçlü, değerli ve şerefli kılan; sevdiği kullarına dünyada destek verip onları düşmanlarından üstün kılan, ahirette de ödüllendirip aziz kılan.

---

27 Vâkıa 56/1-3. Bilhassa kıyâmet gününde, bu dünyada büyüklenen nicelerini alçaltacak, horlanan nicelerini de yüceltecektir (Bkz: *Kur'ân Yolu,* V, 220).

28 Bekir Topaloğlu, "Hâfıd", *DİA,* XV, 74.

29 En'âm 6/165.

وَتُعِزُّ مَنْ تَشَآءُ وَتُذِلُّ مَنْ تَشَآءُ . بِيَدِكَ الْخَيْرُ . اِنَّكَ عَلٰى كُلِّ شَيْءٍ قَدِيرٌ •

"(De ki:) ...Dilediğini yüceltir, dilediğini de alçaltırsın. Her türlü iyilik senin elindedir. Gerçekten sen her şeye kâdirsin[30].

26- Müzill (اَلْمُذِلُّ): Dilediği kimseyi hor ve hakir duruma düşürüp bütün üstünlük niteliklerini ondan alan, alçaltan, zillet veren; âsileri dünyaya düşkünlükle, arzu ve isteklerine köle olmakla zelil kılan.

وَتُعِزُّ مَنْ تَشَآءُ وَتُذِلُّ مَنْ تَشَآءُ .

"Dilediğini yüceltir, dilediğini de alçaltırsın[31].

Bu ismin "Muizz" ismiyle birlikte zikredilmesi gerekir.

27- Semî' (اَلسَّمِيعُ): Gizli açık her şeyi her zaman ve hiçbir vasıta olmadan işiten ve anlayan, işitmesi her şeyi kuşatan; kullarının dualarını işitip kabul eden.

وَاِمَّا يَنْزَغَنَّكَ مِنَ الشَّيْطَانِ نَزْغٌ فَاسْتَعِذْ بِاللّٰهِ . اِنَّهُ هُوَ السَّمِيعُ الْعَلِيمُ•

"Eğer şeytandan gelen kötü bir düşünce seni dürtecek olursa, hemen Allah'a sığın. Çünkü O, işitendir, bilendir"[32].

---

30 Âlü İmrân 3/26.
31 Âlü İmrân 3/26.
32 Fussılet 41/36.

28- Basîr (اَلْبَصِيرُ): Gizli açık her şeyi hiçbir vasıta olmadan gören, bilen; hiçbir şey kendisinden saklanamayan, yapılanları tek tek zaptedip muhafaza eden.

وَاللّٰهُ بَصِيرٌ بِالْعِبَادِ .

"Allah kullarını çok iyi görür"[33].

29- Hakem (اَلْحَكَمُ): Hâkim, bilgisi ve adaletiyle son hükmü veren, hükmetme yetkisi kendisinde bulunan, hükmün ve nihai çözümün kendisine havale edildiği hâkimler hâkimi.

اَفَغَيْرَ اللّٰهِ اَبْتَغِي حَكَمًا وَهُوَ الَّذِي اَنْزَلَ اِلَيْكُمُ الْكِتَابَ مُفَصَّلًا .

"(De ki): Allah'tan başka bir hakem mi arayacağım? Halbuki size Kitab'ı açıklanmış olarak indiren O'dur"[34].

30- Adl (اَلْعَدْلُ): Mutlak adâlet sahibi, çok âdil, asla zulmetmeyen, hakkıyla hüküm veren, haktan ve doğrudan başkasını söylemeyen ve yapmayan.

وَنَضَعُ الْمَوَازِينَ الْقِسْطَ لِيَوْمِ الْقِيٰمَةِ فَلَا تُظْلَمُ نَفْسٌ شَيْئًا . وَاِنْ كَانَ مِثْقَالَ حَبَّةٍ مِنْ خَرْدَلٍ اَتَيْنَا بِهَا . وَكَفٰى بِنَا حَاسِبِينَ .

"Biz, kıyâmet günü için adâlet terazileri kurarız. Artık kimseye, hiçbir şekilde haksızlık edilmez. (Yapılan iş,) bir hardal tanesi kadar dahi olsa,

---

33 Âlü İmrân 3/15.

34 En'âm 6/114.

onu (adâlet terazisine) getiririz. Hesap gören olarak biz (herkese) yeteriz"[35].

31- Latîf (اَللَّطِيفُ): Yaratılmışların ihtiyacını en ince noktasına kadar bilip ihsan eden; işlerin en ince ve gizli yönlerini bilen; fiillerini rıfk ile gerçekleştiren, kullarına iyilik ve merhamet eden; zâtı duyularla algılanamayan.

لَا تُدْرِكُهُ الْاَبْصَارُ . وَهُوَ يُدْرِكُ الْاَبْصَارَ . وَهُوَ اللَّطِيفُ الْخَبِيرُ

"Gözler O'nu göremez; halbuki O, gözleri görür. O, eşyayı pek iyi bilen, her şeyden haberdar olandır"[36].

32- Habîr (اَلْخَبِيرُ): Her şeyin iç yüzünü bilen, hiçbir şey gizli kalmayacak şekilde bilen, her zerreden bile haberi olan, olmuşu ve olacağı bilen; haberdar eden.

وَاَطِيعُوا اللّٰهَ وَرَسُولَهُ . وَاللّٰهُ خَبِيرٌ بِمَا تَعْمَلُونَ •

"Allah'a ve Resûlüne itaat edin. Allah yaptıklarınızdan haberdardır"[37].

33- Halîm (اَلْحَلِيمُ): Acele ile ve kızgınlıkla muamele etmeyen, çok sabırlı, isyanlarına rağmen isyan edenleri cezalandırmakta acele etmeyen, af ve teennî sahibi.

قَوْلٌ مَعْرُوفٌ وَمَغْفِرَةٌ خَيْرٌ مِنْ صَدَقَةٍ يَتْبَعُهَآ اَذًى . وَاللّٰهُ غَنِيٌّ حَلِيمٌ •

---

35 Enbiyâ 21/47.
36 En'âm 6/103.
37 Mücâdele 58/13.

"Güzel söz ve bağışlama, arkasından incitme gelen sadakadan daha iyidir. Allah sınırsız zengindir, çok sabırlıdır"[38].

34- Azîm (اَلْعَظِيمُ): Emirlerine hiçbir şekilde karşı gelmek mümkün olmayan ve âciz bırakılamayan; kendisinden başka büyük hiçbir şey olmayan; zâtının ve sıfatlarının mahiyeti anlaşılamayacak kadar yüce.

لَهُ مَا فِي السَّمٰوَاتِ وَمَا فِي الْاَرْضِ . وَهُوَ الْعَلِيُّ الْعَظِيمُ •

"Göklerde ve yerde ne varsa hepsi O'nundur. O yücedir, uludur"[39].

35- Ğafûr (اَلْغَفُورُ): Çok bağışlayan, günahları, hata ve kusurları örten, kulların suçlarını ve hatalarını bağışlayan; günahkâr kulunun iç yüzünü insanlara bildirmeyen.

اَلَّذِي خَلَقَ الْمَوْتَ وَالْحَيٰوةَ لِيَبْلُوَكُمْ اَيُّكُمْ اَحْسَنُ عَمَلًا . وَهُوَ الْعَزِيزُ الْغَفُورُ •

"O ki, hanginizin daha güzel davranacağını sınamak için ölümü ve hayatı yaratmıştır. O, mutlak galiptir, çok bağışlayıcıdır"[40].

36- Şekûr (اَلشَّكُورُ): Az iyiliğe çok mükâfat veren, ecirleri kat kat artıran, sâlih amel işleyenleri ödüllendiren; kendisine şükredilen; şükrün karşılığını bol bol veren.

وَمَنْ يَقْتَرِفْ حَسَنَةً نَزِدْ لَهُ فِيهَا حُسْنًا . اِنَّ اللّٰهَ غَفُورٌ شَكُورٌ •

---

38 Bakara 2/263.
39 Şûrâ 42/4.
40 Mülk 67/2.

"Kim bir iyilik işlerse onun sevabını fazlasıyla veririz. Şüphesiz Allah bağışlayan, şükrün karşılığını verendir"[41].

37- Aliyy (اَلْعَلِيُّ): En yüce, en üstün; yücelik ve hükümranlıkta kendisine eşit veya kendisinden daha üstün bir varlık bulunmayan, övgüye değer bütün müspet nitelikleri kendisinde toplayan ve ulûhiyetle bağdaşmayan bütün menfi niteliklerden münezzeh bulunan; kudret ve yüceliğiyle her şeye hâkim olan ve tasarrufu altında bulunduran; zât ve sıfatları bakımından insanın idrak gücünü aşan yücelik ve mükemmellikte olan.

وَلَا يَؤُدُهُ حِفْظُهُمَا . وَهُوَ الْعَلِيُّ الْعَظِيمُ .

"Onları (gökleri ve yeri) koruyup gözetmek kendisine zor gelmez. O, yücedir, büyüktür"[42].

38- Kebîr (اَلْكَبِيرُ): Mutlak büyük; zâtının ve sıfatlarının mahiyeti bilinemeyecek kadar yüce; şânı yüce ve azameti büyük olan, kudret ve hükümranlığına sınır bulunmayan; hiçbir şeye muhtaç olmayan; yaratılmışlara benzemeyen.

عَالِمُ الْغَيْبِ وَالشَّهَادَةِ الْكَبِيرُ الْمُتَعَالِ .

"O, görüleni de görülmeyeni de bilir; çok büyüktür, yücedir"[43].

39- Hafîz (اَلْحَفِيظُ): Koruyup gözeten ve dengede tutan; kendisinden hiçbir şey gizli kalmayan; hayır ve şer olarak kullarının yaptıkları her şeyi saklayıp amellerinin karşılığını veren; kâinatın düzenini koyan ve onu sürdüren; Kur'ân-ı Kerîm'i bozulmaktan, unutulmaktan ve ihmal edilmiş olmaktan muhafaza eden.

---

41 Şûrâ 42/23.
42 Bakara 2/255.
43 Ra'd 13/9.

وَرَبُّكَ عَلٰى كُلِّ شَيْءٍ حَفِيظٌ •

"Rabbin gerçekten her şeyi koruyandır"[44].

40- Mukît (اَلْمُقِيتُ): Koruyup gözeten; bedenlerin ve ruhların gıdasını yaratıp veren, nimet ve yardımıyla imdad eden; bilip gücü yeten ve koruyan, her şeyin tedbir ve idaresini deruhte eden.

وَكَانَ اللّٰهُ عَلٰى كُلِّ شَيْءٍ مُقِيتًا •

"Allah her şeyin karşılığını vericidir"[45].

41- Hasîb (اَلْحَسِيبُ): Kuluna kâfi gelen; onları hesaba çeken; her şeyi bilen, mükâfat veya ceza olarak karşılığını veren; hazır olan, koruyan; şeref ve yücelik sahibi.

اِنَّ اللّٰهَ كَانَ عَلٰى كُلِّ شَيْءٍ حَسِيبًا •

"Allah her şeyin hesabını hakkıyla arayandır"[46].

42- Celîl (اَلْجَلِيلُ): Yüce, mertebesi yüksek, hiçbir kayıt ve kıyas kabul etmeksizin azamet sahibi, kadrü kıymeti ve mertebesi en yüce olan; kendisine tâzim edilen, ulûhiyeti ve aşkınlığı kabul edilen; varlığının başlangıcı ve sonu olmayan; müminleri yücelten ve mükâfatlarını artıran.

كُلُّ مَنْ عَلَيْهَا فَانٍ • وَيَبْقٰى وَجْهُ رَبِّكَ ذُو الْجَلَالِ وَالْاِكْرَامِ •

"Yeryüzünde bulunan her canlı yok olacak. Ancak azamet ve ikram sahibi Rabbinin zâtı bâkî kalacaktır"[47].

---

44 Sebe' 34/21.
45 Nisâ 4/85.
46 Nisâ 4/86.
47 Rahmân 55/26-27.

43- Kerîm (اَلْكَرِيمُ): Çok cömert, hayrı çok olan, kullarına sayılamayacak kadar çok nimetler ihsan eden, lütfunu umulanın ötesinde gerçekleştiren, karşılık beklemeden bol bol veren, bağışı tükenmeyen; kendisine sığınanı yüzüstü bırakmayan; affedip bağışlayan.

يَآ اَيُّهَا الْاِنْسَانُ مَا غَرَّكَ بِرَبِّكَ الْكَرِيمِ •

"Ey insan! İhsanı bol Rabbine karşı seni aldatan nedir?"[48].

44- Rakîb (اَلرَّقِيبُ): Her şeyi gözetip kontrol altında tutan, insanların bütün yaptıklarını zapt ve murakabe eden, yaratıklarından bir an bile gâfil olmayan, kendisinden hiçbir şey gizlenemeyen.

اِنَّ اللّٰهَ كَانَ عَلَيْكُمْ رَقِيبًا •

" Şüphesiz Allah sizin üzerinizde gözetleyicidir[49]*"*.

45- Mücîb (اَلْمُجِيبُ): Dua ve dilekleri kabul eden, dileklere karşılık veren, darda kalanların çağrısına olumlu cevap veren; dua ve yakarış olmadan da ihtiyaç sahiplerinin arzularını yerine getiren.

فَاسْتَغْفِرُوهُ ثُمَّ تُوبُوٓا اِلَيْهِ . اِنَّ رَبِّي قَرِيبٌ مُجِيبٌ •

"O halde O'ndan mağfiret isteyin; sonra da O'na tevbe edin. Çünkü Rabbim (kullarına) çok yakındır, (dualarını) kabul edendir"[50].

46- Vâsi' (اَلْوَاسِعُ): İlmi, ihsanı ve rahmeti her şeyi kuşatan, bol bol ihsan eden; bilgisi ve gücü çok geniş olan; iyilik ve ihsanı bütün varlıkları kuşatan.

---

48 İnfitâr 82/6.

49 Nisâ 4/1.

50 Hûd 11/61.

قُلْ اِنَّ الْفَضْلَ بِيَدِ اللّٰهِ . يُؤْتِيهِ مَنْ يَشَآءُ . وَاللّٰهُ وَاسِعٌ عَلِيمٌ •

"De ki: Lütuf ve ihsan Allah'ın elindedir. Onu dilediğine verir. Allah'ın rahmeti geniştir ve O her şeyi hakkıyla bilir"[51].

47- Hakîm (اَلْحَكِيمُ): Hüküm, hikmet ve bilgi sahibi, bütün sözleri ve fiilleri adâlete, ilme ve teenniye uygun olan; bütün nesneleri ve olayları en üstün ilimle bilen; her şeyi âhenkli, sağlam ve sanatkârane yaratıp sürdüren, bütün emirleri ve işleri yerli yerinde olan; doğru olandan başkasını söylemeyen ve yapmayan.

سَبَّحَ لِلّٰهِ مَا فِي السَّمٰوَاتِ وَمَا فِي الْاَرْضِ . وَهُوَ الْعَزِيزُ الْحَكِيمُ •

"Göklerde ve yerdekilerin hepsi Allah'ı tesbih eder. O, üstündür, hikmet sahibidir"[52].

48- Vedûd (اَلْوَدُودُ): Çok seven ve çok sevilen; kendisine yönelene ve tevbe edene muhabbet eden; bütün yaratıkların hayrını isteyen; lütuf ve ihsanı bol olan.

وَاسْتَغْفِرُوا رَبَّكُمْ ثُمَّ تُوبُوٓا اِلَيْهِ . اِنَّ رَبِّي رَحِيمٌ وَدُودٌ

"Rabbinizden bağışlanma dileyin; sonra O'na tevbe edin. Muhakkak ki Rabbim çok merhametlidir, (müminleri) çok sever"[53].

49- Mecîd (اَلْمَجِيدُ): Şanlı, şerefli, yüce; her türlü acz ve eksiklikten uzak; kendisine erişilmekten münezzeh; nimet ve ihsan sahibi, lütuf ve ikramı sonsuz.

---

51 Âlü İmrân 3/73.

52 Saff 61/1.

53 Hûd 11/90.

قَالُوٓا اَتَعْجَبِينَ مِنْ اَمْرِ اللّٰهِ رَحْمَةُ اللّٰهِ وَبَرَكَاتُهُ عَلَيْكُمْ اَهْلَ الْبَيْتِ . اِنَّهُ حَمِيدٌ مَجِيدٌ •

"(Melekler) dediler ki: Allah'ın emrine şaşıyor musun? Ey ev halkı! Allah'ın rahmeti ve bereketleri sizin üzerinizdedir. Şüphesiz ki O, övülmeye lâyıktır, iyiliği boldur"[54].

50- Bâis (اَلْبَاعِثُ): Kıyâmet gününde âhiret hayatını başlatmak üzere ölüleri yeniden diriltip canlandıran, onları kabirlerinden çıkararak yeniden hayata döndüren; peygamber gönderen; canlıların faaliyetlerini yaratan.

وَاَنَّ السَّاعَةَ اٰتِيَةٌ لَا رَيْبَ فِيهَا وَاَنَّ اللّٰهَ يَبْعَثُ مَنْ فِي الْقُبُورِ •

"Kıyâmet vakti de gelecektir; bunda şüphe yoktur. Ve Allah kabirlerdeki kimseleri diriltip kaldıracaktır"[55].

51- Şehîd (اَلشَّهِيدُ): Her şeye şâhit olan, her şeyi gözlemiş olarak bilen, kendisinden hiçbir şey saklanamayan ve hiçbir şeyi unutmayan; her yerde hazır ve nazır.

اَلَّذِي لَهُ مُلْكُ السَّمٰوَاتِ وَالْاَرْضِ . وَاللّٰهُ عَلٰى كُلِّ شَيْءٍ شَهِيدٌ •

"O Allah ki, göklerin ve yerin mülkü kendisine aittir ve Allah her şeye şahittir"[56].

52- Hakk (اَلْحَقُّ): Varlığı ve ulûhiyeti gerçek olup, inkârı mümkün olmayan, bizzat ve sürekli olarak var olan, varlığının kabul olunması gereken, hakiki var olan; hikmetin gereğine göre

---

54 Hûd 11/73.
55 Hacc 22/7.
56 Bürûc 85/9.

eşyayı var eden; sözünde yalan olmayan, vaadine muhalefet etmeyen ve fiilinde hikmetsizlik bulunmayan.

هُنَالِكَ الْوَلَايَةُ لِلّٰهِ الْحَقِّ . هُوَ خَيْرٌ ثَوَابًا وَخَيْرٌ عُقْبًا .

"İşte burada yardım ve dostluk, Hak olan Allah'a mahsustur. Mükâfatı en iyi olan O, en güzel âkıbeti veren yine O'dur"[57].

53- Vekîl (اَلْوَكِيلُ): Kendisine güvenilip dayanılan, her şeyi en güzel yöneten, kendisinden hiçbir şeyin bilgisi gizli kalmayan, hiçbir şeyi korumak ve idare etmek kendisine ağır gelmeyen, her şey üzerinde gözetici olan, koruyan.

وَقَالُوا حَسْبُنَا اللّٰهُ وَنِعْمَ الْوَكِيلُ .

"Allah bize yeter. O ne güzel vekîldir! dediler"[58].

54- Kaviyy (اَلْقَوِيُّ): Kudretli, her şeye gücü yeten, kuvveti tam olan, kemiyet ve keyfiyet bakımından üstün kudrete sahip; bütün mümkinatı etkileyen; güç ve kuvvet veren.

اَللّٰهُ لَطِيفٌ بِعِبَادِهٖ يَرْزُقُ مَنْ يَشَآءُ . وَهُوَ الْقَوِيُّ الْعَزِيزُ .

"Allah kullarına lütufkârdır, dilediğini rızıklandırır. O kuvvetlidir, güçlüdür"[59].

55- Metîn (اَلْمَتِينُ): Her şeye gücü yeten, kuvvet ve kudreti kemalinde olan; dıştan gelebilecek hiçbir etkiyi kabul etmeyen; fiillerinden dolayı zâtına herhangi bir zorluk ve yorgunluk ârız olmayan, son derece kudretli

---

57 Kehf 18/44.
58 Âlü İmrân 3/173.
59 Şûrâ 42/19.

إِنَّ اللّٰهَ هُوَ الرَّزَّاقُ ذُو الْقُوَّةِ الْمَتِينُ •

"Şüphesiz rızık veren, güç ve kuvvet sahibi olan ancak Allah'tır"[60].

56- Veliyy (اَلْوَلِيُّ): Yardımcı ve dost; müminleri seven ve onlara dost olan, yardım eden, başarıya ulaştıran, lütuf ve ihsanıyla nimetlendiren.

إِنَّ اَوْلَى النَّاسِ بِإِبْرٰهِيمَ لَلَّذِينَ اتَّبَعُوهُ وَهٰذَا النَّبِيُّ وَالَّذِينَ اٰمَنُوا . وَاللّٰهُ وَلِيُّ الْمُؤْمِنِينَ •

"İnsanların İbrahim'e en yakın olanı, ona uyanlar, şu Peygamber (Muhammed) ve (ona) îman edenlerdir. Allah müminlerin dostudur"[61].

57- Hamîd (اَلْحَمِيدُ): Övülmeye en lâyık olan, kemal sıfatlarıyla nitelenen, kendisine hamdedilen, bütün iyilik ve güzelliklerle övülen; sayısız lütuf ve nimetlerine şükredilen, kendisindeki güzel vasıflardan ve yaptığı iyiliklerden dolayı övülen; yaptıklarında, söylediklerinde, dininde ve takdirinde hamd olunan; öven.

وَمَنْ يَشْكُرْ فَاِنَّمَا يَشْكُرُ لِنَفْسِهِ . وَمَنْ كَفَرَ فَاِنَّ اللّٰهَ غَنِيٌّ حَمِيدٌ •

"Şükreden ancak kendisi için şükretmiş olur. Nankörlük eden de bilsin ki, Allah hiçbir şeye muhtaç değildir, her türlü övgüye lâyıktır"[62].

58- Muhsî (اَلْمُحْصِى): Gizli açık her şeyi tek tek ve bütün ayrıntılarıyla bilen; her şeyin iç yüzüne en ince ayrıntılarıyla vâkıf olan, ilmi her şeyi kuşatan.

---

60 Zâriyât 51/58.
61 Âlü İmrân 3/68.
62 Lokman 31/12.

إِنَّا نَحْنُ نُحْيِ الْمَوْتٰى وَنَكْتُبُ مَا قَدَّمُوا وَاٰثَارَهُمْ . وَكُلَّ شَيْءٍ اَحْصَيْنَاهُ فٖي اِمَامٍ مُبٖينٍ .

"Şüphesiz ölüleri ancak biz diriltiriz. Onların yaptıkları her işi, bıraktıkları her izi kaydederiz. Biz, her şeyi apaçık bir kitapta (levh-i mahfuz'da) sayıp yazmışızdır"[63].

59- Mübdi' (اَلْمُبْدِئُ): Her şeyi modeli ve örneği olmadan ilk yaratan; kâinatı yönetirken ve tabiattaki sürekli değişimi gerçekleştirirken bu yaratmasını sürekli tekrar eden; kullarına yönelik lütuf ve ihsanlarını tekrar tekrar yaratan.

وَهُوَ الَّذٖي يَبْدَؤُا الْخَلْقَ ثُمَّ يُعٖيدُهُ وَهُوَ اَهْوَنُ عَلَيْهِ .

"O, başlangıçta yaratmayı yapan, sonra onu tekrarlayacak olandır. Bu, O'na göre (ilk yaratmadan) daha kolaydır"[64].

60- Muîd (اَلْمُعِيدُ): Yaratmayı tekrarlayan, tekrar yaratan, varlıkları öldükten sonra dirilten; hayattan sonra ölüme, ölümden sonra da ikinci defa hayata (âhiret hayatına) döndüren.

يَوْمَ نَطْوِي السَّمَآءَ كَطَيِّ السِّجِلِّ لِلْكُتُبِ . كَمَا بَدَاْنَآ اَوَّلَ خَلْقٍ نُعٖيدُهُ. وَعْدًا عَلَيْنَا اِنَّا كُنَّا فَاعِلٖينَ .

"(Düşün o) günü ki, yazılı kâğıtların tomarını dürer gibi göğü toplayıp düreriz. Tıpkı ilk yaratmaya başladığımız gibi onu tekrar o hale getiririz. (Bu,) üzerimize aldığımız bir vaad oldu. Biz, (vaad ettiğimizi) yaparız"[65].

---

63 Yâsîn 36/12.
64 Rûm 30/27.
65 Enbiyâ 21/104.

61- Muhyî (اَلْمُحْيِى): Hayat veren, can veren, yaşatan; yağmur indirmek suretiyle yeryüzünü bitkilerle donatıp can veren; çekirdekten ve nutfeden canlı varlığı çıkaran; kalpleri îman nuruyla canlandıran.

فَانْظُرْ اِلٰٓى اٰثَارِ رَحْمَتِ اللّٰهِ كَيْفَ يُحْيِ الْاَرْضَ بَعْدَ مَوْتِهَا . اِنَّ ذٰلِكَ لَمُحْيِ الْمَوْتٰى . وَهُوَ عَلٰى كُلِّ شَيْءٍ قَدِيرٌ •

"Allah'ın rahmetinin eserlerine bir bak: Arzı, ölümünün ardından nasıl diriltiyor! Şüphesiz O, ölüleri de mutlaka diriltecektir. O, her şeye kâdirdir"[66].

62- Mümît (اَلْمُمِيتُ): Öldüren, belli bir süre yaşattıktan sonra varlıkların ölümünü gerçekleştiren; kalplere îman nuruyla hayat verdiği gibi inkârda direnen kâfir ve münafık kalpleri de mânen öldüren.

قُلْ يَٓا اَيُّهَا النَّاسُ اِنّ۪ي رَسُولُ اللّٰهِ اِلَيْكُمْ جَم۪يعًا الَّذ۪ي لَهُ مُلْكُ السَّمٰوَاتِ وَالْاَرْضِ . لَٓا اِلٰهَ اِلَّا هُوَ يُحْي۪ وَيُم۪يتُ .

"De ki: Ey insanlar! Gerçekten ben sizin hepinize, göklerin ve yerin sahibi olan Allah'ın elçisiyim. Ondan başka tanrı yoktur, O diriltir ve öldürür"[67].

63- Hayy (اَلْحَيُّ): Hayat sahibi, hakkında ölüm geçerli olmayan, her zaman ve ebediyen diri, ölümsüz, ezelî ve ebedî; hiçbir şeyden gafil bulunmayan, asla yanılmayan ve unutmayan.

هُوَ الْحَيُّ لَٓا اِلٰهَ اِلَّا هُوَ فَادْعُوهُ مُخْلِص۪ينَ لَهُ الدّ۪ينَ .

---

66 Rûm 30/50.

67 A'râf 7/158.

"O daima diridir; O'ndan başka hiçbir tanrı yoktur. O halde dinde ihlâslı ve samimi kişiler olarak O'na dua edin"[68].

64- Kayyûm (اَلْقَيُّومُ): Kâinatı bir düzen üzere yönetip ayakta tutan, idare eden, yaratan ve yöneten, her an gözeten, her şeyin varlığı kendisine bağlı olan; zeval bulmayan, bizâtihî mevcut, ezelî ve ebedî.

اَللّٰهُ لَٓا اِلٰهَ اِلَّا هُوَ اَلْحَيُّ الْقَيُّومُ .

"Allah; O'ndan başka tanrı yoktur; O, daima diri ve yaratıklarını koruyup gözetendir"[69].

65- Vâcid (اَلْوَاجِدُ): Dilediğini dilediği anda bulan, hiçbir şey kendisinden gizlenemeyen; kâinattaki her şeyin sahibi olan, hiçbir şeye ihtiyacı bulunmayan.

لَا تَاْخُذُهُ سِنَةٌ وَلَا نَوْمٌ . لَهُ مَا فِي السَّمٰوَاتِ وَمَا فِي الْاَرْضِ .

"Kendisine ne uyku gelir ne de uyuklama. Göklerde ve yerdekilerin hepsi O'nundur"[70].

66- Mâcid (اَلْمَاجِدُ): Şan ve şeref sahibi, kadri büyük, yetkinliğin karşıtı olan her türlü nitelikten münezzeh; lütuf ve keremi bol, çok cömert.

سُبْحَانَ رَبِّكَ رَبِّ الْعِزَّةِ عَمَّا يَصِفُونَ •

"Senin kudret ve şeref sahibi Rabbin, onların isnat etmekte oldukları vasıflardan yücedir, münezzehtir"[71].

---

68 Mü'min 40/65.
69 Bakara 2/255; Âlü İmrân 3/2.
70 Bakara 2/255.
71 Sâffât 37/180.

67- Vâhid (اَلْوَاحِدُ): Tek, zâtında ve sıfatlarında eşi benzeri ortağı bulunmayan; bölünüp parçalara ayrılmaması ve benzerinin bulunmaması anlamında tek; ortağı olmayan.

وَاِلٰهُكُمْ اِلٰهٌ وَاحِدٌ . لَآ اِلٰهَ اِلَّا هُوَ الرَّحْمٰنُ الرَّحِيمُ •

"İlâhınız bir tek Allah'tır. O'ndan başka ilâh yoktur. O, rahmândır, rahîmdir"[72].

68- Samed (اَلصَّمَدُ): Herkesin O'na muhtaç olduğu, fakat kendisi hiçbir şeye muhtaç olmayan; eksiksiz; kendisinin üstünde bir kimse olmayan; kendisine yönelinen.

قُلْ هُوَ اللّٰهُ اَحَدٌ • اَللّٰهُ الصَّمَدُ •

"De ki: O, Allah birdir. Allah sameddir"[73].

69- Kâdir (اَلْقَادِرُ): Her şeye gücü yeten; âciz olmayan; dilerse yapan dilemezse yapmayan, her şeye kayıtsız şartsız gücü yeten, kimsenin kendisini âciz bırakamadığı sonsuz kudret sahibi.

اَوَلَمْ يَرَوْا اَنَّ اللّٰهَ الَّذِي خَلَقَ السَّمٰوَاتِ وَالْاَرْضَ قَادِرٌ عَلٰى اَنْ يَخْلُقَ مِثْلَهُمْ •

"Düşünmediler mi ki, gökleri ve yeri yaratmış olan Allah, kendilerinin benzerini yaratmaya da kâdirdir!"[74].

70- Muktedir (اَلْمُقْتَدِرُ): Kimsenin kendisine karşı çıkamayacağı tam kudret sahibi, her şeye gücü yeten, gücü ve kuvveti tam olan; gücü yettiğini fiilen ispat eden.

---

72 Bakara 2/163.
73 İhlâs 112/1-2.
74 İsrâ 17/99.

اِنَّ الْمُتَّق۪ينَ ف۪ي جَنَّاتٍ وَنَهَرٍ • ف۪ي مَقْعَدِ صِدْقٍ عِنْدَ مَل۪يكٍ مُقْتَدِرٍ •

"Takvâ sahipleri cennetlerde, ırmak başlarındadırlar. Muktedir bir hükümdarın katında, hak meclisindedirler"[75].

71- Mukaddim (اَلْمُقَدِّمُ): Dilediğini öne geçiren, öne alan, önde bulunduran, yüksek mertebelere çıkaran, kendi irâde ve tercihine göre hükmen veya fiilen öne geçirilmesi gereken şeyi öne geçiren; kendisine yaklaştıran.

قُلِ اللّٰهُمَّ مَالِكَ الْمُلْكِ تُؤْتِي الْمُلْكَ مَنْ تَشَٓاءُ وَتَنْزِعُ الْمُلْكَ مِمَّنْ تَشَٓاءُ . وَتُعِزُّ مَنْ تَشَٓاءُ وَتُذِلُّ مَنْ تَشَٓاءُ .

"De ki: Mülkün gerçek sahibi olan Allah'ım! Sen mülkü dilediğine verirsin ve mülkü dilediğinden geri alırsın. Dilediğini yüceltir, dilediğini de alçaltırsın.[76].

72- Muahhir (اَلْمُؤَخِّرُ): Dilediğini geriye bırakan, sona alan; kendisinden uzaklaştırarak alçak mertebelere indiren; eşyayı yerli yerine koyan; erteleyen.

Bu isim, "mukaddim" ismiyle birlikte kullanılır.

"Geriye bırakmak" anlamına bir önceki âyette işaret edilmiştir. "Ertelemek" anlamında ise şu âyet örnek verilebilir:

وَلَوْ يُؤَاخِذُ اللّٰهُ النَّاسَ بِمَا كَسَبُوا مَا تَرَكَ عَلٰى ظَهْرِهَا مِنْ دَٓابَّةٍ وَلٰكِنْ يُؤَخِّرُهُمْ اِلٰٓى اَجَلٍ مُسَمًّى .

---

75 Kamer 54/54-55.
76 Âlü İmrân 3/26.

"Eğer Allah, yaptıkları yüzünden insanları (hemen) cezalandırsaydı, yeryüzünde hiçbir canlı yaratık bırakmazdı. Fakat Allah, onları belirtilmiş bir süreye kadar erteliyor"[77].

73- Evvel (اَلْاَوَّلُ): Varlığının başlangıcı olmayan, ezelî olan; zamandan münezzeh, zamanın başlangıç ve sonuç sınırlarının üstünde; ikincisi (yani ortağı) bulunmayan tek.

هُوَ الْاَوَّلُ وَالْاٰخِرُ وَالظَّاهِرُ وَالْبَاطِنُ . وَهُوَ بِكُلِّ شَيْءٍ عَلِيمٌ •

"O ilktir, sondur, zâhirdir, bâtındır. O, her şeyi bilendir"[78].

74- Âhir (اَلْآخِرُ): Varlığının sonu olmayan, kendisinden başka her şeyin son bulmasından sonra da var olmaya devam eden, ebedî olan; zamandan münezzeh, zamanın başlangıç ve sonuç sınırlarının üstünde.

هُوَ الْاَوَّلُ وَالْاٰخِرُ وَالظَّاهِرُ وَالْبَاطِنُ . وَهُوَ بِكُلِّ شَيْءٍ عَلِيمٌ •

"O ilktir, kendisinden sonra hiçbir şeyin kalmayacağı sondur, zâhirdir, bâtındır. O, her şeyi bilendir"[79].

75- Zâhir (اَلظَّاهِرُ): Varlığı ve birliği apaçık olan, varlığının delilleri ve kudreti açık olan; her şeyin üstünde yüce ve hakîm; hem görünen hem de görünmeyen âlemlerin yaratıcısı ve yöneticisi.

هُوَ الْاَوَّلُ وَالْاٰخِرُ وَالظَّاهِرُ وَالْبَاطِنُ . وَهُوَ بِكُلِّ شَيْءٍ عَلِيمٌ •

"O ilktir, sondur, varlığı apaçıktır, bâtındır. O, her şeyi bilendir"[80].

---

77 Fâtır 35/45.
78 Hadîd 57/3.
79 Hadîd 57/3.
80 Hadîd 57/3.

76- Bâtın (اَلْبَاطِنُ): Görülemeyen, zâtının görülmesi ve mahiyetinin bilinmesi açısından gizli, varlığını belgeleyen birçok delil bulunmakla birlikte duyulardan gizli olup gözle algılanamayan; gaybı çok iyi bilen, açık olan şeyleri bildiği gibi gizli olanlarını da bilen; hem görünen hem de görünmeyen âlemlerin yaratıcısı ve yöneticisi.

هُوَ الْاَوَّلُ وَالْاٰخِرُ وَالظَّاهِرُ وَالْبَاطِنُ . وَهُوَ بِكُلِّ شَيْءٍ عَلِيمٌ .

"O ilktir, sondur, zâhirdir, gerçek mahiyeti gizlidir. O, her şeyi bilendir"[81].

77- Vâlî (اَلْوَالِى): Kâinatı tek başına şefkat merhamet ve ihsan ile yöneten, yönetimi elinde tutan, işleri düzenleyen, bütün varlıkların hükümrânı ve koruyucusu.

اِنَّ اللّٰهَ لَا يُغَيِّرُ مَا بِقَوْمٍ حَتّٰى يُغَيِّرُوا مَا بِاَنْفُسِهِمْ . وَاِذَآ اَرَادَ اللّٰهُ بِقَوْمٍ سُوٓءًا فَلَا مَرَدَّ لَهُ . وَمَا لَهُمْ مِنْ دُونِهِ مِنْ وَالٍ .

"Bir toplum kendilerindeki özellikleri değiştirinceye kadar Allah, onlarda bulunanı değiştirmez. Allah bir topluma kötülük diledi mi, artık onun için geri çevrilme diye bir şey yoktur. Onların Allah'tan başka yardımcıları da yoktur"[82].

78- Müteâlî (اَلْمُتَعَالِى): Her bakımdan çok yüce; izzet, şeref ve hükümranlık bakımından en yüce; zâtı, sıfatları ve fiilleriyle yaratılmışlara benzemekten, dengi ve benzeri olmaktan münezzeh.

عَالِمُ الْغَيْبِ وَالشَّهَادَةِ الْكَبِيرُ الْمُتَعَالِ .

---

81 Hadîd 57/3.
82 Ra'd 13/11.

"O, görüleni de görülmeyeni de bilir; çok büyüktür, yücedir"[83].

79- Berr (اَلْبَرُّ): İyilik eden, iyilikleri bütün yaratıklara yaygın olan, yaratıklarına karşı rahmet, mağfiret ve ihsanı bol olan; sözlerinde ve haberlerinde daima doğru olan, vaadini yerine getiren.

اِنَّا كُنَّا مِنْ قَبْلُ نَدْعُوهُ . اِنَّهُ هُوَ الْبَرُّ الرَّحِيمُ •

"Gerçekten biz bundan önce O'na yalvarıyorduk. Çünkü iyilik eden, esirgeyen ancak O'dur"[84].

80- Tevvâb (اَلتَّوَّابُ): Tevbeyi kabul eden, kulunu tevbeye sevk edip bunda muvaffak kılan ve tevbesini kabul buyuran, tevbeyi çok kabul eden; tevbe eden kulunu cezalandırmaktan vazgeçen; kendisinden uzaklaşan kalpleri kendisine döndüren.

اَلَمْ يَعْلَمُوٓا اَنَّ اللّٰهَ هُوَ يَقْبَلُ التَّوْبَةَ عَنْ عِبَادِهِ وَيَأْخُذُ الصَّدَقَاتِ وَاَنَّ اللّٰهَ هُوَ التَّوَّابُ الرَّحِيمُ •

"Allah'ın, kullarının tevbesini kabul edeceğini, sadakaları geri çevirmeyeceğini ve Allah'ın tevbeyi çok kabul eden ve pek esirgeyen olduğunu hâlâ bilmezler mi?"[85].

81- Müntekım (اَلْمُنْتَقِمُ): Adâleti gereği suçluları cezalandıran, hak edilen miktarda cezalandıran; uyarılmış olmalarına rağmen tevbeye yanaşmayıp kötülük ve zulümde direnen suçluları cezalandıran.

---

83 Ra'd 13/9.

84 Tûr 52/28.

85 Tevbe 9/104.

وَمَنْ اَظْلَمُ مِمَّنْ ذُكِّرَ بِاٰيَاتِ رَبِّهٖ ثُمَّ اَعْرَضَ عَنْهَا . اِنَّا مِنَ الْمُجْرِمِينَ مُنْتَقِمُونَ .

"Kendisine Rabbinin âyetleri hatırlatıldıktan sonra onlardan yüz çevirenden daha zalim kim olabilir! Muhakkak ki biz, günahkârlara, lâyık oldukları cezayı veririz"[86].

82- Afüvv (اَلْعَفُوُّ): Çok affeden, hiçbir sorumluluk kalmayacak şekilde günahları silen, kolaylıkla affeden, kulun günahları sebebiyle oluşan izleri silen; cezaları kaldıran.

اِنْ تُبْدُوا خَيْرًا اَوْ تُخْفُوهُ اَوْ تَعْفُوا عَنْ سُوٓءٍ فَاِنَّ اللّٰهَ كَانَ عَفُوًّا قَدِيرًا.

"Bir iyiliği açıklar yahut gizlerseniz veya bir kötülüğü (açıklamayıp) affederseniz, şüphesiz Allah da ziyadesiyle affedici ve kâdirdir"[87].

83- Raûf (اَلرَّؤُفُ): Çok şefkatli, merhametli; kullarına karşı hoşgörülü ve yumuşak davranan, kolaylık gösteren, güçlerinin üstünde sorumluluk yüklemeyen.

وَمَا كَانَ اللّٰهُ لِيُضِيعَ اِيمَانَكُمْ . اِنَّ اللّٰهَ بِالنَّاسِ لَرَؤُفٌ رَحِيمٌ .

"Allah sizin îmanınızı asla zayi edecek değildir. Zira Allah insanlara karşı şefkatli ve merhametlidir"[88].

84- Mâlikü'l-Mülk (مَالِكُ الْمُلْكِ): Mülkün sahibi, her şeyin sahibi; dünya ve âhiretin mülkü yalnız kendisine ait olan, mülkünde dilediği gibi tasarruf eden ve hükümran olan.

---

86 Secde 32/22.
87 Nisâ 4/149.
88 Bakara 2/143.

قُلِ اللّٰهُمَّ مَالِكَ الْمُلْكِ تُؤْتِي الْمُلْكَ مَنْ تَشَآءُ وَتَنْزِعُ الْمُلْكَ مِمَّنْ تَشَآءُ .

"De ki: Mülkün gerçek sahibi olan Allah'ım! Sen mülkü dilediğine verirsin ve mülkü dilediğinden geri alırsın"[89].

85- Zü'l-Celâli ve'l-İkrâm (ذُوا الْجَلاَلِ وَالْاِكْرَامِ): Azamet ve kerem sahibi; çok yüce, cömert, hayrı ve lütfu tükenmeyen; zâtında çok yüce ve büyük, kullarına karşı ikram ve ihsan sahibi.

تَبَارَكَ اسْمُ رَبِّكَ ذِي الْجَلاَلِ وَالْاِكْرَامِ •

"Büyüklük ve ikram sahibi Rabbinin adı yücelerden yücedir"[90].

86- Muksıt (اَلْمُقْسِطُ): Adâletle hükmeden, bütün işlerini yerli yerinde yapan; kullarına kendi zâtından adalet duygusu lutfeden; zâlimden mazlûmun hakkını adâletle alan.

يَآ اَيُّهَا الَّذِينَ اٰمَنُوا كُونُوا قَوَّامِينَ لِلّٰهِ شُهَدَاءَ بِالْقِسْطِ . وَلَا يَجْرِمَنَّكُمْ شَنَاٰنُ قَوْمٍ عَلٰى اَلَّا تَعْدِلُوا . اِعْدِلُوا . هُوَ اَقْرَبُ لِلتَّقْوٰى .

"Ey îman edenler! Allah için hakkı ayakta tutan, adaletle şahitlik eden kimseler olun. Bir topluluğa duyduğunuz kin, sizi âdil davranmamaya itmesin. Adaletli olun; bu, Allah korkusuna daha çok yakışan (bir davranış)tır"[91].

87- Câmi' (اَلْجَامِعُ): Toplayıp düzenleyen, bir araya getiren, buluşturup birleştiren; kıyâmet günü hesaba çekmek için yaratıkları toplayan; bütün övgü ve erdemleri zâtında toplayan.

---

89 Âlü İmrân 3/26.

90 Rahmân 55/78.

91 Mâide 5/8.

رَبَّنَآ اِنَّكَ جَامِعُ النَّاسِ لِيَوْمٍ لَا رَيْبَ فِيهِ . اِنَّ اللّٰهَ لَا يُخْلِفُ الْمِيعَادَ •

"Rabbimiz! Gelmesinde şüphe edilmeyen bir günde, insanları mutlaka toplayacak olan sensin. Allah asla sözünden dönmez"[92].

88- Ğaniyy (اَلْغَنِيُّ): (Kendisine yapılan ibadetler de dâhil) hiçbir şeye ihtiyacı olmayan, çok zengin, bütün varlıklardan müstağni (onlara ihtiyacı olmayan), buna karşılık kendi dışındaki her şey O'na muhtaç olan; zâtında ve sıfatlarında her türlü ihtiyaçtan münezzeh olan.

يَآ اَيُّهَا النَّاسُ اَنْتُمُ الْفُقَرَآءُ اِلَى اللّٰهِ . وَاللّٰهُ هُوَ الْغَنِيُّ الْحَمِيدُ •

"Ey insanlar! Allah'a muhtaç olan sizsiniz. Zengin ve övülmeye lâyık olan ancak O'dur"[93].

89- Muğnî (اَلْمُغْنِى): Zengin eden, zenginlik veren; dilediği kulu her türlü ihtiyaçtan kurtaran; insanlara rızık ve gönül zenginliği vererek onların maddî ve mânevî ihtiyaçlarını karşılayan.

وَاَنَّهُ هُوَ اَغْنٰى وَاَقْنٰى •

"Zengin eden de yoksul kılan da O'dur"[94].

90- Mâni' (اَلْمَانِعُ): Dilemediği şeyin gerçekleşmesine izin vermeyen, kötü şeylere engel olan; himaye eden, kurtaran; lâyık olanlardan lütfunu esirgemeyen, lâyık olmayanlara da lütufta bulunmayan.

---

92 Âlü İmrân 3/9.
93 Fâtır 35/15.
94 Necm 53/48.

وَاِنْ يَمْسَسْكَ اللّٰهُ بِضُرٍّ فَلَا كَاشِفَ لَهُ اِلَّا هُوَ . وَاِنْ يَمْسَسْكَ بِخَيْرٍ فَهُوَ عَلٰى كُلِّ شَيْءٍ قَد۪يرٌ •

"Eğer Allah seni bir zarara uğratırsa, onu kendisinden başka giderecek yoktur. Ve eğer sana bir hayır verirse, (bunu da geri alacak yoktur). Şüphesiz O her şeye kâdirdir"[95].

91- Dârr (اَلضَّارُّ): Elem ve zarar verici şeyleri de yaratan, zarar verenler de dâhil olmak üzere her şeyi yaratan; kâinatı karşılıklı etki-tepki münasebeti içinde düzenleyip yöneten.

وَاِنْ يَمْسَسْكَ اللّٰهُ بِضُرٍّ فَلَا كَاشِفَ لَهُ اِلَّا هُوَ . وَاِنْ يُرِدْكَ بِخَيْرٍ فَلَا رَآدَّ لِفَضْلِه۪ . يُص۪يبُ بِه۪ مَنْ يَشَآءُ مِنْ عِبَادِه۪ . وَهُوَ الْغَفُورُ الرَّح۪يمُ •

"Eğer Allah sana bir zarar dokundurursa, onu yine O'ndan başka giderecek yoktur. Eğer sana bir hayır dilerse, O'nun keremini geri çevirecek de yoktur. O, hayrını kullarından dilediğine eriştirir. Ve O bağışlayandır, esirgeyendir"[96].

Bu ismin "Nâfi" ismiyle birlikte kullanılması gerekmektedir.

92- Nâfi' (اَلنَّافِعُ): Fayda veren, dilediğine hayırlı ve faydalı şeyi veren; maddî ve mânevî faydalı ve hayırlı olan her şeyi yaratan; zararlı gibi görünen bir şeyi sezilmez yollarla faydalı hale getiren; çaresizlerin imdadına yetişen ve ihtiyaçtan fazlasını lütfeden.

قُلْ فَمَنْ يَمْلِكُ لَكُمْ مِنَ اللّٰهِ شَيْـًٔا اِنْ اَرَادَ بِكُمْ ضَرًّا اَوْ اَرَادَ بِكُمْ نَفْعًا . بَلْ كَانَ اللّٰهُ بِمَا تَعْمَلُونَ خَب۪يرًا •

---

95 En'am 6/17.
96 Yûnus 10/107.

"De ki: Allah sizin bir zarara uğramanızı dilerse yahut bir fayda elde etmenizi dilerse, O'na karşı kimin bir şeye gücü yeter? Doğrusu, Allah yaptıklarınızdan haberdardır"[97]

93- Nûr (اَلنُّورُ): Nurlandıran, nurlandırıp aydınlatan, ışık kaynağı; kalpleri îman nuruyla parıldatan; bütün gizli şeyler kendisine apaçık olan; karanlıktan kurtarıp hidâyete erdiren, gönderdiği kitap, peygamber ve evrendeki diğer delillerle insanlara doğru yolu gösteren; kâinatı yöneten.

اَللّٰهُ نُورُ السَّمٰوَاتِ وَالْاَرْضِ .

"Allah, göklerin ve yerin nûrudur"[98].

94- Hâdî (اَلْهَادِى): Doğru yola ulaştıran, güzellikle rehberlik eden, insana hayatını sürdürebilmesi için gerekli olan akıl, muhakeme ve zaruri bilgileri veren, ebedî mutluluğa götürecek yolu gösteren, kendisini tanıma yollarını kullarına gösterip tanıtan; her yaratılmışın varlığını sürdürmesi için gerekli rızık arama yollarını gösterip zarardan sakınmalarını ilham eden.

وَاِنَّ اللّٰهَ لَهَادِ الَّذِينَ اٰمَنُوا اِلٰى صِرَاطٍ مُسْتَقِيمٍ •

"Şüphesiz ki Allah, îman edenleri, kesinlikle dosdoğru bir yola yöneltir"[99].

95- Bedî' (اَلْبَدِيعُ): En güzel yaratan, bütün varlıkları yoktan var eden, önceden bir örneği ve benzeri olmaksızın yaratan; zât, sıfat ve fiilleri açısından benzeri bulunmayan tek varlık.

---

97 Fetih 48/11.
98 Nûr 24/35.
99 Hacc 22/54.

بَدِيعُ السَّمٰوَاتِ وَالْاَرْضِ . وَاِذَا قَضٰى اَمْرًا فَاِنَّمَا يَقُولُ لَهُ كُنْ فَيَكُونَ •

"(O), göklerin ve yerin eşsiz yaratıcısıdır. Bir şeyi dilediğinde ona sadece "ol!" der, o da hemen oluverir"[100].

96- Bâkî (اَلْبَاقِى): Varlığının sonu olmayan, gelecekte varlığının sona ermesi düşünülemeyen, varlığı zamana bağlı olmayıp onun üstünde ve dışında, ölümsüz, ebedî.

كُلُّ مَنْ عَلَيْهَا فَانٍ • وَيَبْقٰى وَجْهُ رَبِّكَ ذُو الْجَلَالِ وَالْاِكْرَامِ •

"Yeryüzünde bulunan her canlı yok olacak. Ancak azamet ve ikram sahibi Rabbinin zâtı bâki kalacaktır"[101].

97- Vâris (اَلْوَارِثُ): Her şeyin gerçek sahibi; varlığının sonu olmayan, bütün yaratıkların yok olmasından sonra da kalan, bâkî, ölümsüz.

وَاِنَّا لَنَحْنُ نُحْيِ وَنُمِيتُ وَنَحْنُ الْوَارِثُونَ •

"Şüphesiz biz diriltir ve biz öldürürüz! Ve her şeye biz vâris oluruz"[102].

98- Reşîd (اَلرَّشِيدُ): Doğru yolu ve yararlı şeyleri gösteren, irşad edici; bütün işleri doğru, isabetli ve hedefine ulaştırıcı olan; fiillerinde yanlışlık, çelişki ve tutarsızlık bulunmayan.

مَنْ يَهْدِ اللّٰهُ فَهُوَ الْمُهْتَدِ . وَمَنْ يُضْلِلْ فَلَنْ تَجِدَ لَهُ وَلِيًّا مُرْشِدًا •

---

100 Bakara 2/117.
101 Rahmân 55/26-27.
102 Hıcr 15/23.

"Allah kime hidâyet ederse, işte o, hakka ulaşmıştır, kimi de hidâyetten mahrum ederse artık onu doğruya yöneltecek bir dost bulamazsın"[103].

99- Sabûr (اَلصَّبُورُ): Çok sabırlı, âsi kullarını cezalandırma konusunda acele etmeyip mühlet veren; sabır veren, kulların kalplerini sabırla dayanıklı kılan.

وَكَاَيِّنْ مِنْ قَرْيَةٍ اَمْلَيْتُ لَهَا وَهِيَ ظَالِمَةٌ ثُمَّ اَخَذْتُهَا . وَاِلَيَّ الْمَصِيرُ •

"Nice ülkeler var ki, zulmedip dururlarken onlara mühlet verdim. Sonunda onları yakaladım. Dönüş yalnız banadır"[104].

---

103 Kehf 18/17.
104 Hacc 22/48.

V. OKUMA VE İNCELEME PARÇALARI

TAZARRÛNÂME

Sinan Paşa (1486)[1]

İlâhî! Ben seni ne dil ile ögem ki, dil, hakîkatün bahrinden bir katre. İlâhî! Ben seni ne vücûd ile vasf idem ki, vücûdum, mihrün şuâından bir zerre.

İlâhî! Sen sakla cemî-i belâlardan. İlâhî! Sen kurtarıvir ibtilâlardan. İlâhî! Hidâyetüni refîk et. İlâhî! İnâyetüni şefîk et. İlâhî! Sen istemeyince kimse seni bulamaz ve senden olmayınca kimse vasluna iremez.

İlâhî! Her kişi senden korkar, ben benden. Senden eylükten gayrı nesne yok, her yaramazlık benden.

İlâhî! Her yirde hâzırsın, seni kanda isteyeyim ve hâlüme nâzırsın, sana ne diyeyim.

İlâhî! Sen bana benden yakınsın ve ben dûram; eger ben beni bilmez isem, ma'zûram.

İlâhî! Yaramazlıklardan nice korkarsam belâ ola diyü, eyülükleründen ol kadar korkaram, ibtilâ ola diyü.

---

1 Sinan Paşa, *Tazarrûnâme,* nşr: A. Mertol Tulum, muhtelif sayfalardan derlenmiştir. Ayrıca bkz: Nihad Sami Baharlı, *Türk Edebiyatı Tarihi,* I, 490-495.

İlâhî! Suçum bildüm, kapuna geldüm, red itme. İlâhî! Bî-niyazlığun dîvârını sed itme.

İlâhî! Ecel deminde perîşan-hâl itme. İlâhî! Elüm alacak vakitte pâyimâl eyleme.

İlâhî! Beni rûz-ı mahşerde halk arasında rüsvâ itme. İlâhî! Beni yevm-i berzâhta ten haşerâtına me'vâ itme.

İlâhî! Bizi tâatüne dâim eyle. İlâhî! Bizi gicelerde kâim eyle.

İlâhî! Neylerem ol namâzı ki, niyâzı yok. İlâhî! Neylerem ol derûnı ki, râzı yok. İlâhî! Neylerem ol tekbîri ki, tekrîmsüz ola; neylerem ol kıyâmı ki, ta'zîmsüz ola. Neylerem ol rükûı ki, huzûı yok; neylerem ol sücûdı ki, huşûı yok. Neylerem ol virdi ki, derd ü ışkı yok; neylerem ol zikri ki, sâz u şevki yok.

İlâhî! Her neye mahabbet idersem, senün cemâlün mir'âtı ve her neye ki gönlüm virem, sıfâtun âyâtı.

İlâhî! Her neye bakarsam sen anda hâzır. İlâhî! Her neyi görürsem sen ana nâzır.

İlâhî! Gizlüsin, ğâyet zuhûrundan. İlâhî! Görünmezsin, ziyâde nûrundan.

İlâhî! Sen bize yakınsın, biz göremezüz. İlâhî! Sen bizimle bilesin, biz bilemezüz.

İlâhî! Kabul senden, red senden. İlâhî! Şifâ senden, derd senden. Her kimi kabul idersen azîz idersin, her ne mikdar hasîs ise ve her kimi red idersen hakîr idersin, her ne mikdar nefîs ise.

İlâhî! Benüm derdüme nihâyet yok. İlâhî! Benüm ağlamama ğâyet yok. İlâhî! Bana çâre et, bîçâre kaldum. İlâhî! Bana meded et, âvâre kaldum.

İlâhî! Kapundan gayrı varacağum yok. İlâhî! Senden gayrı yalvaracağum yok. İlâhî! Ölüm vaktinde elüm tut. İlâhî! Tayanacak yirde kolum tut.

İlâhî! Bîkesem, senden gayrı kimsem yok. İlâhî! Fakîrem, sana yarar nesnem yok.

İlâhî! Âkıbet vaktinde hoş hâl et. İlâhî! Ecel deminde rûşen makâl et. İlâhî! Rûhumı zikrin ile al. İlâhî! Gönlümi fikrin ile al. İlâhî! Ol demde tevhîdi benden ırma. İlâhî! Ol nefeste îmanı benden ayırma.

***

MEVLÂ GÖRELİM NEYLER

Erzurumlu İbrahim Hakkı (1772)

Hak şerleri hayr eyler
Zannetme ki gayr eyler
Ârif anı seyr eyler
Mevlâ görelim neyler
Neylerse güzel eyler

Sen Hakk'a tevekkül kıl
Teslim ol ve rahat bul
Sabreyle ve razı ol
Mevlâ görelim neyler
Neylerse güzel eyler

Bir işi murad etme
Olduysa inad etme
Hak'tandır o reddetme
Mevlâ görelim neyler
Neylerse güzel eyler

Hakkın olıcak işler
Boştur gam u teşvişler
Ol hikmetini işler

Mevlâ görelim neyler
Neylerse güzel eyler

Hep işleri fâyıktır
Birbirine lâyıktır
Neylerse muvâfıktır
Mevlâ görelim neyler
Neylerse güzel eyler

Sen adli zulüm sanma
Teslim ol, oda yanma
Sabret sakın usanma
Mevlâ görelim neyler
Neylerse güzel eyler

Deme şu niçin şöyle
Yerincedir ol öyle
Bak sonuna sabreyle
Mevlâ görelim neyler
Neylerse güzel eyler
....

***

NECİD ÇÖLLERİNDEN MEDİNE'YE

Mehmed Âkif Ersoy (1936)[2]

.....

Henüz duâ ediyordum ki, "Yâ Rasûlallah!"
Nidâsı kükreyerek, bir kanatlı tayf-i siyah,
Basıp eşikleri tutmuş yığınla gölgelere,
Süzüldü uçtaki "Bâbüsselâm" önünde yere.
Mehîb sayhası hâlâ fezâda çınlardı,
Ki yükselip yeniden yardı geçti eb'adı.
Düşünce Ravza-i Peygamber'in ayaklarına;
Sarıldı göğsüne çarpan demir kuşaklarına.
Dikildi Cephe-i Dîdar önünde, müstağrak.
Diyordu inleyerek: Ya Nebî, şu hâlime bak!
Nasıl ki bağrı yanar, gün kızınca Sahrâ'nın;
Benim de ruhumu yaktıkça yaktı hicrânın!
Harîm-i pâkine can atmak istedim durdum;
Gerildi karşıma yıllarca ailem, yurdum.
"Tahammül et!" dediler... Hangi zamana kadar?
Ne bitmez olsa tahammül, onun da bir sonu var.
Gözümde tüttü bu, andıkça yandığım, toprak;
Önümde durmadı artık, ne hânumân, ne ocak...
Yıkıldı hepsi... Ben aştım diyar-ı Sûdân'ı.
Üç ay "Tihâme!" deyip çiğnedim beyâbânı.

---

2 M. Âkif Ersoy, *Safahat*, s. 358-359 (şiirin bir bölümü alınmıştır).

Kemiklerim bile yanmıştı belki Sahrâ'da;
Yetişmeseydin eğer, yâ Muhammed, imdâda:
Eserdi kumda yüzerken serin serin nefesin;
Akar sular gibi çağlardı her tarafta sesin!
İrâdem olduğu gündür senin irâdene râm,
Bir an için bana yollarda durmak, oldu haram.
Bütün heyâkil-i hilkatle hasbihal ettim;
Leyâle derdimi döktüm, cibâli söylettim!
Yanıp tutuşmadan aylarca yummadım gözümü...
Nücûma sor ki, bu kirpikler uyku görmüş mü?
Azâb-ı hecrine katlandım elli üç senedir...
Sonunda alnıma çarpan bu zâlim örtü nedir?
Beş altı sîneyi hicrân içinde inleterek,
Çıkan yüreklere hüsran mı, merhamet mi gerek?
Demir nikâbını kaldır mezâr-ı pâkinden!
Bu hasta rûhumu artık ayırma hâkinden!
Nedir o meş'ale? Nûrun mu? Yâ Rasûlallah!.
... ...
Sükûn içinde bir an geçti, sonra bir kısa "âh!.."
Ne gördüm, oh! Serilmiş zemîne Sûdan'lı,
Başında, ağlayarak bir zavallı Seylân'lı,
Öpüp öpüp kapıyor elleriyle gözlerini...

Bitince harice nakliyle gasli, tekfîni,
Bakî'a gitti şehîdin vücûd-u fânîsi;
"Harem"de kaldı, fakat, rûh-u câvidânîsi...

***

TEFSİR MUKADDİMESİNDEN

Elmalılı Hamdi Yazır (1942)[3]

İlâhî! Hamdini sözüme sertâc ettim, zikrini kalbime mi'râc ettim, kitabını kendime minhâc ettim. Ben yoktum var ettin, varlığından haberdar ettin, aşkınla gönlümü bî-karar ettin. İnâyetine sığındım, kapına geldim. Hidâyetine sığındım lütfuna geldim. Kulluk edemedim, affına geldim. Şaşırtma beni, doğruyu söylet, neş'eni duyur, hakikati öğret. Sen duyurmazsan ben duyamam, sen söyletmezsen ben söyleyemem, sen sevdirmezsen ben sevemem. Sevdir bize hep sevdiklerini. Yerdir bize hep yerdiklerini. Yâr et bize erdirdiklerini. Sevdin habibini kâinata sevdirdin. Sevdin de hıl'at-i risâleti giydirdin. Makam-ı İbrahim'den Makam-ı Mahmud'a erdirdin. Server-i asfiyâ kıldın, hâtem-i enbiyâ kıldın, Muhammed Mustafâ kıldın. Salât ü selâm, tahiyyât ü ikrâm, her türlü ihtiram ona, onun âl-ü ashâb-ü etbâına yâ Rab!

***

3 Elmalılı Hamdi Yazır, *Hak Dini Kur'an Dili,* I, 7 (mukaddime).

DUA

Emin Işık[4]

Dua, bütün dinlerin müşterek bir ibâdeti, ibâdetlerin ve dînî merasimlerin de sonudur. Yaşayan bütün dinler duayı en büyük ibâdet sayarlar. Duanın en büyük ibâdet olduğu fikrine müslümanlar da katılırlar... Dinin direği ve ibâdetlerin en büyüğü sayılan namaz, lügat mânâsı ile dua demektir. Yalnız namaz, kulun sadece diliyle yaptığı bir dua değil, Allah karşısında alması gereken bütün tavırları alarak, rûhî ve bedenî bütün kuvvetlerini seferber ederek, bütün varlığıyla yaptığı bir duadır. Namaz, duanın en güzel şekil ve ifadelerini içine alır. Bildiğimiz gibi, Fatiha bir dua sûresidir. Her namazın başında okunan bu sûre, Allah'a hamd ile başlar...

Dua, müslümanın günlük hayatında büyük bir yer tutar. Besmele kısa fakat özlü bir duadır. Müslüman, ibâdetlerine ve ibâdet dışındaki bütün işlerine besmele ile başlar, her işin sonunda da Allah'a hamd eder. Böylece müslümanın bütün işleri dua ile başlamış ve dua ile sona ermiş olur.

Kur'ân-ı Kerîm'in ilk sûresi olan Fâtiha, aslında çok geniş ve derin mânâlı bir duadır. Kur'ân'ın son iki sûresi de Allah'a sığınmayı ve bağlanmayı telkin eder...

Dua, mutlaka ihtiyaçlarımızla ilgili bir şeyler istemek değildir. Bizi yaratan ve yaşatan sonsuz kudretin sahibi önünde, kendi aczimizi ve hiçliğimizi anlamak, kendi kendimize yeterli olmadığımızı bilmektir. Bizi en yakından tanıyan ve en iyi anlayan Rabbin huzu-

---

4 Emin Işık, *Kur'ân'ın Getirdiği*, s. 271-273.

runda, iç dünyamızı olduğu gibi ona açmak ve bütün samimiyetimizle halimizi O'na itiraf etmektir...

Böylece dua, her şeyden önce, kötü duygu ve düşüncelerden boşalmak ve temizlenmek, iyi duygularla dolmak suretiyle ruh huzuruna kavuşmaktır. Cenâb-ı Hakk'ın Peygamberine hitaben *"Sen onlara dua et, çünkü senin duan onlara sükûnet verir"*[5] buyurmasında duanın teskin edici kudretine işaret vardır.

Kulun Cenâb-ı Hak karşısındaki samimî itirafları, aynı zamanda kendi kendini tanıması ve bir parça kendine gelmesi demektir. Bütün kâinata ve kendimize üstün bir kudrete sığınmamız, o kudretin yardım ve desteğini kazanmaya çalışmamız, bizi yalnızlık duygusundan kurtarıcı ve hayata güvenle hazırlayıcı oluyor.

İhtiyaçlarımız hususundaki isteklerimizin kısa zamanda verilmesi, duanın kabulü için belki bir beşaret (müjde) sayılır fakat esas güzel olan şey, dua anında yaşanılan ruh halidir. Büyüklerden biri, "Dua ile dilediğin şey olmazsa dahi, sevgiliye yalvarmanın hazzı sana yetişir" demişti. Çünkü duada, kendimizi en derinden duyuyor ve yaşıyoruz. Önce kendimizi buluyor, sonra da kimin olacağımızı anlıyoruz. Duanın en büyük ibâdet olması da bu derinliğinden dolayıdır. Çünkü dua, duadaki sesler ve kelimeler değil, kalpteki iniltiler ile ruhtaki sızıltılardır.

Dua, maddî ihtiyaçlarla ilgili bir takım isteklerde bulunmak, menfaatlerimize saygı göstermeyenlerin helâkini istemek değildir. Askere kumanda eder gibi, yüksek sesle ve çalımla verilen emirler de değildir. Hele bir takım secîli ve kafiyeli sözler dizisi, hiç değildir. Çünkü Peygamberimiz, ashaptan şair Abdullah b. Revâha'ya dua içinde secî ve kafiyelerden sakınmasını söylemişti...

Bir şeyler isterken dahi, şimdiye kadar verilmiş olanlardan memnun kaldığımızı bildirmek ve usûlüne göre istemek lâzımdır.

---

5 Tevbe 9/103.

Bu sebepten dolayı her duaya hamd ve şükür ile başlanır. Hamd, Allah'ı ve onun eserlerini sevdiğimizi, kaderine razı, nimetlerinden memnun olduğumuzu ve yaşamaktan sevinç duyduğumuzu ifade eder. Nimet güzel, şükür ise daha güzeldir, demişler. Nimetlerine karşı nankör olmayan kullarını da Allah, elbette ki çok sever. Cenâb-ı Hakk'ın, *"Eğer siz şükrederseniz ben de size nimetlerimi arttırırım"*[6] buyurması bundandır. Allah'ın lütfu sayesinde var olan ve onun nimetleri sayesinde hayatlarını devam ettiren kulların, Rablerine karşı ilk ve en büyük vazifeleri olan şükür ve dua borçlarını iyi bilmeleri ve lâyıkıyla yapmaya çalışmaları gerekir.

***

---

6 İbrahim 14/8.

DİLENCİ

Sâmiha Ayverdi[7]

Hicaz gecelerini bilir misiniz? Âteşin, parlak, füsunlu geceler.. Orada yazın herkes, evlerinin damlarında yatar; evin, gökyüzüne en yakın olan bu kısmına sütuh derler.

Sevdâlı bir dudak, derdini sevgilisinin kulağına söylemez, ancak kendi gibi yanıp yakılan bir çift dudağa tevdi eder.

Medine geceleri de sevdâlı bir baş gibidir; sanki yaklaşır, yaklaşır ve sevdiğine sır söyler; aşkından, ateşinden onu da tutuşturunca kaçar, uzaklaşır ve güler.. tıpkı intikam almış gibi güler, güler..

Medine gecelerinin âteşîn rüzgârına amber, ful ve limon çiçeklerinin baygın kokuları, sehhar bir güzel gibi âdetâ sinmiştir. İnsan, alıp verdiği her nefeste, sanki bu hava ile dolup boşalır, bütün bu koku, âzâ ve eczâsına yayılır ve sirâyet eder.

Hava kararmaya, gökyüzünün âteşîn çehresi yağızlaşmaya başlayınca, sütuhlar seslenmeye, şehrin hayâtı, yavaş yavaş, evlerin bu son noktasına yükselmeye başlar. Tek tek sesler, gülüşler, gidiş, geliş, bilhassa serinlik temîn edebilmek için yerlere kova kova dökülen su sesleri, sütuhların canlanmak üzere olduğundan ilk nişanlardır.

Burada herkes gibi Abdülfettah'ın da, küçücük toprak evinin üstünde bir sütuhu vardır. O da herkes gibi geceleri bu çatısız, kubbesiz, örtüsüz yerde geceler. Fakat bu ihtiyar adam için ne gökyü-

---

7 Sâmiha Ayverdi, *Mâbedde Bir Gece,* s.183-187.

zünü benekleyen yıldızların yeşil gözlerinden, ne muhteşem gecelerin füsunundan, ne de bir gelin duvağı gibi tabîatı kuşatan mehtaplı beyaz gecelerin mâverâî güzelliğinden nasib vardır. Çünkü gözleri görmez. Onun kimsesi de yoktur.. komşu sütuhlardan gelen tufeylî seslere de kulak vermez; yalnız, gönlünün sesini dinler, bu gönlünden taşan güzelliklere dalar, onlara bakar ve onları görür.

Abdülfettah âmâ olduğuna teessüf etmez; bilâkis, mahsûsatı görüp mâkulatı görmeyen körlere acır. Çünkü gönül gözünün baş üzerindeki bir çift görücü âletten daha kıymetli olduğunu bilir. Abdülfettah'ın tesellîsi budur.

Der ki: Göz, başkasını görür, kendini idrâk edemez. Göz, kendisine çok uzak ve çok yakın olanı da seçemez. Akıl içinse uzaklık ve yakınlık birdir; bir nefeste semâvâta yükselir ve bir lâhzada arza iner.. Onun için akıl ve gönül gözü Hudâ nûrunun nümûneleridir.

Sonra göz, hicab arkasında olanı idrâk etmez; halbuki hiçbir hakîkat akıldan gizli değildir. Aklın körleşmesi, bir kötülükle perdelenmiş olmasındandır.

Göz, eşyânın dışını, satıhını, sûret ve kabuğunu görür; içini, mânâ ve hakîkatini bilemez. Akıl ise eşyânın rûhuna ve hakîkatine nüfûz eder.

Mânâ esrârı da akıl indinde peydâ ve gizli mânâlar âşikârdır; bilinen ve bilinmeyen bütün hisler aklın câsuslarıdır.

Göz, sonsuzlukları idrâk etmez; ancak hududlu olan cisimleri görür. Akıl ise sonsuz bilgiye göre nihâyetsiz bilgiler idrâk eder.

Göz, büyüğü küçük, küçüğü büyük, müteharriki sâkin, sâkini müteharrik görür. Akıl, bu galatların hepsinden uzaktır.

Abdülfettah'ın yalnız ve kimsesiz gecelerinin tek haldaşı, gönlünün ziyâde görücü gözü ve bu gönlün bitmez tükenmez zevkidir.

Abdülfettah'ın parası da yoktur. Güneş, tetik bir uyku uyuyan şehri hislendirmeden, hemen uryan denecek kıyafetiyle evinden çıkar. Makamları dolaştıktan sonra erkenden Bâbüsselâm'e gelir ve bir taşın üstüne oturarak o günün rızkını bekler.

Abdülfettah, sokağa çıkarken asâsını da alır. Onlar, bu değnekle ikisi, yarım asırlık arkadaştırlar. Abdülfettah'ın anası babası, âmâ çocukları yürümeye başlayınca oyuncak yerine ona evvelâ bir değnek vermişlerdi. Çocuk büyüdükçe de değneğini değiştirerek az daha büyüğünü verirlerdi. O, çocukluğunda, her değnek değiştikçe yadırgar, üzülür, güçlükle alışırdı. Fakat on dokuz yirmi yaşından beri artık bu üzüntüden kurtulmuş, elli seneden beri değneğini hiç değiştirmemiş, ona bir dost gibi alışmıştı.

Medine'de dilenciler kapı kapı gezmezler, gelip geçenlerden de para istemezler, yalnız kendilerine uzatılanı kabûl ederler. Abdülfettah da onlardan biridir, dâimâ Bâbüsselâm'da oturur ve her avucuna para koyanın elini tutar:

— Sen kimsin? diye sorar.

Akşama kadar kendisine para verenlerin isimlerini hâfızasında saklar, sabahleyin gün doğmadan çok evvel, Makamları dolaşarak her birinin önünde ayrı ayrı durur ve kendisine para veren, iyilik edenlerin isimlerini sayarak onlar için Allah'tan iyilik ister.

Bir gece ihtiyar âmâ, gene pek erken yola çıktı; fakat yollara çok alışık olmasına rağmen ayağı bir taşa ilişerek düştü, elinden asâsı fırladı. Abdülfettah, kaybolan değneğini pek çok aradı; yerlerde sürünerek elleriyle toprakları karıştırdı; tırnaklarıyla taşları kumları kazıyarak tekrar tekrar aradı, fakat bulamadı. Yoksa bu elli senelik dostun, vazîfesi sona mı ermişti?

Yazık ki bu saatte sokaklarda ona yardım edecek kimse de bulunmazdı. Şimdi ne yapacaktı? Eşini, sevgilisini kaybetmiş gibi meyustu. Bu gözlerden, bu sönmüş gözlerden de yaş çıkmıyordu ki ağlasın.. fakat, gözleri ağlamıyorsa bile içi ağlıyordu.. Son bir ümidle değneğini tekrar şurada burada aradı; lâkin faydasızdı, bulamadı.

Abdülfettah, bundan fazla oyalanamaz, kendine iyilik etmiş olanlara, Allah'tan iyilik istemek vazîfesini daha fazla ihmâl edemezdi. Kaybettiği, bir hazîne de olsa, onu bulmak için, avucuna para koymuş kimselere karşı nankör ve lâkayd olmayı kendine yakıştıramadı.

Husûsiyle, sessiz bir uyku uyuyan gecenin bağrında, çırpınan bir kanad gibi gönlünü ferahlatan zevki, değil bir değneğe, iki dünyânın kıymetlerine değişmezdi. Onun için de yoluna, hiçbir sebep sed çekmemeliydi.

Abdülfettah, iki elini ileri doğru uzatarak acemi ve korkak, yürümeye başladı ve doğruca Harem-i Şerîf'ten içeri girdi. Buraya adım atar atmaz, bütün düşünceleri ve dertleriyle berâber değneğinin gamını da unutmuştu.

Şimdi o, görmeyen gözlerine rağmen, göz kesilmiş bütün varlığıyla, göze görülmekten uzak olan bir âlemin şaşırtan azameti içinde seyrediyordu. Arada bir kendine geldikçe:

— Allah'ım!.. Dün bana Seyid Hâris bir metelik verdi, sen de ona sana lâyık olan şeyi ver, diyerek gündelik vazifesini de yapıyordu.

— Allah'ım! Dün bana Seyid Ali bir avuç ful verdi; sen de ona iki cihanı satın alan aşkını ver!..

— Allah'ım! Nasır bin Revân, dün beni evine götürdü, sakalıma gül yağı sürdü, ayaklarıma kendi medeslerini giydirdi. Ona, rahmetinden öyle bir kaftan giydir ki melekler imrensinler!..

— Allah'ım! Ya Resûlallah...[8]

Bu, Abdülfettah'ın son sözü oldu ve parmaklığı tutan elleri birdenbire çözülerek olduğu yere düştü.

Artık ona ne değnek ne de dünyâ ihtiyaçlarından bir şey lâzımdı. Allah'a giden rûhu, bu yüzde, yalnız bir tebessüm bırakmış, sanki son telaffuz ettiği ismin âteşîn zevki bu çehrede bir tebessüm olarak tespît olup kalmıştı.

***

8 Yukarıda dört yerde geçen "Allah'ım" kelimelerinin yerinde, metnin orijinalinde, "Yâ Resûlallah" ifadesi geçmektedir.

DUA

Arif Nihat Asya[9]

Biz, kısık sesleriz, minareleri,
Sen, ezansız bırakma, Allah'ım!

Ya çağır şurda bal yapanlarını;
Ya kovansız bırakma, Allah'ım!

Mahyasızdır minareler... göğü de
Kehkeşansız bırakma, Allah'ım!

Müslümanlıkla yoğrulan yurdu
Müslümansız bırakma, Allah'ım!

Bize güç ver... cihad meydanını
Pehlivansız bırakma, Allah'ım!

Kahraman bekleyen yığınlarını
Kahramansız bırakma, Allah'ım!

Bilelim hasma, karşı koymasını:
Bizi cansız bırakma, Allah'ım!

---

9 Arif Nihat Asya, *Dualar ve Âminler,* s. 57-58.

Müslümanlıkla yoğrulan yurdu
Müslümansız bırakma, Allah'ım!

Yarının yollarında yılları da
Ramazansız bırakma, Allah'ım!

Ya dağıt kimsesiz kalan sürünü,
Ya çobansız bırakma, Allah'ım!

Bizi sen sevgisiz, susuz, havasız
Ve vatansız bırakma, Allah'ım!

Müslümanlıkla yoğrulan yurdu
Müslümansız bırakma, Allah'ım!

***

BİBLİYOGRAFYA

Abdülbâkî, Muhammed Fuad, *el-Mu'cemü'l-Müfehres li Elfâzi'l-Kur'âni'l-Kerîm*, İstanbul 1990.

Aclûnî, İsmail b. Muhammed (1162/1749), *Keşfu'l-Hafâ'*, Beyrut 1979, 2. baskı (I-II).

Ahmed b. Hanbel (241/855), *el-Müsned*, Beyrut ts (I-VI).

Ahmed Cevdet Paşa (1895), *Kısas-ı Enbiya*, nşr: Mümin Çevik, İstanbul 1969 (I-IV).

Ahmet Hâşim (1933), *Şiirler*, haz: Kenan Akyüz, İstanbul 1973.

Akseki, Ahmed Hamdi (1951), *İslâm Dîni*, Ankara 1962, 12. baskı.

Âlûsî, Ebü'l-Fadl Mahmûd (1270/1854), *Rûhu'l-Meânî fî Tefsîri'l-Kur'âni'l-Azîm ve's-Seb'i'l-Mesânî*, Beyrut- ts (I-XXX).

Aras, Özgü, "Ad Koyma", *DİA*, I, 332-333, İstanbul 1988.

Âsım Efendi (1819), *Kamus Tercemesi*, İstanbul 1304-1305 (I-IV).

Askalânî, İbn Hacer Ahmed b. Ali (856/1448), *el-İsâbe fî Temyîzi's-Sahâbe*, Mısır 1328 (I-VIII).

Asya, Arif Nihat, *Dualar ve Âminler*, İstanbul 1973, 2. baskı.

Âşık, Nevzat, *Sahâbe ve Hadîs Rivâyeti*, İzmir 1981.

Atay, Hüseyin, *Kur'ân'a Göre Araştırmalar*, Ankara 1993.

Ateş, Süleyman, *Açıklamalı Yeni Dua Mecmuası*, Ankara 1983.

-----, *Yüce Kur'ân'ın Çağdaş Tefsiri*, İstanbul 1988 (I-XI+I).

Aydın, M. Âkif, "Mehir", *DİA*, XXVIII, 389-391, Ankara 2003.

Ayverdi, İlhan, *Misalli Büyük Türkçe Sözlük*, İstanbul 2005 (I-III).

Ayverdi, Sâmiha, *Mâbed'de Bir Gece*, İstanbul 1976, 2. baskı.

Baktır, Mustafa, "Hutbe", *DİA*, XVIII, 425-428, İstanbul 1998.

Baltacı, Cahid, "İslâm Medeniyetinde Cami", *Marmara Üniversitesi İlahiyat Fakültesi Dergisi*, İstanbul 1986.

Banarlı, Nihad Sâmi (1974), *Resimli Türk Edebiyatı Tarihi*, İstanbul 1987 (I-II).

-----, *Türkçe'nin Sırları*, İstanbul 1972.

Başaran, Selman, "Huzeyfe b. Yemân", *DİA*, XVIII, 434-435, İstanbul 1998.

Başgil, Ali Fuad, *Gençlerle Başbaşa*, İstanbul 1970, 6. baskı.

Beğavî, Huseyn b. Mes'ûd (516/1122), *Şerhu's-Sünne*, Dimaşk 1977 (I-XVI).

Beşer, Faruk, "Mübarek Geceler", *İslâm'da İnanç İbadet ve Günlük Yaşayış Ansiklopedisi*, III, 356-358, İstanbul 1997.

Bilmen, Ömer Nasuhi (1971), *Büyük İslâm İlmihali*, İstanbul 1966.

Birinci, Necat, *Tercüman Türk Edebiyatı Ansiklopedisi*, İstanbul 1985.

Bozkurt, Nebi, "Kandil", *DİA*, XXIV, 300-301, İstanbul 201.

Buhârî, Muhammed b. İsmâil (256/870), *el-Câmiu's-Sahîh*, İstanbul 1979 (I-VIII).

Caferoğlu, Ahmet, *Kâşgarlı Mahmut*, İstanbul 1970.

Canan, İbrahim, *Kütüb-i Sitte Muhtasarı Tercüme ve Şerhi*, Ankara 1990 (I-XVIII).

Carnegie, Dale, *Dost Kazanmak ve İnsanlar Üzerinde Etki Yapmak Sanatı*, çeviren: Türkân Akbaş, İstanbul 1969.

Cenab Şahabeddin (1934), *Tiryaki Sözleri*, haz: Orhan F. Köprülü - Reyan Erben, İstanbul 1978, (Tercüman 1001 Temel Eser).

Çağrıcı, Mustafa, "Ahlâk", *İslâm'da İnanç İbâdet ve Günlük Yaşayış Ansiklopedisi*, I, 63 vd, İstanbul 1997.

-----, "Da'vet", *DİA*, IX, 16 vd, İstanbul 1994.

-----, "Emir bi'l-ma'rûf Nehiy ani'l-Münker", *DİA*, XI, 138 vd, İstanbul 1995.

-----, "Haya", *İslâm'da İnanç İbâdet ve Günlük Yaşayış Ansiklopedisi*, II, 204 vd, İstanbul 1997; *DİA*, XVI, 554, İstanbul 1997.

Çakan, İsmail Lütfi, *Dînî Hitâbet*, İstanbul 1998.

Çakan, İsmail Lütfi - İrfan Gündüz -Yakup Çiçek, *İmam Hatip Liseleri İçin Hitabet*, İstanbul 1992, 6. baskı (MEB) (I-II).

Çalışkan, Adem, *Fuzûlî'nin Su Kasidesi ve Şerhi*, Ankara 1992, (DİB).

Çamlıbel, Faruk Nafiz, *Han Duvarları*, İstanbul 1983.

Çelebi, Ahmed, *İslâm'da Eğitim Öğretim Tarihi*, trc: Ali Yardım, İstanbul 1976.

Çelik, Muhammed, *Kur'ân'ın İknâ Husûsiyetleri*, İstanbul 1994 (Basılmamış Doktora tezi).

Çetin, Abdurrahman, *Kur'ân İlimleri ve Kur'ân-ı Kerîm Tarihi,* İstanbul 1982.

-----, *Kur'ân Okuma Esasları,* Bursa 2010, 8. baskı.

-----, *Örneklerle Peygamberimiz,* İstanbul 2007, 4. baskı.

Dânişmend, İsmâil Hâmi, *Garb İlminin Kur'ân-ı Kerîm Hayranlığı,* İstanbul 1978, 3. baskı.

Dârekutnî, Ali b. Ömer (385/995), *Sünen,* Medine 1966 (I-II).

Dârimî, Abdullah b. Abdurrahman (255/869), *es-Sünen,* ts (I-II).

Davudoğlu, Ahmed, *Sahîh-i Müslim Tercüme ve Şerhi,* İstanbul 1977, 2. baskı (XI+I).

Denizkuşları, Mahmut, *Hadislerin Işığında Günlük Hayatımız,* İstanbul 1983.

Demircan, Ali Rıza, *İslâm Nizamı,* İstanbul 1971-74 (I-III).

Demirci, Kürşat – Mehmet Şener, "Cenaze", *DİA,* VII, 353-357, İstanbul 1993.

Dergâh, "Hitabet", *Türk Dili ve Edebiyatı Ansiklopedisi,* IV, 247; ayrıca II, 359; VI, 400, İstanbul 1981.

Devellioğlu, Ferit, *Osmanlıca-Türkçe ansiklopedik Lûgat,* Ankara 1978.

Doğan, D. Mehmet, *Büyük Türkçe Sözlük,* İstanbul 1996, 11. baskı.

Doğdu, Süleyman, *Hitabet Rehberi,* İstanbul.

Doğrul, Ömer Rıza, *Kur'ân Nedir?,* İstanbul 1927.

Dönmez, İbrahim Kâfi, "Namaz", *İslâm'da İnanç İbadet ve Günlük Yaşayış Ansiklopedisi,* III, 426 vd, İstanbul 1997.

Ebû Dâvud, Süleyman b. Eş'as (275/888), *es-Sünen,* Mısır 1952 (I-II).

Ediskun, Haydar - Baha Dürder, *Örnek Dilbilgisi,* İstanbul 1988.

Elmâî, Zâhir b. Avvad, *Kur'ân'da Tartışma Metodları,* trc: Ercan Elbinsoy, İstanbul 1984.

Elmalılı, Hamdi Yazır (1944), Hak Dini Kur'ân Dili, İstanbul ts (I-IX).

Erdem, Sargon - İbrahim Bayraktar - Nebi Bozkurt - Özdemir Nutku, "Bayram", *DİA,* V, 257 vd, İstanbul 1992.

Ergin, Osman, *Türk Maarif Tarihi,* İstanbul 1977 (I-V).

Ergin, Muharrem, Orhun Âbideleri, İstanbul 1970, (MEB 1000 Temel Eser).

Ersoy, Mehmed Akif, *Safahat,* İstanbul 1966, 7. baskı.

Gelişim Hachette Alfabetik Genel Kültür Ansiklopedisi, IV, 1338-1339, İstanbul 1993.

Gözübenli, Beşir, "Cenaze", *İslâm'da İnanç İbadet ve Günlük Yaşayış Ansiklopedisi,* I, 294-318, İstanbul 1997.

Güleç, Hasan, "Mehir", *İslâm'da İnanç İbadet ve Günlük Yaşayış Ansiklopedisi,* III, 166-168, İstanbul 1997.

Günümüz Dilinden Hz. Peygamber'e Naatlar, Ankara 1991 (TDV).

Ğazzâlî, Muhammed b. Muhammed (505/1111), *İhyau Ulûmiddîn,* trc: Ahmed Serdaroğlu, İstanbul 1975 (I-IV).

-----, *Kimyâ-i Saâdet,* trc: A. Faruk Meyan, İstanbul ts.

Halîfe, Abdülkerîm, "Ebü'l-Bekâ er-Rundî", *DİA,* X, 298-299, İstanbul 1994.

Hamidullah, Muhammed (2002), *İslâm Peygamberi,* trc: M. Said Mutlu, İstanbul 1966-1969 (I-II).

Hatîb Tebrîzî, Muhammed b. Abdullah (vf. h. VIII yy), *Mişkâtü'l-Mesâbîh,* Beyrut 1979 (I-III).

Heysemî, Ali b. Ebû Bekr (807/1404), *Mecmeu'z-Zevâid,* Beyrut 1967, 2. baskı (I-X).

Işık, Emin, *Kur'ân'ın Getirdiği,* İstanbul 1974.

Işık, İhsan, *Türkiye Edebiyatçılar ve Kültür Adamları Ansiklopedisi,* Ankara 2006 (I-X).

İbnü'l-Esîr, Ebü'l-Hasen Ali b. Muhammed (630/1233), *el-Kâmil fi't-Târîh,* Beyrut 1965 (I-XII+I).

İbn Hemmâm, Ebûbekr Abdürrezzâk b. Hemmâm (211/826), *el-Musannef,* Beyrut 1970-1972 (I-XI).

İbn Hişâm, Ebû Muhammed Abdülmelik (218/833), *es-Sîretü'n-Nebeviyye,* nşr: Mustafa Saka - İbrahim el-Ebyârî - Abdülhâfız Çelebi, Beyrut 1971, 3. baskı, (I-IV); tercüme: Hasan Ege, *İslâm Tarihi,* İstanbul 1985 (I-IV).

İbn İshâk (151/768), *Siyer (Kitâbü'l-Mübtedei ve'l-Meb'asi ve'l-Meğâzî),* nşr: Muhammed Hamidullah, tercüme: Sezai Özel, Konya 1981; İstanbul 1988.

İbn Kayyim el-Cevziyye (751/1350), *Zâdü'l-Meâd fî Hedyi'l-İbâd,* Mısır 1973, 3. baskı; trc: Şükrü Özen, İstanbul 1988 (I-VI).

İbn Mâce, Muhammed b. Yezîd (275/888), *es-Sünen,* Mısır ts (I-II).

İbn Manzûr, Muhammed b. Mükerrem (711/1311), *Lisânü'l-Arab,* Beyrut-ts (I-XIV).

Kabaklı, Ahmet (2001), *Türk Edebiyatı,* İstanbul 1969 (I-III).

Kandehlevî, Muhammed Yusuf (1965), *Hayâtü's-Sahâbe,* Dimaşk 1969, (I-IV), trc: Ahmet Meylânî, İstanbul 1980 (I-IV).

Kandemir, M. Yaşar, "Camideki Köroğlu", *Nesil Dergisi,* C. 3, sayı: 2, (Kasım 1978).

-----, M. Yaşar Kandemir, "Cevâmiu'l-kelim", *DİA,* VIII, 440, İstanbul 1993.

-----, *Örneklerle İslâm Ahlâkı,* İstanbul 1979.

Kantemir, Enise, *Yazılı ve Sözlü Anlatım,* Ankara 1972 (Ankara Ün. Eğitim Fak. yay).

Kapar, Mehmet Ali, "Kus b. Sâide", *DİA,* XXVI, 460, Ankara 2002.

Karaalioğlu, Seyit Kemal, *Kompozisyon Sanatı,* İstanbul 1969, 6. baskı.

Karaçam, İsmail, *Sonsuz Mucize Kur'ân,* İstanbul 1987.

Karahan, Abdülkadir, "Fuzûlî", *DİA,* XIII, 240 vd, İstanbul 1996.

Karakoç, Sezai, *İslâm'ın Şiir Anıtlarından,* İstanbul 1976.

-----, *Sütun,* İstanbul 1969 (I-II).

Karaman, Hayreddin, *İslâm'ın Işığında Günün Meseleleri,* İstanbul 1993 (I-III).

Karaman, Hayreddin - Bekir Topaloğlu, *Arap Dili ve Edebiyatından Seçmeler,* İstanbul 1975.

Kaya, Mahmut - Hüseyin Elmalı - Mustafa Uzun, "Hitâbet", *DİA,* XVIII, 156-163, İstanbul 1998.

Kazancı, Ahmed Lütfi, *Peygamber Efendimizin Hitâbeti,* İstanbul 1980.

Keskioğlu, Osman, *Son İlâhi Kitab Kur'ân-ı Kerîm,* Ankara 1983.

Kılıç, Hulûsi, "Belâgat", *DİA,* V, 380 vd, İstanbul 1992.

-----, "Celle celâlüh", *DİA,* VII, 271, İstanbul 1993.

Kırca, Celâl, *Kur'ân ve İnsan,* İstanbul 1996.

Kısakürek, Necip Fazıl, *Çile,* İstanbul 1976, 5. baskı.

-----, *İdeolocya Örgüsü,* İstanbul 1973.

Komisyon, *el-Esmâi'l-Hüsnâ Allah'ın Güzel İsimleri,* İstanbul 2004, Karınca yayınları.

Komisyon, *İlmihal,* İSAM: Türkiye Diyanet Vakfı İslâm Araştırmaları Merkezi, İstanbul 1999 (I-II).

Komisyon, *Kur'ân-ı Kerîm ve Açıklamalı Meâli,* Ankara 1993, Türkiye Diyanet Vakfı.

Komisyon, *Kur'ân Yolu Türkçe Meal ve Tefsir,* Ankara 2006, 2. baskı (DİB) (I-V).

Krech, Davio - Richard S. Crutchfield - Egerton L. Ballachey, *Cemiyet İçinde Fert,* trc: Mümtaz Turhan (1969), İstanbul 1970 (I-II).

Kutub, Muhammed, *Kur'ân Araştırmaları,* trc: Akif Nuri, İstanbul 1981.

Kutub, Seyyid, *Kur'ân'da Edebî Tasvir,* trc: Süleyman Ateş, İstanbul 1996, 4. baskı.

Mâlik b. Enes (179/795), *el-Muvatta',* nşr: Muhammed Fuâd Abdülbâkî, ys, ts.

Merâğî, Ahmed Mustafa (1952), *Tefsîru'l-Merâğî,* Beyrut-1974, 3. baskı (I-X).

Mevlânâ Celâleddîn Rûmî (672/1273), *Rubâîler,* trc: Abdülbâki Gölpınarlı, Ankara 1982.

Meydan Larousse, "Hatip", "Hitabet", V, 677, 907, ayrıca II, 580; III, 764; IV, 765; VIII, 898; IX, 44; XII, 172, İstanbul 1987.

Muallimoğlu, Nejat, *Bütün Yönleri ile Hitabet,* İstanbul 1994, 4. baskı.

Müslim, Ebü'l-Huseyn Müslim b. Haccâc (261/874), *el-Câmiu's-Sahîh,* Beyrut ts (I-V).

Necdî, Muhammed el-Hamûd, *en-Nehcü'l-Esmâ fî Şerhi Esmâi'llâhi'l-Hüsnâ,* Küveyt 1423, 5. baskı (I-II).

Nesâî, Ahmed b. Şuayb (303/915), *es-Sünen,* Mısır 1964 (I-VIII).

Nevevî, Yahya b. Şeref (667/1278), *Riyâzü's-Sâlihîn ve Tercemesi,* trc: Kıvamüddin Burslan - H. Hüsnü Erdem, Ankara 1970, 3. baskı (DİB) (I-III).

Oğuz Kağan Destanı, W. Bang - G. R. Rahmeti'nin aynı isimli (İstanbul 1936) eserinden hazırlayan: Muharrem Ergin, İstanbul 1970 (MEB 1000 Temel Eser).

Önder, Mehmet, *Mevlânâ, Hayatı - Eserleri,* İstanbul ts (Tercüman 1001 Temel Eser).

Önkal, Ahmet, *Rasûlüllahın İslâm'a Da'vet Metodu,* Konya 1990, 6. baskı.

Özel, Ahmet, "Mevlid", DİA, XXIX, 475 vd, Ankara 2004.

Özervarlı, M. Sait, "Kadir Gecesi", *DİA,* XXIV, 124-125, İstanbul 2001.

Öztop, Ömer, *Süleymaniyeden Hitap,* İstanbul 1980.

Öztürk, Yaşar Nuri, *Kur'an'ın Temel Kavramları,* İstanbul 1991.

Pakalın, M. Zeki, *Osmanlı Tarih Deyimleri ve Terimleri Sözlüğü,* İstanbul 1983, 3. baskı (MEB) (I-III).

Pala, İskender, "İnşâd", *DİA,* XXII, 342, İstanbul 2000.

Par, Arif Hikmet, *Plânlı Yazma Sanatı,* İstanbul ts.

-----, *Osmanlıca Türkçe Ansiklopedik Sözlük,* İstanbul 1984.

Parladır, Selahattin, "Dua", *DİA,* IX, 533 vd, İstanbul 1994.

Pedersen, Johs., "Hatib", *İA*, V-I, 363-365, İstanbul 1977.
Pekolcay, Neclâ, *İslâmî Türk Edebiyatı*, İstanbul 1967 (I-II).
-----, *Mevlid*, İstanbul 1980.
Râğıb el-Isfehânî, Huseyn b. Muhammed (502/1108), *el-Müfredât fî Ğarîbi'l-Kur'ân*, Kahire-1381/1961.
Safa, Peyami, *Sanat Edebiyat Tenkit*, derleyen: Ergun Göze, İstanbul 1970.
Saka, Şevki, *Kur'ân'ı Kerîm'in Davet Metodu*, Ankara ts.
Saraçbaşı, M. Ertuğrul - İbrahim Minnetoğlu, *Türk Atasözleri Sözlüğü*, İstanbul 1982, 2. baskı.
Sepetçioğlu, Mustafa Necati, *Kilit*, İstanbul 1971.
Sinan Paşa (1486), *Tazarrûnâme*, nşr: A. Mertol Tulum, İstanbul 1971.
Smiles, Samuel, *Kendine Yardım*, çev: Süreyya S. Berkem, İstanbul 1969, 4. baskı.
Sofuoğlu, Cemal, *Açıklamalı Dua Kitabı*, Ankara 1993, 2. baskı.
Sofuoğlu, Mehmed, *Sahîh-i Buhârî ve Tercemesi*, İstanbul 1987 (I-XVI).
-----, *Sahîh-i Müslim ve Tercemesi*, İstanbul 1967 (I-VIII).
Stuart, Cristina, Etkili Konuşma, çeviren: Murat Sağlam, İstanbul 2001, 2. baskı.
Süleyman Çelebi, *Mevlid*, nşr: Faruk Kadri Timurtaş, İstanbul 1970.
-----, *Mevlid*, nşr: Naclâ Pekolcay, İstanbul 1980.
Şenbay, Nüzhet, *Söz ve Diksiyon Sanatı*, İstanbul 1993, 5. baskı.
Şener, Mehmet, "Cenaze (İslâm'da Cenaze)", *DİA*, VII, 355, İstanbul 1993.
-----, "İftar", DİA, XXI, 517-518, İstanbul 2000.
Şentürk, Lütfi - Seyfettin Yazıcı, *Diyanet İslâm İlmihali*, Ankara 1997, 3. baskı.
Şiblî, Mevlânâ, *Asr-ı Saadet*, trc: Ömer Rıza Doğrul, İstanbul 1977 (I-V).
Şürunbülâlî, Hasan b. Ammâr - Ebü'z-Zeyd eş-Şiblî, *el-Miftâh Şerhu Nûri'l-Îzâh*, trc: Abdullah Aydın, *Nûru'l-Îzah ve Tercümesi*, İstanbul 1970.
Taberî, Muhammed b. Cerîr (310/922), *Câmiu'l-Beyân (Tefsir)*, Mısır 1968, 3. baskı (I-XXX).
Tâhir'ül Mevlevî (Olgun), *Müslümanlığın Medeniyete Hizmetleri*, İstanbul 1974 (I-II).
-----, *Müslümanlıkta İbâdet Tarihi*, İstanbul 1963, 2. baskı.

-----, *Şerh-i Mesnevî,* İstanbul 1971, 2. baskı (I-XVIII).

Tilmsânî, Afîfüddîn Süleyman, *Esmâü'l-Hüsnâ,* trc: Selahattin Alpay, İstanbul 2002, 4. baskı.

Tirmizî, Muhammed b. İsa (297/909), *el-Câmiu's-Sahîh (Sünen),* Kahire 1962 (I-V).

Topaloğlu, Bekir, "Celîl", *DİA,* VII, 267, İstanbul 1993.

-----, "Esmâi Hüsnâ," *DİA,* XI, 414 vd, İstanbul 1995.

-----, Esmâ-i Hüsnâ'nın alfabetik sıra ile açıklandığı maddeler, *DİA,* muhtelif ciltler.

-----, *Dînî Sohbetler,* İstanbul 1982.

-----, "İrşad", *DİA,* XXII, vd, İstanbul 2000.

-----, "İrşad Yolları", *Nesil Dergisi,* C. II, sayı: 4, s. 9-10, Ocak 1978.

Türk Ansiklopedisi, "Hatib", "Hutbe", XIX, 66, 398, Ankara 1971 (MEB)

Türk Atasözleri ve Deyimleri, İstanbul 1971 (MEB).

Türk Dili ve Edebiyatı Ansiklopedisi, II, 10; IV, 247, İstanbul 1982 (Dergâh yay).

Türk Dil Kurumu, *Yazım Kılavuzu,* Ankara 2005, 24. baskı.

-----, *Türkçe Sözlük,* Ankara- 1983, 7. baskı.

Uludağ, Süleyman, *İslâmda İrşad,* İstanbul 1981, 2. baskı.

Uysal, Mustafa, *İslâma Sokulan Bid'at ve Hurafeler,* İstanbul 1979, 5. baskı.

Uzun, Mustafa, "Hitabet (Türk Edebiyatı)", *DİA,* XVIII, 160 vd, İstanbul 1998.

-----, "Türk Hitâbet Tarihine Genel Bir bakış", *Marmara Üniversitesi İlâhiyat Fakültesi Dergisi,* sayı: 19, s. 167 vd, İstanbul 2000.

Ünal, Ali, *Kur'an'da Temel Kavramlar,* İstanbul 1986.

Ünal, Halit, "Berat Gecesi", *DİA,* V, 475-476, İstanbul 1992.

Vakkasoğlu, Vehbi, "Batı Düşünürlerindeki Arayış", *Altınoluk Mecmuası,* C. I, sayı: 9 (Kasım 1986), s. 42.

Wensinck, A. J., *Concordance et İndices de la Tradition Musulmans (el-Mu'cemü'l-Müfehres li Elfâzi'l-Hadîs),* Leiden 1936-1969 (I-VII).

-----, "Hutbe", *İA,* V-I, 617-620, İstanbul 1977.

Yahya Kemal, *Kendi Gök Kubbemiz,* İstanbul 1969.

Yaltkaya, M. Şerafeddin, *Hatiblik ve Hutbeler,* İstanbul 1946.

Yıldırım, Suat, *Kur'ân'da Ulûhiyyet,* İstanbul 1987.

-----, "Faizin Tedricen Haram kılınması", *Altınoluk Dergisi,* sayı: 46, s. 13-14, İstanbul Aralık 1989.

Yavuz, Salih Sabri, "Mi'rac", *DİA,* XXX, 132-135, İstanbul 2005.

Yavuz, Yusuf Şevki, "Âşûrâ", *DİA,* IV, 24-26, İstanbul 1991.

Yazır, Elmalılı Hamdi (1944), *Hak Dini Kur'ân Dili,* İstanbul, ts (I-IX).

Yunus Emre, *Yunus Emre Divanı,* nşr: Faruk Kadri Timurtaş, İstanbul 1972.

Yusuf Has Hâcib, *Kutadgu Bilig,* trc: Reşid Rahmeti Arat, Ankara 1988, 4. baskı, Türk Tarih kurumu yay.

Yurdagür, Metin, *Allah'ın İsimleri – Esmâü'l-Hüsnâ,* İstanbul 1984.

Zebîdî, Zeynüddîn Ahmed b. Ahmed (893/1488), *Sahîh-i Buhârî Muhtasarı Tecrîd-i Sarîh Tercemesi ve Şerhi,* trc: Ahmed Naim (1934) - Kâmil Miras (1957), Ankara 1976, 4. baskı (DİB) (I-XII+I).

Zeydan, Abdülkerim, *İslâm Davetçilerine,* trc: Nezir Demircan, Ankara 1977.

Zihnî, Mehmed (1911), *Ni'met-i İslâm,* Diyarbakır 1393 (I-II).

DİZİN

Ç

D

E

F

G

Ğ

H

İ

J

K

L

M

R

S

Ş

T

U

Ü

V

Y

Z